当代前沿社会理论

十讲

Current
Frontiers in
Social
Theory

郑作彧 —————— 编著

上海人民出版社

目　　录

前　言

一、本书的宗旨与背景

本书将研究范围定为近20年（2005—2025）的当代国际社会理论。与过往社会学理论教材只介绍2005年之前的理论（即到布迪厄、鲍曼、鲍德里亚为止）不同，本书将2005年当作起点，重点介绍其后的社会理论发展状况。对希望了解近20年国际社会理论的读者，本书可称得上一部专业的教材。

我大概在2017年的时候就有写这本书的念头了。这是因为虽然市面上已有许多社会理论教材，既有国人写的，也有译自国外的，但这些书或多或少都有让我不满意的地方。不过想归想，真正要写的时候，我发现我其实并不知道教材该怎么写，甚至我也并没有想好我到底想要写成什么样的。所以我先收集、参考了国内外的相关著作，做足功课。

在"做功课"时，我翻到了由约阿斯（Hans Joas, 1948—　）与克诺伯（Wolfgang Knöbl, 1963—　）合写的《社会理论二十讲》（*Sozialtheorie: Zwanzig einführende Vorlesungen*）。我发现这本书相当不错，在国际上也声名显赫，但国内尚未引进。那时我想，这部优秀的著作若没有中译本，那就太可惜了。因此我便暂时搁下了写教材的想法，着手翻译《社会理论二十讲》。后来该书中译本于2021年出版。[1]

那本书出版后，不论是内容还是翻译，都获得了许多正面回馈。而且不知何故，我虽然只是译者，但似乎在这本书中的存在感很强，很多人都将这

1

本书归为我的作品。约阿斯本人也很客气地跟我说过，在德国人的观念中，译者也是共同作者之一，所以他也的确把我当作那书的合作者。然而，虽然我非常感谢所有《社会理论二十讲》的读者们以及约阿斯的厚爱，但我心知肚明我只是译者。虽然那本译著还算成功，但我并没有感觉非常满意，心中的"不满足"感反而更强烈了。

这种"不满足"的感觉首先来自《社会理论二十讲》的内容。虽然那本书有很多优点，对比国内市面上众多类似的教材来说有难以取代的独特价值（关于那本书的一些特色，可见我在该书的"译者前言"所述），但作为可能是整个华语界最仔细阅读过那本书的人，我也非常清楚该书的一些缺点。例如，该书虽然足够口语化，讲述深入浅出，但由于作者毕竟是德国人，因此该书文笔再好也不是为中国读者写的，例子举得再好也不可能足够接地气。更重要的是，作者不可能知道中国读者在学习社会理论时有哪些地方可能会读不懂，哪些地方需要多一点说明，或是哪些地方可能读者以为自己懂了，但其实是误读。而且那本书毕竟是译著，总会有读者对译者和译文抱持不信任的态度，加上该书的原文大多数读者不懂，无法进行比对与检查。因此读者读不懂时难免会拿不准到底是自己的问题，还是译者的问题，这种不确定感是很影响阅读体验的。

另外，那本书有些内容因为作者自身立场之故写得不尽如人意。如在"后结构主义"的部分，约阿斯和克诺伯明显因为不喜欢这个思潮，所以讲述得相当草率。又如介绍卢曼的那一讲，我本来相当期待，因为一直以来都没有教材真的把卢曼的社会理论介绍清楚，而那本书不但把卢曼的理论介绍专列一讲，甚至作者和卢曼一样都是德国人，因此这一讲应该会相当精彩，弥补其他教材的空缺。但没想到因为那本书的两位作者和卢曼的理论立场大相径庭，所以在介绍时仅仅对卢曼早期的著作给出了不痛不痒的诠释，系统理论真正重要的核心内容反而都被蜻蜓点水地跳过，令人失望。

这些毛病都还相对是小问题。虽说那本书是外国人写的、不够接地气，但国人自己写的教材其实也不一定就会比较好读，甚至可能还很神奇地比译著有更浓厚的翻译腔。虽说后结构主义和卢曼的介绍太草率，但关于后结构主义的二手介绍文献已经汗牛充栋，读者有很多其他读物可以参考，至于卢曼的理论在中国社会学界本来就不受重视，这些内容写得不好其实影响也不大。所以《社会理论二十讲》整体来说还是瑕不掩瑜的。真正最无法让我满意的是，《社会理论二十讲》根本上并没有跳脱过往国内外教材旧有的框架。

"没有跳脱旧有框架"是什么意思呢？为什么我会对此感到不满呢？这要先从一般理论教材的书写框架到底是什么样子开始讲起。

二、现有理论教材的书写框架

中国自改革开放以来的社会理论教材较早的一波出版潮约在1985—1990年间，基本上多是译著。从出版时间倒推回去判断，翻译工作大概是从学科重建一开始就进行的。例如《社会学理论的结构》[2]《社会学理论》[3]《社会学思想简史》[4]《当代社会学理论》[5]等。这些译本的原著主要是1980年前后到1985年左右出版的英文教材，内容也主要反映了当时美国社会学界的理论发展景观，因此其书写框架多半从帕森斯的结构功能论及其源头理论（例如涂尔干）开始讲起，经过中层理论和互动论，最后到交换理论与冲突论便进入尾声，大致形成了"结构功能论/后结构功能论"的二分书写框架。

第二波约在2000年前后到2010年左右，这一波非常蓬勃。一方面，大量1990—2000年间出版的英文教材在这段时间内被译成中文。如《社会学二十讲》[6]《社会理论与现代社会学》[7]《后现代社会理论》[8]《当代社会学理论及其古典根源》[9]《社会学理论的兴起》[10]《资本主义与现代社会理论》[11]等。另一方面，也开始出现很多国人自己撰写或编写的教材，较为人熟知的如宋林飞的《西方社会学理论》[12]，杨善华的《当代西方社会学理论》[13]，周晓虹的《西方社会学历史与体系》[14]，刘少杰的《后现代西方社会学理论》[15]《国外社会学理论》[16]《当代国外社会学理论》[17]，侯钧生的《西方社会学理论教程》[18]，等等。国人编写的著作基本上参考了英语世界在1990—2000年间的教材，内容大致即为我们今天熟悉的三分书写框架：古典理论（马克思、涂尔干、韦伯、齐美尔），近代理论（大致上是第一波教材中的美国四大范式，即功能论、互动论、交换论、冲突论），当代理论（主要是1970年开始崛起，1985年之后占据国际社会理论界主流地位的欧洲理论，如德国的批判理论、风险社会，英国吉登斯的结构化理论、鲍曼的液态社会理论，法国的结构主义到后现代主义，布迪厄），然后差不多在布迪厄结束。

　　一般来说，教材既创造历史，也反映历史。"创造历史"的意思是，教材在不小的程度上可说是一部"封神榜"，能被选入教材以一定篇幅介绍的理论或理论家，基本上等同于这个学科领域被公认的知识或专家，所以也等同于被赋予了在这个学科领域中的历史地位。尤其是，如果这样一部教材（或是被当作教材来用的著作）极为成功，流传甚广且历久不衰，那么这本书里介绍的理论（家）就算有再多的缺点与不足，也依然可以被"封神"。例如法国的涂尔干和德国的韦伯之所以成为今天社会理论界公认的"古典大师"，很大程度上要归功于帕森斯的《社会行动的结构》和吉登斯的《资本主义与现代社会理论》。它们（至少最初）被广泛当作教材，又以优异的文笔和深刻的呈现介绍了涂尔干和韦伯的理论，让后来的教材也不断复制"涂尔干和韦伯是奠定社会学的古典理论大师"的书写结构，所以这两位在法国和德国从在世到过世后一段时间都并没有被认为有多么重要的学者才会被赋予不朽的历史地位。[19]可以说，如果没有教材的"抬轿"，很多今天被视为"不可不知"的理论再如何优异也不会被世人所知。相反，只要被"造神"了，那么某理论就算一堆人根本没读过或读不懂，这堆人也依然会觉得这个理论很伟大，读不懂是自己的问题，在不知所云的文本中只要有一两句话感觉自己读懂了都会大呼过瘾。

　　但教材当然不都只是一种知识建构，教材里的理论也不都是因教材的"营销"才获得历史地位的。也有非常多的时候，教材之所以会介绍某些理论,的确是因为这些理论在这个学科领域中拥有极大影响力,所有想参与这个学科领域的人都不能不与这些理论对话。此时,教材介绍这些理论,便是与现实发展情况扣连在一起,反映一个既定的知识景观。就算教材作者不喜欢这些理论,也无法无视历史、略过不提。20世纪80年代开始红遍全球的欧陆社会理论成为上述所谓的"第二波"教材的固定班底,大致上即反映了知识史的进程。所以像约阿斯和克诺伯虽然明显不喜欢后结构主义与后现代主义,也还是让人感觉仿佛被迫似的得用三言两语提一下这个理论思潮。

"创造历史"与"反映历史"不是泾渭分明的两件事。绝大多数时候这两者是教材的一体两面,反映历史也是在创造历史。一旦某个当下具有强大影响力的理论被书写下来,这个理论也就会因为在这个文献中占据一席之地而从"当下思潮"成为"既定历史"。或是历史的创造毕竟不是在虚构历史。一个理论若完全没有值得一提之处,教材撰写者也无法凭空为这个理论生造出能使之获得历史地位的篇幅。然而,教材虽然有"书写历史"的内涵在,但它本身毕竟不是"史书",而是担负着"培养人才,为人才奠定知识基础"的任务。这里所谓的"人才",意指能不断带领学科以创新之姿走下去的学者;因此所谓的"知识基础",便意指能让人才参与学科前沿的利器。任何学科如果无法生产出新的知识,便不再有生命力了。因此理论教材的一项重要任务,应是为学人提供奠定知识基础与参与前沿发展的理论知识,让学人拥有参与国际学术发展的"谈资"。教材无疑是学人概览整个学科发展概况的重要窗口。若是缺乏知识基础,那么学科发展必然会不扎实;但若缺乏前沿知识,那么学科发展就算不会"落后"(毕竟"落后"一词带有线性史观意涵,而线性史观今天已普遍被认为是一种危险的思维模式),也至少容易闭门造车、故步自封,既可能会逃避应担负起的时代义务,也可能会在国际学术发展进程中被排除在外。这就意味着,教材的书写框架必须随国际学界发展而与时俱进。否则,教材内容在世代变迁下就容易从"知识"变成"教条"。对于学术发展来说,"教条"无论如何都不是好东西。

　　但现实情况是,社会理论教材的书写框架从第二波之后就几乎没有实质上的进展了。第一波与第二波教材出版潮中,一方面,英语世界的社会理论教材既有可观的出版数量,书写框架也显著与时俱进(从二分框架变成了三分框架)。另一方面,国内的教材不论是翻译还是编写,也大致上紧贴国际前沿发展。即便国内的出版有时会比国外原著晚个三五年,但基本上仍属于同一代的著作。如福柯、哈贝马斯、吉登斯、布迪厄等理论引入中国的时间和这些欧洲理论在国际学界被热烈讨论的时间就算不是同步,也还是属于同个时期,不至于有某理论在国际上都过时了我们还当作前沿来看待的情况发生。然而,虽然历史的齿轮仍不断转动,国际上的社会理论发展仍不断大步前行,但约2010年之后,英语世界的理论教材却鲜有推陈出新了,国内的教材翻译也难免受其影响而脚步放缓,编写更可说完全停滞。英语世界理论教材的迟缓发展,与英语世界的社会学本身越来越不再重视社会理论的背景环境有多多少少的关系,也受到由资本驱动的高等教育市场变迁的影响。虽然不是完全没有较新教材出版(例如英国仍不断有一些尝试追上当今社会理论发展的教材问世),但发展有限。[20]国内这几年虽然也有一些理论教材译著,但当中有不少是第二波教材的重译或再版。包括我翻译的《社会理论二十讲》本质上也属于所谓的"第二波教材"的作品,而非真正的"新东西"。

　　所谓的"第二波教材"的书写框架,除了上述的三分结构之外,还有一个特色,就是其内容在关于美国的社会理论的部分,最后大致停在交换论或冲突论(虽然大多冲突论学者不是美国人),英国社会理论的介绍停在吉登斯,德国理论是一个哈贝马斯就讲不完了,法国则到了布迪厄就全剧终。再之后的学者就算有提及,也不太会有专章介绍,顶多将数人合在一章大致浏览。但是,社会理论的发展当然从未缓下脚步过。这意味着,第二波教材的这种书写框架已经是陈旧的了,所以仍跳不出这种框架**近年来国内外社会理论教材已经和现实的社会理论发展近况严重脱节了。**

　　这种脱节会带来两种可能的不良后果。一是,教材是学人了解整个学科发展境况的重要窗口,所以教材与现实发展脱节,很容易也会让这门学科的学人与学科前沿发展情况脱节,进而导致其学科发展与国际学科境况脱节。今天我们很容易在各种场合上听到"社会理论在 2005 年之后渐渐随着各理论大师的辞世再无发展了"这种不符合事实的说法。这种说法就算不是因为教材与现实的脱节造成的,教材的停滞发展也对此种说法负有不可推卸的责任。

二是,很多社会理论虽然有不因时间流逝而失去有效性的经典性,但无论如何每个世代都有该世代所面临的独特问题与挑战,因此任何世代除了经典理论之外也都非常需要属于该世代自身的社会理论。与时代脱节的教材,很容易导致与时代脱节的教学,进而让学者的研究与学子的学习不断在旧有框架中再生产与时代脱节的知识(并使所谓的知识产生了教条化),最后导致理论的研究与学习都变得枯燥乏味,无法回应自身面临的真正问题,亦即**造成理论探讨与现实问题的脱节**。

我们也可以看到许多年轻学人在各种网络平台上以翻译或短评的方式分享各种新兴前沿社会理论,甚至不乏相关的网络收费课程,足见青年学人的学术发展并没有因为教材发展的停滞而失去活力。但对于如今已身为资历相对较为成熟的高校学者的我来说,每次看到青年学人的努力我都会感到无比羞愧。一方面,可能我的想法还是比较老派吧,我总觉得一个理想的学术成长历程应该是年轻时多学习基础知识,让自己的思想架构能更为扎实,等到学有所成之后才以健康的知识体质参与前沿创新发展。所以一个健康的学术环境应该让青年学人可以安心致力于基础知识的钻研,让资深学者负责冲锋陷阵开拓前沿知识。另一方面,学生们辛辛苦苦考进大学,花费了四年,甚至更多的青春时光在校园里学习,所有大学教师都应该让学生能够在"大学"这样的知识殿堂里放心学习到能回应时代问题的系统且完整的知识。然而现在这两方面的情况却似乎颠倒过来了:前沿学术发展尽"仰赖"年轻学人,学生们则觉得只有借助各种网络平台才能学到新知识。在这种情况下,大学教授简直一点用处都没有,和尸位素餐没有什么两样,这怎么能不让我自惭形秽呢?

所以,我翻译的《社会理论二十讲》不论成不成功,我对那本书的感想都是:这玩意儿根本不够,完全不够。

三、撰写缘起及参与作者简介

我专攻社会理论。为此,我专程到社会理论领域最重要的国家之一德国,以社会理论为主题攻读博士学位。比起"社会学家",我更多自认是"社会理论家"。拿到博士学位刚任教时,我曾和一个差不多与我同龄,但学术功力与发表成果强大到令我望尘莫及的朋友吃饭。餐桌上不知怎的他和我聊到,他最看不起表面上看起来位高权重、讲话总是夸夸其谈,但直到快退休了,其文章所引用文献的写作年份,仍停留在博士论文时期的那种在学术生涯中毫无长进的学者。他这番极富攻击性的话当时吓得我手中的筷子差点掉下来(虽然我也不知道我在紧张什么),也让我至今时时警惕在心,督促自己尽量不要变成与当下脱节、只活在"读博时代"的学者,并且从此以后写论文时总有一种强迫症:在文献的阅读与引用上,必须同时包含这个领域最经典的文献和我写作时的最新文献,否则我会感觉我那朋友读到我的文章后嘲笑我毫无长进。也因为如此,我博士毕业后依然时时与德国社会理论界保持联系,持续进行学术交流与合作,力求参与社会理论的国际前沿发展。至少到今日,在社会理论方面我不是外行人,而是持续参与国际前沿社会理论发展的专业人士。所以我期许我不用通过像教材这样的知识窗口来了解前沿社会理论知识景观,而是我就身处其中,我自己就是窗口。也因此我深知并期许自己应该知道现在的社会理论教材与现实情况脱节到什么程度。

在《社会理论二十讲》译到尾声之际,我已感觉到这本书的不足,因此开始思考如何从事更进一步的工作,扮演好"窗口"的角色。当时首先想到的是,再去找找有没有比《社会理论二十讲》更优秀的教材来译介。然而查找了英语与德语文献之后,我没有找到令自己满意的。有的教材就算介绍了前沿一点的理论,基本上也顶多将之作为旧有的理论教材三分框架中"当代部分"的附属延伸物,其系统性与完整性都远远不足。当然,我还是可以译介这些教材，毕竟它们还是有多多少少的前沿理论介绍，不无小补。但是一方面，我自诩为社会理论家，不是翻译家。虽然我不会说我的译著不是我的作品、毫无贡献，我从事翻译时当然也依然非常认真，而且基于我学习经历中各种正式且专业的翻译训练，我也不认为我的翻译能力是外行的。但我内心深处总觉得翻译作品不是学术成果。我身为学者不应满足、停滞在翻译工作上，而是应力求自己写出东西来。如果我从事了翻译，那只不过是为了与学人分享一些有意思的文献，并且终究是为了写出属于自己的作品所进行的前期准备而已。除非哪天我真的江郎才尽了，否则翻译工作对我来说只是手段，不是目的。另一方面，现有的国外教材大多依然在用不同的语句重复讲述韦伯、吉登斯、福柯、布迪厄这些人的学说。这种书译介得再多也只是在原先学界都已经熟知的理论上打转，贡献有限。

同时我也发现，其实很多西方教材的编写者本身并不是什么了不起的理论家，甚至可能并不专门从事社会理论研究。我虽然不是自我感觉良好的人，但也不应妄自菲薄。详细了解了那些西方的教材编写者之后，我自忖自身学术程度并没有比他们差，他们写得也不一定有多好（甚至还有讹误），我不觉得我写不过他们。

既然那些前沿理论教材没有人写得令我满意，那干脆我自己来写。难道我们中国人写的前沿理论教材就一定不如外国人写的吗？

所以《社会理论二十讲》翻译工作快结束之际，约莫 2019 年底、2020 年初，我决定翻译完工后回归初衷，自己来写一本介绍当代前沿社会理论的教材。

不过此时虽然我对"教材该怎么写"已经做了足够多的"功课"，大概想象得出来自己心目中理想的教材应有何样貌，但还有一个难点是我顾虑的：虽然我是专业社会理论家，但我的资历远远称不上资深，所知也是有限的。大概只有德国社会理论是我比较有信心的部分。其他国家的社会理论虽然我都有一定程度的把握，但如果能让比我更专精的人来对其他社会理论思想给出更专业的介绍，当然会更好。所以我必须寻求合作者。我首先联系了多年好友蔡博方博士。蔡博方在社会理论、法律社会学、医疗社会学等方面有极高的造诣。他长年与英语世界的社会理论学者有着深入的合作，对英语世界的社会理论前沿发展的理解比我更深刻得多。我和蔡博方其实在更早几年曾讨论合作出版一本专门介绍韦伯的社会理论的小书，不过后来因为各种原因不了了之。但基于长年的交情、共享的学术热情、早就有的合作意愿，因此非常荣幸地得到蔡博方的合作允诺，由蔡博方负责英语世界前沿社会理论的部分。

我负责德语区，蔡博方负责英语区，接下来至少还必须有的，就是专精法国社会理论的学者了。这部分，我非常幸运地邀请到了同样与我有多年交情的陈逸淳。陈逸淳博士毕业于法国巴黎高等政治学院，在法国学习与工作多年，专攻法国社会理论，在艺术社会学方面也有极深的钻研。法国前沿社会理论由陈逸淳来撰写，就算不说"权威"（毕竟这是个富含权力垄断意涵的词，学术不该由任何权力垄断），也至少可以令人放心。

凑齐我们三人后，我想过再寻求其他学者的合作。但除了有学者无奈精力有限婉拒邀约之外，我们三人都认为这种教材编写工作的参与者不能太多。如果太多，要么就是需要有个极具权威的主持人来组织，但我们三个人都是同辈，没有谁比谁更有权力对其他人发号施令。而且一旦有个更高的权威来主持，难免出现权威主持人干涉参与者的撰写内容的情况，如此一来我们这本教材最初"让专业的人撰写专业章节"的用意就会被破坏殆尽。要么因为参与者太多，每人都有自己的正事得做，步调几乎不可能始终保持一致，于是容易因为某人无法支持到最后而使整本教材的撰写终究不了了之。因此我们决定这本教材就由我们三人完成。但后来还是增加了一个小伙伴：本教材编写时在南京大学社会学院师从成伯清教授攻读博士学位的张天一。读博之前，张天一在美国布兰迪斯大学获得社会学与国际关系双学士，在美国西北大学获得传播学硕士。我素闻张天一专攻社会理论，对拉图尔的行动者网络理论尤为熟悉，是一名优秀的人才。某次我自己的本科生社会理论课上特邀她来向学生们介绍拉图尔的思想。该次课上，张天一的授课能力、专业知识掌握能力都优异到让我惊讶不已，而且她正好是拉图尔的重要著作《重组社会》的中译者。这让我突然觉得如果我们这本教材能邀请她撰写拉图尔的部分,然后由我们三个来把关,应该既可以让这个青年学者有更多的学习与表现机会,也可以让我们这本教材有一种不同的活力。因此我们便邀请了张天一加入,将原先应由陈逸淳老师撰写的拉图尔部分交由张天一负责,由我们三人来把关。

关于全书结语该写些什么,才能让全书不会戛然而止,而是有个充满意义的总结,我们讨论了几个方案。最后蔡博方提出的意见最获赞同:以社会理论学习的疑难问答来代替一般的结语。出于各种原因,这个在形式上颇具新意的结语就由我来撰写。

最后,本书手稿的分工如下:我撰写第一讲的德国部分,第五、六、八、十讲,以及结语。蔡博方撰写第一讲的英语区部分,以及第二、三、九讲。陈逸淳撰写第一讲的法国部分与第四讲。张天一撰写第七讲。写好后我们会相互分享初稿,并且针对初稿提出阅读意见请撰写者修订。

从一开始我们就考虑一件事:我们几个写作风格差异甚大,但最终到了读者手中它就是一本书,读者们必然会期待这本书有"一体成形"的流畅感,并且读到的是系统性的,亦即各讲乃至各段落都环环相扣。出于各种原因,并且我是这本书的发起人,因此所有初稿最后由我来汇整与编辑。我力求让整本书读起来不会有"拼凑起来"的感觉,而是有一气呵成的流畅感。为了达到这个效果,大家的初稿我几乎每一句都重新改写了。一般"前言"中编写者应对参与者致谢,但我其实首先想对所有参与者致歉。当初编写时,我发现这样的大幅改写不太尊重初稿作者。但为了全书的流畅度,我又不得不这么做。因此我改了几讲之后,硬着头皮把改稿返还给初稿作者,并战战兢兢地等着被骂、寻求原谅。然而令我讶异的是,他们不但没有任何不悦,反而还相当感激我的再加工。这一方面让我松了一口气,另一方面也让我无比敬佩这些参与者宽厚的学者风范。

不过在编写过程中,为了不扭曲初稿作者的原意,我不是只为了文字的流畅度而进行用字遣词的改写,而是还将他们介绍的理论的各原著几乎全部找来彻底读过、充分理解。所以作为编者,我意外地获得了一项特权:充分学习了全书提到的所有理论。本书很多理论我原先并不熟悉,原本也只想读读其他初稿作者的成品就好;但在编写此书后,我因为上述原因不得不把原典全部认真读过,也因此获得了前所未有的成长。

四、内容原则

(一) 书写框架

从一开始,本书的写作动机便来自对旧有的社会理论教材三分书写框架以及一到布迪厄就全剧终的形式不满,因此希望能突破这个框架。但怎么突破,是个问题。首先,如果三分书写框架在今天已经是不足的了,那么我们该做的是加入第四阶段的环节,亦即写出一本例如由"古典、近代、当代、前沿"的四分框架构成的书吗? 还是完全抛弃所有过往包袱,"古典、近代、当代"三分架构的内容完全提都不提,直接进入过往理论教科书都没有真正提到的前沿理论部分呢? 如果写成一本四分架构的书,那么早已在许多教科书里被多次重复的原有三分架构中的内容会显得非常累赘,似乎不那么符合本书初衷。但如果完全抛弃"古典、近代、当代"的固有部分,等于将这本书定位为一本有知识门槛的著作,那么又担心读者们会因为觉得基础知识储备不足而对阅读本书缺乏信心。

最终我决定采用"抛弃但又不完全抛弃过往包袱"的做法。一方面,"古典、近代、当代"的过往教科书都有的内容我们并非只字不提,而是依然以类似"前情提要"的形式,在第一讲简单交代整本书将介绍的理论之所以会出现的过往理论发展背景,为读者提供接受前沿理论的心理准备。然而另一方面,过往的"包袱"除了在前情提要里出镜之外,基本上就没有更多戏份了。虽然我知道一定会有很多读者希望我能提供包含所谓"基础知识"的社会理论发展完整来龙去脉,但我依然决定不在这本书中加入这些内容。原因在于,关于近代与当代的社会理论完整介绍,我已经通过《社会理论二十讲》的翻译完成这部分工作了。此外,我在互联网上开设了面向大众的

"12 小时轻松搞懂社会理论"录播视频课程,关于古典理论方面的知识我在该课程里有完整且深入浅出的讲解。我不是突然凭空进入前沿理论的教材编写工作的,而是已有前期成果作为基础。也就是说,**读者们可以把本书视为"12 小时轻松搞懂社会理论"和《社会理论二十讲》的续作**。若对所谓的"基础知识"有需求的读者,可以另外去参考我的前期工作。我必须坦承,本书是进阶读物,而非入门教材。本书的任务,是带大家基于在社会理论界中已发展数十年,但也已停滞至少十年的原有社会理论知识体系继续往前进。如果因为各种顾虑而重复我已做过的工作,是无法大步向前走的。唯一的例外是,在我的教学经验中,有很多社会理论专有名词在学校教学和教材中,常常被预设为所有人都知道的基本常识所以缺乏介绍,但在中国,其实这些专有名词并不是常识,不论是初学者还是资深学人,常常并不甚了解,却又没有渠道可以弄懂,例如"实证主义""经验研究"(或"经验的")"主体间性"等。这些概念虽然已经历史相当悠久了,但为了贴合我们国情的需求,因此我们依然会在书中各处作详细的介绍。

虽然本书没有从古典理论讲起,但读者们只要不是完全零基础的话,对这本书应不至于到完全读不懂的地步。虽然内容上几乎没有任何重叠,但在形式上本书从《社会理论二十讲》那里有一项实质上的继承,就是使用通俗易懂的文字表达,力求读者能看懂所读到的句子,不会有每个字拆开都认得、组合在一起就不知道在说什么的情况。只要对社会理论有些知识基础,这本书就多多少少能提供些帮助。这么说吧,如果这篇"前言"读者们读下来觉得内容是可吸收的,那么整本书就差不多都是可读的。不过,什么叫作"通俗易懂",不同的时代有不同的标准。例如《西游记》在明朝是典型的"通俗小说",但对现代人来说可能还是会觉得有些文言。我感觉,2020 年之后,各种网络文字与视频表述对于当代年轻学子来说才是真正的通俗。所以本书在行文上尝试采用了几个方针来把握"契合当代通俗标准"的平衡。

一是,追求口语化,甚至会加入一些互联网上的流行用语(例如"平平无奇的小能手""梦幻联动"等),让本书更像是一本属于这个时代的著作,但又不会使整本书完全变成低俗网文。

二是，现代人的信息接收形式越来越大程度上已经不是书籍文字，而是影像视频。但教科书既然都叫"书"了，那么当然无论如何都是一本文字书。尽管如此，我一方面还是刻意在一些地方尝试用文字书写出影像的效果，以求平面的阅读能产生立体的感受。甚至在一些地方我刻意采取"打破第四面墙"的戏剧手法，让"郑作彧"这个人直接从文字中蹦出来与读者"碰面"，以此增加本书的生动性。我不确定这种做法会让读者感到更有趣味，还是觉得突兀尴尬，但我想无论如何都是值得尝试的。如果读者能在读这本书的过程中时不时因感到有趣而笑出声来，或因感动而眼眶泛红，那么我想，我们这本书就获得了过往所有理论教材都没有达到的成就了。另一方面，我们刻意在书中多处加入图片。虽然多是各理论家的照片，主要让读者们知道所学习的理论家长什么样子，尽量让"一本探讨涂尔干的《社会分工论》的书，封面却放上韦伯的照片"这类尴尬情况在未来不会再次出现，但我真正的动机还是想增加本书的影像化程度，更贴近现代人越来越习惯的信息接收模式。

三是，本书刻意省略"文献引用"的书写环节。一般的学术书写，都会通过如"正文夹注+文末列出参考文献"或脚注的形式大量标示引用文献。这种做法的用意有很多，不过因为本书不是"论文写作教材"，所以不详细展开说明了。但本书决定省略这种当代正规学术写作都会有的要求。第一个原因是，为了让本书文字能口语化，因此本书几名作者都特地采用"我手写我口"的形式。一般人想必不会在口头讲述过程中，像习武之人出拳时大喊招式名称一样突然冒出"哈贝马斯，1981！"吧？我们希望本书读者能够在阅读过程中有成为"听众"乃至"观众"的感觉，但掺杂一大堆参考文献的行文格式很容易破坏这种体验。况且我们这本书本来就不是一部学术论文或学术专著，而是教材，所以行文风格应该较为弹性化。第二个原因是，我们这本书的所有理论介绍都是由作者自己精读了原著而写出来的第一手阐述，如果加入引用文献，很多情况下会是连续好几页的引用都同一份文献，只是每次引用的页码不同而已。这会让版面显得累赘且不美观。唯一的例外是当本书进行"全文照引"或引用图表的时候，才会列出引用来源。但请各位读者注意，不列出参考文献是很特殊的做法，不是常态，不宜仿效。

但我们不是不提及任何参考文献。既然作为教材，根据我的教学经验，很多读者可能会希望我们提供让读者进一步学习的延伸文献。因此我们每一讲最后都列出"荐读文献"。我们对于"荐读文献"的选取原则，除了该文献真的重要、经典，值得推荐之外，亦有一点是若有中文文献就优先推荐中文文献，若没有中文文献，才退而求其次推荐外语文献，但即便是外语文献也是以英文文献优先。毕竟，既然是荐读文献，那就应以绝大多数读者都可以阅读为优先考量。我们不会花里胡哨地列出一堆只有我们自己能够阅读的德文或法文文献，即便这些文献可能真的很重要。还有一点值得一提的是，有些荐读文献非常重要，不过在本书出版之际还没有面世，但我们知道该文献的翻译或撰写工作已经启动，大致上的出版时间也差不多确定下来，那么我们依然会将其列在荐读文献中。所以读者们可以发现，我们的荐读文献中有不少的出版时间还晚于本书。但我想这应该不成问题。毕竟作为一本前沿理论教材，我们希望本书能指向未来，为读者带来期待，而不是停留在当下乃至过去，徒让读者陷在回忆中。

（二）内容章节安排

确定形式后，最后就是要确定内容了，即我们应介绍哪些理论家，甚至是不是该介绍理论家。

有一次我跟同行聊到我正在编写一本理论教材，规划要介绍哪些理论家。这位朋友建议我不要像传统理论教材那样以"数人头"的方式将理论家当章节单位，而是应该可以尝试以社会学的各个主要概念或主题领域，例如"权力""阶级""组织""性别""流动""个体化""家庭"，等等，以此为章节单位，介绍涉及该概念或主题的理论。如在"权力"一章介绍各种权力理论，在"个体化"一章介绍各种个体化理论。这么建议的原因是，一方面，这位朋友感觉中国学界所谓的从事社会理论研究常常都是在进行某位社会理论家的"思想解经"工作，这种极度枯燥且意义有限的研究就是因为理论教材的

"数人头"形式导致的。另一方面,今天的社会学经验研究主要针对各种主题领域或主要概念进行的,如果能为经验研究提供理论以帮助其进行科学解释,这样的教材会更有贡献。

这位朋友的意思是,今天国内很多所谓的"社会理论研究",不过是研究者找某位被造神的"理论大师",揪着这位"大师"著作中老讲不清楚、读者也读不明白的部分进行各种天花乱坠的诠释,仿佛这位大师果然参悟天机,只是世人慧根不足所以才领悟不了。而这位研究者因为书读得够多、学识够丰富,所以能为这位大师布道,成为先知的代言人,迈向思想涅槃。但这种以"伟大"之类的词将某理论家进行大师化的造神方式,这种认为某位理论家必然思想完满、语焉不详之处必然字字珠玑的预设,实无从事学术工作时应有的思辨与对话态度,对真正的当代社会问题或学术问题毫无贡献。理论应为科学研究提供方针或解释。如果把理论家当章节单位,一本理论教材势必会变成"封神榜",结果自然就是想对社会理论进行钻研的人终究还是只会在封神榜上找个神来解经。

这位朋友的看法非常重要,也让我考虑很久。但我最终还是决定不采纳这项建议。我的想法是,(一)我和本书所有参与者都认为——这亦是**本书的基本立场——社会理论应是思想而非解释工具**。将理论视为解释工具的思维模式并不是有益的,甚至是有误的。[21] 思想必然反映,甚至它本身就萌生自思想家的人生经历与灵魂内涵。理论是理论家因为自身的生命历程而发展出来的一种新的看待世界的方式,这种看待世界的方式可以形成一种新的我们与世界之间的关系,进而形成我们的生活态度与实践方针,包括学术方面的各种实践,例如研究关怀、研究问题、研究目的。我们还是相信,思想应以人为依归,所以理论也应以理论家为单位。

(二)"以理论家作为单位的理论教材"和"以解经的方式来学习与研究理论"这两者之间并没有必然因果关联。古今中外很多具有高度原创性的社会理论家自身在发展原创思想时,便是以详细探讨经典理论家思想作为方法来搭建自身理论大厦的。像狄尔泰是在钻研了施莱尔马赫的诠释学之后方能够发展出精神科学的,鲍德里亚则是研读了马克思的政治经济学思想后才得以原创出他的符号政治经济学。甚至像帕森斯的《社会行动的结构》或哈贝马斯的《沟通行动理论》这类著作，直接以"一章处理一个或几个理论家"的做法推进论证，形式上完全就是标准的"数人头"。但像狄尔泰、鲍德里亚、帕森斯、哈贝马斯等人以"数人头"的方式所进行的研究并无碍于他们提出留名青史的原创理论。在我们看来，如何面对理论家与如何研究理论，取决于研究者自己的态度，而非教材的形式。"澄清已有的重要理论家思想"无可厚非，这本来就是社会理论研究的其中一种很重要的类型，也是理论知识创新的重要基础。

当然，如果只是依文解义，但缺乏自身问题意识，只是为读书而读书地过度执着于"诠释经典"，的确不妥。我感觉，中国社会理论界之所以有的学人总是以"抓大师来解经"的方式来从事理论研究，很有可能与教育环境所造成的——用德国心理哲学家弗洛姆(Erich Fromm, 1900—1980)的一个术语来说——"逃避自由"的情况有关。我们从小所处的教育环境，都是以"背诵"为手段，以"回答标准答案"为目的，所以对我们来说各类书籍中的所谓知识同时拥有"可以填进考题的用处"和"必须无条件接受下来的权威性"，与此相应的则是"用现有知识来思考属于自己的问题"和"找出自己的答案来与现有知识对话"的观念与能力的缺失。然而，自己提问、自己找出答案、与现有知识进行对话才是从事学术研究真正应有的态度，也是进入高校学习专业知识——例如社会理论——时应有的做法，并且照理来说这是一种精神自由。然而很多学子似乎上了大学之后因为不会或不敢提出自己的问题，所以面对这种精神自由时会感到无所适从，对"从教材中追寻某个权威并从中挖掘标准答案"这种回到应试方式的"逃避自由"的做法反而感到比较踏实。"以解经的方式来钻研社会理论"的情况即是这种"逃避自由"的结果。如果我的这种感觉符合事实，那么教材的"数人头"的形式非但不是"解经风气"(如果真的有这种风气的话)的成因，相反，如果我们可以在以思想家为单位进行理论介绍的同时，带领读者练习以自己的生命体验来质疑现有知识、提出自己的问题，也许才可以改善学习或研究社会理论时"逃避自由"的问题。

经过了这番认真的考虑之后，我们决定还是以理论家作为单位来编写本书。这件事解决后，问题只剩下要介绍哪些理论家。我想在一定程度上抛开第一波和第二波的社会理论教材书写框架的包袱，不再纠缠于现有以三分框架不断重复介绍的那一批理论家，而是呈现以前的教材尚未系统介绍过的学者。但这也意味着在"应介绍的理论家人选"方面我们并没有前例可循。虽然我说我们不该"逃避自由"，但无前例可循的确容易让人心里有点慌。不过让我们有点意外的是，这个问题很自然地迎刃而解了。

我们首先拟定了三个基本原则。一是，这本教材必须是"系统性的"。本书的每个理论、每一讲之间都必须有机地联系在一起。毕竟真正的知识本来就应该是有系统的。二是，所介绍的理论家必须已经在国际社会理论界具有广泛影响力，已经成为所有社会理论学人的基本常识与共通话语，只是现有社会理论教材中仍缺乏介绍，或至少没有充分的介绍。三是，全书共十讲。如果太多，整本书的编写必然会耗时更久。任何计划都贵在完成，如果内容太多、时间拖太久，所有参与者很容易因精疲力竭而不了了之。至于为什么是十讲而不是十一讲或九讲，这没什么原因，纯粹因为我有强迫症，觉得整数看起来比较舒服。

基于这些原则，我们首先选定的理论是拉图尔的行动者网络理论，因为这是典型的"早已成为社会科学界基本常识与共通话语，却始终没有教材给予完整介绍"的理论。今天整个社会科学界，至少在社会学界，拉图尔的名气和韦伯、布迪厄几乎已经不相上下，到了无人不知、无人不晓的地步了，但至今仍未有教材用专门的章节给予完整的介绍。

提到拉图尔，就很难不提到同为法国社会学家的博尔东斯基的"以批判为对象的社会学"，也有必要连带介绍新唯物主义。一方面，拉图尔经常面临"行动者网络理论缺乏批判性"的指责，而每当遇到这种指责时，拉图尔都会搬出博尔东斯基的理论来反驳。所以，如果不了解博尔东斯基的研究，会根本不知道拉图尔为行动者网络理论打造的"抵御批评"的盾牌究竟是什么。而且博尔东斯基作为布迪厄的重要弟子，其理论也的确已经成为当代社会理论界在"后布迪厄时代"的重要基本常识。另一方面，拉图尔的行动者网络理论最重要的贡献是将"物"纳入社会学的研究范畴中,但这个工作拉图尔自己并没有充分完成,而是由后续兴起的新唯物主义充分开展出来的。把握新唯物主义,才能充分了解社会理论的物界研究在拉图尔之后的前沿进展。

不过,博尔东斯基的研究的开展和他的理论之所以能名扬国际,与他和德国法兰克福学派批判理论第三代领导人霍耐特的合作是密不可分的。要介绍博尔东斯基,不能不连带介绍霍耐特。但霍耐特已在前些年退休,其地位逐渐由其弟子罗萨接棒了。罗萨的理论基础除了霍耐特的理论之外,也极为仰赖拉图尔的工作,并且罗萨的理论同样已具有国际重要性。所以,要充分了解博尔东斯基的理论,就必须再一路将从霍耐特传承到罗萨的批判理论发展脉络一并串讲,如此一来才能系统性地掌握当代前沿社会理论已形成某种闭环的完整发展路径。

但在博尔东斯基那里还有其他值得一提之处。博尔东斯基因身为布迪厄最有名的弟子而成为"后布迪厄时代"的代表人物,但布迪厄的成材弟子不是只有博尔东斯基一人。英国的亚彻曾赴法国在布迪厄的指导下完成了博士后研究,并且回英国后发展出了"形态衍生理论"而在英国成为与吉登斯平起平坐的理论家。形态衍生理论很大程度上是以社会科学哲学为基础的,但同样以社会科学哲学为基础而成为重要理论的不只有亚彻的工作,还有美国的"分析社会学"。而且与分析社会学有密切关联的"机制解释""理论化"等概念在今天的社会理论界相当时髦,对一本当代前沿社会理论教材来说是必须介绍的。

在新唯物主义方面,新唯物主义很大程度上是从性别研究发展起来的,但从性别研究发展出来,且具有当代国际重要性的前沿社会理论不是只有新唯物主义。加拿大的史密斯基于女性主义理论发展出来的建制民族志,以及澳大利亚的康奈尔基于男性气质研究的风格而开展出来的南方理论,也都赫赫有名,甚至已经成为一些英语国家新编理论教材的内容了。而且南方理论旨在思考非欧美主流国家(即所谓的"全球南方"的国家)的社会学如何发展出同样具有国际影响力的社会理论,这无疑非常值得中国参考。

在经过这番系统性的考量后,我们惊讶地发现十讲的理论家人选自动站出来了。这也让我们发现,当代社会理论的确已经形成了一个具有整体性的、系统性的知识网络。就算在我们这本教科书之前众多仍陷在陈旧书写框架的教材因与时代脱节而没有呈现当代前沿思想进展,这批新世代的社会理论也已经客观存在了。**不是我们去挑选要介绍哪些理论家,而是我们眼前这片已成熟联结发展起来的当代社会理论知识网络自动召唤我们去介绍他们。**我们相信,虽然在挑选属于我们这个世代的社会理论方面没有前例可循,但我们的设计绝不是任意、主观的,而是只要通过系统的思考,任何专业的社会理论研究者会给出的当代社会理论景观必然是大同小异的。

基于上述系统性的考虑,同时也考虑到可能对大多数读者来说美国或英语学界可能是相对较感熟悉的,因此本书在第一讲进行了社会理论发展的"前情提要"之后,第二讲先从美国的分析社会学开始介绍,第三讲介绍英国的亚彻的形态衍生理论。接着以亚彻曾在布迪厄旗下工作过的经历为契机,第四讲我们转向法国介绍布迪厄的徒子徒孙(尤其是博尔东斯基,但也包括拥有相似学术地位的艾妮克和拉伊赫)所构筑出来的"法国后布迪厄时代"的社会理论图景。基于上述理由,我们在第五讲与第六讲接着介绍与博尔东斯基有过密切合作关系的霍耐特和霍耐特的弟子罗萨。

罗萨自己的社会理论的基础除了其老师霍耐特之外,也包括拉图尔。因此第七讲很自然地以拉图尔为主角,第八讲则集中介绍因弥补了拉图尔在物界研究方面的不足而被学界广泛重视的新唯物主义。最后第九讲则介绍和新唯物主义一样从性别研究发展出来的社会理论:建制民族志与南方理论。

以南方理论作结也尤其符合本书的编写初衷与目的。我们之所以致力于介绍当代国际前沿社会理论,不是要刻意追求标新立异、为新而新,也无意嘲讽过往教材不求上进,我们才是领衔标杆。事实上,过往理论教材在撰写时都是当时最前沿的著作,尤其是国内的前辈们都是我的楷模,他们的书写方式都是本书非常重要的参考。只是如果到了今天我们没有接下他们的棒子继续往前走,那就辜负他们当年的努力,不过在因循苟且罢了。所以我们更多是带着时代的责任感,希望向国人分享当下国际上社会理论的共通话语,让我们大家都有基础知识能参与当下的国际发展,进而可以在与全球学人的交流过程中,以能被国际学界理解的方式发展与阐扬扎根在我们中国自己土地之上萌生出来的社会理论思想,让我们自己的学术成果不会陷在故步自封、自我边缘化的窘境。总而言之,**我们编写当代前沿社会理论教材,读者以此窥见国际社会理论界当今的共同话语,全都只是手段,让我们能更好地与国际同行学人交流的手段;这些理论的介绍与学习不是目的,通过手段来向国际学界呈现我们中国自己的思想成果才是。**

关于本书的内容安排,我们还有两点交代。一是,虽然本书旨在介绍2005年之后近二十年发展出来的社会理论,不再纠缠于此前广为人熟知的那些学者,但有一个理论我一直牵挂于心:卢曼的社会系统理论。卢曼和哈贝马斯、布迪厄等人是同一辈、同一时代的学者,照理来说他的理论思想是传统以三分框架(古典、近代、当代)进行书写的教材中属于"当代"的部分,因此也属于本书欲抛开的"包袱"之一。然而,虽然卢曼的社会系统理论始终非常重要,在例如法学、哲学、政治学等领域至今仍有历久不衰的重大影响力,但社会学界——不论是英语学界,还是平心而论的确深受英语学界影响的中国社会学界——对卢曼却始终不恰当地缺乏关注与理解。虽然国内外已有不少社会理论教材以特定的篇幅介绍卢曼的系统理论,但老实说,这些介绍往往并不准确,甚至有的过于深奥难懂,让读者读后仍一头雾水,怀疑是不是去读原典会更好懂(虽然并不会)。所以在我看来至今仍没有任何一本社会理论教材对卢曼的社会系统理论给出过恰如其分的介绍。卢曼与其说是包袱,更不如说是应补上的一课。所以经过再三考虑,本书决定加入一讲来专门介绍卢曼的系统理论。但由于系统理论本质上属于上一个世代,实在不属于近二十年的社会理论知识网络中的一员,因此我们把对系统理论的介绍放到最后的第十讲,当作一个额外补充。

二是,由于社会理论的学习应将所学的内容当作激发问题灵感的工具与进行对话的"谈资",而不应该当作"逃避自由"的权威信仰,所以本书在介绍各理论时,不只会赞赏这些理论的学术贡献,也会批评这些理论的不足。事实上,对理论进行有的放矢、恰如其分的批评,也是一项需要有足够专业素养而非随意挑刺便完事的能力。我感觉当代学人面对前沿理论时有时候会出现两种极端态度:有一种过于战战兢兢、奉若神明,即前文提到过的"逃避自由"的态度,也有一种是在一知半解(甚至可能是尚不知不解)的情况下随意以"不若经典深刻"之类的草率说法一概否定新思潮的迂腐态度。我在互联网上看到一个术语叫"功能性文盲",意指"一个人到了一定阶段后思维能力便固化下来了,以至于无论再读了多少书,也只是在从中寻求认同与巩固既有认知,而不是学习新事物,甚至所有不符合自己僵固认知的新事物都直接被斥为异端邪说"。"逃避自由"与"功能性文盲"在我看来都不是好事,前者缺乏批判精神,后者则缺乏学习态度,两者都缺乏对理论给出有内涵的批评的能力。所以本书不会随意对所介绍的理论给出草率否定,而是在有充足铺陈的前提下给出有理有据的批判,并且这些批判有不少也是学界经过辩论后给出的共识。因此本书不只在介绍新理论,也希望能示范如何恰如其分地批判新理论。当然,我们最终的目的是希望所有读者都能根据自己的关怀给出属于自己的批评,进而提出属于自己的问题,让社会理论的前进齿轮能不断在所有读者自己手中转动下去。

五、致歉与致谢

在翻译《社会理论二十讲》时,我曾问过约阿斯,有没有可能请他专门为中译本撰写一些独家新内容,再介绍一些更新的社会理论,或是补充一些原书没有介绍到的遗珠之憾。不过他婉拒了我的请求。老实说,当时我对他的婉拒有些不以为然,甚至质疑他的态度。然而,等到我自己编写出这本教材后,我才突然理解了约阿斯,甚至在一定程度上自己也成了约阿斯。我们这本书虽然洋洋洒洒地介绍了许多过往理论教材都没有完整介绍过的当代新兴前沿理论,但我们也自知还有很多值得一提的理论仍没有介绍到。例如我们几个初稿作者当时讨论过是否要加入以莱特（Erik O. Wright, 1947—2019）和布洛维（Michael Burawoy, 1947—2025）为代表的美国马克思主义社会学，或是易洛思（Eva Illouz, 1961—　）的情感理论。我们也相信一定有读者会批评："既然你们介绍了 A 理论家，怎么不介绍 B 理论家？"因为我们也时时对自己提出了这样的不满。但我们也深刻体会到，这种事情是没完没了的，我们不可能满足所有人（包括我们自己）的所有要求。我们必须给自己定下日程，在有限的时间内先踏实完成阶段性的任务。所以在介绍当代前沿理论的全面度方面若有不足，还请读者们多多见谅。如果读者们真的希望我们可以继续再弥补一些遗珠之憾，那么欢迎读者们多多支持本书。若能获得读者们充足的"点赞、投币、转发"，我们或有理由与机会未来继续撰写本书的续曲。

此外，本书虽然力求文字上易读好懂，但我让我自己的学生读过本书一些初稿后，学生们表示虽然本书的文字的确是易读好懂的，但内容还是有一些深度，需要认真动脑才能读懂，不是随便一眼扫过去就可以轻松吸收的。然而本书初稿作者们都反而担心我们的内容介绍得过于简单了。而且我也可以想见，一定会有的读者依然觉得本书过于深奥，有的读者却觉得过于浅显、缺乏深度。"内容难易"这种事必然众口难调。我们只能保证文字的流畅性，若内容难易不符合读者的期待，我们这里也请读者见谅。

除了对本书初稿作者、对所有读者致歉之外，我当然也有相当多的感谢。我首先要对本书的所有初稿参与者——蔡博方、陈逸淳、张天一——致谢。没有他们在百忙之中积极、认真地参与本书的撰写，没有他们对我过度的初稿修改抱持如此宽宏大量的态度，这本书是不可能完成的。感谢南京大学社会学院的领导与同事们。南京大学社会学院在所有方面都给了我非常大的学术自由，为我提供强而有力的后盾，让我在中国今天常显浮躁的学术环境中依然能无后顾之忧、安心地编写此书。感谢上海人民出版社，尤其是于力平编辑，愿意给予本书出版机会，并且一路上都非常支持、关心本书的编写工作。感谢哈特穆特·罗萨（Hartmut Rosa），在 2024 年春夏之际邀请我到德国耶拿大学担任一学期的客座教授，在耶拿为我安排了非常优渥舒服的工作环境,让我可以安心在德国冲刺本书的最后收尾环节。感谢好友凡登贝尔格(Frederic Vandenberghe)和颜月皓。凡登贝尔格虽然不懂中文,但通过我大致翻译成英文与他分享的本书目录与内容,他依然热情地提出了许多建议,当中有不少建议非常重要,我也慎重地采纳了。颜月皓在本书编写之际是师从张双利与耶基(Rahel Jaeggi)、复旦大学哲学院与柏林洪堡大学哲学系的联合培养博士研究生。月皓很认真仔细地阅读了本书介绍卢曼系统理论的第十讲的初稿,揪出了很多该讲行文上不适之处,也给出了许多内容上的反馈,对这一讲的优化给出了莫大的贡献。

最后要感谢所有支持与阅读本书的读者。对这篇如此啰唆的"前言",能有耐心看到这里,你们都非常了不起。我自己知道一篇"前言"写得那么长很不寻常。虽然我的用意是希望能详细交代这本书的来龙去脉,让各位读者对这本书有充分的认识与阅读正文的心理准备,但这样的交代当然不是字数多就有理。各位读者若对这本书给予正面评价,那是我们侥幸获得的错爱,无比感谢;若各位读者对这本书有任何不满,那是我们进步的动力,我们更会感激批评、指教我们的各位。不过,我想,我们这本书再怎么不济也应该有个优点:用心。这本书不是外行人抄袭拼凑出来的讲义,而是站在中国读者的立场上写就的具有一定原创性的当代前沿教材。相信各位读者可以通过这本书,获得最扎实的知识,以此在进行当代前沿社会理论的学习与研究时,拥有最充足的底气。

郑作彧

2024 年 10 月于南京

注释

[1] 约阿斯、克诺伯:《社会理论二十讲》,郑作彧译,上海人民出版社 2021 年版。

[2] 特纳:《社会学理论的结构》,吴曲辉等译,浙江人民出版社 1987 年版。

[3] 约翰逊:《社会学理论》,南开大学社会学系译,国际文化出版公司 1988 年版。

[4] 斯温杰伍德:《社会学思想简史》,冯克利译,社会科学文献出版社 1988 年版。

［5］波洛玛:《当代社会学理论》,孙立平译,华夏出版社1989年版。

［6］亚历山大:《社会学二十讲》,贾春增等译,华夏出版社2000年版。

［7］吉登斯:《社会理论与现代社会学》,文军、赵勇译,社会科学文献出版社2003年版。

［8］瑞泽尔:《后现代社会理论》,谢立中译,华夏出版社2003年版。

［9］瑞泽尔:《当代社会学理论及其古典根源》,杨淑娇译,北京大学出版社2005年版。

［10］特纳、毕福勒等:《社会学理论的兴起》,侯钧生等译,天津人民出版社2006年版。

［11］吉登斯:《资本主义与现代社会理论》,郭忠华、潘华凌译,上海译文出版社2007年版。

［12］宋林飞:《西方社会学理论》,南京大学出版社1997年版。

［13］杨善华主编:《当代西方社会学理论》,北京大学出版社1999年版。后来谢立中也参与编辑该书,其内容也得到许多扩充,变成上下两卷本的《西方社会学理论》于2005年与2006年出版。

［14］周晓虹:《西方社会学历史与体系(第一卷)》,上海人民出版社2002年版。

［15］刘少杰:《后现代西方社会学理论》,北京大学出版社2002年版。

［16］刘少杰:《国外社会学理论》,高等教育出版社2006年版。

［17］刘少杰:《当代国外社会学理论》,中国人民大学出版社2009年版。

［18］侯钧生:《西方社会学理论教程》,南开大学出版社2006年版。

［19］关于涂尔干和韦伯如何获得古典理论大师地位的详细讨论,可见本书第一讲第四节与第九讲第三节。

［20］关于英语世界的理论教材发展与重镇转移的情况,详见本书第一讲第四节的介绍。另外亦可参阅:孙宇凡:《评〈社会理论二十讲〉︱超越美国中心主义》,https://www.thepaper.cn/newsDetail_forward_15936548(“澎湃新闻·上海书评”,写作年份:2021,访问时间:2024.10.1)。

［21］关于“社会理论作为思想”和“理论作为解释工具”的意涵和差异,详见本书第一、二讲与结语。尤其是第一讲第三节和第二讲第一节,有较为完整且深入浅出的说明。在结语处也有更具体的展示。

第一讲　社会理论的基本发展背景

一、基本介绍

学术总是在不断发展。一门学问如果不再有新的进展,也就表示它失去了生命、差不多等于走向死亡了。韦伯在 1919 年出版的著名演讲稿《以学术为志业》中就经典地说道:

> 在科学领域内,一个人今天取得的成就再过 10 年、20 年或 50 年之后就会过时。这就是科学研究的命运,也可以说:这也是科学研究工作的意义之所在。[……]每一项科学研究所取得的"成就"也就意味着提出了新的"问题",并且也甘愿被"超越"和过时。[1]

社会理论当然也是如此。所以哈贝马斯在《沟通行动理论》第二卷的最后特别说道:

> 社会理论从自身出发能做到的事,和凸透镜的聚焦力量是一样的。如果社会科学不再能激发思想,社会理论的时代也就走到尽头了。[2]

这不一定意指社会理论必定会在一段时间之后就会失去其内涵的有效性,不再值得我们阅读。很多思想是历久弥新的,就像韦伯的文字在出版了超过百年之后依然有引用的价值。这种不因时空改变而失去内容有效性的事物,通常会被我们称为"经典"。但不论经典理论再怎么恒久远,它都是特定时代下的产物。所有社会理论必然都是理论家为了回应所面对的当下社会情境而发展出来的思想。之所以韦伯会强调社会科学研究的客观性,阿多诺却说"奥斯维辛之后写诗是野蛮的",而布迪厄又如此重视象征暴力,就是因为他们面对的社会情境和想回应的当下问题是不同的。当然,这些回应时代的思想不是理论家们单凭当下的感觉随口道出的。任何一种学术性的社会理论之所以具有学术性,必然是因为它与已有的理论交织在一起而镶嵌进学术知识网络中。这种"交织"可以是继承、援用已有的理论,也可以对已有的理论进行批评或与之对话。这意味着若我们想更好地弄懂某个理论,必须同时把握两点:第一,理论家们所处的社会情境及其想回应的社会问题是什么;第二,这些理论在知识网络中所要继承援用或批评对话的已有理论是什么。关于第一点,我们也许可以称为理论的"外部背景",第二点则为理论的"内部背景"。

今天中国社会学界似乎有一种情况:人们对于社会理论的内部背景谈论得比较多,但对其外部背景的了解却极为不足。我们可以很容易猜想出几点造成这种"失衡"现象的原因。首先,今天市面上几乎所有的社会理论教材都以大同小异的章节架构写成。为了让章节之间有连贯性,各作者会努力打通每个理论之间的内部背景。而当代中国的基础教育过于强调从教材上获取被视为"标准答案"的知识,所谓的知识常常是被抽离外部背景脉络的。我们绝大多数人对社会理论的所知又首先主要来自教科书。这就使得国人学习社会理论时常会惯性地直接将教材里被作者打通的内部背景当作唯一的标准答案而接受下来。其次,今天具有国际重要影响力的社会理论主要来自欧美国家,这些国家的社会文化的历史与情境对大多数国人来说过于遥远(光语言就有巨大隔阂),既所知有限,也很难体会,因此很多人对理论外部背景的了解可能要么兴致缺缺,要么力有未逮。然而,虽然搞懂市面上各理论教材里被打通的内部背景其实就已经是很艰难的任务了,但光这样是不够的。唯有再对理论的外部背景有基本的掌握,才能真正对社会理论既知其然、亦知其所以然。

只要我们一考虑到理论的外部背景,很容易就会想到两点。第一,迄今为止在国际上具有重要影响力的理论(家)主要源于法、德、美、英四个国家,尽管这四个国家常被通称为"西方国家"且其文化有相对亲近性,但它们在历史、社会制度结构等方面毕竟有不同的发展脉络,不能一概而论。因此,就算将英美统称为英语系国家,我们在探讨理论外部背景时也至少必须对法国、德国、英语系国家这三者进行分别的认识。第二,一旦外部背景被划分开来,我们就会轻易想见这三类国家的理论内部背景不会是完全一致的。虽然所有社会理论的内部背景的确有或多或少的共通性,但不同的外部背景也会让不同时空中的理论发展有不同的内部背景。所以,虽然市面上各个社会理论教材都会将书中各理论衔接得仿佛这些理论彼此之间有直接的传承发展,而且这些理论之间彼此的确都有或多或少的交织关系,但这些理论绝不像各教材中所呈现的那样直接通畅地前后继承,而是它们也会有与各自外部背景相对应的不同内部背景。例如帕森斯之所以会写出《社会行动的结构》,首先不是为了继承欧洲学术传统,而是因为他有针对当时美国社会科学界某些知识发展问题的企图。美国学者的理论主要还是首先和美国学界对话,因此其内部背景首先还是美国的理论思想发展脉络。又或是哈贝马斯的沟通行动理论虽然综合了在他之前几乎所有主要的欧美社会理论,但身为德国人的他在发展理论时无疑主要还是仰赖更有德意志风情的诠释学与批判理论,他首先也将他的理论工作放在德国背景中,强调对法兰克福学派第一代批判理论的继承,并首先与德国学界对话。

有鉴于此,作为一本介绍前沿社会理论的著作,本书在这一讲不只会进行一些"前情提要",交代一下社会理论的基本发展背景,好让各位读者知道这本书接下来要介绍的诸多前沿理论是在什么样的历史沿革下被提出来的;而且还因为上述原因,对此的介绍会刻意粗略分为法国社会理论、德国社会理论与英语区的社会理论三个部分。这样的做法并不意味着这些地区的理论发展都是各自孤立的。只要把这整本书读完,读者们一定会发现当代前沿社会理论都有或相互合作、或相互批评的纠葛关系,这些理论彼此之间都有可以"打通"之处。但我们相信,突出所谓"西方社会"的内部差异,详细呈现各自的发展脉络,对各位读者在理解社会理论一直以来(包括内部与外部)的发展背景来说会更有帮助。

由于本书采取的学科立场是社会学,而"社会学"这个词首先是法国人提出来的,因此我们首先从法国的社会理论发展史开始。接着介绍德国的社会理论基本发展背景,最后则是以美国与英国为主的英语系国家。虽然这些地区中,德国的社会学不论从哪个方面来看都是最晚出现的,所以从发展时间顺序来看法国之后似乎应该先谈美国、再聊德国;但由于德国的人文社会科学传统一直以来对理论的重视程度都远高于美国和许多英语系国家,甚至德国的社会理论还成为美国社会理论的重要发展渊源之一,因此我们还是先把德国的社会理论史介绍摆在英语系国家之前。不过,这样的介绍顺序绝不等于理论重要性排序,而只是为了行文的流畅。

二、法国社会理论的基本发展背景

(一)早期发展

不论是西方学界或是华语学界,都经常有人指出"社会学"(sociologie)这个词是由法国思想家孔德(Auguste Comte,1798—1857)于 1839 年在其著作《实证哲学课程》(*Cours de philosophie positive*)的第四卷首次提出。他将社会学定义为"对自然哲学的补充,涉及对社会现象的固有基础规律的实证研究"。然而事实上,"社会学"这个词初见于法国大革命前的 1780 年,由革命分子、神父兼政治家,亦是后来煽动雾月政变、协助拿破仑获得政权的埃马纽埃尔-约瑟夫·西哀士(Emmanuel-Joseph Sieyès,1748—1836)所撰写的一份手稿中。西哀士在手稿中提到他尝试建立一套"社会工艺"(art sociale),这套社会工艺的宗旨在于"以实证的知识来治理社会";这门"实证的知识"即为社会学。此外,西哀士也是最早提出"社会科学"这一概念的人之一。早于我们所熟知的孔德提出社会学这个词的 59 年前,社会学就已在法国有了雏形,并在之后的孔德、涂尔干等人的手上持续发扬光大至今。

● 埃马纽埃尔-约瑟夫·西哀士。
图片来源:https://upload.wikimedia.org/wikipedia/commons/2/2c/Emmanuel_
Joseph_Siey%C3%A8s%2C_by_Jacques_Louis_David.jpg.

今日我们所熟悉的法国社会学的基础,无疑是由涂尔干一手建立起来的。从涂尔干之后很长一段时间,法国的社会学一直都是讲求实证主义方法的"涂尔干学派"的天下。涂尔干学派的著名学者包括其侄莫斯(Marcel Mauss,1872—1950)、记忆社会学巨擘哈布瓦赫(Maurice Halbwachs,1877—1945)等人。涂尔干学派的壮大也影响并间接造就知识上的竞争者。例如反对涂尔干的"社会事实"概念的社会心理学家塔尔德(Gabriel Tarde,1843—1904),便是涂尔干的前辈与学术上的重要竞争者。

虽然涂尔干一生致力于创建社会学这门学科,并使之获得学界承认,但事与愿违。涂尔干曾于1897年和1904年两度被提名为法兰西公学院(Collège de France)"社会哲学"讲座教授,但遭知识界反对,最终没有获选。然而,涂尔干企图建立起独立于哲学之外的"社会学"这门学科的努力,在其侄子莫斯前仆后继、二度叩关法兰西公学院讲座教授失利之后,终于在 1930 年第三度叩关时成功获选为法兰西公学院的"社会学"讲座教授(注意,是"社会学"讲座教授,还不是当时涂尔干申请的"社会哲学"讲座教授)。社会学这门学科也总算是获得了正式的、官方的,乃至于整个法国知识界的认可。莫斯的成功,可归功他于 1925 年出版的一部相当成功的著作:《礼物》(*Essai sur le don*)。这本书让他奠定了人类学宗师的地位,也让他获得了法兰西公学院社会学讲座教授这个法国学术界的最高荣誉。

然而,尽管在莫斯任职于法兰西公学院的期间,社会学总算从社会哲学独立出来,但与此同时法国社会学却也陷入了发展危机。原因之一是,尽管当时的莫斯的确成就了社会学的名号,但莫斯的学术研究方向所承袭的是涂尔干晚期的人类学转向,莫斯也带领涂尔干学派逐渐转向了民族学与人类学的道路。1925 年起,莫斯还与两位人类学家列维-布留尔(Lucien Lévy-Bruhl, 1857—1939)以及利维(Paul Rivet, 1876—1958)共同创立了巴黎大学民族学院(L'Institut d'ethnologie de l'université de Paris)。尽管莫斯于 1930 年当选为法兰西公学院社会学讲座教授,但从当代的眼光来看,他的后续研究与著作都是标准的人类学研究,而非早期涂尔干式的实证主义社会学研究。甚至在他即将当选法兰西公学院讲座教授之时,学院内部还出现了争论,激辩究竟该任命莫斯为社会学讲座教授、还是民族学讲座教授。换言之,以实际成就来看的话,莫斯无疑离开了涂尔干早期所创建的社会学框架,转向了民族学与人类学的道路。在莫斯于 1950 年过世之后,当代结构人类学巨擘列维-斯特劳斯(Claude Lévi-Strauss, 1908—2009)协助整理并编纂了莫斯的遗稿,集结出版了《社会学与人类学》(*Sociologie et anthropologie*)一书。列维-斯特劳斯除了为此书作序外,也将莫斯视为结构人类学的先驱,莫斯亦被普遍认定为法国人类学之父,而非社会学奠基人。

另一个原因是,在一次世界大战期间,涂尔干所培养的社会学新秀在战争中折损甚多。由于人才的缺乏,社会学从一战之后仅存包括莫斯在内的寥寥几位代表性人物。自此社会学便一直处于瓶颈阶段,缺乏进一步的突破。在两次世界大战期间,法国社会学的发展相当有限。布迪厄(Pierre

Bourdieu，1930—2002）在 1985 年的一段访谈中指出，法国在这段时期只存在平庸的社会学，相关的研究既缺乏理论上的进展，也没有经验上的启发。"社会学家"甚至是一种被人瞧不起的身份。在当时学界中有不少人认为，只有那些在哲学的道路上遭遇挫败的人才会被遣送到社会学领域。换句话说，当时法国社会学的地位看似获得了学界承认，但实际上一蹶不振。虽然涂尔干在创立社会学之初的目的之一乃为了摆脱哲学的影子，然而难堪的现实却是，由涂尔干学派前仆后继地创建起来的社会学，在 20 世纪中叶以前却仍苦苦挣扎于如何自我证明为一门独立且具影响力的学科。到了 1945 年第二次世界大战结束之时，全法国竟仅存四名社会学教授：索邦大学的巴耶（Albert Bayet，1880—1961）和戴维（Georges Davy，1883—1976），他们两位在某种程度上是涂尔干时代的幸存者；斯托策尔（Jean Stoetzel，1910—1987）在 1945 年任教于波尔多大学；以及俄裔学者古尔维奇（Georges Gur-vitch，1894—1965）在 1935 年于斯特拉斯堡大学获得了社会学终身教职。

（二）中期发展与向当代的延伸

然而时势总会变化。第二次世界大战结束后，法国迎来了史上经济增长最快速的时代，史称"辉煌三十年"（Les trente glorieuses）。法国社会学在理论、研究方法与研究对象方面于此时开始出现了重大的改变，社会学过去一直被视为不入流的科学、低于哲学的次等学科等情况也渐渐获得了改善。新一代的重要社会学家也在此时段相继崛起。首先，引介韦伯的历史社会学方法、于 1955 年出版《知识分子的鸦片》（L'Opium des intellectuels）一书的阿隆（Raymond Aron，1905—1983），通过历史社会学的阶级分析，一方面在政治上反对无产阶级革命神话与纳粹的国族极权主义，另一方面在研究上遵循韦伯的主张，认为知识分子应采取"价值无涉"的态度，主张法国社会应朝向温和的自由主义发展，而非激进的左翼社会改革路线。在阿隆获选为法兰西公学院社会学与现代文明讲座教授之后，法国当代社会学终于迎来了脱离涂尔干学派的实证主义社会学和人类学的契机。伴随着全新的社会学范式的出现，接下来的法国社会学呈现了多元繁盛的全新风貌，如提出

"行动者社会学"的图海纳（Alain Touraine，1925—2023）、研究组织社会学的克罗齐尔（Michel Crozier，1922—2023）、提倡个体主义方法论的布东（Raymond Boudon，1934—2013），以及"以批判为己任的社会学"宗师布迪厄等。伴随着经济与社会各方面的快速发展，法国社会学在二战后百花齐放，不同理论范式纷纷崭露头角。

但最重要、影响力也最大的，无疑是布迪厄。他结合了马克思主义的批判社会学、涂尔干的实证社会学以及韦伯的科层制和正当性研究，辅以结构人类学式的田野调查方法与现代的统计技术，发展出独树一帜的社会理论视野，俨然成为法国当代社会学的最重要代表。不过布迪厄的崛起，某种程度上亦可说是"时代造就英雄"。布迪厄虽身为阿隆的弟子，但由于布迪厄对当时法国社会发展采取左派立场，对统治者和资产阶级大加批判，与阿隆政治上的右派保守主张有所冲突，因此并不受到阿隆的赏识。布迪厄的学术研究开始受到瞩目的关键，与法国在1968年5月爆发的举世闻名的"红色五月风暴"有关。

当年，红色五月风暴如野火一般往全世界扩散，对政府、国家、资本主义的怀疑与反抗，在世界各地的青年和无产者之间快速蔓延。学生、青年与劳工利用罢工、罢课、各种不合作，甚至是暴力手段与破坏行动挑战戴高乐政府，并对朝向资本主义发展的法国社会发出质问与不满。然而，面对这场堪称法国近代史上最为激烈的社会革命，社会学界的态度却是彻底分裂的，有两种相互对抗的声音。一端是就读社会学的年轻学徒们，也就是各大学社会学系的在校学生们。不论是红色五月风暴领袖还是参与者，这些社会学的年轻学徒们扮演了红色五月风暴中最关键、最热烈投入、最积极参与运动的"斗士"角色。然而，他们对这场运动的参与和热情投入，却并非当时担任大学教授的社会学家们的共同态度。事实正好相反：另一端，位居高位的社会学家们，几乎都对这场运动抱持高度怀疑，甚至于公开反对的态度。例如当时在社会学界如日中天的阿隆就直斥这场革命是危险的。另一位同样极负盛誉的布东则将这场运动视为在高等教育的竞争中遭到挫折的学生们的孤注一掷。布东指出，这场运动之所以如此盛行、激烈，不过是因为一群原本希望通过高等教育获得更高社会地位的社会学学徒们,发现辛苦获得的学历在越来越内卷的社会并没有真的能为自己带来相应的报酬,所以企图通过这场社会运动来以其他可能的方式获得成功而已。

布东在红色五月风暴发生后的第三年,也就是1971年,出版了《社会学的危机》(*La crise de la sociologie*)一书。布东认为,红色五月风暴带来的不仅仅是法国大学的危机,也是法国社会的危机,更是社会学这门学科的正当性危机。这场危机对于当时的社会学这门学科提出了深刻的质问与挑战。所谓的"社会学危机"指的是,在这场运动中,充斥着以1964年的诺贝尔文学奖得主萨特(Jean-Paul Sartre,1905—1980)为首的存在主义的影子,并且与反资本主义、反结构主义、反政府甚至是无政府主义的阵营的各种思想结合在一块。但当时主流的社会学要么仍然孜孜遵循涂尔干早期风格从事传统实证分析研究,要么像阿隆那样,从事冗长的历史分析但缺乏活力与批判精神。这使得社会学在红色五月风暴期间几乎不见踪影,碌碌无为,甚至冷眼旁观、嗤之以鼻。布东于1982年与社会学家布利寇(François Bourricaud,1922—1991)共同出版的著名作品《社会学的批判辞典》(*Dictionnaire critique de la sociologie*)的前言中残酷且直白地指出,法国社会学在20世纪70年代之后差不多要完蛋了,即便在红色五月风暴结束之后也不见改善趋势。

然而正是这场运动让布迪厄一炮而红。即便他当时也相当反对学生运动,但学生运动却并不在意他的立场而捧红了他。这之后,布迪厄以不可思议的学术活力进行了相当丰富多样的社会学研究,其提出的理论也获得全世界的极高声望。也就是说,"辉煌三十年"中崛起的大多法国社会学家因为与红色五月风暴站在对立面,因此在20世纪70年代之后逐渐消沉,连带引发法国社会学的危机;但同样站在运动对立面的布迪厄却因为红色五月风暴而被捧红、异军突起,几乎可以说凭一己之力扛起整个法国社会学,甚至带领法国社会学走向国际、占据在全球社会学界都不可撼动的一席之地。即便布迪厄在2002年过世了,但他带出的徒子徒孙,例如博尔东斯基、艾妮克、拉伊赫等人,到了当代也都同样在法国乃至国际社会理论界有一定的影响力。当然,即便布迪厄的影响力如此巨大,但还是有极少数的法国学者绕开了这位大神,另辟蹊径获得了自己的独特成就。拉图尔可以说就是这类罕见学者中的佼佼者。那么,究竟布迪厄为什么在红色五月风暴中出乎他自己本人意料而爆红呢?他的徒子徒孙们又如何批判地继承了他的学术遗产而在"后布迪厄时代"获得当代社会理论界重要的一席之地呢?拉图尔又是怎么另辟蹊径的呢?关于这些,本书第四讲和第七讲会有详细介绍。

(三)社会学之外的法国社会理论发展境况

虽然法国的社会学在法国学术史上起起落落,而且其实"落落"的情况还并不少,整体来说发展并不稳定;但如果我们的目光不只看社会学,而是放眼整个社会理论,那么法国的社会理论就非常耀眼了。对于这样的耀眼光芒,涂尔干功不可没。他的社会学理论与方法对当代法国整体的社会人文理论或广义的思想界提供了巨大的贡献,并间接造就了结构主义乃至于后结构主义思潮的出现。而要回顾结构主义,当然首先必须得从索绪尔开始讲起。

瑞士语言学家索绪尔(Ferdinand de Saussure, 1857—1913)曾于 1881年到 1891 年间在巴黎高等实践院任教,后来回到日内瓦大学任教。索绪尔身殁后由弟子整理授课内容,出版了《普通语言学教程》(*Cours de linguistique générale*, 1916),成为当代"结构主义"思潮的开山之作,对后续20 世纪整体西方人文思潮与理论造成了巨大的影响。索绪尔对语言及其结构的理解,便是从涂尔干的"社会事实"概念出发的。涂尔干在《宗教生活的基本形式》一书中,将"宗教""逻辑思想"和"语言"视为社会起源的三种基本社会事实。这些社会事实都具有外在于个体,且对个体具有强制力的结构特质。涂尔干的这套说法对索绪尔影响深远。索绪尔继承了涂尔干的观点,也将语言视为一种社会事实,认为语言这种社会事实具有超出语言本身的影响力。因此索绪尔的语言学格外重视对语言进行超个人现象的解释。

索绪尔的研究策略近似于涂尔干研究图腾体系的策略。涂尔干指出,什么样的图腾会受人信仰,本质上都是偶然任意的。但重点是,每个部落的图腾都必然是不一样的。只要一个能区别于其他部落的图腾被信奉了,获得了神圣性，它便能够将个体紧密联系在一起，构成社会团体，并由社会团体衍生出力量，以此区隔于其他群体。对索绪尔而言，语言的存在也基于同样的道理。语言的秩序是词与词（或符号与符号）之间的系统关系，其先于个人言说行动之前存在，就像社会秩序先于个体而存在一样。或是说，语言就是一种社会秩序。而语言之所以有传递信息的能力，主要源于系统内部的**差异关系**。一个词首先必须要与其他词放在一起、产生关联，并且要与其他词不一样，才有可能获得意义。因此，语言是关系与差异的体系，语言系统中一切意义都来自差异与对立，就如同社会关系一样。

受到涂尔干和莫斯对宗教与图腾信仰研究的启发，以及索绪尔的语言学的直接影响，列维-斯特劳斯（Claude Lévi-Strauss）的结构人类学开启了法国社会理论的另一条路。他青年时期曾在巴西、美国从事田野与人类学研究。1948 年，列维-斯特劳斯出版了《亲属关系的基本结构》（*Les Structures élémentaires de la parenté*）。这本书除了被视为致敬涂尔干的《宗教生活的基本形式》之外，也使他迅速获得了学术上的声誉。1955 年出版的《忧郁的热带》（*Tristes Tropiques*），让他在知识界获得前所未有的巨大声望，成为法国最令人瞩目的学术明星。1958 年他出版了奠定当代结构主义基础的理论著作《结构人类学》（*Anthropologie structurale*），分析了神话体系的基础结构，随后于 1959 获选为法兰西公学院的社会人类学讲座教授。

1962 年，列维-斯特劳斯出版了被许多人认为是他最重要作品的《野性的思维》（*La pensée sauvage*）。这本书旨在探讨人类最原初的思想模式。列维-斯特劳斯认为，人类的心灵乃依照"二元对立"的方式来运作（例如：上下、左右、东西、南北、男女、生熟、好坏、美丑、对错、高低，等等）；二元对立的原则不只构成了人类基本的心智结构，也是构成社会的深层基本结构。该书试图论证，不论是野蛮思想还是现代文明思想，人类的基础心智结构并无区别。1964 年起，他陆续出版了四大卷的《神话学》（*Mythologiques*），以神话为分析对象进行神话的结构研究，试图通过对神话的分析来理解人类知识与叙事的基础结构。在《神话学》中，列维-斯特劳斯同样套用了他在《野性的思维》中提出的论点，认为人类的心智运作的基本模式是二元对立。同时他也指出,若二元对立无法调和,永恒的对抗将使得心智运作和社会集体无以为继,可能招致毁灭。因此神话里头二元对立的两者之间,总是需要第三个要素来提供从一个对立项到另一个对立项的转换和调和。例如"雨"联结了"天"与"地","火"将食物从"生"(未加工的、自然的、野蛮的)变成"熟"(加工的、非自然的、文明的)。如果缺乏关键的第三要素提供转换与调和,不仅思想难以解释事物的变化,而且甚至人类社会中不断出现的冲突也会无法获得调解。因此对人类社会而言,通过"神话"来模拟的关系模式,可以让社会中的冲突与难题在思想上被克服、互相协调。从某种程度上来说,不论是原始社会或当代社会,神话都可以称得上是某种集体的自我幻觉。尽管社会生活中的诸多矛盾仍持续存在,依旧是真实社会生活里未解的难题,但借由神话叙事可以创造出一种人类在社会生活中共享的集体幻觉(如进步、理性、积累、文明等现代性的特质,或和谐、大同等传统社会的特质)。人都相信神话;现代人相信现代神话,就像古代人相信古代神话一样。仰赖神话叙事,我们才能够在社会的永恒冲突与矛盾之中继续集体生活。

从索绪尔以降,结构主义一向主张意义来自整个象征体系,而非个人。人类社会中的诸多神话,作者皆是佚名的,或是集体创作的成果。神话没有作者,神话叙事中作者的意图既不重要,也无人在乎。尽管神话的作者缺席或不为人知,但无碍于人们对神话的理解与信仰。在神话里头,作者的形象并不是书写的意义来源,反倒是理解意义的障碍,因为作者这个人并不是神话的意义依据,世界的意义也并非神话的作者所创造的。

在方法上,列维-斯特劳斯致力于建构一套严谨的结构主义分析程序,以此重塑所谓的"人文科学"的方法。他的分析方式和传统社会科学惯用的量化取向的数学统计分析截然不同。在他看来,社会世界中所存在的事物与其中的意义,以及对社会生活具有真实影响力的,并不是只有通过统计和调查所捕捉到的客观社会事实。真正决定社会世界样貌的,是人类的心智结构、价值体系、语言体系等。要理解这些,必须通过神话和叙事的结构分析才不会见树不见林。结构主义的分析不只看事物的表面现象,而是更追求理解现象背后深层的思维结构。列维-斯特劳斯的神话分析提供了一套全新研究方法,除了可用来分析神话,也同样适用于诗词、小说等的分析。因此他开创了当代文化研究的另一种科学的可能性。

值得一提的是,在《野性的思维》的第九章"历史与辩证"里,列维-斯特劳斯直接挑战了当时如日中天的萨特的《辩证理性批判》(*Critique de la raison dialectique*, 1960)一书,针对人类自由的本质展开了辩论。此章是列维-斯特劳斯在高等社会科学院以一整年的时间研讨《辩证理性批判》一书的成果。也因为这部分的讨论,以萨特为首的存在主义阵营与以列维-斯特劳斯为首的结构主义阵营,展开了关于主体与人类自由的本质的激烈论战。萨特与存在主义阵营主张每个人都是独特且自由地存在着,自己可以掌握自己的行动、命运与价值;人就是他自己的创造。存在主义对此论点所提出的一个最有名的口号便是"存在先于本质",一个人会是什么样的人取决于这个人如何活出自我。然而列维-斯特劳斯的结构主义观点认为萨特的存在主义主张只是一种幻觉罢了,甚至不过是一种当代资产阶级的神话。

尽管在红色五月风暴后结构主义被贴上保守主义的标签而遭致批评与质疑,并因此渐趋式微,然而这场结构主义和存在主义之间的大论战,却激发了接下来数十年,具有跨领域、跨国界、跨文化影响力的后结构主义思潮。其中的健将包括马克思主义哲学家阿尔都塞(Louis Althusser, 1918—1990),拉康(Jacques Lacan, 1901—1981)和他的精神分析,横跨结构主义与后结构主义文学理论的巴特(Roland Barthes, 1915—1980),被英美学界视为后结构主义者,但自己否认这个标签的当代文明史巨匠福柯(Michel Foucault, 1926—1984),和以"解构主义"闻名的哲学家德里达(Jacques Derrida, 1930—2004)等人。

阿尔都塞在1965年出版了《保卫马克思》(*Pour Marx*, 1965)一书,尝试重新界定马克思的思想。他主张,马克思的早期思想是黑格尔的延续,晚期则建立了马克思自己的科学,这两个阶段的思想是断裂的。早期延续黑格尔的哲学是一种意识形态,而晚期马克思已经转向科学研究。阿尔都塞反对黑格尔的人文主义,也不天真地认为人必然具有主体性、能动性。他提出"多元决定论"的观点,以此取代古典马克思主义的经济决定论和唯物主义。阿尔都塞认为社会结构是复杂的,结构中每个部分都有其相对自主性。而资本主义的运作仰赖意识形态国家机器里各个不同的部分来共同完成。阿尔都塞也认为,追求主体能动性是一种意识形态的展现,是特定历史时代与社会文化的产物,也是资产阶级意识形态的一部分。

拉康的精神分析大量引入了结构主义语言学的方法,因此与创立了精神分析的弗洛伊德大不相同。拉康曾毫不保留地赞誉列维-斯特劳斯的《亲属关系的基本结构》一书,并受到列维-斯特劳斯的影响,主张"无意识就是一种语言结构"。

巴特主要的贡献则在文学理论方面。他在学术生涯早期就对萨特的文学观提出质问。萨特认为文学是自由的,是人展现自由与主体性的重要途径,但巴特于1953年发表的《写作的零度》(Le degré zéro de l'écriture, 1953)反对萨特的文学观。1954年出版的《神话学》(Mythologies)则集结了他的多篇报纸随笔,在现代生活中诸多神话的分析中融合了新马克思主义的意识形态理论,认为文化活动是现代神话,更是意识形态的展现,而意识形态的功能在于隐藏真实。例如,葡萄酒是法国资产阶级的图腾饮品,被认为有益健康,但实际上葡萄酒不仅未必有益健康,鼓吹大量消费葡萄酒更有助于资本主义的生产与剥削。诸如此类的神话的功能就是将事物自然化,把武断、偶然的、历史的事物,陈述为看似自然的历史真理。后期的巴特则开始从事实验性质的片段写作,相关重要著作包括《文之悦》(Le Plaisir du texte, 1973)、《罗兰巴特论罗兰巴特》(Roland Barthes par Roland Barthes, 1975)、《恋人絮语》(Fragments d'un discours amoureux, 1977)等。

由于福柯太过有名,1984年过世至今仍未失去影响力,相关介绍已经非常多,而德里达太过哲学,与社会理论有点距离,所以这两人我们就不再详细介绍了。不过,虽然后结构主义(以及后来常被人们拿来与后结构主义相提并论的后现代主义)从1970年到2000年间风靡全球,但在这之后其影响力显著衰退。到了2010年之后,不论是结构主义,还是后结构主义与后现代主义,除了社会理论教科书还会经常提到之外,几乎已消失在实质的社会理论研究中了。今天不再会有人自称或被归类到这些标签中。这股思潮几乎可以说已经走入历史了。但这完全不意味着后结构主义已经"死去"了;相反,它仍然是许多当代重要前沿理论的基础养分,可以说"转生"成了后来的理论。其中一个既深受后结构主义影响、又以批判后结构主义作为重要出发点的理论,就是新唯物主义。第八讲会详细介绍它。

总的来看,法国的社会理论发展虽然最初在涂尔干那里获得了重要成长,但二战后主要以哲学作为核心阵地。一边是存在主义,另一边是结构主义与后结构主义,双方的辩论激发出享誉世界的火花,其影响直到 2010 年之后才慢慢消退。社会学在法国则长时间处于边缘位置,直到 20 世纪 70 年代之后才由布迪厄扛起大旗而逐渐占有重要的一席之地,他那"以批判为己任"的社会理论和他的徒子徒孙的影响力一直延续到今天。相比之下,德国的社会理论就非常不一样了。虽然地理位置上德法是紧邻的两个国家,但德国的社会理论却始终以社会学作为重镇。不过德国的社会学发展并非是一帆风顺的;相反,它所经历的坎坷与波折远远高过法国。

三、德国社会理论的基本发展背景

(一)德国社会理论的精神科学基础

德国的社会学发展在欧美国家中是最迟滞的。相比于其他国家在大约 1900 年之前就创立了社会学的院系或学会,甚至创办了专门期刊,或至少有专门的社会学著作,德国在同一时期基本上看不见社会学的踪影。为什么会这样呢? 这要从德国的特殊历史背景说起。

和西欧大多数国家不同,德国在 1871 年由普鲁士王国宣告统一之前非常长一段时间内不是一个统一的国家,而是无数诸侯国林立,即所谓的德意志地区。这个地区上的人民之所以有凝聚力,乃至之后能成为一个统一的国家,是因为他们有共享的语言与文化,并因此相当重视"共同体"这个观念,亦即认为人并非孤立的存在,而是必须镶嵌在社会群体中、大家齐心协力携手迈进。这种"群体共同理念"即是许多德国学术著作中常看得到的"精神"（Geist）概念。为此提供重要基础的是马丁·路德。路德在当时干了一件大事，就是他用德文翻译了《圣经》。长久以来，《圣经》是以欧洲老百姓早就不认得的拉丁文写成的，但路德把《圣经》翻译成德文，让德意志地区的老百姓都可以自己读《圣经》。虽然路德不是第一位用德文翻译《圣经》的人，但他的翻译特别好，老百姓都争相购买与阅读。这让路德的德文成为标准德文的模范，为德意志地区提供了共享的语言文字基础。但同时老百姓也发现：就算有德译本可读，常常也还是读不懂《圣经》。相信所有读者都有类似的经验：很多欧美的社会理论著作就算有中译本可读，但读了之后往往会发现，译文虽然每个字拆开都认得，但组合在一起就是读不懂。当时《圣经》德译本读者就面临这个困扰。在此情况下，德意志地区开始发展出一套特有的"系统性地理解《圣经》文本"的学说，即诠释学（Hermeneutik）。后来德国一些哲学家，尤其是施莱尔马赫（Friedrich Schleiermacher, 1768—1834），将诠释学的研究范畴从对《圣经》的理解扩展成对人类所有想法观念（包括各种文本、诗歌、人类行为动机、社会生活的运作与演变等）的理解，让诠释学成为德国特有的一套"以理解作为方法来研究人类表现"的科学。

德国特有的诠释学传统和对精神的重视，在德国哲学家狄尔泰（Wilhelm Dilthey, 1833—1911）那里达到了一个集大成的巅峰。狄尔泰创建了"精神科学"（Geisteswissenschaft），旨在研究所有由人类基于共享理念（精神）而进行的各种意志活动，以及由这些意志活动彼此相互关联而成的各种社会现象或领域［狄尔泰将这些社会现象或领域称为"社会事实"（gesellschaftliche Tatsache），例如法律、宗教、政治、国家等］及其变迁［狄尔泰将这种变迁称为"历史事实"（geschichtliche Tatsache）］。狄尔泰特别强调精神科学与自然科学不一样。狄尔泰认为（实际上德国学术传统也基本都认为）"科学"意指以系统的方式确切把握事物运作的本质。社会—历史事实不像物理世界那样是由因果法则推动的，而是由人基于精神，基于特定的观念、价值、道德所实践出来的。所以套用自然科学的"以解释因果法则为宗旨"的做法来研究社会—历史事实，无法确切把握这些研究对象的运作本质,因此反而是不科学的。若要真正科学地研究人类精神世界,必须采取诠释学的方法,理解人类各种社会行动背后的想法、观念、动机。因此狄尔泰有句名言:"对于自然,我们需要进行解释;但对于有灵魂的生命,我们需要的是理解。"[3]

在这样的背景下,狄尔泰极为否定社会学。因为西哀士和孔德在提出"社会学"时都强调社会学是一门比照自然科学的做法来研究社会的"实证主义"科学,而在狄尔泰看来这种做法是没有道理的。狄尔泰的说法在德国被广泛接受,因此当时德国学者大多不把社会学当作一门正经的学术领域。这便是德国社会学发展迟滞的主因。但在 20 世纪初,德国当时颇具特色的一种经济学观念却意外促使那时的一些年轻学者开始认真思考与发展了社会学。

(二) 德国社会学的诞生

与今天人们可能直接会想到的那种基于经济人(homo economicus)假设之上、运用各种精致的数学模型进行计算的经济学不同,德国当时(即便到今天也依然有一定程度的传承)会特别将自己的经济学称为"国民经济学"(Nationalökonomie 或 Volkswirtschaftslehre,简称为 VWL)。国民经济学主要探讨的不是财富,而是整个社会生活,但会特别从"生产"这个领域作为切入点来研究整体社会运作。从今天的思维来看,我们几乎可以说德国的国民经济学更多是一门探讨"民生"的"民生学"。在 19、20 世纪之交,这个学科有了一位深深影响甚至时常主导当时德国国家政策制订与施行的国师级大佬:施穆勒(Gustav von Schmoller, 1838—1917)。

长年任教于当时的柏林大学的施穆勒,其国民经济学思想有两个特色。一是,施穆勒认为不同的社会有不同的民生发展路径,人们唯有对这个社会进行历史研究、归纳出这个社会的发展法则之后,才能充分掌握这个社会的生产形态和制订出最适合这个社会的经济政策。这后来形成了所谓的"德国经济学的历史学派"。对施穆勒来说,认为可以基于假想的"经济人",通过数学计算演绎出适用于所有人类情境的财富生产与分配模型的想法是非常愚蠢的。施穆勒在 1884 年直接点名维也纳经济学家门格尔（Carl Menger, 1840—1921）就是这类蠢蛋之一，让门格尔及其弟子愤怒不已，进而引发德奥经济学中史称"方法之争"——争论经济学应采用历史归纳法，还是数学演绎法——的学术论战。二是，由于身为国师，因此施穆勒鼓吹所有德国学者都应站在政府的立场上公开在所有场合（例如在大学讲坛上）宣扬、倡导各种政策的执行。这种做法后来被称为"讲坛社会主义"，并导致当时的大学课堂常常成为教授宣扬个人立场的地方。

施穆勒虽然表面上是霸气国师，但私底下他不吝提携后人。例如在柏林大学担任多年编外讲师的齐美尔（Georg Simmel, 1858—1918）就是在施穆勒的鼓励下写出了《货币哲学》（*Philosophie des Geldes*, 1900）一书。1890年，施穆勒组织了专门研读英国学者斯宾塞（Herbert Spencer, 1820—1903）的《社会学原理》的读书会，再次邀请齐美尔参加。在研讨过程中，齐美尔发现"社会学"这门学说和当时同样任教于柏林大学的哲学大佬狄尔泰提出的精神科学有很多相近之处。因此他尝试将研读斯宾塞和狄尔泰著作的心得结合起来，写了一些论文，后来这些文章集结起来以《社会学：社会化形式研究》（*Soziologie, Untersuchungen über die Formen der Vergesellschaftung*）为题，于 1908 年出版，这亦是当时德国少数正式的社会学著作。（不过值得一提的是，虽然齐美尔这么做很大程度上是想表现出他认真、谦虚地精读了狄尔泰的著作，以此恭维狄尔泰，但狄尔泰并不赞同齐美尔把精神科学与社会学相提并论的做法，使得齐美尔的马屁有点拍在了马腿上……）

这本著作让齐美尔在"德国社会学会"于 1909 年正式成立时被多次推举为会长，然而齐美尔本人更多自我认同为哲学家，并不真的对社会学感兴趣，因此坚持拒绝会长一职，并且 1913 年 10 月 11 日齐美尔就以"对社会学失去兴趣"为由退出学会了。不过在柏林大学多年的任教过程中，齐美尔优异的授课能力获得许多学生的喜爱。后来有两位听过齐美尔讲课的留学生发展得特别成功，连带让齐美尔在过世很久之后竟慢慢在功成名就的学生的推崇下于社会学领域获得了不朽的名声。其中一位是来自匈牙利的卢卡奇（Lukács György, 1885—1971），在其以提出物化概念闻名的经典著作《历史与阶级意识》(*Geschichte und Klassenbewußtsein*：*Studien über marxistische Dialektik*，1923)中，直接声明齐美尔对他的物化概念的构思有不可抹灭的深刻影响。另一位是美国人帕克(Robert E. Park，1864—1944)。帕克是曾对美国社会学界产生重大影响力的芝加哥学派的重要奠基人物，他时常将他的研究构想归功于齐美尔，使得齐美尔在美国社会学界比在德国学界更广为人知。

德国社会学会 1909 年正式成立时有 39 名创会成员，当中今天最为人熟知的可能当属韦伯(Max Weber，1864—1920)了。虽然韦伯被今天的中国社会学理论界的某些学者吹捧到简直像是在造神的地步了，但他在德国的评价褒贬不一。这样的评价与韦伯那极具攻击性的性格有关。

韦伯也是施穆勒提携的青年学者之一。1888 年，韦伯便加入了施穆勒创立的德国社会政策学会，并且于 1893 年开始在施穆勒的支持下担任学会要职。虽然受到施穆勒照顾，但韦伯对施穆勒并不特别客气，因为他非常厌恶施穆勒的那种讲坛社会主义。1904 年开始，韦伯深度参与了他一群朋友主持的《社会科学与社会政策文库》期刊，开始撰写如《社会科学与社会政策的知识"客观性"》(Die "Objektivität" sozialwissenschaftlicher und sozialpolitischer Erkenntnis)这样的文章，并阴阳怪气地指责讲坛社会主义的"立场先行"的毛病。1913 年，韦伯决定公开抨击施穆勒及其社会政策学会；这个抨击事件后来史称"价值判断之争"。他在 1914 年撰写(后来在 1917 年公开发表)的檄文《社会学科学与经济学科学的"价值无涉"的意义》(Der Sinn der "Wertfreiheit" der soziologischen und ökonomischen Wissenschaften)，以及 1917 年发表的演说《以学术为志业》(Wissenschaft als Beruf)中，都指出社会科学家不应自恃教师身份在讲台上站在自己的立场宣扬个人价值观，而是应该客观、科学地分析人类生活的方方面面，让人们知道什么样的选择很可能会导致哪些后果。至于选择权应交到人们自己手中。也就是说，社会科学研究不应有个人立场的"价值判断"涉入其中，亦即社会科学家应抱持"价值无涉"(Wertfreiheit)的态度，否则就只是充满多味的夸夸其谈。例如，面对不同种族，社会科学家该做的是研究其各自的社会结构、文化观念，但不能带着种族中心主义的偏见立场宣扬什么种族是优秀的、什么种族是低劣的(即对种族下价值判断)。

在发起价值判断之争之前,韦伯先做了一件事:巩固好自己的方法论基础。因为,虽然韦伯坚持社会科学家应客观、科学地分析社会生活,但当时德国学界认为社会生活只能以理解来诠释,那么这种诠释如何能具有"客观科学性"就很成问题了。为了解决这个问题,韦伯在1913年写了《论理解社会学的一些范畴》(Ueber einige Kategorien der verstehenden Soziologie)一文,该文后来改写为《社会学的基本概念》(Soziologische Grundbegriffe)于1920年付梓(但在出版之前韦伯便过世了)。

在文章中,韦伯指出社会学应将社会行动视为研究单位。虽然对于社会行动的研究的确应(如德国的诠释学传统所认为的那样)以"理解"作为方法,但我们可以根据"手段—目的之间对应与否"来对社会行动进行分类以提高理解的客观科学性[以"手段—目的之间的对应"作为基本逻辑来进行的思考,即是所谓的"理性"(或译为"合理性",Rationalität)]。着重"达成目的"的这种行动(韦伯称为"目的理性行动"),由于相应的手段有限,因此手段—目的之间对应关系就会特别高,如此一来人们对这种行动的理解,就有更高的客观科学性。相对于目的理性行动,强调"坚持所拥护的价值"到甚至可以不顾后果、所以手段—目的之间对应关系会比较差的行动(韦伯称为"价值理性行动"),虽然有较多的主观信念成分,亦即偶然性较高,所以人们对它的理解难以达到很高的客观科学性,但还是有一定的客观科学性,还是可研究的。韦伯还继续区分出"传统行动"与"情感行动",而对这两种行动类型的理解,就很难有较好的客观科学性了。总的来说我们可以看得出来,韦伯尝试将被狄尔泰对立起来的"解释"与"理解"进行调和,以此事先解决他发起价值判断之争后可能会面临的问题。[4]

韦伯的这套说法有一点值得注意。韦伯虽然这里(以及之后他也频繁地)提到了"社会学",但他完全没有像齐美尔那样想参与由孔德创建的那门学科的意思。他提社会学,只是想用这个在当时德国学界几乎没有人在使用的词来包装他自己原创的一套基于客观理解法进行国民经济学与社会政策研究的学说。所以韦伯始终宣称他所谓的社会学是"他自己的社会学"。并且他各种冠以"社会学"的研究、讨论与对话的文献从来都不是孔德或斯宾塞(当然也没有涂尔干),而是德国经济学历史学派的学者,他的研究内容与风格也差不多是典型的德国经济学历史学派式的。他并没有想为作为专业学科的社会学作贡献,而只是在做自己的国民经济学与社会政策研究。这也表现在他对德国社会学会的态度上。1909 年德国社会学会成立之时,他的确参加了,并自领财务会计一职。但在 1910 年参与了第一届年会之后,他便觉得与这个学会志不同、道不合,因而在 1912 年退出学会,对德国社会学的学科创立与发展几乎没有实质贡献。直到过世,韦伯在德国虽然有点名气,但一直称不上有什么巨大的影响力。不过韦伯过世之后,他在海德堡大学经济学系任教的弟弟,阿弗雷德·韦伯(Alfred Weber,1868—1958),收了一名来自美国的留学生,而阿弗雷德·韦伯整天向这名留学生宣扬自己哥哥的思想有多么伟大,这名深受其影响的留学生回美国之后也因此大力宣传韦伯的思想。更重要的是,这名留学生后来成为美国乃至整个世界的社会学史上最具影响力的理论大师,连带让"韦伯自己的社会学"理论竟也成了整个社会学的重要理论基础。这个美国留学生就是帕森斯,我们等下会再谈到这件事。

虽然齐美尔和韦伯这两位德国社会学会创建成员在学会一成立没多久后就离开了,但同为创会成员的滕尼斯(Ferdinand Tönnies, 1855—1936)就没有这么无情无义了。他自 1909 年学会成立之始便担任会长,直到 1933 年才因到了退休年龄而卸任。滕尼斯在 1887 年出版重要代表作《共同体与社会》(*Gemeinschaft und Gesellschaft*)之初,并没有把这本书当作一部社会学著作,但他常到英国、法国甚至是美国等国家交流,视野和包容性比较好,所以他的这本书也考察并援引了一般不被当时德国人当一回事的英法社会学文献。书出版后,不少国际同行(例如涂尔干)将之视为社会学著作而给予肯定,这让滕尼斯感觉自己似乎与社会学更相适。因此 1909 年他便扛下了德国社会学的创建与发展任务,甚至 1912 年再版《共同体与社会》时也将其副标题从原先的"作为经验文化形式的共产主义与社会主义"(*Abhandlung des Communismus und des Socialismus als empirischer Culturformen*）改为"纯粹社会学的基本概念"（*Grundbegriffe der reinen Soziologie*）。

不过虽然《共同体与社会》非常有名,时至今日都是社会学必读书目之一,但不论这本书,还是滕尼斯的整个学术思想,都没有重要的后人传承出新的生命力。而且滕尼斯虽然担任德国社会学会长多年,但德国的社会学在他手上始终没有获得制度性的发展,反而到了1919年才在与德国社会学会几乎无关的情况下有所突破。

1919年德国有两所大学同时设立了三个"社会学"教席。一个是法兰克福大学经济学院设立的"社会学与国民经济学理论"教席,由奥本海姆（Franz Oppenheimer, 1864—1943）执掌。另外两个都在科隆大学,一个是在经济科学与社会科学院设立的"国家经济科学与社会学"教席,由冯·韦瑟（Leopold von Wiese, 1876—1969）执掌,另一个是哲学院设立的"哲学与社会学"教席,执掌人是舍勒（Max Scheler, 1874—1928）。虽然"教席"只是个人教职头衔,不是组织性的教学或研究单位,但这三个正式教席的成立还是让社会学终于在德国拥有了正式学术地位。不过很神奇的是,这三位执掌人中,奥本海姆和冯·韦瑟都是真正热爱社会学的人,也发展出自己原创的一套社会学理论,而舍勒则更多认同自己是哲学家（尤其热爱现象学）,对社会学只有为数不多的讨论;但后来只有舍勒的理论流传了下来,奥本海姆和冯·韦瑟则沉没在历史洪流中,今天已几乎不为人知了。

舍勒在社会学方面的贡献从今天的角度来看比较重要的是他创建的知识社会学与哲学人类学。舍勒认为社会学应研究社会运作原理,而社会本质上是基于人们共享的想法、理念之上而运作的,因此社会学的主要研究对象就应是人们共享的想法、理念。读者应该可以发现这和狄尔泰的说法大同小异。但舍勒不将人们共享的想法、理念称为"精神",而是称作"知识",并因此宣称社会的构成单位不是个体,也不是社会行动或互动,而是知识。不过舍勒的这个说法就仅是如此一提,没有更深入的讲解。他对知识的社会学探讨,主要内容在于针对孔德,一方面认为孔德提到的宗教、哲学、科学这三种知识类型的确非常重要,但另一方面对孔德的知识线性进化观提出批评，认为宗教、哲学、科学这三种知识不是前后交替演进的关系，而是至今仍同时并存，并且复杂地交织在一起。

舍勒的知识社会学理论并没有真正开展出来，他的哲学人类学也是如此。舍勒仅仅提出一个关于"哲学人类学大致上是什么"的提纲，随后在没有任何进一步开展的情况下就突然过世了。但他的弟子普雷斯纳（Helmut Plessner，1892—1985）后来却将之发扬光大。哲学人类学在德国很有影响力。例如这套理论直接影响了德国也许是 21 世纪初最有名的社会理论家哈特穆特·罗萨的共鸣理论。第六讲介绍罗萨时会专门交代。至于舍勒的知识社会学之所以具有后世影响力，则归功于他一位后来也很有名的粉丝：曼海姆（Karl Mannheim，1893—1947）。

曼海姆 1929 年在法兰克福接替了奥本海姆的教席。虽然 1933 年纳粹上台后他便因犹太裔的身份而流亡到英国伦敦［值得一提的是，不论是到法兰克福，还是流亡英国，曼海姆都带着他的小老弟埃利亚斯（Norbert Elias，1897—1990），后来埃利亚斯长年在英国任教，对英国的历史社会学很有影响力］，在德国任正式教职的时间很短，但他在 1929 年出版的论文集《意识形态与乌托邦》名气却很大。当中他认为自然科学作为一种客观、不因个人意志而转移的知识虽然很重要，然而它不能告诉人们该怎么做才会让生活更好，但文化、生活中的观念知识可以。不过文化知识是先于个体的集体产物，会受社会环境的影响。因此"知识"本身应是社会学的研究对象，社会学应可探讨某个文化知识（例如社会理论本身！）是在什么样的社会背景下出现并如何发挥影响力的。这个意涵就是今天所谓的"知识社会学"这门社会学子领域的主要意思。曼海姆的知识社会学构想从今天的角度来看其实有很多毛病，例如今天学界已经普遍同意就算是自然科学的知识其实也是社会的产物，应纳入知识社会学研究的范畴中。尽管如此，曼海姆的工作至今都是很有影响力与生命力的。第七讲介绍拉图尔时将会有具体介绍。

而舍勒和曼海姆的理论之所以流传至今，一定程度上也有历史巧合性，而且这与一个人有关：奥地利的舒茨（Alfred Schütz，1899—1959）。舒茨原先并不是学者，而是一名爱好现象学的银行家。他注意到韦伯的客观理解法并没有从根本上解释"理解的客观性如何可能"这个哲学问题,因此尝试用现象学解决,其研究成果为1932年出版的《社会世界的意义建构》。二战期间,舒茨流亡到美国,晚年辞去了银行的工作在纽约新学院任教。在那里,舒茨影响了两名同样从奥地利流亡到美国的学生:柏格(Peter Berger,1929—2017)与卢克曼(Thomas Luckmann,1927—2016)。柏格和卢克曼1966年在美国合写出版了《现实的社会建构》(*Social Construction of Reality*),当中提到知识社会学,并将知识社会学的缘起与发展追溯到舍勒与曼海姆。《现实的社会建构》这本书极为成功,连带让舍勒和曼海姆也广为人知。

从1919年开始,德国社会学似乎总算出现了正式发展的端倪了,各地大学也都陆续设置了社会学相关教席。不过1933年纳粹上台后情况出现了变化。很多说法宣称纳粹迫害、消灭了德国社会学,但这不是事实。犹太裔的社会学者的确受到迫害,不少人流亡海外,但其余人依然留在德国从事社会学研究,各处教席大多未被取消,德国社会学会也没有被裁撤。只是此时德国的社会学因为害怕动辄得咎,所以几乎没有任何理论上的进展。社会学家一般都加入了纳粹党,为纳粹政府从事定量的人口与社会调查。不过1945年二战结束、德国战败后,倒是真的遭到毁灭性的打击。

(三)战后发展

这样的打击来自占领德国的同盟国,尤其是支配了西德的美国。由于德国的社会学在二战时期为纳粹政府进行了许多工作,因此美国将之视为纳粹遗毒,勒令将社会学会解散,并取消多个教席。1946年,科隆社会学家冯·韦瑟积极配合美国的去纳粹化政策,并且在经过各种努力获得美军的许可下重建德国社会学。但自此德国社会学大致分裂成两大派系,直到20世纪90年代末期这种对立才逐渐消失。

一派是二战期间加入纳粹党,二战后经过去纳粹化程序而返回大学工作的社会学家,最有名的代表是谢尔斯基(Helmut Schelsky,1912—1984)。另外一派是战前被纳粹迫害、流亡海外,战后受邀返回德国的社会学家。其中最重要的代表人物是霍克海默(Max Horkheimer, 1895—1973)与阿多诺(Thodor W. Adorno, 1903—1969)。霍克海默原先是典型的哲学家,战前在法兰克福大学担任哲学教授,并在 1931 年兼任该校设立的社会研究所的所长一职。二战期间霍克海默流亡到美国,在美国哥伦比亚大学继续坚持社会研究所的工作,并招揽了许多重要学者(包括他在德国就已认识的好友阿多诺)一同进行一些实证的社会调查研究工作。二战结束之后,霍克海默和阿多诺于 1950 年受邀将社会研究所再次迁回法兰克福大学。这个研究团队后来被世人称为"法兰克福学派",并以"批判理论"闻名于世。

　　霍克海默将批判理论定位为一项以改善社会为宗旨的跨学科研究。"社会学"自然是其中相当重要的学科之一。因此他不仅在返回法兰克福后担任了"哲学与社会学"教席,并且协助阿多诺于 1954 年在法兰克福大学成立社会学教研室,这是德国史上第一个社会学的正式教学单位。从此之后,德国的学子才终于能够以"社会学"作为主修学科获得社会学专业学位证书。阿多诺学术生产活力极为充沛,虽然因为犹太血统而遭遇过纳粹迫害,到美国后也从事许多社会学实证研究,但他内心深处深受德国传统文化的熏陶,因此和狄尔泰一样极为摒弃实证主义社会学。但同时他又认为社会学对批判理论研究来说是必不可少的。只是社会学若真正对社会作出贡献,那么它必须是一门秉持批判态度的学科。像韦伯的"价值无涉"概念在阿多诺看来是消极、保守,因此极不可取的。在这样的背景下,阿多诺的工作在理论研究方面,始终以实证主义批判为基础来建立他的以批判为己任的社会学,其代表成果为他于 1969 年编纂出版的《德国社会学的实证主义之争》(*Der Positivismusstreit in der deutschen Soziologie*)。在学科推动方面,阿多诺不但成立了德国第一个社会学教学单位,而且也在 1963—1967 年担任德国社会学会的会长,大力支持德国各地创建社会学院系,并完整奠定德国的社会学体制。另外,德国在 1968 年和法国一样爆发了学生运动,学生们无不将阿多诺的批判理论奉为圭臬。甚至为了学习批判理论,当时德国的大学新生多将社会学当作第一志愿,大量学生涌入社会学系,庞大的生源使得德国的社会学瞬间变成热门学科,许多学校纷纷为社会学的学科建设开绿灯,让德国的社会学因为阿多诺的批判理论而在极短的时间内获得了飞跃且成熟的发展。可以说就制度上来看阿多诺实为德国社会学之父。

除此之外,阿多诺也因为受纳粹迫害的经历,一直严厉抨击谢尔斯基等曾加入纳粹的社会学者。在阿多诺左打实证主义、右打纳粹遗毒的工作过程中,他的助理哈贝马斯(Jürgen Habermas, 1929—　　),一位学术精力不亚于阿多诺,也同样热衷于批判理论与学术辩论的学者,一直随阿多诺深度参与各种学术论战中,以此崭露头角。后来哈贝马斯被称为法兰克福学派批判理论的第二代主要人物,成为阿多诺最重要的后继者,也在德国1968年学生运动中被学生们视为阿多诺之外最重要的精神领袖。

不过阿多诺和哈贝马斯对德国当时的学生运动中许多偏激的暴行表示反对、大加挞伐。这让大量运动参与者对阿多诺和哈贝马斯的态度感到非常失望,开始反过来严厉抨击阿多诺和哈贝马斯,恶劣地骚扰他们的课堂。阿多诺被迫在1969年暂停教学、请假离开法兰克福,后来阿多诺亦在该年于瑞士旅行途中猝逝。哈贝马斯也出于同样的原因在1971年被迫离开法兰克福、转任至德国南部一个小城市的马克斯·普朗克研究院。不过哈贝马斯的学术生涯并没有因此结束,相反,他在1981年出版两大卷《沟通行动理论》,该著作已然成为社会学的经典著作。他也在1984年返回法兰克福大学任教直至退休。一直到了今天,哈贝马斯依然参与各种话题,当然也引起许多争议,从2019年新冠肺炎疫情到俄罗斯—乌克兰或巴勒斯坦—以色列的冲突都出现在哈贝马斯的评议文章中。

不过,德国社会学虽然因为批判理论而爆红,但整个德国社会学界并没有因此而让批判理论独大。例如一直被阿多诺抨击的谢尔斯基虽然主要不从事理论研究,但他并没有一直窝在某个教席上一声不吭闷着挨打。相反,他在学术界依然很有活力,毫不低调地为德国的战败叫屈,也不掩饰对批判理论的嘲讽。其中他对后世最重要的影响,就是在1968年协助德国一个中型城市比勒费尔德(Bielefeld)创建大学(于1969年正式成立),并且为比勒费尔德大学社会学系挖掘了一个人才——尼可拉斯·卢曼(Niklas Luhmann, 1927—1998)。卢曼的学术原创性和生产力甚至在一定程度上比阿多诺和哈贝马斯还高,他一手创建的社会系统理论在德国社会学界影响极为深远。他与哈贝马斯同辈,而且在与谢尔斯基的立场极为相似(亦即与哈贝马斯的立场对立程度相当高)的情况下具备强大的学术"战斗力",因此与哈贝马斯在理论上几乎始终针锋相对。两人的理论一定程度上是在与双方的争辩中建立起来的。于是,自卢曼在1968年正式在社会学界出道之后,德国社会理论界几乎由(延续战后流亡派的)哈贝马斯的批判理论和(延续战后去纳粹化流派的)卢曼的系统理论各占半壁江山,并且影响力不只在社会学界,而是辐射到几乎整个社会科学界。这两派理论的对立直至1998年卢曼过世后才逐渐缓和。在这30年间,即便出了如达伦多夫(Ralf Dahrerndorf, 1929—2009)和贝克(Ulrich Beck, 1944—2015)等同样全球知名的理论家,但这些人在德国依然仅扮演着配角。

- 左图:海外流亡派的阿多诺(右)及其继承者哈贝马斯(左)。
  图片来源:https://www.ojoentinta.com/site/wp-content/uploads/2021/04/Haber-mas-y-Adorno.jpg。
- 右图:去纳粹化流派的谢尔斯基(右)及其挖掘的重要人才卢曼(左)。
  图片来源:https://chronik.uni-bielefeld.de/wp-content/uploads/2018/08/FOS_00235_2.jpg。

不过卢曼过世后,虽然他的系统理论在德国直到今天依然是极有影响力的理论范式,但系统理论已经分裂到各个学科当中去。各个社会科学领域中都可以看到相应的"系统理论家",但没有像卢曼那样"统领整个系统理论"的继承者。就这一点来说,哈贝马斯乃至批判理论幸运得多。哈贝马斯在20世纪90年代培养出来的弟子霍耐特在不少方面继承了哈贝马斯的衣钵,2000年之后被学界视为批判理论第三代领导人物。霍耐特的工作有一个特色,就是他特别重视国际合作。自2001年担任法兰克福大学社会研究所所长至2018年退休的这段时间,他积极与如美国哲学家弗雷泽(Nancy Fraser, 1947—   )、巴特勒(Judith Butler, 1956—   ),或是法国社会学家、布迪厄弟子博尔东斯基等人合作。这些合作对当今德国社会理论的国际传播发挥了很大的成效。而霍耐特也培养出不少成就斐然的弟子,例如哈特穆特·罗萨便最晚在2020年之后就普遍被学界视为批判理论第四代的重要人物了。霍耐特的承认理论、罗萨的共鸣理论,在今天都有超出德国社会学界的国际跨学科影响力。第五、第六讲将专门分别介绍霍耐特与罗萨的理论。不过除此之外,例如同样出身自霍耐特师门的拉黑尔·耶基(Rahel Jaeggi, 1967—   ),或是学生时代专门赴伦敦拜入吉登斯门下的莱克维茨(Andreas Reckwitz, 1970—   )也同样最晚自2020年之后在国际上崭露头角。虽然德国社会理论界今天不再有被少数大师瓜分天下的壮观情景,但依然活力蓬勃。

从这样的发展历程中可以看到,德国社会理论的发展背景大致上呈现出几个阶段。第一个阶段是德国社会学会成立前后的草创期。在这个阶段中,虽然特有的诠释学传统让德国对基于实证主义而发展出来的社会学带着敌意,但如齐美尔、韦伯等学者却在国民经济学的背景下开始提及社会学。即便齐美尔和韦伯无意认真推动社会学成为一门学科,然而历史巧合让他们的理论学说流传下来,成为当今社会学的重要理论基础。第二个阶段是1919年德国高校正式出现冠有"社会学"这个词的教席,到1933年纳粹上台为止。这段时期出现了舍勒、曼海姆等影响深远的理论家,其知识社会学理论直到今天都非常重要。之后,二战期间和战后初期,德国社会学基本上处于停止发展、彻底破坏、重建的情况,社会理论当然也难有发展。直至20世纪60年代开始,德国社会理论才复苏而进入第三个阶段。这个阶段一开始是由霍克海默和阿多诺的批判理论带动了学界的活力,接着哈贝马斯和卢曼则二分了德国整个社会科学的理论天下。第四个阶段大致上是2000年至今,继承批判理论的霍耐特和罗萨已经具备了可在教材中占据专章的地位,另外也有如莱克维茨等新生代的学者已引起了国际学界关注。

这几个阶段虽然是德国自己内部的社会理论传承过程,但显然这些发展在许多时候不只是德国自己的事。例如齐美尔和滕尼斯的社会学理论最初是基于与斯宾塞的英国社会学理论的对话之上发展起来的,而齐美尔、韦伯、舍勒、曼海姆等二战前的社会理论家,其理论及其影响力之所以流传至今,几乎可以说完全是美国社会学的功劳。反过来说,这些人的理论对英美社会学也有莫大影响力。到了今天,霍耐特及其弟子们也很有意识地与英美学界合作,并一定程度上由此获得了广泛的国际影响力。因此,要充分了解德国社会理论,几乎不可能绕开对英语学界的社会理论发展脉络的认识。

四、英语系国家的社会理论基本发展背景

英语系国家的社会理论发展大致上可以分为两个学术群体:以英国为首的英联邦体系国家(英国、爱尔兰、澳大利亚、新西兰),以美国为首延伸至北美的加拿大(蒙特利尔区域则是以法国社会学为主要来源)。这两个学术群体即使在语言使用上比较有亲近性,但实际上不论是在社会学的学科建设或者在社会理论的发展上,都各自有明显不同的道路。然而这两个学术群体无疑相互影响、相互构成。所以要了解所谓的"英语系国家的社会理论"时,既需要整体看待两者,但又不能忽视两者的差异。

如果从一个宽泛的视角来看,英国的社会理论至少可以追溯到18世纪早期的苏格兰启蒙运动,包括哈奇森(Francis Hutcheson,1694—1746)、休谟(David Hume,1711—1776)、弗格森(Adam Ferguson,1723—1816)、斯密(Adam Smith,1723—1790)等人的社会思想。但他们的社会思想今天一般归到哲学与(古典)政治经济学,不太会被归类到社会学,甚至常常不会被归

类到"社会理论"这个标签下。虽然"贴标签"这件事总是有争议的,可能有的理论(家)明明不适合被贴上某个标签,但学界就是习惯将其贴上标签了;或是有的理论(家)总是不被归在某个标签下,即便明明属于同一个阵营。所以虽然苏格兰启蒙运动的社会思想在社会学立场上的社会理论讨论中鲜少被提及,但这不代表他们的社会思想对社会理论发展来说没有价值与意义。相反,他们当然堪为社会理论很重要的思想渊源,对社会学意义上的社会理论发展有重要的间接关联。例如苏格兰启蒙运动的社会思想可以说是涂尔干思想的重要养分,稍后要介绍的帕森斯也可以说在很大程度上是从苏格兰启蒙运动的社会思想作为起点来进行反思研究的。不过现实情况是(不论是英国、还是国际上的)社会学立场上的社会理论发展对苏格兰启蒙运动的确没有太多直接继承。

斯宾塞曾受到孔德的影响认真讨论过社会学,在当时非常有名。例如齐美尔,其社会学研究便受到斯宾塞的启发。斯宾塞的社会学大致上是一种认为"适者生存、不适者淘汰"的社会达尔文主义。斯宾塞的思想虽然在当时很受欢迎,但用不了多久这种思想就被人们认为非常危险而抛弃了。所以斯宾塞的社会进化论几乎可说仅昙花一现,对(不论是英国、还是国际上的)社会学与社会理论的后来发展几乎没有影响。在这样的情况下,英国虽然有丰富的社会思想传统,伦敦政治经济学院在 1904 年也创建了英国第一个社会学系,学科体系的成立是相对早的,但在第二次世界大战结束之前英国社会学整体来说发展步调较不显眼。

美国的情况完全不一样。社会学与社会理论在美国的发展几乎是同步的,而且事实上美国的社会理论的兴起与社会学的学科体系制度化息息相关。

(一) 美国社会理论的兴衰

1892 年,斯莫尔(Albion W. Small, 1854—1926)在芝加哥大学创立了全美第一个社会学系,并且在 1895 年创办了美国第一份且至今仍被视为美国最权威的期刊《美国社会学刊》(*American Journal of Sociology*)。尽管社会学的学科发展在美国的起步相当早,甚至早于欧洲所有地方,但当时人们其实并不清楚社会学到底是什么或应该是什么,它是否以及如何可以是一门具有独立性的学科。一个学科的独立自主的正当性基本上只能通过论证(也就是理论)来建立。因此美国社会学界的社会理论发展早期,多半旨在讨论社会学是什么、该如何进行学科发展,而非直接针对社会提出理论分析。这也使得美国早期的社会理论常常着重探讨与社会学邻近的其他学科,例如社会哲学、社会福音、人类学、心理学,看看它们的理论资源之中有哪些可供社会学参考、吸收,哪些是社会学需要驳斥或区别的。从今天的视角来看,这个阶段美国社会学的理论研究的抽象程度不高,概念之间未必有体系性,所关注的对象(即社会)的时空范围跨度很大,非常重视不同学科之间(而非社会学内部)的异同,等等。而且那时候的美国也相当借重欧陆的理论资源。所以我们可以看到早期的《美国社会学刊》中有相当大比例的文章专门关注欧陆学者理论研究,甚至该刊还常向欧陆学者邀稿,例如齐美尔和涂尔干都在该刊上发表过文章。

　　不过这种依靠他国理论思想的情况在英美没有持续太久。有两个关键转折点深刻改变了英美的社会理论发展。其中第一个是从斯宾塞到帕森斯(Talcott Parsons,1902—1979)的转折。

　　帕森斯于1925—1927年间留学德国的海德堡大学攻读经济学。我们在介绍德国社会理论发展背景时提过,帕森斯在海德堡因阿弗雷德·韦伯而接触到马克斯·韦伯的学说。1927年帕森斯返回美国,没多久入职哈佛大学经济学系。1930年,哈佛大学在从苏联移民到美国的索罗金(Pitirim Sorokin,1889—1968)的主持下成立了社会学系,帕森斯便从经济学系调任到社会学系。从在美国社会科学界占据极高地位的经济学跳槽至冷门到大多人都不知道是在干嘛的社会学之后,帕森斯首先最想解决的问题就是社会学的学科独立正当性。为了解决这个问题,他尝试论证:社会学不比经济学差,甚至经济学根本上有重大盲点,而其盲区只有社会学能研究到,所以社会学有无法被经济学乃至所有其他学科取代的独特性。这方面的重要成果就是1937年出版的《社会行动的结构》(*The Structure of Social Action*)。

　　帕森斯在《社会行动的结构》开头引用了布林顿（Crane Brinton，1898—1968）对斯宾塞的评论："现在谁还读斯宾塞的作品？"在布林顿看来，斯宾塞的著作之所以在20世纪30年代之后很少再被认真看待，是因为其社会进化论的内涵。但帕森斯却把"斯宾塞被世人遗忘"这件事上纲到社会理论的意义上，认为这是因为包含了斯宾塞思想的整个"功利主义"传统都有严重缺陷、走不下去了。斯宾塞著作的过时只是偶然，功利主义的缺陷才是背后真正的原因。帕森斯的整本《社会行动的结构》都在尝试说一个故事：前沿的欧陆思想——发展出该思想的代表人物包括了英国的马歇尔、意大利的帕累托、法国的涂尔干和德国的韦伯——都已经认为功利主义过时了，取而代之的社会学式的行动理论才是整个社会科学中真正能突破功利主义盲点、全面研究社会生活的思想。功利主义假设人都是追求经济利益、避免苦难的生物，但人类行动除了趋吉避凶外，还会受到规范、价值等社会因素的影响，不是那么简单的。而欧陆四杰发展出来的社会学的行动理论，即是考虑到人类行动社会因素并以此进行研究的前沿科学。

　　经济学的基本假设正是功利主义，所以帕森斯这一番揭示功利主义缺失的操作，其实就是想借着捅经济学一刀好让社会学可以独立出来。帕森斯的这套"故事"非常成功。我们甚至可以说，正是因为这种"从经济学中独立出来"的意识，所以美国的社会学在帕森斯的努力之下超越了缺乏这个意识的英国，成为这段时期英语世界的领头羊。《社会行动的结构》虽然出版于1937年，但由于该书是他多年的课程讲稿，因此在出版前就已经影响了很多学生，出版之后也引起学界持续多年的高度重视，奉为经典。这项成功让美国的社会理论开始脱离19世纪学科刚发展时的软弱纷杂，建立出一个全新的面貌。此外，这个面貌也为美国社会理论奠定了一个重要框架：所谓的"社会理论"的探讨不再需要从诸如"有人类社会的地方就有关于社会的理论"这种说法作为开始，不用再言必称中世纪、文艺复兴、宗教改革，或希腊、罗马等古文明，而是社会理论所需要溯及的过去可以简明地以18—19世纪的启蒙运动、工业革命为出发点，或甚至就直接从《社会行动的结构》里提到的欧陆四杰开始。虽然如我们今天已经知道的，这"四杰"中马歇尔和帕累托已被淡忘了,至今只剩涂尔干和韦伯被当作起源,并且被人们加入了马克思而成为"马涂韦三大家"。但为什么帕森斯的"欧陆四杰"到今天会变成"马涂韦三大家"呢? 这与英美社会理论发展的第二个转折——即从帕森斯到吉登斯(Anthony Giddens, 1938—　)的转折——有关。这个转折是相对长一点的故事,得先从帕森斯成为世界级的大师开始讲起。

帕森斯在《社会行动的结构》之后开始针对整个社会(而非个体行动者)发展出了大名鼎鼎的结构功能论(不过,帕森斯针对个体的微观行动理论与针对全社会的宏观结构功能论之间有什么关联,帕森斯自己并没有充分的交代,造成了两个理论取向的断裂。这个断裂也深刻影响了社会理论,后来很多社会理论也遇到这个问题,如何弥合这个断裂成为社会理论的难题之一)。一方面,帕森斯建立的"社会学起源叙事"在美国学界被广获认可,之后渐渐成为整个美国社会理论思想的霸主,几乎可说没有之一。另一方面,二战之后,美国建立起世界霸权,高度介入欧洲重建,也明显干预亚洲、非洲、拉丁美洲的社会发展。美国将霸权伸进世界各国的做法背后的支撑理论,便是现代化理论。而现代化理论的重要内涵即是以帕森斯的结构功能论为基础建立起来的。换言之,帕森斯的理论和美国战后霸权有很高的亲近性。这也让帕森斯的社会理论不只在美国,也开始在世界各地传播,产生了国际影响力。可以说,帕森斯的社会理论不只是美国的,也是全世界的。在20世纪60年代之前,帕森斯可谓如日中天,而且是全球性的如日中天。

但好景不长,60年代之后事情开始出现了改变。和美国的国家政策有亲近性既是让帕森斯的社会理论风靡全球的原因之一,也是它的弱点之一。60年代开始美国在冷战的背景下于内部开始出现了反战运动、反核运动、反文化运动、学生运动、民权运动、女权运动等质疑主流价值观的批判风潮。这股风潮不仅对社会现象进行批判,也对知识的立场与作用进行自我批判。法国的结构与后结构主义、德国的批判理论也是在这段时间开始大量被热烈引进英语世界。而结构功能论因为与国家政策有高度亲近性,被视为主流价值观代表之一,所以开始成为被炮轰的对象,影响力在美国日益衰退。

不过,一个范式的递嬗大多是由其"内部承继者的修正"与"外部批判者的攻击"合力完成的,不论两者之间是有意共谋还是无意促成。而且从今天的眼光来看,结构功能论的衰退的意义,并不亚于它的兴起的意义。

就内部修正来看,默顿(Robert K. Merton,1910—2003)的"中层理论"(middle-range theory)概念具有相当深远的影响,深远到直至今天都对美国社会理论的前沿发展发挥了相当关键的作用。

● 罗伯特·金·默顿。
图片来源:https://upload.wikimedia.org/wikipedia/en/0/08/Robert_K_Merton.jpg。

"中层理论"源于1947年美国社会学年会上默顿对他的老师帕森斯的发言所做的点评,后来默顿在他1949年出版的著作《社会理论与社会结构》(*Social Theory and Social Structure*)中详述了这个概念。这个概念旨在修正帕森斯在结构功能论上过于宏大、抽象的理论命题建构。默顿认为,社会学所建立的理论应将自身置于特定时空范围内,拥有具体的经验指涉(这种理论即是所谓的"中层理论"),如此才能联系起社会理论与经验研究之间的落差、隔阂。默顿自己就发展出了几个相当知名的中层理论,像是自证预言(self-fulfilling prophecy,大致上意指若我们相信一件事情会发生,那么我们的行为很有可能会受到自身预期的影响而真的实现这项预言)、马太效应(Matthew effect,大致意指有较高声望的人更能获得关注、吸引更多资源与承认,使之实际上的能力也因此可以更强大,与弱者的对比更趋悬殊)、目的行动的非预期后果(unanticipated consequences of purposive social action,大致意指韦伯所说的那种目的理性不一定真的可以让人达到目的,而是也可能因为各种原因导致精心安排的计划意外失败了,或是本来没认为会成功的事却歪打正着了),等等。

不过,虽然默顿提出中层理论最初是出于一番好意,但可惜的是,这套说法后来却对美国社会理论的发展造成了有些糟糕的弊端。但除了弊端之外,它也还有一个相对来说比较积极的贡献,就是影响了在美国社会理论界于 20 世纪 60 年代后盛行了一阵子的"四大范式"。

在老派一点(亦即出版于 20 世纪 80 年代之前)的社会理论教科书里常会看到的所谓"四大范式"指的是功能论(functionalism)、冲突论(conflict theories)、互动论(interactionism)、交换论(social exchange theory),其中冲突论、互动论、交换论都可归为(结构)功能论的外部攻击者。以霍曼斯(George C. Homans,1910—1989)和布劳(Peter M. Blau,1918—2002)为代表的"交换论"有很浓厚的功利主义色彩,可以说是功利主义对帕森斯的反扑。所谓的"互动论"则至少包含了四种不同的著名取向:布鲁默(Herbert G. Blumer,1900—1987)统整了早期芝加哥学派传统而提出的象征互动论,戈夫曼(Erving Goffman,1922—1982)的拟剧论,加芬克尔(Harold Garfinkel,1917—2011)的常民方法论,以及舒茨的现象学社会学。这四个取向虽然都关注微观层次的互动现象,但仍有明显差异,甚至彼此之间也未必认同对方的理论观点。与此相似的,在"冲突论"标签之下的达伦多夫(Ralf Dahrendorf,1929—2009,关注工业社会与阶级)、科塞(Lewis A. Coser,1913—2003,关注冲突的社会功能)、洛克伍德(David Lockwood,1929—2014,提出"系统整合/社会整合"区分,本书第三讲还会再提到他)、雷克斯(John Rex,

1925—2011,特别关注族群与空间)因为都批评结构功能论忽视了冲突面向,所以常被归类为同一个阵营。

我们可以发现,所谓的"互动论"更多是美国色彩(舒茨较为例外),而所谓的"冲突论"则多来自英国(科塞较为例外)。可以显见这时候英国的社会理论已经开始发展起来,成为整个英语世界社会理论的重要主力之一了。

中层理论对这四大范式的影响之处在于,不论是互动论、冲突论、交换论对结构功能论的批评,还是默顿自己的那套"改良版的功能论",大多呼应着"中层理论"的倡议,把批评点与切入点限缩在特定且具体的经验指涉范围,不再走上帕森斯那种成体系的理论建构之路。更值得注意的是,这四大范式正好两两对应着"微观与宏观"的分析层次:互动论与交换论偏重微观,功能论与冲突论则偏向宏观。微观理论与宏观理论的割裂是从帕森斯那里就开始的社会理论难题之一,所以不令人意外的是,四大范式的发展到最后亦逐渐遇到了彼此之间难以统整起来的问题。而且20世纪80年代以后,四大范式中除了互动论仍历久不衰之外,功能论、交换论、冲突论都没落了。尤其是交换论和冲突论,很多新一点的教科书甚至都完全没有提及,这两个范式几乎可以说已经走入历史了。不过,尽管美国社会理论四大范式逐渐成为历史尘埃,但美国社会理论中的"微观/宏观的割裂问题"依然存在。神奇的是,关于这个经典问题,中层理论在近年来突然又再次发挥了重要贡献,虽然这贡献是间接发挥的。

在中层理论于近年来发挥了弥合"微观/宏观的割裂问题"之前,这个问题已经困扰了社会理论界很久。20世纪70年代开始,由于美国社会学界越来越少(虽然不是完全没有)成体系的社会理论的研究,而欧洲此时已经完全从二战废墟中重建、复原了起来,社会理论也开始蓬勃发展,因此系统性地处理"微观/宏观"问题的越来越多是欧洲社会理论家。其中在英语世界,英国的吉登斯扮演了非常关键的角色。吉登斯的贡献不只在于他的结构化理论,也在于他撰写与出版的一大堆教科书,以及实际上与教科书没有太大差异的文献综述式作品,尤其是出版于1971年的《资本主义与现代社会理论》(*Capitalism and Modern Social Theory*：*An Analysis of the Writings of Marx*,
Durkheim and Max Weber)。

（二）发生在英国的重要转折

《资本主义与现代社会理论》全书梳理、比较与整合了马克思、涂尔干、
韦伯的社会理论。这本书看似不过比帕森斯当年的《社会行动的结构》少了
马歇尔与帕累托、多写了关于马克思的章节而已，但在进入正文之前，吉登
斯做了一件重要工作，就是找出一个核心要点将他要讨论的理论家给串连
了起来。这个核心要点就是19世纪于西欧社会快速发展的资本主义体制。
吉登斯之所以挑选马克思、涂尔干、韦伯来讨论，并非因为他们是社会学的
学科创始人（因为的确也都不是学科创始人。涂尔干并没有成功地让社会
学获得法国学界的承认，韦伯则根本不在乎社会学的学科发展），而是因为
这三位学者都看到了西欧社会当时因资本主义制度的兴起而造成的变动，
因此原创地发展出了社会学意义上的社会理论，并且都有因其先见之明而
让他们的著作在几十年，甚至上百年后依然值得我们阅读的重要性。此外，
吉登斯也将资本主义制度造就的社会特质界定为"现代性"，并指出社会理
论的研究对象根本上就是"现代社会"。

吉登斯列出了"社会理论古典三大家"的做法，以及将"现代社会"视为
社会理论研究对象的论点，基本上获得了英国社会理论界的认可，在20世
纪80年代后逐渐成为英国社会理论家们的潜在共识，甚至影响了整个英语
学界乃至全球的社会理论。直到今天，"马涂韦三大家"几乎是全世界所有
高校学生一开始学习社会理论时必定会遇到的"固定班底"（只不过除了这
三位固定班底之外，不同国家高校可能多多少少还会再加上一些不同的本
土思想家作为配套，例如法国的社会理论教科书可能还会再加上卢梭、孟德
斯鸠，英国会加上斯密、弗格森，美国加上杜威、米德、杜·波依斯，德国加上
齐美尔、滕尼斯，诸如此类），这个班底的固定化大致上就是吉登斯建立起
来的。

此外，吉登斯众多文献综述式的著作甚至跨出了社会理论的领域，对广

泛的人文社会科学思潮（例如分析哲学与诠释学、认知心理学、时空地理学、左派历史学、文化研究）都有所吸收与转化。这为同代或后继的社会理论家提供了一个具备通用性与兼容性的窗口，让人们能方便地概览众多社会科学思潮。

换句话说，在面对如何重新诠释古典社会理论、如何因应相邻学科的新发展或跨学科思潮等问题时，吉登斯那种"说深不深，说广倒是挺广的"的文献综述相当好用，所以吉登斯的工作获得了不少英国社会理论家的接受与支持。不仅如此，此时的英国社会理论还以另一种方式进一步影响了整个英语学界的社会理论发展：出版。

20世纪80年代之前，美国社会理论界的出版活动，包括教科书和学术期刊，是蓬勃的，也深具国际引领性；但在这之后，不论是教材还是期刊，都逐渐呈现出疲态，近年来愈发严重。在教材方面，美国的社会理论教科书已经逐渐固化成"古典、近代、当代"的三分书写框架。其中古典部分固定成上述的三大家加上配套人物，近代部分大致围绕着美国四大范式，当代部分则着重介绍德国批判理论与法国后现代理论，全书一路介绍到布迪厄便差不多接近尾声、宣告全剧终。即使有少数女性或者非裔理论家被重新挖掘出来讨论，仍鲜少撼动这样的教程框架。这也意味着，2005年之后的社会理论发展，在美国的教材中几乎是看不到的。而且事实上美国根本已经越来越少针对整个社会理论的教材了，取而代之的是各种学科子领域——性别社会学、家庭社会学、后殖民与种族、社会分层、社会运动、经济社会学、政治社会学、科学与技术研究等——的导论。这与上述的中层理论的观念影响有很大的关系。此外，成体系（意思是并非由零散的文章所编成的论文集）的理论专著或国外（例如欧陆）理论著作的英译也越来越少。社会理论教材与著作出版的消极情况带来的结果，就是很多年轻的社会理论学子误认为社会理论研究已经是过去、过时的事情，这当然很不利于理论人才的培养。虽然近年来美国有学者尝试通过类似于"社会理论写作指导手册"的方式鼓励大家从事理论研究，却似乎造成了反效果。

在期刊方面，美国社会学也在逐渐缩小自己的学术社群，各学术期刊更重视子领域的应用性专业研究,尤其讲求**科学性**而非理论思辨。就连原先偏向一般性的社会理论研究的期刊也都呈现这样的趋势。最经典的当属《理论与社会》(*Theory and Society*)的事件。《理论与社会》是一份美国学术期刊,于1974年创刊,一直以来都带着理论关怀,以对整体社会进行批判为宗旨,在社会理论界颇有声望。但2023年12月,该期刊所属的出版社在未征得编委会同意的情况下突然撤换主编,新上任的主编则宣称该期刊必须转变运作方针,要与自然科学应用研究有更紧密的合作,以维持社会学的专业性与科学性。主编的突然撤换与期刊运作方针的转变引起编委会的强烈不满,造成该刊数位编辑一起辞职。对全球社会理论界来说,这是令人震惊的大事件;但对美国社会理论界来说,这也许只是反映了过去三四十年来美国社会理论在学术期刊出版活动方面的式微的其中一个比较明显的例子。

英国的情况则大不相同。大约从20世纪80年代后期开始,英国在社会理论方面的出版事业不成比例地领先美国。除了吉登斯本人就是个平平无奇的写教材小能手之外,由吉登斯与同侪赫尔德(David Held, 1951—2019)于1984年共同创办的政体出版社(Polity Press)也一直积极译介欧陆社会理论,甚至整个人文社会科学的各种理论著作,成为社会理论发展的重要推手。1982年创立于英国的期刊《理论、文化与社会》(*Theory, Culture & Society*)也扮演着与政体出版社类似的角色,至今不改其志。而且英国出版社直到今天都依然很热衷出版各种社会理论的手册、读本,为英语世界当代的社会理论发展增添很多能量。英国的社会理论虽然在发展初期相对平庸,整个英语学界的社会理论发展很长一段时间是由美国领衔的,当中帕森斯尤其发挥了具有全球重要性的奠基贡献;但20世纪70年代之后美国的社会理论发展开始出现颓势,90年代后英语学界的社会理论很大程度上换成由英国来注入活力了,不论在社会理论内容方面的整合、还是出版方面的努力都是如此。吉登斯就是当中厥功甚伟的代表人物之一。当然,除了吉登斯之外,近代英国社会理论界也有其他能与吉登斯平起平坐的重要理论家值得我们关注。

五、本讲小结

读者应该可以看到，我们经常统称的"西方社会理论"完全不是一个整体。虽然所谓的西方国家彼此的确有很密切的关联，但其社会理论的发展不论在内部背景还是在外部背景上，都有很大的差异。不仅法国和德国大不相同，就连所谓的"英语系国家"，英国与美国也不是一回事。法国的社会理论基本上是由哲学主导的，社会学在当中只占据边缘位置，一直到布迪厄之后才有明显的改善。布迪厄的贡献甚至延续到当今的"后布迪厄"时代。德国的社会理论虽然是由社会学主导的，有相当鲜明独特的诠释学传统，但其发展因第二次世界大战和战后重建等"外部背景"因素而遭遇数次的中断与重建，直到20世纪80年代之后才真正有稳定、多元的发展，至今都还相对有活力。英国虽然有丰富的社会思想传统，但在社会理论的发展上长时间相对黯淡，直到20世纪60年代冲突论昙花一现般地的兴起与20世纪90年代之后吉登斯在理论内容与出版活动上的贡献，方获得显著的地位。美国则可说是二战的最大赢家了，帕森斯也在占据了天时、地利、人和的优势下，随着美国二战后的霸权地位，一举奠定了全世界社会理论的起源叙事与基本样貌，直到20世纪60年代在其理论（即结构功能论）的"内部背景"因素与"外部背景"因素相互作用下开始被猛烈抨击与随之衰败。有趣的是，"抨击帕森斯"本身也养活了很多当时美国的社会理论家，交换论、冲突论都是这样兴起的。不过等到帕森斯真的被完全斗垮了之后，依靠抨击帕森斯而活的交换论与冲突论也随之没落了。整个美国的社会理论发展在20世纪70年代之后也有明显的颓势，今天人们实在很难说美国在西方社会理论界中占有领衔地位。

但美国在社会理论方面的发展在20世纪70年代后不再占领衔地位，绝对不代表美国就不重视理论，只是美国更重视社会学各个子领域的理论，而不像欧陆那样还是偏好社会理论。例如家庭社会学有家庭社会学自己的理论,经济社会学有经济社会学自己的理论,历史社会学有历史社会学自己的理论,诸如此类。所以我们才会说,美国的社会学子领域教材逐渐取代了一般性的理论教材。之所以如此,是因为美国社会学一直以来都有鲜明的实用主义传统,并且非常强调社会学应该要有**像自然科学一样的科学性**。这导致美国的社会学就像自然科学一样讲求各研究领域的精致分工,"理论"则被看作是各个子领域自身的科学研究视角或结论,要能为这个领域提供实用性。在这样的情况下,一般性的社会理论自然就会显得是一种很空泛的东西,似无钻研的意义与必要性。

不过,可能很多读者发现,我们对英语学界的社会理论发展介绍中,很多话很显然并没有讲完就戛然而止。例如,美国社会理论虽然在 20 世纪 70 年代后逐渐萎靡,"社会学子领域的理论"逐渐取代了"社会理论",但"微观/宏观"问题到今天依然被认为是很重要的社会理论问题,而且中层理论在当中发挥了重要的间接作用;但为什么这个问题在今天的美国社会理论界依然很重要? 中层理论到底发挥了什么样的间接作用? 此外我们也讲到,近年来有美国学者想通过类似于"社会理论写作指导手册"的著作复兴社会理论研究,却带来反效果,但到底这个写作手册在讲什么? 为什么带来反效果? 还有,"社会学各个子领域的理论"和"社会理论"到底有什么不一样? 难道只有"专门性"和"一般性"的差异吗? 这个差异有那么根本吗? 在介绍英国的部分也是。前文说"除了吉登斯之外,近代英国社会理论界也有其他能与吉登斯平起平坐的重要理论家值得我们关注",那么这位吉登斯之外的重要理论家又是谁呢? 其理论思想是什么呢?

这些问题其实不是我们没讲清楚,而是我们刻意开启的问题。它们是我们第二讲和第三讲的内容。下一讲我们将先介绍美国的情况,第三讲则将目光转向英国,在介绍英语学界时埋下的伏笔将全部交代清楚。

这一讲介绍的各国社会理论发展情况的确只是概说,很多地方基本上都只能粗略带过。所以我们推荐一些补充文献以供有兴趣的读者们延伸阅读。

法国的部分,可以参阅:

- 陈逸淳:《导读》,载涂尔干、莫斯:《原始分类:分类的一些原始 形——集体表征的研究》,汲喆译,五南出版社 2022 年版。
- Heilbron, Johan 2015, *French Sociology*. Ithaca: Cornell University Press.

德国的部分,见:

- 郑作彧:《"社会学本土化"的德国经验:"角色之争"及其去美国 化效应》,载《学术月刊》2021 年第 5 期,第 120—133 页。
- Moebius, Stephan 2021, *Sociology in Germany: A History*. London: Palgrave Macmillan.

英国部分可见:

- Panayotova, Plamena(ed.) 2019, *The History of Sociology in Britain: New Research and Revaluation*. London: Palgrave Macmillan.

美国的部分就很多了。读者们读到的社会理论教科书,多半是译自美国的教材,而这些教材本质上都是美国中心主义的书写,一定程度上便反映了美国的社会理论史。所以我们这里不再专门推荐美国社会理论史著作,各位读者可以翻阅随便一本美国社会理论教材中译本即可。但这里我们还是分享两篇相对简短好读、相当值得参考的中文文献:

- 陈心想:《社会学美国化的历程及其对构建中国特色社会学的启示》,载《社会学研究》2019 年第 1 期,第 1—28 页。
- 李钧鹏、许松影:《冷战与美国社会学的发展》,载《社会学评论》2023 年第 6 期,第 5—26 页。

最后必须再次强调，虽然我们指出法、德、英、美四个国家的社会理论发展在内部背景和外部背景上有很大的差异，但绝对不是说这四个地方除了一些相互影响之外就毫无共性。相反，这些地方常常也有同样的发展。其中一个值得一提的例子就是德国发生在 2018 年的"埃瑟—赫肖尔之争"（Esser-Hirschauer-Kontroverse）。这场争论表面上是两位德国学者埃瑟（Hartmut Esser，1943—　）和赫肖尔（Stefan Hirschauer，1960—　）针对"社会学是否应成为一门仅以定量统计研究为唯一方法、追求精确科学的学科"的问题进行辩论，但实际上这不是一场单纯的学术辩论。这场争论的起因是埃瑟在 2017 年突然公开攻击德国社会学会对定量实证研究缺乏关注、使定量社会学常常处于不公平的边缘地位，甚至运用各种（例如项目经费的分配决策权等）权力打压定量社会学，所以召集一批德国学者另外成立"德国社会学学术协会"（Akademie für Soziologie），并宣称要以此组织从德国社会学会手上夺回定量社会学的权力与尊严。这一事件引起德国社会学界轩然大波，无疑也造就了德国社会学界的严重分裂与内讧。"埃瑟—赫肖尔之争"即是德国的《理论社会学刊》（Zeitschrift für Theoretische Soziologie）邀请赫肖尔对此表示意见，并请埃瑟进行回应，由此产生的一场争论。

若我们从旁观者的角度来看，这场堪称"埃瑟夺权"的事件其实相当奇怪。一方面，埃瑟本身并不是典型的定量社会学研究者。他一直以来都在从事理性选择理论研究，并野心勃勃地想用理性选择理论改写整个社会理论，其成果就是 1999—2001 年短短两年间一口气出版的六大卷《社会学的特殊基础》（Soziologie. Spezielle Grundlagen）。只是有些令人感到同情的是，埃瑟在德国始终不被重视，而且对理性选择理论很有好感的英语世界也没人理他，他的著作一个英译本都没有。另一方面，德国社会学的定量研究其实一直都不边缘。不但定量研究方法委员会是德国社会学会成立后的第一个分会（成立于 1911 年），而且二战结束后定量研究可说是德国社会学的主流，在所有德国大学的社会学系中几乎都至少有两个以上与定量社会学相关的教席（反而社会理论在很多学校连一个教席都没有）。更不用说德国社会学会并没有项目经费的分配决策权。所以埃瑟对德国社会学会的抨击完全没有道理,感觉更像是抑郁不得志的学者在挟怨报复学界。但埃瑟这个照理来说没什么道理的做法却得到很多德国社会学家的支持,他们很多人都认为德国社会学应该以美国社会学的"精确科学"的精神来发展。这个事件后来没有扩大趋势,2020 年后就比较淡化了。尽管如此,这件事却反映了德国社会学界至少有一部分并不那么"德国风格",所谓的精神科学传统在这部分几乎可说荡然无存,而是和美国的发展更为一致。

当然,那是德国的自家事,可能与我们关系不大。但国外的发展可以是他山之石,也可以是前车之鉴,总之都很值得我们参考。也许我们可以一起想想,美国的《理论与社会》期刊的撤换主编事件或是德国的"埃瑟—赫肖尔之争",对我国社会理论的发展来说可以带来什么样的启发。

注释

［1］韦伯:《马克斯·韦伯全集:第 17 卷,以学术为业/以政治为业》,吕叔君译,人民出版社 2021 年版,第 88 页。韦伯的这本中译本翻译得非常好,关于韦伯大名鼎鼎的《以学术为志业》和《以政治为志业》这两篇演讲稿,我们相当推荐这个译本。

［2］Habermas, Jürgen 1981, *Theorie des kommunikativen Handelns*, Bd. 2, *Zur Kritik der funktionalistischen Vernunft*. Frankfurt am Main, p. 563.

［3］Dilthey, Wilhelm 1990, *Gesammelte Schriften*, V. Band: *Die geistige Welt. Einleitung in die Philosophie des Lebens. Erste Hälfte: Abhandlungen zur Grundlegung der Geisteswissenschaften* (8. Unveränderte Auflage). Stuttgart: B.G. Teubner, p.144.顺带一提,我们发现近年来国内学界越来越多学人将"诠释学"改称为"解释学";亦即不再用"诠释学",而是用"解释学"来翻译 Hermeneutik 这个词。但至少在社会学或社会理论界,我们不太认为"解释学"这个译法是恰当的。至少在德国社会理论界,"解释"一般对应 erklären,意指把握研究对象(尤其是自然物理现象)的因果关系。这是实证主义的研究目的。但 Hermeneutik——如我们在文中所述——要求研究者面对人类精神世界时,通过"理解",亦即以"将心比心""感同身受"等方式,来诠释(interpretieren,或是 deuten)研究对象的想法。德国社会理论界长久以来都将"erklären"(实证主义意义下的因果解释)与"verstehen"(Hermeneutik 意义下诠释性的理解)视为一组对立的概念。也就是说,Hermeneutik 恰恰是"不解释"的学问。所以,如果将 Hermeneutik 译为"解释学",对于汉语学界来说,非常有可能会让人感受不到这门学问与实证主义之间的对立关系。基于这样的原因,我们认为 Hermeneutik 译为"诠释学"会比"解释学"好得多。

[4] 此处有一件事特别值得一提。韦伯的"目的理性行动"(zweckrationales Handeln)不知何故在早期的英语学界被**错译**为"工具理性行动"(instrumental-rational action)。但韦伯没有提出**"工具理性行动"**,他提出的是**"目的理性行动"**。不过倒也不是说社会理论界没有"工具理性"这个概念。是有这个概念,但它并不是韦伯提的,而是法兰克福学派批判理论的概念,较早见于霍克海默(Max Horkheimer)的著作,后来在阿多诺和哈贝马斯那里又有进一步的延伸发展。由于中文学界对韦伯学说的研读常常很仰赖英译本,使得中英学界常常把韦伯的目的理性行动与法兰克福学派的工具理性给搞混了。例如英国学者斯通斯主编的《核心社会学思想家》,有一个术语解说栏专门解释法兰克福学派的"工具理性"这个概念,但内容讲的其实都是韦伯的"目的理性"而非法兰克福学派的"工具理性",也就是说这个术语解说栏根本讲错了(见:斯通斯[编],《核心社会学思想家》,姚伟、李娜译,上海:上海人民出版社 2020 年版,第 294 页)。这即是英语世界因为错译而带来讹误后果的典型例子。虽然近年来语言能力比较好的年轻一辈的(中英)社会理论研究学者已经改正了错误的翻译,但我们还是可以在很多地方看见旧误。工具理性(instrumentelle Vernunft)是批判性的概念,意指为达目的而把一切事物都当作工具来利用(尤其是把不该拿来利用的东西都当作工具来利用了。主要针对把人当工具来用的情况,但也不仅限人)的思维模式。互联网上有一句文学名言:"人原本是用来爱的,钱原本是拿来用的。这个世界之所以会一团糟,就是因为钱被拿来爱了,人被拿来用了。"这句话就是非常标准的工具理性批判。当初霍克海默提出工具理性时,的确将韦伯的**理性化**(Rationalisierung)理论当作批判的对象之一;但注意,霍克海默针对的是"理性化"而不是"目的理性(行动)"。**工具理性不针对目的理性行动,目的理性行动也不总是工具理性的。**例如赚钱常常是一种目的理性行动,但如果正正当当赚钱,没有利用任何人(或不该利用的东西),那么这种目的理性行动便不能算作工具理性。而且本质上**目的理性行动是一种分类学的概念,工具理性是一种批判概念,两者不是同一回事。**后来到了哈贝马斯那边,工具理性也被称为工具理性行动或工具行动,并且他又再从中细分出"策略行动"。把不该利用的物当作工具来用了,是工具行动;而如果是对人,把人当工具来拐骗利用了,则是策略行动。在学术研究已经蓬勃成熟的今天,将韦伯的"目的理性行动"称为"工具理性行动"是不应再继续下去的错误。

第二讲　从中层理论到机制解释：
分析社会学

一、基本介绍

在第一讲中，读者们可以清楚感受到我们虽然常常将社会理论视为由西方社会领衔的学说，然而所谓的"西方"即便可能在中国人看起来的确有很高的相似性，但同样也有不应忽视的极高差异性。例如美国的社会理论发展虽然一开始与欧洲国家——尤其是德国——有很直接的继承与反哺关系，但1970年之后这样的关系很明显逐渐断裂开来了。上一讲最后提到，这样的断裂表现在美国现在更重视"社会学各个子领域的理论"而非欧陆偏好的"社会理论"。但"社会学各个子领域的理论"和"社会理论"可不单纯只是"专门理论"与"一般理论"的差异而已，而是这两者在根本上反映出美国和欧陆的思想传统差异。正是因为这样的差异，所以两边对"理论"的观念常常是不同的。

例如德国，其社会学由于在很大程度上是基于德国的精神科学传统而来的，因此会将人类生活的精神内涵（例如价值、文化观念、道德规范、思想启发）当作理论的研究探讨主题，且常常认为理论最终要建立起一套让人类可以**实现理想的观念或实践方针**。在这种观念下，**理论不太被认为有好坏之分**，而是应该多元地尝试、多方辩论。但在美国和其他强烈受到美国影响的地方，一讲到"理论"，人们往往首先认为它应该是一种能对各种大大小小的社会现象进行解释的知识体系，认为**理论最终必须给出因果解释**。这也使得在这些地方，理论的解释力常常决定了理论的有效性与价值。意思是，**理论的好坏判断准则**，往往在于这个理论是否能很好地解释我们想了解的社会现象。然而欧陆的社会理论不少时候首先并不将自己视为**解释工具**，而是视为**思想**，这使得欧陆理论常常无法满足美式社会学研究的期待。[1] 久而久之，美国和其他强烈受到美国影响的地方的社会学研究时不时会出现一种精神分裂的状况：一方面常常用有没有理论贡献来评判研究的价值，但另一方面却又越来越排斥欧陆社会理论，甚至觉得社会学可以完全不需要理论研究。因此，"社会学各个子领域的理论"和"社会理论"两者之间存在的不是"专门理论"与"一般理论"的差异，而更多是"解释工具"和"思想"的差异："社会学各个子领域的理论"不少时候基本上是专门用于解释各社会领域中实际现象的"因果模型"，"社会理论"则不少时候基本上旨在阐述能提供不同视角的世界观，为社会生活提供问题批判与改善方针。

不过，尽管当代美式社会学越来越偏好"因果解释模型"，不少学者认为"社会理论"没有用处、可以直接被取消，但就算是在美国和其他强烈受到美国影响的地方，这种完全消灭社会理论的极端说法也通常并没有被所有人接受，所以理论研究也没有完全消失。而且有些非常重要的问题就真的是理论问题，只能以理论的方式来讨论，例如"解释"。如果理论被认为是一种解释工具的话，那么究竟什么是"解释"呢？什么样的解释才真的解释了我们的社会？在面对各种社会现象、进行各种社会学研究时，我们又该怎样解释才真的能解释我们的研究问题呢？解释本身无法定义解释，解释问题只能以思辨的理论方式才能得到讨论。越重视理论解释力的地方，"解释"本身就越会成为首要的理论问题。

关于解释的讨论取向有很多，但到了今天影响力足够大到值得让我们在一本前沿理论教科书里用专门篇幅介绍的至少有两支取向。其中一支是基于美国理论发展脉络而兴起，但后来不只在美国，而是扩散到国际上成为拥有庞大跨国学术网络的"分析社会学"（analytical sociology）。分析社会学的研究旨在探讨我们应通过哪些分析步骤才能让理论真的把社会现象给解释好，其工作的一项重点在于完善理论的解释形式。

另一支探讨解释的取向则从更哲学的层次去讨论一些实质的问题，这支取向主要归到"社会科学哲学"这个领域。由于这个领域比较多元、复杂，此外——顾名思义——它不专门针对社会学，而是整个社会科学，且也主要属于"哲学"这个学科（尤其源于以讨论自然科学为主的"科学哲学"），所以本书无法介绍整个社会科学哲学。尽管如此，社会科学哲学中有一个流派和分析社会学有些联系，并且对一套名为"社会形态衍生理论"的重要社会理论有非常大的影响力，这个社会科学哲学的流派就是"批判实在论"。关于社会形态衍生理论和批判实在论，我们会在下一讲与读者分享，这一讲先专门介绍分析社会学。

分析社会学是 2000 年前后形成的一派理论阵营。关于这个阵营的形成，有两部著作发挥了特别大的影响力。一部是由留美的瑞典学者赫斯特洛姆（Peter Hedström，1955—　 ）与斯威德伯格（Richard Swedberg，1948—　 ）合作编辑的论文集《社会机制：社会理论的分析取向》（*Social Mechanisms：An Analytical Approach to Social Theory*，1998）。赫斯特洛姆 1980 年到美国留学，1987 年在哈佛大学获得社会学博士学位，毕业后在芝加哥大学、斯德哥尔摩大学、牛津大学等地任教，2014 年回到瑞典的林雪平大学工作至今。斯威德伯格则是 1978 年在波士顿大学拿到社会学博士学位之后便至康奈尔大学任教直到 2019 年退休。《社会机制》这本论文集汇聚了多位学者的成果，这些学者虽然还没有正式将其共同的研究方向命名为"分析社会学"，而更多称之为"社会理论的分析取向"（即这本论文集的副标题），但已经提出了后来的分析社会学的一个极为重要的核心概念：社会机制。赫斯特洛姆和斯威德伯格也因为编纂了《社会机制》而被认为是分析社会学的创建人。

另一部重要的分析社会学著作是赫斯特洛姆在 2005 年出版的《解析社会：分析社会学原理》（*Dissecting the Social：On the Principles of Analytical Sociology*），在此书中赫斯特洛姆正式举起了"分析社会学"这面旗帜，并且赋予其清晰的学术脉络。此外，赫斯特洛姆在此书中宣称"机制解释"是最适

● 彼得·赫斯特洛姆。
图片来源：**https://liu.se/dfsmedia/dd35e243dfb7406993c18 15aaf88a675/26816-50065/peter-hedstrom-2019-liu**。

切的社会学乃至整个社会科学的解释形式，他的这项宣言也让机制解释成为分析社会学的主要研究宗旨或任务。不过"社会机制"与相应的"机制解释"概念倒不是分析社会学原创与独有的概念。美国一些社会学家，如阿伯特（Andrew Abbott，1948—　）和蒂利（Charles Tilly，1929—2008），或是拥有广泛国际影响力的阿根廷社会科学哲学家邦格（Mario Bunge，1919—2020），也在他们各自多多少少不同于分析社会学的意义上用到"社会机制"或"机制解释"概念。为了聚焦在我们要讨论的主题上，因此其他不同于分析社会学的"机制（解释）"概念本书无法提及，这一讲主要还是从分析社会学的立场来介绍这些概念。

在赫斯特洛姆的大力推广下，分析社会学今天已经是一个跨国且有着复杂跨学科合作的大型学术社群，我们很难说它是属于哪个国家或地区的理论。但这个理论的兴起背景却非常明确：它基本上是从美国社会学理论的近代发展脉络中萌发出来的。在此发展中，"宏观/微观的理论解释困境"的兴起与"科尔曼之舟"的出现对分析社会学来说尤其重要。因此以下会先讨论让分析社会学得以兴起的美国社会学理论近代发展脉络是什么，接着再详细介绍分析社会学的内容。不过细心一点的读者可能会出现一个小困惑:我们刚刚不是说分析社会学的创建人是赫斯特洛姆和斯威德伯格吗,但怎么后来都只提到赫斯特洛姆?斯威德伯格呢?有趣的是,斯威德伯格后来跟赫斯特洛姆分道扬镳了,也不太参与分析社会学的学术社群网络。但他依然继续以和分析社会学有点类似的方式发展关于解释的理论,并且在近年来提出了在美国获得广大回响的"理论化"(theorizing)概念。他的相关著作,就是上一讲提到的类似于"社会理论写作指导手册"的书。虽然斯威德伯格的理论化概念和分析社会学不太是同一回事,但两者有千丝万缕的关系,因此这一讲最后会介绍斯威德伯格的"理论化"。

二、美国社会学理论的"宏观/微观"解释困境

(一) 中层理论

第一讲提到的,我们今天对于社会理论发展脉络的认识很大程度上是由美国的教材所形塑的。美国的社会理论教材除了形塑出"理论大师名录"之外,还有意无意地形塑了理论的分门别类,尤其是"宏观"VS."微观"的这组分类。

"宏观(macro-)理论"指的是探讨如社会结构、组织、宗教、社会、国家等超个体的社会现象,"微观(micro-)理论"则涉及个体的行为动机与社会行动,或是人与人之间的互动。一般教材会将结构功能论、冲突论归为宏观理论,把交换理论、象征互动论与常人方法论放到微观的那一侧。这不单纯只是一种分类,也造成了一种无法调和的理论对立。微观理论指责宏观理论忽略具体的人类个体,徒留抽象的话语;宏观理论则指责微观理论忽略了社会具有强制性极高的个体外在影响力,而且社会学本来就是一门研究"社会"的学科,个体应让给例如心理学等学科去研究。许多学者认为这种无法调和的对立有害社会学作为一门学科的团结独立性,因此在宏观/微观困境

随着社会理论教材出现之际,尝试对各种理论进行综合的努力也几乎在同一时间浮现。我们今天耳熟能详的所谓当代欧陆社会理论家,像哈贝马斯、吉登斯、布迪厄,都是以宏观/微观的理论调和工作为出发点发展出自己的社会理论的。不过,虽然这些学者的重要成就常常也是"社会理论阵地从美国转移到欧陆"的象征,但其实美国本土并不是没有解决宏观/微观困境的人才,只是美国的做法与关注焦点和欧陆不太一样。美国常常更关注的不是思维模式怎么调和,而是理论的**解释**方式该怎么调和:我们应该将个体视为社会的构成要素,一切社会现象用微观理论来解释[这种取向一般可以称为"方法论个体主义"(methodological individualism),我们可以大致理解为"以分析个体作为方法来解释社会现象"]呢,还是要将社会结构当作决定要素,用宏观理论来解释[这种取向大致上亦可称为"方法论整体主义"(methodological holism)]呢?

关于这个问题,默顿的"中层理论"(middle-range theory)常被认为提供了启发。虽然默顿是帕森斯的弟子,但默顿对于帕森斯那套过度抽象到不知道跟日常生活和经验研究有什么关系的结构功能论感到不满,因此呼吁社会学的理论研究应以中层理论的发展为依归,亦即应以经验研究(而不是一堆玄之又玄的哲学文献)为基础,以此发展出明确地指涉与解释具体现象(而不是虚无缥缈地在一大堆抽象术语之间绕呀绕)的理论。不过读者应注意:默顿的中层理论,并不是意指一种在上述的宏观理论与微观理论之间的"中观(meso-)理论",而是一种介于"宏大理论"(grand theory)和"经验研究"之间的知识。"宏大理论"意指一种抽象度极高,涵盖范围极广,几乎不受时空或范畴限制的理论。帕森斯的结构功能论就是最经典的例子。但这不意味着只有宏观理论才是宏大理论。就算是微观理论,只要它的涵盖范围与抽象度大到不受时空或范畴限制,那么也依然是一套宏大理论。例如哈贝马斯的沟通行动理论虽然根本上讨论的是人际之间的沟通行动,看起来属于微观理论,但它的抽象度极高,适用于任何时空下任何人际之间的社会互动,甚至涉及古往今来所有人类自我与社会意义的构成,因此也被公认是一套宏大理论。所以默顿的中层理论其实并没有真的针对与解决宏观/

微观之间的理论解释困境。[2]

而且默顿的中层理论后来不是没有造成弊端。默顿当时提出中层理论的背景,是帕森斯的结构功能论搞到最后有点走火入魔,完全在纯抽象的理论模型中绕,但很多美国学者既信奉着实证主义与实用主义传统,也对理论研究不擅长与不感兴趣,一读理论(而且还是帕森斯的那种超级抽象的理论)就又头大,又不知所谓。所以默顿的说法简直为大批实证主义社会学家提供了不用读理论的一部分正当借口(虽然这不是唯一的借口,而是还有一些时代背景下的因素,详见前一讲关于美国社会理论发展背景的介绍)。这导致一个现象:社会学家仿佛只需要进行各种经验研究,然后把自己的研究结果概括成一个或一些可供自己所属的社会学子领域方便沟通的专有名词(例如家庭社会学提出"母职惩罚",或劳动社会学提出"情感劳动"或"数字劳动"),建立起"中层理论",就算完成学术任务了。虽然这些所谓的"中层理论"当然也很重要、有其价值,但很多时候(而且越来越多时候)这些"中层理论"其实更多算是"概念"。如果社会学家们把"提出概念"当作研究的最终任务与贡献,那么社会学就很容易会变成各个子领域在各自提出的零散概念中进行重复研究、自圆其说,最后并没有真的提出什么理论。于是,"中层理论"经历半个世纪的发展,很多时候逐渐变得"中层有余,理论不足"。这甚至一定程度上已是当今美国社会理论界的主要景观。

但为什么说默顿的中层理论依然提供了重要启发呢?因为中层理论让人们联想到,如果宏大理论与经验研究之间可以有像"中层理论"这种衔接管道的话,那么也许宏观理论和微观理论也不是必然非此即彼、必须选边站的对立概念,而是也可能可以被设想成一条光谱的两端,在两端之间建立一条通道。如此一来,也许宏观理论和微观理论不仅可以被衔接起来,而且甚至完整的理论解释可能本来就必须在宏观与微观之间来回动态地进行。于此,科尔曼可以说是将这个想法变成一套完整思路的重要人物。

(二)科尔曼之舟

科尔曼(James Coleman,1926—1995)以他关于美国教育的大型研究成果(即所谓的"科尔曼报告")和将经济学基本理念引入社会学而建立起来的社会学式的"理性选择理论"(rational choice theory)闻名。尤其是理性选择理论,基本上成为科尔曼的标签了。理性选择理论的一个基本理念是,所有个体都是会评估自身效益并为了达到自身效益最大化而进行社会行动的理性人;个体之间之所以产生互动,则是在行动者主观认为的效益最大化的考量下从对方那里交易到自己想要的东西。所以社会互动基本上反映了行动者彼此间的相互依赖。不过个体所处的社会情境因为有许多条件限制,很难让所有个体真正达到自身效益最大化,所以个体间的交换行为都是在特定社会情境下试图达到最优的效益。从这个理念出发而产生的其中一支比较有名的研究取向,就是博弈论,囚徒困境即是这个取向中也许最广为人知的模型。关于理性选择理论与博弈论(以及这些理论的不足之处),已经有太多教材介绍过了,这里就不重复。不过,博弈论比较多的是基于理性人假设,设定各种社会条件,以建立起对可能的社会互动后果进行预测的模型;但科尔曼想做的比较不是建立预测模型,而是建立能运用于各种社会现象的解释模型。对我们这一讲来说最重要的,是他在 1990 年出版的巨著《社会理论的基础》(*Foundations of Social Theory*)中提出的一套尝试联结宏观理论与微观理论的解释模型。由于这个模型的图示有点像一艘船或一个澡盆,所以后来学界常将之称为"科尔曼之舟"(Coleman's boat)或"科尔曼的澡盆模型"(Coleman's bathtub)。科尔曼特别用了两个例子来展示他的这个模型如何能强化理论的解释力,一个是韦伯的"基督新教价值观与资本主义"命题,另一个是革命研究中的"挫折理论"。

在《新教伦理与资本主义精神》中,韦伯认为基督新教伦理对资本主义经济组织的发展有一定程度的推动力。在科尔曼看来,"基督新教"和"资本主义"都属于宏观现象,因此韦伯的这个命题表面上是用某个宏观现象去解释另一个宏观现象:

社会的宗教价值观　　　　　　　　　　　　社会的经济组织

韦伯的命题展示的是重大社会变迁的可能因果关系,所以非常重要;但科尔曼认为韦伯的这种解释方式是非常粗糙模糊的,因为"宗教价值观"是一个虚无缥缈的概念,"经济组织"也是一个层次可大可小所以指涉不明的概念。宗教价值观想来不会仅意指经书上的字句,因为字句本身没有力量,除非它成为导致一个个教徒真的产生相应行为的观念。经济组织也是,如果它有可大可小的层次,那么要解释它的变化,就应从最基本的层次,亦即个体相应的组织行为出发来进行探讨。也就是说,虽然社会学应研究具有重大意义的宏观现象,但面对这种宏观现象的理论若要有充分的解释力,那么该理论至少必须拆成三个步骤才能对社会现象进行可提供解释的分析:一是,剖析宏观现象对于构成宏观现象的微观行动者来说实际上究竟产生了什么影响,在此例即是去探讨新教教义如何让在新教被广泛信奉的社会中的个体产生了特定的价值观念;二是,探讨微观行动者在此影响上产生了什么样的个体行动或个体间互动的变化,在此例即是探讨新教价值观念如何产生出想赚更多钱以荣耀上帝的经济行为;三是,研究微观的行动或互动变化如何造就出宏观的变迁,亦即去看一堆人相同或相似的经济行为如何最终促成了资本主义的兴起。虽然韦伯在《新教伦理与资本主义精神》原著中的解释并非真的如科尔曼所认为的那么粗糙,而是也非常细致,甚至远比科尔曼的解释还细致得多,当中不乏符合科尔曼分析路径的论证铺陈;但姑且不论科尔曼对韦伯的批评是否中肯,重点是科尔曼认为他自己重构出来的这样一种因为有明确步骤、所以能够强化解释力的分析路径,可以把韦伯的"宏观到宏观的解释方式"变成像是船或澡盆的"把宏观解析成微观,探讨微观的变化,再将微观变化把握成宏观后果,以此解释宏观变迁"的三阶段模型:

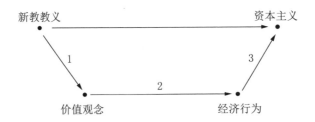

　　挫折理论则旨在探讨一个问题：为什么往往在生活条件获得改善的社会情境或社会变迁时期，反而才会发生革命运动（宏观→宏观）？挫折理论给出的答案是：因为生活条件获得改善后，常常会出现"不患寡而患不均"的情况，导致人们容易因相对剥夺感（宏观→微观）而产生冲突（微观→微观），最终这些冲突造成了革命（微观→宏观）。在科尔曼看来，挫折理论亦符合他的三阶段分析模型，因此是一套更有解释力的理论。

　　科尔曼之所以认为这样的分析模型更有解释力[3]，是因为宏观现象无非是种抽象概念，如果要真正研究宏观现象，必须先将宏观现象具体化，看看所谓的宏观现象指涉的是什么样的行动在什么样的条件下进行了什么样的相互依赖。唯有把宏观现象加以具体化（亦即"宏观→微观"），我们的研究才不会只是在用一堆抽象概念进行空泛的讨论，而是能真正看到这些宏观现象实际上发生的是什么事（亦即"微观→微观"）。当然，对于信奉理性选择理论的科尔曼来说，"看到实际上发生的事"意指去研究行动者如何在特定社会条件下进行了什么样的理性选择而造就了什么样的行动与互动模式。而宏观现象的变迁结果，无非就是众多互动所构成的广泛后果（亦即"微观→宏观"）。

　　科尔曼的《社会理论的基础》便是在探讨各种宏观现象（例如权利、权威、信任）若具体化的话，会是什么样的行动与条件要素，形成出哪些相互依赖的样态，以及这些相互依赖会构成哪些宏观后果。整本书对各种行动、条件要素、样态进行了极多的类型划分与排列组合，非常琐碎。虽然科尔曼在书中给出了很多图示，但这些图不少都极为复杂，很难说把他的论证呈现得更清楚,还是变得更眼花缭乱了。而且即便他的整本著作如此细致繁复(繁复到原书竟厚达993页),科尔曼的研究还是至少有两个问题没有说清楚。

第一,他的分析模型中,"宏观→微观"和"微观→微观"比较容易进行,但"微观→宏观"的分析是容易成问题的。去看看一个宏观的社会现象是由哪些成员和规则构成的,以及当中的成员在规则中可能会根据理性选择而产生哪些行动与互动模式,相对来说比较简单,因为成员、规则很具体,我们可以明确把握住,但我们很难断定某个或某些行动与互动模式真的必然会产生出特定宏观后果。这个问题在科尔曼自己举的一个例子中便格外明显:外交。科尔曼认为,我们可以将"外交"这个抽象概念具体化成各国官员在各种成文与不成文的规定中进行各种博弈性的行动与互动。通过这样的分析,我们就可以更清楚地看到第一次世界大战如何因为这些行动与互动产生的各种冲突,并最终在1914年爆发了。但科尔曼的这个说法有点奇怪,因为我们今天都知道第一次世界大战的爆发有很多偶然因素在其中。而且该次战争的发生地点几乎集中在欧洲,并不真的那么"世界",说是"世界大战"一定程度上基于欧洲的立场上来诠释的。例如在我国民国初年的许多报刊上,都将之称为"欧战",直第二次世界大战后才渐渐将之改称为"第一次世界大战"。也就是说,一方面,由于复杂性[这里的"复杂性"是复杂科学(complexity science)意义下的用词,可以简单将之理解为一般口语上所谓的"蝴蝶效应"],微观层面上一丁点我们无法察觉的情况都可能会导致整个宏观结果朝往预料之外的方向发展,因此几乎很难断定特定的微观情境是否真的会造成我们所看到的那一个宏观现象。另一方面,宏观现象毕竟是抽象的把握,因此很容易是人们基于特定立场或价值观使用了特定概念而诠释出来的,同样的宏观结果有可能这方说是侵略另一方却说是解放。科尔曼也承认"微观→宏观"比较棘手,他自己也给出了一大堆复杂的辩驳。在这些辩驳中比较主要的是他认为必须增添一个理论环节,以此衔接"微观行动者"到"宏观现象"之间的转化问题。对此他提出了"法人行动者",意指在现代社会中个体行动者在各个社会领域中最终都会集结成一个代表所有个体行动者的"法人"。例如外交实质上是由国家政府作为法人行动者来进行的。因此若要解释第一次世界大战的发生，实际上要做的是去分析法人行动者的博弈互动。也就是说，科尔曼把"微观→宏观"又拆解成两个步骤：个体行动者如何在各种情境下构成了什么样的法人行动者，然后再去看法人行动者怎么构成宏观现象。但这种做法似乎并没有真的完成"微观→宏观"的任务，而更像是把个体变成巨型个体的"微观→大型微观"。不论是哪一种做法，"微观→宏观"的分析在多大程度上真的具有解释力都是启人疑窦的。

这也涉及第二个问题：为什么三段分析更有解释力，是一种更好的社会学解释模型？甚至，社会学研究该如何真的解释好社会？这一点科尔曼没有给出详细的交代，他似乎仅仅从直觉上认为他的这种分析模型因为把宏观与微观衔接起来了，所以就是更好的解释。也许是因为科尔曼本科读的是化学工程，后来攻读社会学博士时的导师又是数学家出身、崇信自然科学的拉扎斯菲尔德（Paul Lazarsfeld，1901—1976）的关系吧，科尔曼常常很容易就觉得"以简约的公式或图示将万事万物还原成微观构成要素就叫作解释"是不需要多作说明的真理。（虽然他的"简约图示"常常其实非常不简约……）但单单凭着缺乏说明的直觉是没有说服力的。

不过，虽然科尔曼的这套尝试解决宏观/微观困境的方案有这些缺点，但很多学者并不认为这套方案是失败的。相反，很多人认为这套方案非常可行。尤其是，科尔曼的模型是一个相当精简但适用范围可以非常广泛的分析路径，"性价比"可说是非常高的。这些学者相信，科尔曼的这套模型之所以存在缺点，只不过是因为科尔曼还没有充分完成而已。如果再去完善它，那么宏观/微观的解释困境是可以被解决掉的。其中一个将科尔曼之舟进行了充分完善的流派，就是以赫斯特洛姆为代表的分析社会学。

三、社会机制与机制解释

不论是1998年出版的《社会机制》还是2005年出版的《解析社会》，赫斯特洛姆都尝试指出,恰如其分的社会学研究(后来他认为他的这套社会学已足以成为一门堪为一家之言的范式,所以他直接将他的这套社会学范式命名为"分析社会学")应该要剖析**社会机制**(social mechanism),并给出相应的**机制解释**(mechanism-based explanation)。唯有当一套社会学理论是一种针对社会机制(而非再无限往下还原到生理机制或心理机制)的机制解释时,这样的理论才具有解释力、是合格的理论。但什么以及为什么是社会机制与机制解释呢?这与一个根本议题有关:解释。

第一讲已稍微提到过,"解释"一般意指对**因果**法则的剖析、了解或掌握。但这首先会涉及一个问题:什么是"因果关系"?英国哲学家休谟(David Hume,1711—1776)曾对因果关系给出了影响后世甚巨的说法。他认为,两件事具有因果关系,意指:一、原因和结果在时空上是接近的;二、在时间上原因先于结果,亦即先有因,之后才会有果;三、原因和结果有必然的联结,有了因,就会有果,有果必有因。例如某颗 A 球撞了静止的 B 球导致 B 球移动,而且我们能看到每次这样的撞击必然会导致原先静止的 B 球产生移动现象,那就可以归纳总结出这种情况中 B 球的移动(结果)是 A 球的撞击(原因)造成的,A 球的撞击与 B 球被撞击之后的移动有因果关系。但连休谟自己都觉得这三个因果关系意涵中的第三点有个还没说清楚、有待探究问题:因果之间的必然联结(例如"A 球的撞击"与"B 球的相应移动")只能表明原因导致了结果,但并没有说明**为什么**原因会导致结果,亦即并没有澄清原因与结果之间的**因果作用力**(causal power)。除非我们真的弄清楚因果作用力的内容环节、真正原理,否则我们无法肯定通过观察而归纳出来的因果关系究竟是真的有因果关系,还是我们只不过把有限的观察想象成普遍的法则(但其实这个法则是假的、错的)。因果作用力的构成环节,科学哲学一般称之为**机制**。用一个比较形象的比喻:我们可以把因果作用力想象一个由诸多齿轮啮合而成的链条,链条上许多大大小小的齿轮的一连串啮合型态就是机制。

只要弄清楚"机制"是什么意思,那么"机制解释"也就很容易望文生义了,即通过对机制的分析来完成科学研究的解释任务。例如"静止的 B 球被

A球撞击之后产生了移动"一事，如果要真的确定当中的因果关系，就不能只是观察与归纳出这件事，而是要进一步弄清楚例如A、B两球的物理成分、质量、动能、接触效应等构成产生因果关系的作用机制，以此说清楚为什么静止的B球被A球撞击之后会产生移动；这种对机制的剖析就是机制解释。若用上述的链条比喻来理解的话，机制解释即意指详细拆解、搞清楚因果作用力是由哪些齿轮以何种方式啮合在一起而推动出来的。赫斯特洛姆想做的事便是将科学哲学中的机制解释引进社会学研究中。但赫斯特洛姆要做到这件事，必须回答至少两个问题：一、为什么机制解释值得引进社会学？机制解释与其他种社会学的解释形式相比，优异之处何在？二、社会学的研究对象——社会——与一颗球被撞飞无疑是两回事，因此科学哲学的机制概念显然不能直接照搬到社会学中，而是必须调整成适用于社会学的概念。那么，社会机制的内涵应该是什么呢？

关于第一个问题，赫斯特洛姆认为有两种解释形式对过往的社会学有较大影响：覆盖律解释与统计学解释。"覆盖律"（covering law）这个词最初是由德国的科学哲学家亨普尔（Carl Hempel，1905—1997）提出的，意指"若P出现，Q必然随之发生（这里的P和Q仅是代号，和数学公式常常会用xyz当作代号一样，没有什么特别的意思），普世皆然，毫无例外"。在自然科学中，覆盖律最典型的表现就是定律。找出定律来解释世界可说是自然科学的终极目标。很多把自然科学当作榜样的社会学家根本上也希望建立能给出覆盖律解释的理论。但这种"若P则Q"的解释形式几乎不太可能直接用于社会学。理由有很多，例如有的立场（如上一讲提到的德国诠释学传统）就不认为社会世界可以等同于自然世界、具有绝对的因果法则，否则这个世界上所有人都不过是因果法则的傀儡，根本没有自由意志可言了。姑且不论这种完全采取不同立场的理由，就算同样采取自然科学立场的人，也都认为覆盖律无法用于社会学。最主要的原因在于，自然科学提出覆盖律的做法主要采取的是实验法，亦即通过实验来找出与确立因果关系，但我们几乎不可能把整个社会世界关到实验室中剔除掉所有复杂要素来进行可重复的实验。也因此比照自然科学所进行的社会学研究通常只能退而求其次，不追求覆盖律式的绝对因果关系,而是采用"以数学公式来进行模拟实验"的做法——对今天的社会学来说,这种模拟实验主要就是统计学——来尝试确认所假设的因与果之间的"相关",亦即我们假设的原因在多大的几率上的确会(或不会)造就假设的结果;这便是统计学解释。

然而不论是覆盖律解释,还是退而求其次的统计学解释,都有上述"缺乏澄清因果作用力"的问题,因此都无法真的达成社会学的解释任务,除非——赫斯特洛姆认为——我们再在这些解释形式中添加进"机制解释"的工作。唯有如此,才可能真的为我们的研究结果给出解释。也就是说,在赫斯特洛姆那里,"机制解释更为优异"的意思不是说机制解释走出了覆盖律与统计学解释之外的更好的一条道路,而是说机制解释可以完善覆盖律与统计学解释。

但什么是社会机制呢?如果说,所谓的机制意指因果作用力的构成环节,那么"何谓社会机制"的问题首先必须问:会产生因果作用力,让各种社会现象,甚至是社会本身得以形成的最具体基本构成要素是什么?赫斯特洛姆信奉的答案不令人意外:一个个实实在在、会产生各种所作所为的人;或是用比较学术的话来说,个别的行动主体及其行动与互动。由此出发,赫斯特洛姆明确将社会机制定义为"规律性地产生某个特定结果的一系列主体及其行动的组合"。[4]据此,我们便可以清楚总结出分析社会学的宗旨:**剖析行动者(们)所做出的行动与互动及其一连串后续效应,以此建构出针对社会现象的因果解释**。基于此理念,赫斯特洛姆认为过往社会学以变项作为单位的统计学解释是不够的,我们必须(1)将变项乃至所有社会现象还原成具体的个体行动与互动,(2)剖析个体的行动与互动是否具有某种只要出现就会造就特定社会宏观现象的模式,而且(3)还要去看这种行动与互动模式是如何造就出宏观现象的。读者们这里应该发现了:这套机制解释的步骤,不就是科尔曼之舟的三段式分析吗?是的,赫斯特洛姆直接承认他的这套机制解释模型就是源于科尔曼之舟。但与科尔曼不同,赫斯特洛姆详细交代了为什么科尔曼之舟是一套更恰如其分的社会学解释模型:因为这个模型呈现的正是社会学的机制解释。如此一来,科尔曼留下的"似乎仅依靠直觉,但没有解释该模型为何有解释效力"的缺点便被克服了。并且赫斯特洛姆还将科尔曼之舟的分析三阶段视为社会因果作用力的三段构成机制,并给予相应的名称(见下图)。

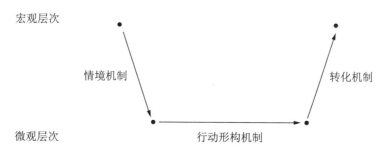

宏观层次

情境机制　　　　　　　　　　　　　　　　　　转化机制

微观层次　　　　　　　　　行动形构机制

● 图示来源:**Hedström, Peter and Swedberg, Richard 1998, "Social mechanisms: An introductory essay", in Peter Hedström and Richard Swedberg (eds.), *Social Mechanisms: An Analytical Approach to Social Theory*. Cambridge: Cambridge University Press, p.22。**

　　"情境机制"不只将宏观要素还原成诸多行动主体的行动与互动,而且赫斯特洛姆还宣称,这个分析步骤也需要讨论各种社会结构要素如何影响了行动主体。赫斯特洛姆强调,虽然社会的基本构成要素是行动者,但这不是说行动者是社会机制中唯一能解释社会现象的要素。在进行机制解释时,也必须将例如法规、社会关系等纳入分析中。所以赫斯特洛姆强调分析社会学的机制解释并不是方法论个体主义,而更多是虽然还原到个体,但依然会考虑个体所处情境的"结构的个体主义"(structural individualism)。不过,赫斯特洛姆乃至整个分析社会学的这个说法,究竟真的是进行机制解释时会遵循的方针,还是实际上分析社会学就是在采取方法论个体主义,只是为了让自己的论证在表面上可以看起来更周全,所以换了一个看似比较圆融(或是分析社会学自己会说:比较严谨)的词来进行包装,这就不一定了。

　　"行动形构机制"旨在对行动与互动的产生进行解释。赫斯特洛姆宣称,让行动者产生行动与互动的有三个要素:期望(Desires),信念(Belief),机会(Opportunity);这三个要素简称为 DBO。这三个要素没有什么特别的内涵,就是字面上的意思。赫斯特洛姆认为所有的社会行动与互动的产生,都是因为行动主体为了特定的期望、凭着信念、考虑所处情境的各种可能性而推动的。因此行动与互动的分析,只要拆解成 DBO 并分析这三个要素的相互钩连形式,便算是完成了行动形构机制的解释任务。不过在不同的情况中,DBO 的比重会不太一样。有些行动与互动更强调信念,有些则是机会在当中扮演的角色更重要。和科尔曼一样,赫斯特洛姆也尝试初步根据不同的 DBO 构成型态区分出一大堆可能的行动与互动类型,相当繁琐。不过为什么是 DBO 而不是更多其他要素,赫斯特洛姆没有太多解释,他只说这三个是整理自社会心理学的心理要素,这三个要素当然也可以再继续拆解其机制(例如信念的机制是什么、期望的机制是什么),将之再往下还原成生理机制或心理机制,但赫斯特洛姆认为这属于心理学乃至生理学的任务。心理或生理的机制解释对社会学来说没有太大意义,社会学的社会机制解释只需要从 DBO 出发就行了。

最后的"转化机制"是最初在科尔曼那里便已因复杂性而带来困扰的一个解释环节。赫斯特洛姆当然也知道这个问题,但他认为这个问题在科技高速发展的今天已经有方法来探究转化机制了,即运用计算社会科学的方法,尤其是智能体模型。计算社会科学与智能体模型不是赫斯特洛姆发明的,而是一门行之有年,但在近年来发展得越来越热门的研究领域,赫斯特洛姆在这里只是直接将之援引、套用在自己的分析社会学上。所以我们这里额外补充说明一下计算社会科学与智能体模型。

广义来说,所有用电脑作为辅助或主要工具来进行的社会科学研究都可称为"计算社会科学"(computational social science)。以此而言,一般的统计软件、人际关系网络模型、人文地理空间分布模型等,只要运用上计算机科技的,都属于计算社会科学的范畴。而跟这一讲的分析社会学最有关的是计算社会科学中的**智能体模型**[agent-based modeling,简称 ABM。有时也称作 agent-based model(ABM)、agent-based models(ABMs)、agent-based computational modeling(ABCM)、agent-based social system(ABSS),等等]。智能体模型不是某种特定的计算机程序,而是一种利用计算机来进行社会研究的建模方案。智能体模型的基本做法是,利用计算机在一个虚拟空间中,设计数个同质或异质的被称为"能动者"(agent)的行为个体,每个行为个体有自身被设定好的行为规则,以及遇到其他行动者时的反应规则。接着让这些能动者在虚拟空间当中行动,研究者则借此观察这些行动者在相互作用下会产生出什么样的宏观整体形式。

最经典的智能体模型研究,当属谢林的隔离模型(Schelling's Segregation Model)。这个智能体模型来自经济社会学家谢林(Thomas C. Schelling,1921—2016)的一个研究种族隔离的模型构想。谢林假设在某个平面空间当中有两个种族,每个种族有数个行动者,最初这些行动者在这个平面空间上是混居的。而每个行动者被假设,对于居住在自己周遭的邻居是不同种族的忍受程度是有限的,如果邻居同族比例低于一定比例(比如30%),行动者就会选择搬家,一直搬到周遭邻居的同种族比例不再低于30%为止。谢林这个模型最初并非用计算机加以建模,而是用极为复杂的计算来呈现众多行动者在此相互作用规则下会演变出什么结果。但人们现在可以直接用计算机程序来研究,例如设计50×50的网状平面,每个行动者作为两个种族当中的其中一种,占据一个网格,初始随机分布在网状平面上,周边八格为同种族或异种族的邻居,或也可能无人居住。当邻居同种族比例低于30%,行动者会往四周搬迁。借此,谢林的模型可以通过智能体模型快速、可重复、且直观地呈现出来,而且呈现出来的是一个可能颇令人惊讶的结果:即便在30%这种同族要求比例并不高的情况下,在众多行动者的相互作用下,最终仍会涌现出周遭邻居同族度超过70%才会到达稳定、不再有行动者搬迁的整体显著种族隔离现象。

由智能体模型进行的这套种族隔离研究,清楚表现出来我们今天可以相对简单地用电脑模拟的方式呈现出微观现象如何转化呈宏观现象,并由此探究微观到宏观的转化机制。

智能体模型近年来在社会科学研究中受到越来越多的关注与欢迎,不过这种研究方法不是完全没有问题的。例如程序的设计与编写往往缺乏透明性,缺乏研究信度和效度的检验标准,缺乏一个通用的设计平台,等等。

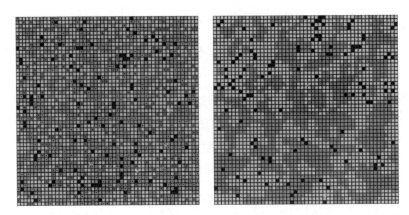

● 谢林隔离模型的智能体模型研究呈现。设定参数为:行动者密度,95%;邻居同族
最低阀域,30%。左为初始状态,右为模拟结果,邻居同族度:74.7%。图为我们
运用 NetLogo 软件内建主题呈现出来的模型。注意,右图是单一次的模拟结果,
但每次的模拟结果都会因为复杂性而可能产生数据误差,不会每次邻居同族度
的都必然是74.7%。所以在此情况下智能体模型研究必须进行多次模拟,并通过
统计方式给出平均值。

还有,智能体模型的技术虽然越来越复杂先进,可视化技巧也越来越炫目,
但社会究竟是怎么运作的,如何进行设计才贴合现实社会、做出好的研究,
研究者的设计常是直觉式的。尤其是今天不少智能体模型研究者乃至于计
算社会科学家,往往把心力仅放在研究方法上,仅去思考如何用上更酷炫的
计算机模型,但鲜少探究为什么这些模型能研究社会,亦即把研究手段直接
当成研究目的,缺乏根本的理论问题思考。(虽然反过来说也有类似的问
题:很多理论研究者只想着钻研各种抽象思想,却不怎么关心今天社会学的
研究方法与技术有了什么样的新发展,目光只放在研究目的而无视研究手
段,使得讨论并没有跟上具体现实的发展……)而且这个模型中的每一个
"能动者"理想上来说应尽量模拟真人,但现在的电脑科技光要打造一个足
够"逼真"的人工智能就很难了,要像智能体模型理想上的那样打造出无数
个逼真行动者现在在技术上还是难以企及的,也就是说智能体模型现在还
是在极初期的发展阶段。但它的潜力在今天已是被公认与期待的。因此即
便智能体模型的发展仍处于极初期的阶段,但赫斯特洛姆认为社会机制解
释在转化机制这里的问题已经获得解决了,剩下的就只是等科技发展让转

化机制的解释更精致而已。[5]

不过,若我们回到赫斯特洛姆这里,那么有一点值得一提。从微观到宏观的转化,社会科学界非常多学者会用上一个概念:**涌现**(emergence,或译为"突现");用涌现概念来讨论转化机制的研究取向一般称为"涌现论"(emergentism)。涌现论也是许多智能体模型研究者的基本思路。涌现论主要针对一种情况:宏观现象是由微观要素构成的,但当宏观现象从微观要素涌现出来之后,宏观现象具有或多或少独立于微观要素的自身特质。涌现论者认为社会宏观现象即属于一种涌现现象,意思是虽然社会现象是由一个个行动主体构成的,但整体的社会现象不只是一堆行动主体聚在一起,而是会有如化学反应一般产生出大于行动主体总和的自身特质。所以对于涌现论者来说,转化机制无非就是一种涌现。但**赫斯特洛姆宣称他不同意这种说法,他反对涌现论**。为什么呢? 这里要先稍微深入了解一点涌现论的意涵。

涌现论是一派主要在 19 世纪末、20 世纪初的英国出现的科学哲学理论。一般认为当代意义下较完整的涌现概念由刘易斯(George Lewes,1817—1878)继承了密尔(John S. Mill, 1806—1873)的想法而提出,随后由亚历山大(Samuel Alexander, 1859—1938)和摩根(Conwy L. Morgan, 1852—1936)等人发扬光大。一开始,涌现概念的提出是为了在"机械唯物论"与生物学的"生机论"之间开辟第三条道路。机械唯物论认为,万事万物都可以拆解、还原成最微小的物质构成粒子,因此对世界的分析终归都要还原到对最小物质构成粒子的因果作用的解释(这种观点也被称为"还原论")。但关于心灵意识、生命力的创发,机械唯物论的解释常常软弱无力。就像人们对脑部神经元电流传导再怎么分析解释,深知其因果作用力,也没有办法解释为什么爱因斯坦会想出相对论。与之相反的是强调新颖创造性、生命力的生机论,认为生命世界有自身的新颖活力,所以不只是爱因斯坦可以想出相对论,而是每个人都有自己的无穷可能性。但生机论常常完全无视物质基础的思路也同样难有说服力。简单来说,爱因斯坦再厉害,也会生病、得吃得睡,要是让爱因斯坦整天营养不良,看他怎么想出相对论。涌现论则试图提出一个折中的观点:任何事物整体都会有其构成部分,但很多事物整体会从部分的构成当中"涌现"出部分所不具有的特质。因此对涌现特质的研究,不能将整体还原成部分,然后仅仅对部分的特质进行分析与解释。涌现论经常举的经典例子是,水分子由氢原子与氧原子所构成,但水的特质是氢与氧所不具有的,甚至水的灭火特质与氧的助燃特质是背道而驰的,所以对水的特质的研究,不能通过对氢氧的研究来进行。

这一个世纪以来,涌现论的概念被许多学科接受,其内涵也多少脱离了原本英国科学哲学的讨论,成为一个丰富多样且充满争论的理论概念。即便涌现概念在今天相当多样,各种不同意义下的用法有不同的含义或思维取向,但一般都同意涌现有三个特征:整体的涌现特质具有新生性,涌现特质具有不可还原性,涌现有难以预测的复杂性。当涌现论被运用到社会学时,则会强调社会宏观现象是一种从社会参与者的相互作用当中涌现出来的整体,这种整体具有自身的特质,而且其特质是微观的个别社会参与者所不具有的,或不被任何个别社会参与者所独有(涌现特质的新生性),所以不能将对社会的研究拆解成对人类个体行为或人类心(生)理的研究(不可还原性),并且相互作用是复杂的、非线性的,所以整个社会形式的涌现与发展是不可预料的(不可预测性)。涂尔干的"社会事实"(即一种由人与人共同构成的社会现象,如语言、宗教;且这种社会现象一旦构成之后,会有脱离人,甚至可以对人施加强制力的独立性质)一般被认为是一种典型的涌现论概念。

若我们由此了解什么是涌现论,那么赫斯特洛姆反对涌现论的原因就会比较好理解了:因为他不相信宏观社会现象有自己的特质。赫斯特洛姆认为所有宏观现象都必须还原成微观个体的 DBO,否则如果涌现论是可行的,宏观现象有自身的特质,那就代表宏观现象只需要用宏观现象来讨论就好,机制解释都是不必要的,但如此一来社会学就不可能给出充分的科学解释。所以赫斯特洛姆宣称分析社会学是结构的个体主义而不是方法论个体主义时,我们会觉得他可能有点言不由衷,因为他其实根本不认为有"社会结构要素"这种事。在他看来一切都是由个体构成的,世界上只有人、没有社会。

前面还提到：DBO 本身其实也可以再去探究其心理机制，但赫斯特洛姆认为社会学只需要从行动主体出发即可，因为他认为行动主体本身已经是一个有自身特质的构成单位，不用再还原到心理学那里去。言下之意是：行动主体是从生理心理涌现出来的整体。换句话说，当赫斯特洛姆将社会机制的解释单位放到行动主体而不是例如生理细胞时，他其实就已经在采用等同于涌现论的说法来巩固分析社会学的独立正当性了。以此而言，赫斯特洛姆对涌现论的态度其实是很双重标准的：当涌现论会破坏他的机制解释的存在必要性时，他就说反对涌现论；但当涌现论有助于他将机制解释停留在行动主体层面时，他又暗暗采用了涌现论的说法。

尽管如此，分析社会学被赫斯特洛姆提出之后，在社会学乃至整个社会科学界中得到了热烈的反响，许多学者也加入了"分析社会学"这面大纛之下。只是大家在加入分析社会学之后，多半没有接受赫斯特洛姆所谓的结构的个体主义态度，而是认为在社会宏观现象与个体微观现象之间来回进行探讨的机制解释虽然很重要，但人们还是可以从行动者出发再继续向下探讨各种层面（例如再扩展到心理层面、生理层面、化学层面、物理层面）的因果作用机制。不同层面的机制解释都有可研究与可合作性。这导致这一讲一开始提到的结果：分析社会学到今天于是成为一个国际性的跨学科研究领域。许多分析社会学家会寻求与例如生物学界或医学界合作。社会学家希望能从生物学或医学那里寻求社会宏观现象的更加微观的机制解释，生物学或医学也当然乐于通过这样的合作展示生物学或医学的社会宏观影响。尤其是，在今天的学术界，"跨领域"似乎越来越带有正面的意涵。为跨领域研究带来理论基础的分析社会学也因此在当代前沿社会理论中越来越有一席之地。

不过，从社会机制概念与机制解释任务发展出来的不只有分析社会学。最初和赫斯特洛姆一起合作发扬社会机制与机制解释的斯威德伯格后来并没有跟着赫斯特洛姆走上分析社会学之路，而是另辟蹊径发展出了他的"理论化"取向。虽然斯威德伯格的理论化和赫斯特洛姆的分析社会学几乎没有什么交集，但由于有相同的渊源，两者间的关系其实很值得探究，因此下文介绍一下斯威德伯格的工作。

四、理论化

斯威德伯格最初之所以探讨社会机制,同样也是因为觉得社会理论的任务在于给出充分的解释,且同样认为机制解释是最好的解释。但对于斯威德伯格来说,不只理论的任务在于给出解释,而是解释最终也应该形成一套理论。相比于解释工作,社会理论的建立工作往往更难、也更罕见。为了解决这个问题,斯威德伯格进行了一系列的努力,其中最完整的成果是他在2014年出版的《社会理论的艺术》(*The Art of Social Theory*)。

● 理查德·斯威德伯格。
图片来源:https://people. as. cornell. edu/files/second/styles/person _ image/public/richard-swedberg.jpg。

斯威德伯格认为,之所以社会理论的建立工作可能在一定程度上比解释工作可能更难,一方面是因为今天在各社会学教学单位中,几乎看不到有哪所大学专门开设教人们怎么建立社会理论的课程。理论研究仿佛都是由理论天才通过直觉来完成的。但如果理论有好坏判定标准，（而且也应该是有标准的，否则一篇理论文章投稿到期刊之后，期刊主编或外审专家要如何判断这篇文章是否值得刊登呢？）那么就表示理论研究应该是有章法可循的。可是社会学人——不论是教师还是学生——却几乎都忽略了这件事，使得理论的建立方式与判断标准仿佛是一套只可意会（但只有具备天分的人才能意会）、不可言传的"心法"。另一方面，之所以人们几乎都忽略了这件事，很有可能是因为摆在世人面前的理论研究都是没有呈现出研究过程的成品，使得人们无法意识到理论也是有一套建立流程的。斯威德伯格援引了德国哲学家莱欣巴赫（Hans Reichenbach，1891—1953）提出的一组概念：发现脉络与论证脉络。"发现脉络"（context of discovery）意指科学的发现过程，这种过程通常会根据时间顺序来呈现一项科学成果从无到有的经过。"论证脉络"（context of justification）则相反，意指科学家已经获得了研究数据之后，把研究成果转换成学术语汇、进行论证的过程，这种过程基本上不是按照研究的时间顺序来进行的。斯威德伯格认为，我们今天看到的所有社会理论都已经是正式发表出来的成果，因此都只呈现出论证脉络。而这些社会理论我们读得再多也不会因此知道自己要怎么写出一篇理论文章或一本理论著作，因为这些理论都没有交代它们的发现脉络。

在此背景下，斯威德伯格呼吁我们不应该把理论直接当作理论，而是应该意识到社会理论是有一套建立流程的。**理论的产生过程，被斯威德伯格称为"理论化"。**之所以斯威德伯格特别强调这个概念，是因为他认为这是将我们面对理论的态度从论证脉络转换成发现脉络的一种重要提醒。基于此，斯威德伯格提出了一系列的理论化步骤。首先他将理论研究区分成"预研究"（prestudy）和"主研究"（main study），预研究包括观察、描述、调研、命名、概念建立等步骤，主研究则旨在运用各种经验研究或计算社会科学等方式来检视预研究成果的有效性，并且进行论证以提出一套解释（当然，在这里，斯威德伯格所谓的解释根本上应是一套机制解释）。斯威德伯格的《社会理论的艺术》大致上就是这样一本如"社会理论的研究与写作手把手教学手册"的著作。不过老实说，他的理论化步骤完全没有什么特殊之处，都是一些繁琐但略嫌空泛的说法，就算不是专门从事理论研究的社会学人想来都可以轻易想见这些步骤，也可以轻松增减这些步骤。然而书中有一处倒是引起了许多学者的共鸣，即预研究最初的观察与描述的基本原则：溯因推论。

在探讨理论化预研究阶段最初的观察时，斯威德伯格提到一个矛盾：社会理论的因果解释都是在告诉人们什么样的原因会导致什么样的结果，但实际上当我们看到一件事觉得很有趣、想研究它时，我们其实看到的都是结果，并且正是因为只看到结果、没看到或看不到原因，所以才会需要探究原因以得出因果解释。因此理论化的预研究最初都只能从"只知道结果、不知道原因"的情况下开始的。斯威德伯格认为如此一来，理论化最初应采用溯因推论的方式来开展预研究。

"溯因推论"（abductive reasoning，或斯威德伯格比较常用的说法是"溯因"，abduction）最初是美国哲学家皮尔士（Charles Peirce，1839—1914）提出的一个概念，通常与演绎和归纳相对照。"演绎"（deduction）意指将已知的普适因果关系运用在具体情况中来进行推论，例如：我们已知一场雨下在一个露天草坪上，草地必然会湿，因此当我们远远看到某个露天草坪上方在下雨，就可以推论说"啊，那块草地会湿掉"。"归纳"（induction）则是总结所有的具体情况来推论当中的因果关系。例如：我们看到 A 地下了一场雨之后该地的露天草坪会湿掉，B 地亦如是，C、D、E 地都是这样，因此我们可以总结出："嗯，看来有种因果法则是：若有一场雨下在一个露天草坪上，那么该草地必然会湿。"但演绎和归纳都是在知道或看到原因的情况下进行推论的。如果我们只看到结果，不知道原因呢？这时我们可能会**动用已知的因果关系来推论这个结果的可能原因是什么；这就是溯因（推论）**。例如我们看到一个露天的草地湿掉了，而我们知道"若有一场雨下在一个露天草坪上，那么该草地必然会湿"，那就可以推论这里可能之前下过一场雨。当然，草地会湿不一定只因为下雨，也可能是因为有人刻意在这里浇水，或是有人不小心在这里洒了一桶水。要真正知道为什么这块草地会湿，还必须根据一开始的溯因推论来查证,例如查一下这个地方过去 24 小时的天气记录是否真下过雨,走访周边居民问问是否有人(或有没有看到曾有人)在这里浇过水,等等。但无论如何,唯有进行溯因推论,我们才可能开展对既定事实的研究与解释。

斯威德伯格强调理论化必须从溯因出发,或是他用一个更通俗的话来说:理论化一开始必须带着"猜"的态度来进行观察,猜猜看我们所观察的现象的可能产生原因是什么,然后不断验证我们的猜测,以此一点一滴拼凑出背后的因果机制,就像侦探一样。以此而言,斯威德伯格所谓的理论化,其实差不多就等于侦探办案。读者们应该都看过例如《名侦探柯南》之类的侦探文艺作品:当中有个像衰神一样不论走到哪里总是会遇到命案的侦探主角,面对案发现场开始用溯因法抽丝剥茧,然后推论出整个案发经过,最后指出凶手是谁。侦探每一次的办案过程,即是理论化;每次最后的案发过程还原与解释,便是一套理论。我们几乎可以隐约看到,斯威德伯格的溯因和赫斯特洛姆的机制解释非常相似,但正好完全相反:赫斯特洛姆的分析步骤是"情境机制→行动形构机制→转化机制",斯威德伯格的分析步骤则是方向箭头完全反过来的"情境机制←行动形构机制←转化机制"。可以想见,如果斯威德伯格将他的理论化概念提升成这种"逆向机制解释",那么应该会比他仅仅提出一堆不痛不痒的理论建立步骤更有意思得多。但斯威德伯格并没有再这么往前走,不能不说是有点可惜的一件事。

尽管如此,"理论化"一经斯威德伯格完整地提出来之后,还是很快就受到(尤其是美国,但当然也不局限于美国)社会学界的欢迎,认为这个概念有可能让社会学人因为更具体知道理论研究该怎么做,因此更愿意投身于理论研究,以此复兴社会学界日益欲振乏力的理论研究领域。不过斯威德伯格的理论化概念明显有一个问题:如果理论化就是基于溯因推论来建立一套理论解释,如同侦探办案一样,那么这项工作会不会最终只带来无数套虽然很好地针对了具体现象,却各自零散、缺乏系统关联、不具有机联系的解释话语,就像柯南虽然进行了成千上百次"理论化"的工作,但这些工作最终除了给出成千上百个"理论"之外,并没能真的给出一套有机的知识体系一样？

此外，理论化概念的爆红也带来一些想来斯威德伯格本人没预料到，而且可能也不是他很乐见的反效果。斯威德伯格最初提出基于发现脉络的理论化，主要是希望可以让社会学人知道，许多乍读起来令人感到云里雾里的理论其实最初都有一些来自观察的单纯开端，理论不是一开始都那么难懂的。也就是说，理论化概念多多少少有一种将理论加以"祛魅化"的用意在，以此鼓励学者们不用害怕做理论研究。但有的学者进一步认为理论化不仅意味着我们可以将理论加以祛魅化，也意味着我们大可把理论给整个支解掉，以此揭露那些看起来很高大上的理论的最初可笑真面目。例如美国社会学家马丁（John Levi Martin，1964— ）在 2015 年出版的《领悟理论》（*Thinking Through Theory*）就是这种打着理论化的名义来阴阳怪气地支解理论，还以此洋洋得意的代表。只是这很容易让人们想问：这种把理论化从"建设工具"变成"破坏武器"，将其目标从"建立理论"变成"支解理论"的做法，真的有益于社会理论研究吗？

五、本讲小结

不论是赫斯特洛姆建立的分析社会学，还是斯威德伯格提倡的理论化概念，都有一个初衷：复兴社会学的理论研究。他们所身处的学术环境，强调学术研究最终必须对我们的社会世界进行解释，因此他们也由此出发，一方面呼吁社会理论的任务必须具备优异的解释力，另一方面则对"何谓解释、如何解释"这个问题的研究投注了大量的心力，以此提升理论的解释力、保全理论在社会学的一席之地。他们的确也收获了丰硕的成果，让很多社会学家更清楚知道理论的重要性和价值何在。分析社会学一定程度上现在已是跨学科的参天大树，理论化则已成为一个热门概念。他们无疑为社会理论注入了一股活力。

然而他们的成果当然不是没问题的。赫斯特洛姆对涌现论有一种似乎不太合理的双重标准，而斯威德伯格虽然给出了一堆理论建立步骤，但我们好像也没有真的看到他因此建立起什么威震天下的理论。除此之外，他们两位都同样有一个更根本的问题，就是他们都几乎毫不犹豫地认为社会理论就是要像自然科学那样把社会世界当作按照因果法则运作的客体来进行解释。既不考虑"社会理论有不同的类型与任务"的可能性，也不考虑"社会也许并不是一个按照因果法则运作的客体"的可能性。我们所有人的社会生活的福祉问题在他们那里更是不存在。可以说，社会理论在他们那里除了比照自然科学来解释因果关系之外没有其他任何可能的面貌。所以他们虽然让社会理论一方面获得了活力，但另一方面却也把理论的意涵变得相当狭隘。而且，虽然他们宣称想通过机制解释来解决宏观/微观问题，但他们的做法实际上并没有真的将宏观现象与微观现象给联结起来，而是差不多直接通通化约成微观现象。因此他们的成果在多大程度上真的解决了他们当初设定的问题，是很值得怀疑的。

当然，这不是说社会理论将宏观现象化约成微观现象的做法是错的；相反，也许社会的最终构成要素真的是行动主体，研究行动主体也许真的可以分析社会。但是否真是如此，不是不用交代的，而赫斯特洛姆和斯威德伯格却没有积极讨论这个问题。他们虽然站在自然主义（意指认为一切事物都是按照大自然的物理因果法则来运作的）、科学主义（意指认为唯有自然科学才是真正唯一正确的知识体系）的立场上套用了大量的科学哲学语汇来包装他们的论证，但他们并没有真的进到科学哲学中探讨"社会是什么"（我们可以将之称为本体论问题）、"对社会的认识如何得以可能以及如何进行（我们可以将之称为认识论问题）"等让他们的社会机制与机制解释概念得以具备正当性的根本问题。也就是说，如果要从科学哲学的角度来建立一套社会学研究范式，那么基于科学哲学来探讨社会本体论与社会认识论问题是必须进行的任务，但赫斯特洛姆和斯威德伯格都避开了这个任务。不过，虽然这两人没有直面这些问题，但不代表这个问题在社会理论界从来没有人讨论过。相反，有一位学者正是尝试从科学哲学出发来建立一套理论，而且还以这套理论跟我们耳熟能详的如吉登斯、布迪厄等学者平起平坐;这位学者就是玛格丽特·亚彻,下一讲的主角。由于同样以科学哲学为基础,因此读者们在读下一讲的时候,不妨将之与这一讲的分析社会学进行对照,想想看分析社会学与下一讲介绍的内容有没有什么可以对话之处。

不过,虽然我们在这一讲主要集中介绍赫斯特洛姆和斯威德伯格,但就像我们一直强调的,分析社会学是一个非常丰富的网络,因此我们这一讲并无法介绍分析社会学的全貌。若读者想深入了解分析社会学,我们推荐几本书。首先当然就是我们特别介绍过的两本著作:

- Hedström, Peter and Swedberg, Richard (eds.) 1998, *Social Mechanisms: An Analytical Approach to Social Theory*. Cambridge: Cambridge University Press.
- 赫斯特洛姆:《解析社会:分析社会学原理》,陈云松等译,南京大学出版社 2024 年版。

前一本虽然是由文章合辑而成的,但很多文章都直指关键议题,甚至目前仍有延续性的争辩在进行;后一本的优点在于简明地介绍了分析社会学的理论立场,并且附上作者自己的经验研究作为参照。对分析社会学的内部差异性感兴趣的读者,可以进一步阅读三部论文集:

- Demeulenaere, Pierre (ed.) 2011, *Analytical Sociology and Social Mechanisms*. Cambridge: Cambridge University Press.
- Hedström, Peter and Bearman, Peter (eds.) 2011, *The Oxford Handbook of Analytical Sociology*. Oxford: Oxford University Press.
- Manzo, Gianluca (ed.) 2021, *Research Handbook on Analytical Sociology*. Cheltenham: Edward Elgar Publishing.

以及普林斯顿大学的"普林斯顿分析社会学系列丛书"的三本专著:

- Erikson，Emily 2014，*Between Monopoly and Free Trade：The English East India Company*，*1600—1757*. Princeton：Princeton University Press.
- Garip，Filiz 2016，*On the Move：Changing Mechanisms of Mexico-U.S. Migration*. Princeton：Princeton University Press.
- Centola，Damon 2018，*How Behavior Spreads：The Science of Complex Contagions*. Princeton：Princeton University Press.

斯威德伯格的"理论化",可见:

- Swedberg，Richard 2014，*The Art of Social Theory*. Princeton：Princeton University Press.

除此之外,有些中文的二手文献也是很具参考价值的。首先值得推荐的有:

- 李钧鹏:《作为社会科学哲学的社会机制》,载《社会理论学报》2011 年第 2 期,第 359—381 页。

有趣的是,后来另外一位同样专精于此、任教于中国台湾中山大学的万毓泽,特别撰写了一篇极具挑衅性的文章批评了李钧鹏的文章,相当值得一读:

- 万毓泽:《回应李钧鹏〈作为社会科学哲学的社会机制〉》,载《社会理论学报》2012 年第 1 期,第 43—65 页。

此外,万毓泽自己也有另一篇专门介绍分析社会学较新进展的文章很值得参考:

● 万毓泽:《跨领域研究视野下的社会理论工作:分析社会学的观点》,载《社会分析》2018 年第 16 期,第 105—174 页。

最后,台湾大学荣休教授叶启政的一本著作,虽然不是专门介绍分析社会学的书,而是以建立自己的理论观点为主,但当中对"机制"概念进行了深入的考察,并且深刻地评论了分析社会学与下一讲将介绍的批判实在论,因此也是一本很值得参考的文献:

● 叶启政:《从因果到机制:经验实证研究的概念再造》,群学出版社 2020 年版。

注释

[1] 我们这里说的是"常常",意思是并不"总是"。美国与欧陆的理论观念并不真的必然总是有那么泾渭分明的差异。欧陆当然也有学者很美式(例如上一讲最后提到的埃瑟),美国也有学者很欧风(例如第八讲将会介绍的新唯物主义,当中绝大多数成员都是美国学者,基本上新唯物主义是一套在美国发展的社会理论,但整个理论看起来非常像欧陆理论)。作为思想的理论并不是都缺乏解释能力,解释性的理论也并非一律缺乏思想。只不过,就像我们从一开始就再三交代过的,在有同有异的情况下,本书倾向刻意强调差异,因为彰显差异可以让我们更容易看到与弄懂许多细节。本书所有彰显差异之处皆是如此,以下不再重复交代。

[2] 关于"宏大理论"和"经验研究",我们这里很显然只交代了何谓"宏大理论",但没有交代何谓"经验研究"。还有,我们从第一讲开始也一直提到一个概念"实证主义",但也一直没有解释这是什么意思。之所以没有交代,倒不是因为我们预设读者们都懂(相反,可能很多读者并不真的知其所以然),而是因为我们这两讲已经提到太多科学哲学的专有名词了,为了避免在第一、二讲就给读者带来过大的吸收负担,因此关于"经验主义"或"经验研究",以及常与此相提并论,但其实不能当作同一回事的"实证主义"或"实证研究",这里先不解释,而是放到第五讲再来详细介绍。读者们可以先不求甚解地读过去就好。

[3] 以上三个图的来源:科尔曼:《社会理论的基础》,邓方译,社会科学文献出版社 1999 年版,第 9—14 页。

[4] 赫斯特洛姆:《解析社会:分析社会学原理》,陈云松等译,南京大学出版社 2010

年版,第 27 页。

　　[5] 关于智能体模型,我们这里给出的只是大致上的介绍。若读者们想进一步了解智能体模型,特别是国内在这方面较新的讨论与发展,我们推荐一篇恰当地结合了技术与理论的、值得一读的文献——吕鹏:《智能体仿真模拟:推进行动与结构互构研究》,载《社会学研究》2024 年第 4 期,第 45—68 页。

第三讲　与结构化理论并驾齐驱
的英国社会理论：
亚彻的形态衍生理论

一、基本介绍

　　主要在耶鲁大学任教的美国社会学家亚历山大（Jeffrey Alexander，1947—　）有个很著名的知识光谱图。这个图把"抽象的普遍解释"当作一个极端，"具体的经验现实"当作另一个极端，将这两端拉开成一条从抽象到现实的光谱，并将这条光谱上的各区间分类出相应的各类知识。同时亚历山大认为"理论"即属于靠近抽象端的各知识，越抽象就越理论。

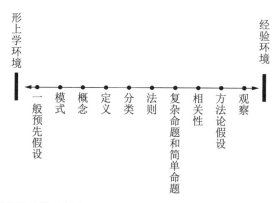

● 科学连续体及其组成部分。
来源：Alexander，Jeffrey 1987，*Twenty Lectures：Sociological Theory Since World War II*. New York：Columbia University Press，p.7。

通过前两讲读者们应该发现，这个图主要是从"将理论视为解释工具"的立场来看待理论的，多多少少有片面性。例如，若采取"将理论视为思想"的立场的话，那么光谱的两端可能就不是从"一般假设"到"观察"，而是从"规范"到"实践"。甚至我们也许还可以将两种看待理论的立场当作 X 轴与 Y 轴，将两条光谱交叉成一个更复杂的知识象限。无论采取"将理论视为思想"的立场，还是把工具立场和思想立场结合起来，都可以反映出亚历山大这个图不过是特定立场上的一种特定说法而已。但如果先不管这件事，我们先姑且按照亚历山大的说法来看待理论的话，那么这个图倒也反映出一种情况：当今某一类学术工作也许有一种"上下游"的分工（或有时候甚至是竞争）。"下游"的研究者主要从事经验研究，靠近下游的社会理论家则关心如何让理论为经验研究的解释任务进行服务，或将经验研究成果加以"理论化"。至于更抽象的讨论，下游研究者可能就不太感兴趣，或至少倾向直接拿来用但不再深究，而是让给"上游"的研究者去忙。上一讲介绍的分析社会学比较属于"靠近下游"的理论。而上游的研究者则可能会更抽象地去问"究竟什么是科学""什么样的研究才是科学，为什么会更科学"等形而上的问题。这主要属于"社会科学哲学"的领域。

今天，社会科学哲学大致上至少可以区分成两大立场。其中一边是自然主义的立场，认为世界上所有事物——包括社会世界的一切——都遵循同一套自然规律来运作，只有自然科学才是科学，所以"自然科学哲学"也理所当然是唯一正统的科学哲学。自然主义立场的社会科学会把自己当作自然科学的后进追随者或衍生出来的分支，认为社会科学哲学只需要仿照"自然科学哲学"来探讨就好。（不过学界一般没有"自然科学哲学"这种说法，这种说法是我们自己提出来的。因为事实上自然科学哲学都会觉得只有自然科学才是科学，所以自然科学根本不用称为"自然科学"，而是直接称为"科学"就行了。也因此自然科学哲学基本上不会将自己称为"自然科学哲学"，而是直接认为自己就是"科学哲学"。）自然主义立场的社会科学哲学因此一般不太对"社会"有太多专门的讨论，因为这种立场认为一切事物不过是由自然物理基础构成的，最终都需要还原到物理基础，所以不需要正经看待"社会"这种虚无缥缈的东西。这种社会科学哲学也基本上不太会正视各种社会理论,因为从此立场来看大多数社会理论根本不"科学",不值一哂。

另外一边则有时被称为"人文主义"的立场。该立场认为"社会世界"和"自然世界"是不同的,社会科学与自然科学是两种不同的科学(或有的说法将之称为"两种文化"),所以社会科学哲学有自身的讨论取向与任务,亦即必须专门认真讨论"社会是什么""我们该怎么研究才能真的研究社会、了解社会"等问题。这种立场会认为一些通常被称为社会理论的学说——例如韦伯的理解社会学,涂尔干的社会事实概念,甚至是法兰克福学派的批判理论——本质上亦属于社会科学哲学。

一般来说,人文主义的社会科学哲学比较会认真借鉴自然科学哲学,但反过来的情况相对少见,自然科学哲学通常不太瞧得起社会科学哲学(甚至自然主义立场上的社会科学哲学也会瞧不起自己)。用最直白的话来说,就是文科通常比较尊重理科,但理科基本上瞧不起文科。然而英国的科学哲学家巴斯卡(Roy Bhaskar,1944—2014)以及由他领衔的"批判实在论"(critical realism)是少数的例外。巴斯卡的批判实在论从自然主义的科学哲学出发,但在讨论社会的部分时却又很认真看待许多社会理论。例如他的批判实在论在很大一部分便认真借鉴了同样出身于英国的吉登斯的结构化理论。虽然这样的风格让巴斯卡的批判实在论在科学哲学界有时被认为是"怪咖",但这样的科学哲学却多多少少因此在社会科学界得到不少赞赏。其中,英国社会学家亚彻即是社会学界最重要的巴斯卡支持者,而且亚彻还基于批判实在论发展出一套她自己称为"**社会形态衍生**"(social morphogenesis,或大多时候省略掉"社会的",简单称为"形态衍生")的理论。亚彻常把吉登斯的结构化理论当作批判标靶,社会理论界与英国社会学界也普遍认为亚彻与吉登斯是平起平坐的竞争对手,并将亚彻的形态衍生理论视为重要且堪为基本应知常识的社会理论。因此在上一讲介绍完偏"下游"的分析社会学之后,这一讲就接着介绍同样源于英语学界但偏"上游"的亚彻的社会形态衍生理论。

　　不过,之所以强调"社会理论界与英国社会学界"特别重视亚彻,是尽管亚彻在社会理论界与英国社会学界有很大的影响力,但——与吉登斯的命运截然不同——亚彻的理论不知为何似乎从未被任何理论教科书以专门的篇幅介绍过。当一个理论被载入理论教科书(社会理论又常是社会学,乃至许多社会科学专业的必修课)时,就意味着这个被载入教科书的理论基本上是所有社会科学的学人(不论是否从事理论研究或是否攻读社会学专业)都会知道的。但反过来说,亚彻没有被载入理论教科书,就意味着她除了在专业理论研究圈和她的母国之外不太有"出圈"的知名度。

　　然而,亚彻绝对不是默默无闻的人。

● 玛格丽特·亚彻。
　图片来源:**https://en.wikipedia.org/wiki/File:MargaretSArcher.jpg**。

　　亚彻(Margaret Archer, 1943—2023)在青年时期是核武裁军运动(Campaign for Nuclear Disarmament, CND)的积极支持者。1964 年她在伦敦政治经济学院获得硕士学位,接着 1967 年以《英国劳动阶级父母的教育期望》

（*The Educational Aspirations of English Working Class Parents*）一书获得博士学位。毕业后亚彻一方面在雷丁大学（University of Reading）担任讲师，另一方面同时也赴法国在布迪厄的指导下担任在职博士后研究员。1979年她将在博士后期间与布迪厄合作的成果以《教育体系的社会起源》（*Social Origins of Educational Systems*）为题出版。这是一本超过800页的巨著。根据亚彻自己的回忆，这本专著虽然主要对18—19世纪的英国教育体系与法国教育体系进行比较，但是背后的知识关怀却不仅于此。她真正想做的是从布迪厄那种探究社会不平等的思考角度，积极追问是"谁"有接受教育的权利、"什么"构成了教导的定义、"哪些"过程要为后续的教育变革负责、这些变革"如何"稳定成为模式化教育，等等。这本著作除了很有布迪厄的风格、充满大量数据与非常详细的阐述之外，更可让人从这些充满理论性的问题意识初步窥见亚彻想建立起一套社会理论的雄心。

1973年，亚彻转至华威大学（University of Warwick）任教直至2010年退休。在这37年的任教时期，亚彻完成了她自己的形态衍生理论的大部分著作，也指导出不少今天在英国社会学界颇有建树的学者。从华威大学退休后，她在2011年于瑞士的洛桑联邦理工学院（École Polytechnique Fédérale de Lausanne，EPFL）创立"社会本体论研究中心"（the Centre for Social Ontology），在瑞士的工作合约到期后，她还将此中心转回至华威大学社会学系。除了在大学服务之外，亚彻在学术行政方面也有相当丰富的经历。她曾于1972—1982年担任国际社会学会（International Sociological Association，ISA）的机关刊物《当代社会学》（*Current Sociology*）的主编，1986—1990年更是直接担任了国际社会学会的会长。2014—2019年她受罗马教廷的邀请担任宗座社会科学院（Pontifical Academy of Social Sciences，PASS）的院长。她不仅有英国社会科学院院士、欧洲科学院院士等头衔，英国社会学会亦在她晚年颁给她终身成就奖，以表彰她对英国社会学界多年来的贡献。

这些经历无疑都反映出了亚彻的重要学术地位。不过亚彻的经历虽然如此丰富，但她在社会理论界与英国学界的学术声望不是从她一出道就马上拥有的。在20世纪90年代她开始建立自己原创理论时，虽然她常以吉登斯的结构化理论作为批判对象,但当时社会学界却多半视她的研究为众多"修正结构化理论"的尝试路径之一,(社会)科学哲学界又认为她只不过在把批判实在论简单搬到社会学进行嫁接而已。直到 2000 年之后,亚彻不懈的理论建构工作才逐渐让学界发现并承认她是具有高度原创性与个人风格的思想家,也因此到了今天一部社会理论教材也有必要以专门的篇幅介绍她的社会理论了。除此之外,也许有的读者也会发现:社会理论界中少有女性学者,就算有,也多半以性别及其相关的主题(例如情感、家庭)作为学术起点。但亚彻不仅是女性社会理论家,而且她的经历或理论思想,都未特别突出她的性别身份。在一次访谈中亚彻提到,学界在谈及她的形态衍生理论时,常常会用上"在亚彻遇见巴斯卡之后……"的说法,但不论是她还是巴斯卡都不喜欢这种隐约带有性别从属关系意涵的说法,可见她在性别身份上多多少少是刻意低调的。而且亚彻的很多理论构想在认识巴斯卡之前就已经存在了,后来巴斯卡也常受到亚彻的影响。甚至,读者们如果细心一点的话可能已经发现了,亚彻其实还比巴斯卡年长。尽管如此,亚彻的形态衍生理论的确基本上以巴斯卡的批判实在论为基础。所以要介绍亚彻的理论,必须先从巴斯卡谈起。

二、批判实在论的基本概念

出生于伦敦的巴斯卡的父亲是印度的婆罗门,二战期间移民到英国当医生,母亲是担任护士的英国人。所以巴斯卡是印英混血。巴斯卡的一生充满张力。他的父亲对他管教严格,原先希望他长大后也从事医师行业,但他上大学后却选读了人文社科专业。他原先攻读看似比较"实用"的经济学,但后来却对经济学兴致缺缺而改读了一般人觉得"没什么用"的哲学。他在牛津大学跟着知名的科学哲学家哈瑞(Rom Harré,1927—2019)攻读博士学位,但哈瑞却不喜欢他的想法,对他多有刁难。后来巴斯卡终于在学界因他在 20 世纪 70、80 年代发展出来的"批判实在论"深受许多支持者喜

爱而在学术界占有一席之地,但他在 1990 年之后从辩证、灵性等非主流的
思想汲取资源来反思哲学史,其著作越来越充满宗教性、神秘性,许多原先
支持他的人很难接受这种朝向神秘主义的转变,渐渐对他感到失望,纷纷离
开批判实在论阵营。

● 罗伊·巴斯卡。
图片来源:**https://static.wixstatic.com/media/6c81b2_0e798cfcb3724cfe89189a1**
c66b83d15~mv2.png/v1/fill/w_801, h_556, al_c, lg_1, q_90, enc_auto/Roy%
20Pic_PNG.png。

　　这种充满许多"原先……,但……"的人生,也反映出巴斯卡的科学哲学
的精彩与丰富。不过巴斯卡的整个思想非常庞杂,且主要属于科学哲学领
域,我们这里无法完整介绍,只能挑他的批判实在论中和我们这一讲有关的
部分来谈。"批判实在论"虽然是巴斯卡的主要标签,但这个名称不是巴斯
卡提出来的。巴斯卡在 1975 年出版的《实在论的科学理论》(*A Realist
Theory of Science*)中提出了"**超验实在论**"(transcendental realism)概念,另外
在 1979 年出版的《自然主义的可能性》(*The Possibility of Naturalism*)中提出
了"**批判的自然主义**"(critical naturalism)概念。后来他的支持者将这两个
概念结合起来创造出"批判实在论"这个名称,巴斯卡自己也欣然接受"批
判实在论"这个名称,于是这个名称才成为他的标签。
　　从巴斯卡的标签就可以看得出来他是一位实在论者。"实在论"(real-

ism)这个词不是哲学独有的概念,它在很多不同的领域也存在,而且有不同的译法或不同的意思。例如在艺术领域,这个词通常被译为"现实主义",指的是一种反映现实的写实表现风格。在国际关系领域它一般也被译为"现实主义",此时它的意思是认为任何国家本质上都是在力求让自身利益与权力达到最大化的自私心态上与其他国家往来的。但在科学哲学这里,这个词一般译为"实在论",其意涵和艺术领域或国际关系领域完全不一样,意指一种认为"现实中的一切自然物理事物皆独立于人类意识与认知而真实存在"的立场。用最简单的方式来说,对"一棵树倒下时发出的声音如果没有被任何人听到,那么那阵声音是真实存在的吗"这个问题的回答如果是,"当然,真实发出的声音就算没有人听到也还是真实存在的",那么这种回答就是实在论的。

在巴斯卡看来,科学理应都是实在论的,但科学常常犯了一个毛病,即把对世界的认识等同于世界本身;巴斯卡将之称为"认识论谬误"(epistemic fallacy)。例如有一派科学学说认为"无法被感官所经验与证实的命题都没有意义"(这一派学说——经验主义——其实对社会科学和社会理论来说很重要,我们第五讲会详细介绍,这里先姑且一提但不细讲),就犯了这一类毛病,因为这是把实在问题偷换成感官认识问题。如果科学家没能拥有能照到黑洞的相机,那么在认识论谬误的情况下科学就很可能会错误地以为黑洞不存在而不具有讨论意义。当然,今天人们可以说:可是人类今天已经发明出能照到黑洞的相机了啊!巴斯卡会说:是啊,但这恰恰反映出:如果黑洞的确存在,而相机的存在与否却也决定了人类的知识形式,那么就表示我们有必要对摆在科学面前的一切对象再进行更细致的区分。

巴斯卡首先区分出了知识对象的**"可及"**(transitive)面向与**"不可及"**(intransitive)面向。知识的可及对象是直接呈现在我们面前、可被用来生产知识的各种材料,例如我们看见的一座山,或者也包括前人建立起来的现有知识、实验时可运用的工具、测量技术等,或是前例中可拍到黑洞的相机。不可及对象是独立于人类的认知与知识而存在,且我们无法直接企及的事物、结构、机制、过程等真正的实在,例如山的山体构成、山上与山里各种有机物与无机物的分布情况、所有物质彼此的凝聚或摩擦力等,或前例提到的黑洞。科学活动作为一种知识的生产过程,实质上都是在通过"可及对象"去掌握"不可及对象"(例如用相机拍摄到黑洞,用测量工具确认山体结构)。

作为一座实在的山,其可及面向与不可及面向都属于这座山,这就意味着"实在"这件事不是铁板一块的,所以才会让它有的是知识可及的部分,有的却是不可及的部分。于是巴斯卡接着提出了一个对科学哲学产生了一定影响力的观点:**实在有不同的层次**。巴斯卡区分出了三种实在层次:机制(mechanism)、事件(event)、经验(experience)。此外他还区分出三种界域:实在域(domain of real)、真实域(domain of actual)、经验域(domain of empirical)。巴斯卡画了一个表格展示这些区分:

	实在域	真实域	经验域
机制	✓		
事件	✓	✓	
经验	✓	✓	✓

● 巴斯卡的实在层次划分。
表格来源:Bhaskar, Roy 2008, *A Realist Theory of Science*. London:Routledge, p.2。

巴斯卡的意思是,完整的实在(实在域)有其发生的机制(关于"机制"的意思可见上一讲),并且可以通过各种呈现在我们面前的过程事件而让我们感知经验到(所以"实在域"同时具备机制、事件、经验)。但人类的感官认知能力有限,仅处于经验域中,只能获得实在的经验层次(因此"经验域"只包含经验)。唯有通过科学方式(亦即科学研究活动作为一种过程事件),才能推进到真实域,揭示出实在的事件层次("真实域"同时包含事件与经验),以力求最终能对机制层次进行分析而触及实在域。从这个角度来看,本讲一开始提到的亚历山大的知识光谱图,其实也等于认为社会科学家的工作不外乎通过各种概念工具或理论视角而对于经验研究进行的重新诠释,一种以"经验"与"事件"为基础的"机制"考察,一种以"可及的知识对象"去研究"不可及的知识对象"的科学活动。

不过，虽然巴斯卡是科学哲学家，但他也尝试将他的思想推进到社会科学哲学的领域。而且当他进入社会科学哲学时，他的思路还比作为社会学家的亚历山大更严谨细致得多。一方面他认为他的分层式的实在论观点不仅可用于说明自然科学，对于社会科学也是适用的。但另一方面他也认为，社会的实在和自然的实在有一个根本的差异，就是社会实在的机制层面涉及了人类主体能动性的介入。因此他在谈论社会实在时，提到了社会实在因能动性而是可改变的，这意味着社会实在是可批判的，有多样的实现可能性；这就是为什么他将讨论社会实在的那本书取名为《自然主义的可能性》，并从中提出"批判的自然主义"概念的原因。一旦同时讨论到社会实在与人类主体能动性时，巴斯卡就碰触到了"结构／能动"的问题了。正是在这里，巴斯卡认真参考了吉登斯的结构化理论。巴斯卡以自己的方式援引了吉登斯之后，一方面指出，社会有其自身的涌现特质，因此具有自身不可还原至个体的实在性（关于"涌现"请参阅上一讲）。它有它自己的发展，不会多了一个你少了一个我就崩溃了。每个个体也有自己的人生，只要咱们活着，那么即便社会改朝换代了也不妨碍我们继续过自己的日子。另一方面，个别的行动主体对社会也是有可能发挥影响力的。不过巴斯卡在此另外提出了一个对后来的形态衍生理论来说特别重要的观点：**社会与个体之间的关系是不对称的**。他特别将他的这套观点绘制成一个他称为"**社会活动转型模式**"（Transformational Model of Social Activity，简称 TMSA）的图。

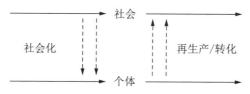

● 社会活动转型模式。
图表来源：**Bhaskar，Roy 2005，*The Possibility of Naturalism：A Philosophical Critique of the Contemporary Human Science*. London：Routledge，p.40**。

"不对称"的意思是，个体总是出生在一个在个体诞生之前就已经存在的社会中，然后在其中受影响而被一定程度地社会化，因此在社会分析的先后逻辑顺序上社会是优先于个体的。大多人一辈子就是个默默无闻的打工人,不断帮着社会维持它的运作(即社会活动转型模式中的"再生产")。但当然不排除历史中总有某些时候会出现某个特别有影响力的人,推动社会产生了改变。所以社会活动转型模式在个体作用于社会的方向中,除了"再生产"还有"转化",只不过"转化"是相对少见的,所以在分析顺序上排在"再生产"之后。

正是于此,亚彻进场了。这种基于"实在分层观"而建立起来的社会活动转型模式在亚彻看来非常有意义,但亚彻觉得还远远不够好。一方面是社会活动转型模式太简化粗糙了,例如社会对个体的因果作用力显然不是只有"社会化"这一种类型。社会活动转型模式的构想应该可以再继续完善发展下去,甚至可以从社会学的角度直接将这套社会科学哲学发展成全新的社会理论(后来巴斯卡也认可亚彻的批评与构想,甚至巴斯卡自己也因此后来改绘了他的社会活动转型模式)。另一方面,有趣的是,亚彻觉得社会活动转型模式的构想和吉登斯的结构化理论不是一回事,而是巴斯卡的想法远比吉登斯聪明太多了。社会活动转型模式根本不应该把结构化理论当作思想资源,而是应该当成批判对象。

社会活动转型模式为什么有再继续发展成社会理论的潜力呢?吉登斯的问题又出在哪里呢?亚彻正是用她自己的社会理论回答了这两个问题。

三、社会的形态衍生

(一)分析二元论

亚彻将社会活动转型模式转化成社会理论的构想,一定程度上受到英国社会理论家洛克伍德在 1964 年提出的"社会整合/系统整合"这一组区分的启发。作为冲突论的代表人物,洛克伍德指出过往许多冲突论常认为"社会会因为当中行动主体之间的冲突而产生变迁",但这种想法是有问题的。

一个社会中许多人可能彼此间处于斗争状态，但社会本身并没有太大改变；相反，各类社会系统之间也可能产生矛盾而导致宏观的社会变迁，但人们的生活却没什么冲突、依然自己过自己的。微观的个别行动者之间的关系（即洛克伍德所谓的"社会整合"）和宏观的社会系统之间的关系（即"系统整合"）虽然都需要探讨，但两者往往首先是各过各的，所以必须分开看待与处理。亚彻发现洛克伍德的这套社会理论和巴斯卡的社会活动转型模式有异曲同工之妙，两者都模模糊糊地发现了社会与个别行动主体其实各自拥有自身的相对独立性与各自的运作模式。而且事实上吉登斯也同样发现了这种情况。吉登斯的重要代表作《社会的构成》中有个"结构原则"概念，意指社会整体有一种跨越时空藩篱、超越个别行动主体的制度分化与制度维持的运作模式，这和洛克伍德的系统整合概念或巴斯卡的社会实在概念有异曲同工之妙。然而吉登斯很奇怪地却没有认真看待结构原则，而是完全把重心仅放在所谓的"结构的二重性"这个——在亚彻看来——没什么意思的概念上。但亚彻认为这也不是吉登斯一个人的错。社会理论长期都面临着上一讲就提到的"结构/能动"（或"宏观/微观"）的矛盾，但一直以来社会理论对此议题的各种讨论取向都很成问题，吉登斯的理论也不过是"很成问题的取向"之中的一种。

亚彻将过去所有很成问题的讨论取向区分成三种类型。第一种她称为**"向下融接"**（downwards conflation），意指认为"个体行动可以被社会整体现象的特质所涵盖"的讨论方向。形象一点来说，就是"社会理论讨论社会整体就够了，因为**社会整体特质会向下涵盖微观个体**"。这个其实和上一讲提到的"方法论整体主义"大同小异。第二种亚彻称为**"向上融接"**（upwards conflation），意指各种具有方法论个体主义特色的立场，认为**个体行动的加总或聚合可以往上解释集体社会现象**。此处可以注意一下，亚彻的用词有点奇特，可能容易造成误会。讲到"向下"融接，可能会让人误以为是"往下还原成微观"，但其实在亚彻这里反而是指"还原成宏观"；相反，"向上"融接才是还原成微观的意思。但除了向下与向上之外，亚彻认为近代还出现一种以吉登斯的结构化理论和布迪厄的惯习理论为代表的**"趋中融接"**

(central conflation)，亦即"整体会构成个体、个体也会构成整体，结构与能动是相互构成的"这种仿佛顾及了整体与个体的说法。但事实上，趋中融接不过就是遇到对个体主义的批评时搬出整体主义的说法、遇到对整体主义的批评时搬出个体主义的说法，看似圆融，实则投机，并没有真正解决任何问题。

而亚彻认为，社会当然既有整体结构面向，也有个体能动面向，但将其中一方还原成另一方是错误的，因为无论是洛克伍德还是巴斯卡都很有说服力地指出了，**社会整体结构有自身的涌现特质，人类能动性也有自身的涌现特质，双方不是相互还原或相互构成的关系，而是作为两种实在层次而相互影响的关系**。"涌现"可说是亚彻的社会理论中非常重要的基本命题。与上一讲提到的赫斯特洛姆不同，这一讲介绍的不论是巴斯卡还是亚彻，根本上都是涌现论者。正是因为涌现论立场，所以亚彻强调社会研究虽然必须既要处理结构，也要处理能动，但两者必须分别分析。亚彻非常强调她这个基于涌现论而提出的"**结构与能动虽然要兼顾，但必须分别分析**"的新论点，认为这种"分而析之"论点突破了三种融接的缺失，并将之命名为"**分析二元论**"(analytical dualism)。分析二元论亦是她整个社会形态衍生理论的根本出发点。

（二）形态衍生序列

亚彻的社会形态衍生理论大致上至少可以区分出两大发展阶段。第一个发展阶段旨在建构**一般性的"形态衍生取向"**(morphogenetic approach)，主要由三部著作构成：《文化与能动性：文化在社会理论中的位置》(*Culture and Agency. The Place of Culture in Social Theory*, 1988)，《实在论的社会理论：形态衍生取向》(*Realist Social Theory：The Morphogenetic Approach*, 1995)，《成而为人：能动性的问题》(*Being Human. The Problem of Agency*, 2000)。第二个阶段则是延续《成而为人》而**聚焦在能动性方面展开的反思三部曲**：《结构，能动性，内在对话》(*Structure, Agency and the Internal Conversation*, 2003)，《在世界中找到我们的道路：人类反思与社会流动》(*Making* *our Way through the World*：*Human Reflexivity and Social Mobility*，2007），《晚期现代性中的反思律令》（*The Reflexive Imperative in Late Modernity*，2012）。此外，亚彻的整套理论不是只用这六部著作构成的（虽然"六部"也不能说是"只"，而是非常庞大的发表量了……），而是在这期间与之后还召集志同道合的学者编纂了多本论文集。也是从第二阶段开始，亚彻逐渐不再将她的这一套思想称为"取向"（亦即她原先认为她关于"形态衍生"的说法本身称不上理论，而只能说是一种分析的取向），而是更有自信地认为形态衍生是一套社会理论。虽然亚彻著作等身，但这里集中在她那两套三部曲上。我们先从"形态衍生取向三部曲"开始介绍。

亚彻的理论是以分析二元论为基础的。虽然分析二元论强调社会整体与人类能动性既要分开讨论，又要同时兼顾，但亚彻也强调，这两者——如同前文介绍巴斯卡时已提到的——是不对称的，社会是先于个体而存在的，所以在讨论顺序上应先从社会整体开始。而社会理论对社会整体的讨论多半集中在三个问题上：社会结构是如何形成的？社会结构为何会产生变迁或是在什么样的情况下会保持稳定？关于这些问题，亚彻用两个步骤来讨论。

第一个步骤：关于社会整体的分析，过往的社会理论多半置于"结构/能动"这组概念中的"结构"这个层次来讨论，但亚彻认为"结构"这个层次太宽泛了，她将之再细分成"结构"与"文化"两方面。"结构"指的是基于物质的生产与分配和人际间成文的制度关系所涌现出来的具有自身特质与因果作用力（即"结构涌现特质"，Structural Emergent Properties，亚彻特别强调这个概念可以缩写为 SEPs）的实在层次。"文化"则指涉基于人类认知、观念、意识、意识形态、非成文制度等关系而产生"文化涌现特质"（Cultural Emergent Properties，CEPs）的实在层次。亚彻的形态衍生取向三部曲的第一部《文化与能动性》中有一大部分就是专门将结构与文化区分开来。不过老实说，亚彻的"结构/文化"这组区分有时候会让读者觉得好像不是真的那么重要，因为这两者在分析二元论上都属于社会整体层面，亚彻在她所有著作中常常直接用"结构"或"社会结构"涵盖两者，也常常将"结构涌现特质"

与"文化涌现特质"合在一起统称为"结构特质"。也就是说,虽然亚彻特别将结构与文化区分开来,但在她实际的理论构建过程中却又常常混为一谈。"结构/文化"这组区分往往是在社会形态衍生理论被运用于经验分析时才会有实质意义的分析框架,否则在许多时候亚彻也还是将两者一概而论。所以读者们可以不用特别在乎"结构/文化"这组区分,知道一下就好了,我们这里的介绍也主要将社会整体统称为"社会结构",社会整体的涌现特质统称为"结构特质"。等一下介绍亚彻如何以教育体系为例示范运用她的理论进行经验分析时,我们再让读者们体会一下她怎么样把这组区分当作分析框架。

第二个步骤:关于社会结构的形成、变迁或维持,亚彻指出这是社会在历史洪流中会经历的不同阶段。意思是,对社会结构的各方面问题的剖析,必须从时间面向考察其流变。**社会结构是有时间性的。**它是在时间流变的不同时段中形成、改变与再形成的。但由于分析二元论的不对称性,因此对社会结构的考察应**首先**从社会结构已然存在并发挥其涌现特质、影响能动性的阶段开始。这个阶段亚彻称为"**结构制约**"(structural conditioning)。

然后,在时间的流变中,社会结构会受到结构内部自身特质(特别是结构涌现特质与文化涌现特质之间)的相互作用,以及与个体能动性之间的相互作用。这个阶段亚彻称为"**社会互动**"(social interaction)。

于是,社会结构有可能在社会互动后会产生改变,也有可能没有受到影响而相对没有太大变化、只是维持现状。亚彻原先将这个阶段中产生转变了的情况称为"**结构完善**"(structural elaboration),将维持现状的情况称为"**结构再生产**"(structural reproduction),但后来她统一将这个阶段直接称为"**结构完善**",基本上不怎么提结构再生产了。在"结构完善"阶段中,若社会结构发生了转变,那么转变的情况亚彻称为"**形态衍生**"(morphogenesis);若基本维持原状,则称为"**形态维持**"(morphostasis)。"形态衍生"和"形态维持"这一组对立的概念亚彻常缩写为"M/M"。不论在结构完善阶段中发生的是形态衍生,还是形态维持,这个阶段终究会成为新的结构制约阶段,然后会再出现新的社会互动阶段、新的结构完善阶段……持续下去。亚彻将这个循环反复的社会发展过程称为"**形态衍生序列**"(morphogenetic sequence）或"形态衍生循环"（morphogenetic cycle），并以一个后来被学界普遍视为社会形态衍生理论核心想法的图来表示：

> <u>   结构制约   </u>
> 时间段 1
>   <u>   社会互动   </u>
>   时间段 2   时间段 3
>   <u>   结构完善/形态衍生   </u>
>   结构再生产/形态维持   时间段 4

- 形态衍生序列（或形态衍生循环）。这个图频繁（但用词有时候有些微调因此略有差异）地出现于亚彻的著作中，例如：Archer, Margaret S. 1995, *Realist Social Theory：The Morphogenetic Approach*. Cambridge：Cambridge University Press, p.76.[1]

这种从时间流变的角度来分析社会结构的形成阶段、变迁阶段与维持阶段这三个阶段各自运作原理的取向（或亚彻后来更有信心地称为"理论"），即是"形态衍生"。亚彻明确说了，她用

> *"形态衍生"这个术语来描绘社会结构化的过程；"形态"（morpho）意指外形状态，"衍生"（genesis）则表示外形状态的形成是社会关系的产物。于是，"形态衍生"指的是一种"由系统给定的形式、状态或结构随时间而更加完善或有所改变"的过程。相反，"形态维持"指的是在复杂的系统—环境交换中由系统给定的形式、组织或状态随时间仍保留或维持下来的过程。*[2]

这里我们需要补充说明："形态衍生"在亚彻的理论中其实有两个意思。第一个意思是指亚彻的这一整套以分析二元论为基础，从时间面向对社会进行制约、互动、完善三阶段分析的社会理论。"形态衍生序列/循环"的形态衍生亦是这个意思。第二个意思则是指形态衍生理论中在完善阶段部分里"社会随时间流变过程而产生改变"的情况，并且与"形态维持"是一组对立概念，这一组对立概念是整个形态衍生理论底下的子概念。也就是说，这整套理论和理论中的某一个子概念重名了。所以我们才会看到代表整套形

态衍生理论的"形态衍生序列/循环"图中很奇怪地又有一个与形态维持作为一组对立概念的部分环节也称为"形态衍生"。

亚彻的社会形态衍生理论不只讨论社会结构,而是也包含对人类能动性的分析,而且亚彻认为她的这一套形态衍生理论序列也同样适用于对人类能动性的分析。过往(例如吉登斯)的社会理论在谈到"结构/能动"问题时,往往把人类能动性当作同质的来看待,仿佛古今中外所有年龄、性别等等的所有人所拥有的能动性都是一模一样的。但亚彻极富原创性与洞见地指出,**人类能动性本身也有如同社会结构那样有不同的层次或发展阶段需要区分开来**。不过,在亚彻的理论发展两阶段中,关于人类能动性的讨论不太一样。可以说,关于人类能动性,亚彻的理论发展前后期出现了多多少少的"转向"。这里先介绍亚彻在理论发展第一阶段中关于人类能动性的讨论,下一节会介绍她在理论发展第二阶段中的讨论。

在理论发展的这个第一个阶段中,亚彻同样从"不对称性"的思路出发,认为人总是后出生在一个预先存在、会对新降生的人产生制约影响力的人群中,所以人类能动性的层次也应先从这种预先存在的人群开始进行分析。亚彻将这个预先存在的人群命名为"**能动者**"(agent)。亚彻的"能动者"概念有点奇妙。一般我们讲到"能动者"指的是具有能动性的个体,但在亚彻这里,"能动者"不是单个有能动性的人,而是对个体产生制约的预先存在的群体。而且亚彻还将能动者分为两类:一类是有意识地联合在一起进行合作,具有领导性、权力或影响力之类的制约作用力,因此一方面有更大的能力可以促使社会结构进行改变(或维持不变),另一方面也会让人类产生改变(或维持不变)的精英群体,亚彻称为"**团体能动者**"(corporate agent)。例如人们在学生时期会加入的各种社团、成年时期的工作单位、各种商会或协会,等等。另一类是无合作性的,对新降生的个人来说有着亲密关系的人们,像是父母、祖父母、手足、亲戚等;亚彻称为"**初级能动者**"(primary agent)。

而人类在能动者的制约下,会在成长过程中慢慢被赋予特定的角色,需要学习各种家庭与社会规范或认识到自身所处家庭与社会情境的条件。这种处于角色学习过程中的人,亚彻称为"**行动者**"(actor)(很显然,亚彻的

"行动者"概念也同样非比寻常)。当人们在行动者层次或阶段中逐渐学会扮演角色的能力后,就会成为有充分自我人格身份的人,这亦是真正完整长成的人,亚彻称为"**位格人**"(person)。在成为位格人后,人也就拥有自身的涌现特质了,亚彻将之称为"人格涌现特质"(Personal Emergent Properties, PEPs)。成为位格人之后,人也许会加入组织成为团体能动者的一分子,或为人父母而成为初级能动者。能动者、行动者、位格人于是不断循环下去,如同社会结构的形态衍生序列的制约、互动、完善三阶段。

亚彻分别对社会结构和人类行动者进行的分层序列讨论,不只想借此指出社会运作是一种在时间流变中不断形成与再形成(或停滞)的阶段变化,而是也可以当作一套分析框架来对社会经验现实进行分析(所以她最初才会将她的这一套论点称为"取向")。她以自己最熟悉、早期拥有丰富研究成果的领域为例:教育体系。

在欧洲,教育体系在历史上最初是由教会来运作的。教会投入大量的经济资源来打造各教育硬件设施,网罗师资,制订教育内容,决定教育制度的运作(结构制约)。在欧洲过往长久的历史中,这种教育与宗教神学密不可分,在政教合一的封建时代中人们不认为这种教育体系有什么问题,所以谁能受教、谁无法受教,教育该是什么样的教育,等等之类的问题不会被认为是问题,反正一切听上帝旨意就是了(文化制约)。于是教会神职人员(团体能动者)在这样的教育体系中可谓是把持了众多资源的既得利益者,但绝大多数民众没有受教的机会,与教育体系没有太大关联。这是一个结构涌现特质与文化涌现特质相对和谐良好地互补在一起的情况。但随着时间的流变,事态慢慢发生了改变。工业革命后资产阶级兴起,神权与君权遭到弱化,人们对于教育的观念出现了改变,接受教育被认为是全民权利而非少数精英的特权,教育制度也受到撼动(社会互动)。于是到了今天,教育体系虽然还在,但它在制度上已经不再由教会掌控了,而是基于教育学自身的科学理念(文化形态衍生),人们认为必须根据其自身的专业运作方式来进行(结构形态衍生),并且所有拥有受教权的人群不再限于神职人员,而是公民(新的团体能动者)。

通过这样的例子,亚彻展示了她的形态衍生理论如何可以作为一套分析框架,让人们在进行社会研究时有现成的分析步骤可以用。例如要分析教育体系时,研究者不用再思考要从什么角度切入、探讨哪些面向,而是可以直接套用形态衍生理论,分别讨论结构面向(成文制度与物质分配)、文化面向(不成文制度与观念内涵)、人类能动性面向(参与其中的人们)各自的制约、互动、完善,如此便能对教育体系进行非常全面的讨论了。并且这样一个框架不是亚彻拍脑袋想出来的,而是基于批判实在论详细地论证出来的,有严格的理论基础。这样的研究框架因为加入了时间要素,所以几乎可以被看成一套研究社会在历史进程中怎么不断演变(或是用比较学术性的说法来说:在时间流变中不断涌现与再涌现自身特质)的分析框架,这尤其对于在英国很受重视的历史社会学来说特别"好用"。此外,社会科学哲学界也因此常将亚彻的形态衍生理论视为一种典型的"历时涌现论"。但与一般基于(社会)科学哲学的涌现论不同,亚彻并非仅仅从(社会)科学哲学(即批判实在论)当中光靠理论推理而提出形态衍生理论的,而是她的理论构建也非常仰赖她(尤其是在教育体系方面,但也不只有教育体系方面)的社会学经验研究成果。哲学论点和经验研究在亚彻这里是并重的,这也是亚彻的社会理论和作为科学哲学的批判实在论最大的不同处之一。

不过,亚彻的这个教育体系分析例子中明显有一个很奇怪的地方,就是社会结构的形态衍生序列和人类能动性的形态衍生序列对应不起来。关于人类能动性,亚彻区分出了能动者、行动者与位格人,但这样的分层与变迁阶段却显然和教育体系的结构制约、社会互动与结构完善是不对应的。亚彻在分析教育体系的结构制约时,在人类能动性这边对应上的是团体能动者,这没问题。然后,按照这样的逻辑,教育体系的社会互动应该对应人类能动性的行动者,结构完善则应该对应位格人。但实际上不是这样,亚彻的分析里社会互动和结构完善依然对应团体能动者,只不过在结构完善阶段对应的是因应形态衍生而出现的新团体能动者。这个问题在亚彻的整个形态衍生理论中其实一直都存在,我们之后会再详细讲到这件事。此外,如果人类能动性的形态衍生和社会结构的形态衍生对应不起来,那就表示人类能动性的形态衍生可能其实有不同于社会结构的独特变迁方式，所以直接把形态衍生序列套用在人类能动性上是行不通的。这一点是亚彻的支持者和亚彻自己都特别在意的问题。亚彻也发现直接把形态衍生序列套用到人类能动性分析上很勉强，因此亚彻开始通过《成而为人》和我们所谓的"反思性三部曲"等一系列的著作，在她理论发展的第二阶段中重新完整建立出一套关于人类能动性的形态衍生理论。

四、能动性的形态衍生

（一）分层化的人类存有

在作为亚彻的理论发展的第一阶段尾声、第二阶段开端的衔接性著作《成而为人》中，亚彻依然先从"实在有不同的层次"这个批判实在论式的观点出发来探讨人类能动性，提出**"分层化的人类存有"**（stratified human being）这个基本命题。"人类存有是有不同层次的"这个论点在社会学中不是新鲜的说法，例如阶级、族群、性别、世代等阶层性的概念都试图在将人类进行层级式的划分。但这类层次更多只是一种高低有别的人群分类，而不是真的在从社会学的角度讨论人何以成为人，以及如果人可以被分类成不同高下的人群，那么人如何可以具有能动性改变自己所属阶层。简单来说，亚彻所谓的"人类存有有不同的层次"不是指人群可以被划分出不同的阶层，而是指人在一生当中要成为具有能动性的个体，必须经历各种不同的发展阶段，这些阶段可以被划分成不同的层次。所以亚彻在对人类存有的层次进行划分时，所采用的当然不是传统的阶层式的概念，而是她在上一个理论发展阶段就提出的能动者、行动者、位格人这类形态衍生序列概念。但她此时不再像此前那样直接套用主要适用于社会结构的那种形态衍生序列，而是把人类存有的形态衍生序列模型变得更复杂，以此进一步建立了一套更完整的能动性发展模式。

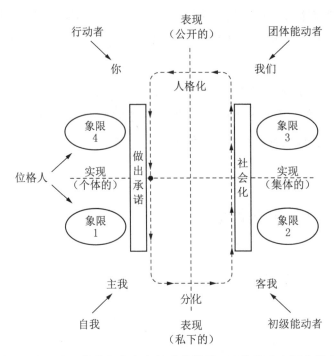

● **实在论视角下分层化的人类存有的发展模型。**亚彻的这个图有数个不同的版本，虽然大致上长得一样，但都有一些细微差异。我们这里结合了两个主要的版本：Archer, Margaret S. 2004, *Being Human: The Problem of Agency*. Cambridge: Cambridge University Press, p.260 以及 p.295。

　　在这套新的模型中，亚彻不从团体能动者出发了，而是从自我开始（即图中左下角的**第一象限**）。这种做法其实才是比较符合逻辑的，毕竟任何人首先都是先作为单一个体诞生在世界上的。在这个图中，很容易可以看得出来在第一象限到**第二象限**的部分，亚彻基本上参考了米德（George H. Mead, 1863—1931）的社会化理论。一个人出生之后，首先只知道从个人的角度出发去看事情，只有主我（I）。但在接触到如父母之类的初级能动者后，人会开始逐渐认知到在他人眼中期待的我应是什么样的一个人，从主我中分化出客我（me）。除了父母之外，社会学研究中常讨论的阶级、性别、族群等身份范畴，也是形塑这种状态转变的关键阶段。但一个人基本上不会永远只生活在家庭中，而是会再步入各种社会领域。于是，通过参与各种团体或组织，例如学生时期加入的各种社团、成年时期的工作单位、各种商会或协会等，个体会逐渐从私领域到公领域，进入到**第三象限**而发展成"团体能动者"，学习并实现各种以"我们"来称呼的集体生活方式。社会学一般所谓的"社会化"在亚彻看来主要指的便是这个阶段。最后的转变阶段则是因为有了前两阶段的转变作为基础，一个人在经历各种私人与公共的集体生活经验之后，再次回到自己对于个体状态的沉淀。这时候，一个人才会进入**第四象限**，成为不必然要依赖集体生活经验，而是可以有能力抽离集体而独自生活的"行动者"。换句话说，"行动者"对于自身经验的反思程度，以及对于做出行动的决定能力，是一体两面地同时增强的。此时，一个人也会被认为是有特殊自我人格的人，因此不再会仅被视为是某个团体成员，而是会被视为一个有自身独特性的"你"。

有意思的是，在亚彻这样动态地、过程地、充满时间性地理解"成而为人"（being human）——而不是仿佛静态、本质性的"生而为人"——的阶段性图示中，"行动者"仍然有机会再次进入到第一象限，从"自我"进行另一轮的转变阶段。例如当我们从学校毕业、步入社会、进到某个企业工作时，面对到新的职场环境，我们会对自己的人生新阶段立下新的期许、给自己做出新的承诺，希望能做到更好的自我实现，此时这种自我能动性的形态就会进入新的衍生循环中。也正是因为如此，所以她所谓的"位格人"虽然是一种个体状态，但这个状态不只处于行动者阶段，而是也包括新的"自我"阶段。

虽然亚彻将这个人类能动性的形态衍生序列做得更精致了，但她同时遭遇到学界更为深刻的批评：这个模型虽然改出了细致的阶段划分，却似乎预设了人的一生中每个阶段自然而然，且必然会成功从一个象限到另一个象限，但真的会如此吗？例如当我们结束学生时期、进入职场后，真的就会如此顺利地完成个人的形态衍生吗？难道不会适应不良而处于形态维持吗？或是说，如果真的会实现形态衍生，又为什么会实现呢？如果社会结构的形态衍生是由"社会互动"作为转折点或推动力让社会结构从"结构制约"迈向"结构完善"的，那么人的一生中从一个象限到另一个象限的推动力又是什么呢？亚彻也觉得这个批评非常有道理，值得认真探讨以回答这类质疑。而且这些问题在例如教育社会学或生命历程研究等领域中是很常见的经验研究问题，例如"转至成人历程"（transition to adulthood）就是这些领域里其中一个与这类问题很类似的热门研究主题。亚彻想必也知道这件事,因此也很希望更为理论性地讨论这个常见于经验研究的议题。她的"反思三部曲"正是尝试对这类一针见血的问题给出的答案。

(二) 内在对话与反思

先说答案:亚彻认为人之所以可以不断跨过不同层次的能动性发展阶段最终成为位格人,是因为人有一种重要的能力,**反思**(reflexivity)。但什么是反思,人又如何进行反思呢?

亚彻明确将"反思"界定为一种"**内在对话**"(internal conversation)的过程。内在对话是所有人在日常生活中都常常会做的事。自言自语、灵感突发、反刍思考、假想演说、自我说服等等都是内在对话。亚彻认为虽然过往的社会理论几乎都没有将内在对话当一回事来专门讨论,但在她看来,正是内在对话让一个人得以成为一个具有主动性的能动者,亦即成为一个真的能进行各种实践的人。可以说,能动性始于内在对话,甚至亚彻认为所有对于美好生活的追求都始于内在对话。内在对话既然是一种"过程",就表示它不是同质的,而是有不同的阶段。内在对话始于人对自己的**关切**(concern),意即自己会思考、认知自己想要什么,然后基于各种权衡来发展出具体的实现**计划**(project),最后付诸**实践**(practice)。这种实践若能成功,就不能是个体的一意孤行,而是**必然**也需要处于社会许可的范围之内。所以这种实践,内在对话的最后阶段,亦是一种"**切合现实的生活方式**"(modus vivendi)。简单来说,"内在对话"即是一个"关切→计划→实践",以求达成"切合现实的生活方式"的过程。亚彻还专门为此画了一个她在"反思三部曲"之后在不少地方都特别提到的表格:

界定与对齐对于自身的		发展出具体的行动		建立可接受与可持续的
关切	▶▶▶	**计划**	▶▶▶	**实践**
(内在期望)		(微观政治)		(切合现实的生活方式)

● 内在对话与对美好生活的追求。

表格来源:Archer, Margaret S. 2007, *Making our Way through the World. Human Reflexivity and Social Mobility*. Cambridge:Cambridge University Press, p.89。

　　不过，虽然内在对话是由"关切→计划→实践"三阶段构成的，但最后这个过程是否真能达成切合现实的生活方式，或是"切合现实"究竟是自己委曲求全地适应现实，还是让现实配合自己，这都是不一定的。因此亚彻进一步指出，内在对话也有不同的类型，这些类型最终会构成不同的反思形式。亚彻区分出了**四种反思形式**：沟通反思、自主反思、元反思、破碎反思。"**沟通反思**"（communicative reflexives）意指内在对话过程中，个体在实践之前会先追求获得他人的认可。"**自主反思**"（autonomous reflexives）则更重视自我关切，不论这种更自我的反思是因为认为自己不需要考虑他人承认，还是认知到自己达不到他人的期待。"**元反思**"（meta-reflexives）则意指内在对话既考虑到自身，也会衡量行动的后果而采取较为有效益的行动的反思；简单来说就是同时考虑到个体与社会状态的一种反思类型。至于"**破碎反思**"（fractured reflexives）则是在内在对话的过程中不仅无法形成上述三种反身性模式，无法导致外在行动的形成，还会加剧内在压力与无定向的状态；简单来说，就是失败的内在对话、失败的反思。

　　可以看得出来，虽然强调内在对话、反思，但亚彻于此并非从她之前关于能动性的讨论忽然转向内心世界，并非转向哲学的"独我论"（solipsism）或拥抱"孤独"（solitude）的路线。相反，亚彻认为"反思"是一种将主体特性与社会特性联系起来的活动，并且更细致地考虑到反思的不同类型。这样一套反思理论至少有三个好处。第一个好处，也是最初的任务，就是亚彻充分回应了关于"分层化的人类存有的发展动力为何"的问题。第二个好处，这种将主体特性与社会特性联系起来的概念，很容易让人想起布迪厄——亦是亚彻的博士后指导教授——的惯习（habitus）概念。然而相比于布迪厄的惯习，亚彻的反思显然更细致得多，而且亚彻也的确有意通过她的反思理论对布迪厄的实践理论进行批判。布迪厄的实践理论除了有亚彻所诟病的"趋中融接"的问题之外，在惯习概念这里，他也似乎预设一个人处在某个社会场域时，必然会将社会规则直接内化进自身中，必然会想在该场域中出人头地而运用规则与他人斗争。但究竟社会规则为什么会被内化，其内化过程究竟为何，布迪厄几乎没有任何令人满意的讨论。而亚彻则通过内在对话概念展开了社会规则内化进个体的过程,并且通过四种反思类型指出了这种内化的后果有不同类型,不是必然会成功的。

第三个好处,由于将反思更具体地界定为内在对话,因此亚彻的反思理论不是一种抽象的理论,而是可以为经验理论指认出具体的研究对象。也就是说,她的反思理论是可以用于开展经验研究的。而且她自己也的确这么做了。虽然批评了布迪厄,但亚彻有一点却和她的这位导师很像,就是她很擅长亲自进行经验研究。在2003年的《结构,能动性,内在对话》中,亚彻就初步尝试从大量的深度访谈资料中梳理出关于"反思"的概念。接着,她在2007年的《在世界中找到我们的道路:人类反思与社会流动》里更进一步以128名研究对象(初始为174名)的定量资料(问卷与背景)、48名研究对象的定性资料(生命史访谈)为基础开展理论探讨。在考虑到基本的人口学差异(例如:职业、年龄、性别)的前提下,她从自己的反思理论设计出"内在对话指标"(internal conversation indicator, ICONI),进行了基于混合方法的研究,以此回答这本著作的真正想探讨的问题(亦是该书的副标题):人类通过内在对话与反思以建立起的能动性,与其生命历程中经历的社会流动(此处的社会流动不是指空间流动,而是指社会阶层流动,例如从小时候是学渣、长大却成为获得了诺贝尔奖的教授这样的阶层向上流动,或是本来是世界首富、晚年却沦落到一贫如洗这样的阶层向下流动之类的)之间,具有什么样的可能关系? 这种"通过经验研究来展现理论思考"的风格,从亚彻的博士论文开始就一直多多少少贯穿着她的所有研究成果。

那么,究竟反思与社会流动之间有什么关系呢? 我们最后来简单介绍一下亚彻这项经验研究的有趣成果。关于社会流动,有三种我们大家都可以轻易想见的结果:向上流动,留在原本的阶层,向下流动。这里我们可以先说一件事,就是破碎反思因为等于反思没有形成,所以在社会流动当中不计入讨论,另外三种反思才与三种社会流动的结果有关,而且有对应关系。这里读者们可以猜猜看,在亚彻的研究中,沟通反思、自我反思、元反思各自对应三种社会流动结果中的哪一种呢?

来看一下亚彻是怎么研究的。首先她认为,社会流动与个体所处人际环境有关。人际环境至少可以区分成两类：一类是原生脉络（natal context），例如自己结识的儿时玩伴、因父执辈结缘的亲友等便属于这一类；另一类是新生脉络（new contexts），即因求学、工作、迁移而建立的新人际关系。反思则是对这两种环境进行顾虑与考虑的内在对话过程。亚彻的研究结果发现，沟通反思容易造成社会阶层的停滞，甚至是向下流动，因为习惯进行沟通反思的人由于更在乎获得身边重要他人的认可，所以偏好建立关系且维持既有关系。即使建立新关系，仍更喜欢与自己具有共通点的人际关系。相反，对于以自主反思为主的人来说，对原生脉络较无罣碍，更讲求自我关切，也更愿意拓展人际关系、进入新生脉络，所以这类人的生命历程中更容易出现向上流动。元反思则介于两者之间，多停留在原本的社会阶层。自从哈贝马斯提出沟通行动理论以来，"沟通"在社会理论中常被视为正面的概念，但在亚彻这里，沟通反思却反而容易造成负面的社会阶层向下流动。

亚彻这样的研究结果无疑充满争议。当然，这样的经验研究——如同绝大多数经验研究一样——受限于时间、空间、研究资料等问题，因此一定不会被广泛接受，至少如果放在中国社会中，这样的研究会不会得出同样的结论很难说；但这种充满争议的研究无疑也为学界开辟了相当有趣且值得探讨的研究议题与取向。

五、本讲小结

在巴斯卡援引吉登斯著作的过程中，亚彻看到了批判实在论实际上优异于结构化理论之处，以及将批判实在论用于发展出一套原创社会理论的可能性，并且她的确也通过丰沛的著述能量建立起一套属于她自己的社会形态衍生理论。批判实在论有个特色，就是很喜欢用各种图表来呈现理论思路。亚彻似乎也受到影响，因此读者们可以看到这一讲呈现了很多图表，甚至是本书图表最多的一讲。这种善于绘制图表的风格也是亚彻的鲜明特色之一。另外，如同第一讲提到的，任何一套社会理论必然都会有其发展的外部背景与内部背景。形态衍生理论的外部背景无疑是英国学界,整套理论多以英国社会理论界作为对话对象。除了仰赖洛克伍德提供的启发和巴斯卡建立的科学哲学基础之外,亚彻也始终将她的理论矛头对准吉登斯,一下抨击吉登斯的趋中融接问题,一下调侃吉登斯在结构与能动问题上的讨论极为粗糙。如此针对吉登斯、将结构化理论视为形态衍生理论的劲敌,也不令人意外,因为吉登斯毕竟是亚彻发展理论时在英国最具有国际知名度的理论家,最显著的标靶。

不过,亚彻虽然如此抨击吉登斯,但其实她没有完全否定吉登斯的理论,两人的理论也并非真的那么天差地别。例如吉登斯的结构化理论强调行动是一种时间性的过程,在行动过程中行动者时常会通过反思来调整行动(即吉登斯所谓的"行动的反思监督"概念)。这和亚彻的反思理论中强调人类能动性是一种在时间过程中通过反思来推动其形态衍生的说法,并没有那么截然不同。

姑且不论亚彻和吉登斯之间并没有亚彻宣称的巨大差异,更重要的是亚彻自己的理论也并不是没有问题的。其中一项最明显也是最根本的问题,来自她的理论建构过程中非常鲜明的分类学风格。

读者们可以轻易发现,亚彻的理论进行了非常多的分类,比较重要的像是形态衍生序列的阶段划分,分层的人类存有的发展阶段划分,内在对话的阶段划分,反思的四种类型划分。而且其实她整套形态衍生理论中的分类还不只如此。例如亚彻在第一套三部曲中曾提出了不同类型的知识秩序,亦即对知识秩序进行了类型划分。只是我们为了让这一讲的介绍能更清楚好懂、更有焦点,不要让读者的吸收压力过大,所以在权衡后只能略过不提。然而在很多情况下,亚彻不只是分类,而且还强调这些类型之间有连续性的关联。这很容易造成亚彻的分类可能彼此之间不完全互斥、或是区分非常不清晰的问题。如果我们仔细看一下形态衍生序列/循环的图,可以明显看到图中的每个时间段是有重叠之处的。那么在重叠的那一段里,结构究竟是制约、还是互动?是互动、还是产生了形态衍生?尤其是如果我们将这个图当作分析框架运用在例如关于教育体系的经验研究中的话,我们如何断定教育体系真的产生了形态衍生，而不是它其实还处于社会互动的阶段中，甚至仍停留于结构制约的阶段中？

　　这样的问题也存在于分析二元论概念里。分析二元论的基本立场是涌现论，亦即社会会从个体的各种互动中涌现出自身的特质而自成一类。但我们可能并没有一个标准能断定究竟我们面前或我们身处的这个环境，是否已经确实涌现成社会了，还是仍处于一群个体的层次。前文曾提到，亚彻的理论发展第一阶段中，社会结构的形态衍生序列和人类能动性的形态衍生序列对应不起来，那时我们说这当中有一个贯穿整个亚彻理论的问题；这个问题就是涌现判定标准的问题。在人类能动性这一侧，亚彻提出了"团体能动者"概念，但团体能动者和社会结构的差别在哪呢？团体能动者似乎是还没有涌现完成的社会结构，但从"团体能动者"到"社会结构"的完全涌现之间的临界点究竟是什么呢？有学者便批评亚彻直接采取涌现论的立场，预设了社会结构与位格人各自具有涌现特质，但没有交代涌现本身的机制究竟为何。所以当亚彻在讨论形态衍生序列时，将结构制约对应到团体能动者，但结构的形态衍生也依然对应到团体能动者，这便是因为结构与团体能动者似乎根本就是同一回事，两者并无法真的实质区分开来。

　　亚彻的形态衍生理论还有另一项不那么严重的缺点，即虽然她的理论中提到了形态衍生不一定会发生，而是也可能会出现形态维持的情况，但她很明显仅将焦点放在形态衍生上，对于形态维持的讨论相对来说仅有只言片语。这种偏好也直接反映在她的反思理论上，亦即关于她对自己提出的四种反思形式中无法构成能动性发展动力的"破碎反思"的重视程度远远低于其他三种反思形式。亚彻自己曾在某篇文章中承认她的确更偏好形态衍生，原因是她认为现代是一个变化剧烈的时代，形态衍生的情况远远多过于形态维持。然而形态维持或破碎反思可能并不是不重要的。例如著名的英国医疗社会学家斯坎布勒（Graham Scambler，生于 1948 年）曾运用亚彻的反思理论来进行一系列的研究，尤其是分别借用了自主反思、元反思、破碎反思来探讨英国民众在面对"健康不平等"的心态。他发现自主反思和元反思的概念能较好地解释面对健康不平等时的既得利益群体与抗争群体的心态,但破碎反思的概念却薄弱到无法充分掌握到那些面对诸种健康威胁因子、预期寿命简短的"失格的竞赛者"(non-player)的样态。这迫使斯坎布勒另外提出了"失去联结的宿命主义"(disconnected fatalism)概念去弥补这个不足。这也显示出亚彻对形态维持和破碎反思等相对比较消极的概念缺乏讨论,可能会导致她因此忽略很多很重要的事。

不过亚彻的形态衍生理论中的这些缺点,与其说减损了理论的价值,更不如说开启了很多值得接续探讨的话题。特别是 2023 年亚彻过世后,许多社会理论家和英国社会学界对她的悼念,反而让很多原先没听过亚彻的人注意到她和她的理论,使得国际学界对亚彻的形态衍生理论的讨论也许才正要开始。此外,亚彻曾在布迪厄的指导下从事博士后研究,虽然我们不能从这件事说亚彻与布迪厄有师承关系,因为毕竟两人的理论在很多地方都很不一样,但这无疑表现出两人之间有一种世代接替的关系。意思是,亚彻的成就显示了社会理论的发展不是到布迪厄就全剧终的,而是在布迪厄之后依然有许多新世代继续推进社会理论研究。这种推进不只在上一讲与这一讲介绍的英语世界,而是在法国本土,也有许多人接着布迪厄的工作开展出很多重要的理论,甚至一定程度上开辟出了法国社会学界的"后布迪厄时代"。其中最有国际知名度的可能当属博尔东斯基;但以启发社会学的经验研究来说,可能拉依赫的贡献更大。我们下一讲就飞到法国,来介绍后布迪厄时代的法国社会学。

最后分享关于这一讲的推荐书单。这一讲其实提到了两套理论:除了亚彻之外,还有巴斯卡的批判实在论。这两套理论的所有原典著作至今都少有中译本。关于批判实在论,与本讲有关的重要著作,是两本我们已经提到的巴斯卡著作:

- 巴斯卡:《科学的实在主义理论》,董杰旻译,上海人民出版社 2025 年版。
- Bhaskar, Roy 1979, *The Possibility of Naturalism*:*A Philosophical Critique of the Contemporary Human Science*. London:Routledge.

此外，有几本二手介绍也很值得推荐：

- Collier, Andrew 1994, *Critical Realism*：*An Introduction to Roy Bhaskar's Philosophy*. New York：Verso.
- Bhaskar, Roy and Hartwig, Mervyn 2016, *Enlightened Common Sense*：*The Philosophy of Critical Realism*. London：Routledge.
- 贝尔特：《社会科学哲学：迈向实用主义》，何昭群译，群学出版社2011年版。
- Andrew Sayer：《社会科学的研究方法：批判实在论取径》，许甘霖等译，巨流出版社2016年版。
- 奥斯维特：《新社会科学哲学：实在论、解释学和批判理论》，殷杰译，科学出版社2018年版。

其中，贝尔特的教材有一章专门介绍批判实在论，虽然译文老实说对读者不太友好，但已是少有的中文专门文献了。

关于亚彻的形态衍生理论，最重要的当然是她的两套三部曲了：

- Archer, Margaret S. 1988, *Culture and Agency*：*The Place of Culture in Social Theory*. Cambridge：Cambridge University Press.
- Archer, Margaret S. 1995, *Realist Social Theory*：*The Morphogenetic Approach*. Cambridge：Cambridge University Press.
- Archer, Margaret S. 2000, *Being Human*：*The Problem of Agency*. Cambridge：Cambridge University Press.
- Archer, Margaret S. 2003, *Structure, Agency and the Internal Conversation*. Cambridge：Cambridge University Press.
- Archer, Margaret S. 2007, *Making our Way through the World. Human Reflexivity and Social Mobility*. Cambridge：Cambridge University Press.

- Archer, Margaret S. 2012, *The Reflexive Imperative in Late Modernity*. Cambridge：Cambridge University Press.

此外有一本亚彻支持者编纂的读本，相当值得推荐：

- Brock, Tom et al.（eds.）2016, *Structure, Culture and Agency：Selected Papers of Margaret Archer*. London：Routledge.

最后，如果想轻松一点，有一篇与亚彻进行访谈的期刊文章应该可以提供稍微没那么有压力的阅读体验。我们这一讲开头提到的亚彻不喜欢"在亚彻遇见巴斯卡之后……"的说法，就出自这篇访谈：

- Archer, Margaret S. and Morgan, Jamie 2020, "Contributions to realist social theory：An interview with Margaret S. Archer", *Journal of Critical Realism*, 19(2)：179—200.

注释

[1] 亚彻为了强调结构与文化的区分，因此会将形态衍生序列再细分成结构的形态衍生序列与文化的形态衍生序列。结构的制约阶段，亚彻有时也称为"社会结构"（social structure，亚彻常缩写成 SS）的制约，至于"社会互动"（亚彻常缩写成 SI）与"结构完善"这两个阶段的名称则不变。文化的制约阶段，亚彻则称为"文化制约"（cultural conditioning）或"文化系统"（cultural system，亚彻常缩写成 CS）的制约，互动阶段则称为"社会文化互动"（socio-cultural interaction，亚彻常缩成 S-C），完善阶段则称为文化完善或文化系统的完善。然而，由于亚彻在大多数情况下还是把结构与文化混为一谈，结构的形态衍生序列和文化的形态衍生序列也常被亚彻直接统称为社会结构的形态衍生序列，因此读者们没有必要特别纠结于亚彻的这些细分。我们在这里之所以提及这些细致而琐碎概念，是因为亚彻的原典著作里有太多这类概念，而且又喜欢将这些概念进行缩写（这种缩写风格在英国社会理论中很常见到），这种理论书写风格对阅读来说不甚友好。因此我们还是对这些概念进行简单的介绍，让读者们之后若进一步阅读亚彻的

原典著作时能有比较清晰的导引而不会在亚彻的"缩写术语迷宫"中迷路。但为了不让读者这一讲读起来太过混乱，因此我们把这点说明放在脚注里。如果读者们读懂这个脚注了，那很好；但如果搞不懂、觉得实在太混乱了，那就算了，完全不要紧，可以直接跳过这个脚注。

［2］Archer, Margaret S. 1995, *Realist Social Theory：The Morphogenetic Approach*. Cambridge：Cambridge University Press, p.166. 亚彻另外一处内容一样，但表述稍微不同的定义，可见：Archer, Margaret S. 1996, *Culture and Agency：The Place of Culture in Social Theory*. Cambridge：Cambridge University Press, p.xxiv。

第四讲　后布迪厄时代的法国社会理论：博尔东斯基、艾妮克、拉依赫

一、基本介绍

　　虽然法国是"社会学"这个学科概念的创始国度，我们一般直觉上也多半会觉得法国和美国、德国一样，是全球社会学与社会理论的重要国家之一，而且法国的社会学与社会理论的确在国际上具有重要地位，但从第一讲关于法国社会理论发展背景的介绍中我们可以发现，在法国，社会学其实并不是一个一直都相当蓬勃发展的学科，甚至大多数时候都相当边缘与弱势，一直到 20 世纪 50 年代才真正进入百花齐放的发展阶段。在众多法国社会学家中，只有布迪厄获得了全球性的重要地位和立足于社会学的广泛出圈影响力。大约 1970—2000 年间，整个法国社会学界说是布迪厄的天下也不为过。

　　从今天的角度来看，布迪厄在近代法国社会学界无人可敌的地位带来一些有好有坏的结果。其一，2002 年布迪厄过世之后，虽然法国还有很多优秀的社会理论家，但这些新世代的学者若要在布迪厄之后冒出头来，似乎很难不接着布迪厄的道路继续前行。要怎么前行才能站在布迪厄的肩膀上，而不是隐没在布迪厄的阴影下，成为法国社会理论家在学术发展过程中的一大难点。布迪厄的强大虽然为法国社会理论打造了丰富的学术资源和良好的国际形象，对新世代的社会理论家来说树立了一个良好的榜样，但从某些角度看他的成就却是让年轻人难以突破的沉重包袱。其二，如果不想走

布迪厄的路子，那么如何绕过布迪厄这座大山、另辟蹊径，可能是更困难的问题。因为这座山不是普通的大，几乎绕无可绕。在法国社会学界要从事理论研究，刻意避开布迪厄的文献，不引用或不与之对话，几乎是不可能的事。

不过到了今天，不论是接续布迪厄，还是绕开布迪厄，都已经有人办到并获得优异的学术成就了。其中，接续布迪厄的道路，但也发展出相当有原创性且在学术界占有一席之地的学者，最有名的当属博尔东斯基，此外，艾妮克与拉依赫也颇具影响力。绕开布迪厄、另批蹊径而大获成功的，当属拉图尔。拉图尔的另辟蹊径不仅表现在他开拓新颖的理论取径，也在于他在理论发展前期刻意与法国学界保持距离，主要与英语学界对话。第七讲将专门介绍拉图尔。这一讲我们先介绍博尔东斯基、艾妮克与拉依赫。

要了解这些新世代法国社会理论家的理论思想，前提条件当然是要先了解布迪厄的理论，然而这个前提条件是有一些门槛的。之所以会这么说，除了因为布迪厄过于高产、著作行文非常晦涩，所以要全面阅读他的作品非常困难之外，也因为他的研究领域相当丰富，人们可以从很多不同的角度切入去建立不同的布迪厄形象，而不同的布迪厄形象也会引发不同的讨论话题，所以对布迪厄的讨论很可能不在同一个"频道"上。例如人们可以将重点放在他的惯习概念，强调他关于宏观/微观困境方面的讨论，看看他如何解决、或是否并没有解决这个经典的社会学难题。像上一讲介绍的亚彻的形态衍生理论就是从这个角度来谈布迪厄的。或是人们可以着重在他的各种资本概念与实证研究方面的成就，这时候布迪厄的理论能很方便地提供变量假设的正当依据。只要搬出布迪厄的这些资本理论，那么在研究各种阶层、教育、求职等涉及社会不平等的社会现象时，就可以理直气壮地把社会关系网络、信任、学历等要素当作主题或变量，不用再去套用什么理论来提出假设。这种布迪厄形象在相对来说比较偏好实证主义的英语学界并不罕见。不过，布迪厄首先是在法国起家的，而他在法国之所以声名鹊起恰恰不是因为他的理论的实证性，而是因为其批判性。博尔东斯基的思想就是对布迪厄理论的批判面向进行了突破性的继承而发展出来的。此外，布迪厄众多理论概念中在法国最被重视的，并不是英美实证主义者最喜欢的各类资本概念，而是场域与惯习概念。艾妮克与拉依赫的理论即是基于这两个理论建立起来的。

为了让读者充分了解后布迪厄时代的法国社会理论的发展内涵,我们这一讲不会马上进入博尔东斯基等人的理论,而是先花一些篇幅介绍一下"法国的布迪厄",随后才从"布迪厄时代"进入"后布迪厄时代"。

二、布迪厄的社会学:作为"格斗运动"的批判

第一讲稍微提过,布迪厄在法国能占有重要的一席之地,与他的研究的"外部背景"(法国红色五月风暴)和"内部背景"(他研究工作的高度批判性)在天时地利人和的情况下恰当地耦合在一起有关。不过这种耦合并不是布迪厄刻意经营出来的。

之所以这么说,是因为在红色五月风暴之中,当时刚刚崭露头角的布迪厄其实处在一个有点尴尬的情况。一方面,他与帕斯隆(Jean-Claude Passeron)合著的成名作《继承人》(*Les héritiers*, 1964)和《再生产》(*La reproduction*, 1970)出版时正逢社会运动的高潮。这两本书通过实证分析来探讨法国社会阶级的再生产现象,被运动参与者视为批判当时法国社会不公不义的重要科学依据而广为流传。布迪厄和帕斯隆也因此在一定程度上被运动参与者视为精神导师。但另一方面,布迪厄对于1968年红色五月风暴的态度却是否定的,甚至嗤之以鼻。他本人曾经十分清楚地表明"1968年红色五月风暴是一场假的革命,它制造了恐慌,却什么都没能改变",甚至曾经在公开场合直接训斥这场社会运动的参与者:"你们疯了!"他认为这场运动的发生并非出于什么高尚的理由,而很可能是因为高等教育文凭的贬值。当时许多来自中产家庭的学生(特别是就读文科的学生)发现自己无法和父母辈一样通过取得高等教育文凭来进行有效的阶层复制,深感挫折、难以接受,因此通过社会运动发泄他们对在接受高等教育后却无法获得实质回报的不满与愤怒。

虽然布迪厄如此抨击红色五月风暴,但和德国的阿多诺与哈贝马斯不同,布迪厄并没有因此被运动参与者抨击,其研究成果依然受到运动参与者

的喜爱，这让他一跃成为学术明星。随着其最重要的著作《区分》（*La dis-tinction*）于 1979 年出版，并于 1981 年获选为法兰西公学院社会学讲座教授，布迪厄在法国社会学界成为领军人物。而贯穿布迪厄学术工作的一个重要理念，在于"批判"。

（一）教育的象征暴力批判

布迪厄对社会学（或是说，他自己的社会学研究）有个很经典的定位：社会学是一门"格斗运动"（un sport de combat）。他所谓的格斗运动指的是"批判"；而他所谓的批判，则意指不断揭露各种隐而未显的事物，包括社会世界中各种潜在规则，或各式各样看似客观、中立、自然而然，实际上却行支配之实的意识形态。这些支配的意识形态会通过各种机制（例如教育、大众媒体）灌输给一般大众。当中，布迪厄认为最有效的意识形态灌输机制便是教育，特别是学校教育。

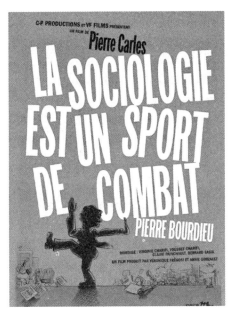

● 布迪厄纪录片《社会学是一门格斗运动》（2001）的电影海报。
图片来源：**https://www.imdb.com/title/tt0271793/mediaviewer/rm3867157249/?ref_=tt_ov_i**。

布迪厄在《继承人》与《再生产》里便尝试以学校教育作为研究对象探讨"为何某些压迫会被视为正当的"这个最基本的社会学问题。在该书的序言中,布迪厄开宗明义地指出,一直以来教育活动被人们视为一种学习者根据自身意愿而主动从事的自发活动,但这是有问题的。在主流的教育观点中,学生的成就往往被直接地归因到自身的努力。"有多少努力就有多少回报",这样的观点深植人心。教育机构(例如学校)与教育行动(例如考试)也总是被视为某种中性的、纯工具性概念。然而所有的教育行动在实施的过程中其实都具备某种教育权威。教育的施行者被认为具有施行教育的资格,并允许使用社会所认可或保证的惩罚(例如责骂、口头惩戒,或是其他的处罚方式)来强迫人们接受其所灌输的内容。通过教育行动,教育机构可以确保社会中被支配者服从权威,去学习社会中所谓"好的文化",以此不断强化支配文化的正当性,让社会秩序能够维持下去,并再生产出各种社会权力结构。

1989年,布迪厄出版了延续并总结他过去诸多教育社会学研究成果的著作《国家贵族:高等学院与群体精神》(*La Noblesse d'État*: *Grandes écoles et esprit de corps*)。布迪厄在这本书中以法国的精英汇聚之地,也就是各个不同领域中高度竞争且独立招生的"高等学院"(grandes écoles)作为研究对象,探讨这些高等学院如何反复地生产出一批又一批的精英,这些出自高等学院的一小撮精英们如何成为法国的现代贵族阶级,以及如何反复再生产来自同样一小群人的精英。同时布迪厄还试图通过这样的研究来回答许多更进一步的问题,例如:这些所谓的精英,如何代表了当代法国的群体精神?人们如何、为何崇拜精英、期待精英,寄希望于这群现代国家的贵族阶级?法国虽以"平等"为其三大立国精神之一,但讽刺的是,实际上统治法国的人却是一小撮精英。这群精英循着既定的道路,反复生产出同样的群体,并成为法国社会中的统治阶级。以政治精英为例,法国的高级文官几乎全都是循着相同的路径生产出来的:一流高中毕业后,凭优异成绩进入竞争激烈的巴黎高等政治学院预备班就读一年,经历激烈的竞争后,胜出者始能获得入学资格;然后从巴黎政治学院毕业之后,再经历激烈竞争,进入国家行政学院深造,毕业后进入文官体系历练,或者投入政党政治与民主选举。法国第五共和国历届元首,除了军人出身的戴高乐(Charles de Gaulle)之外,全部都是沿着相同的模式产生出来的类似产物。

通过这一系列研究后,布迪厄基于扎实的实证资料指出,高等教育实际上并没有促进阶级流动,恰恰相反,教育一直是确保让阶级不平等不断继续下去的体系。同时他也基于这些研究成果提出了"象征暴力"(violence symbolique)这个概念。所谓"正当的文化"及其再生产,本身就是一种象征暴力。它之所以是一种暴力,是因为它是通过强加的方式来施行的;而它之所以是象征的,是因为其所强加的是意义和意义之间的关系(例如:考试成绩好的学生＝优秀、上进、勤劳、成功的人,或是:考试成绩差的学生＝愚蠢、差劲、懒散的人,抑或是:老师＝知识渊博、所言之事必然正确而不可质疑的权威),而非物理性质的暴力(例如体罚)或是某种实体的存在(例如监狱)。象征暴力旨在再生产出支配的文化与相对应的支配意识形态,并使该支配文化维持正当的地位。象征暴力批判在布迪厄早期工作中占据着核心地位,但布迪厄的批判步伐并没有仅停留在学校教育上,而是继续将批判对象推向了更广泛的文化领域。

(二) 惯习与场域

虽然布迪厄以教育社会学研究出名,但他的学术生涯并非始于教育社会学,而是他在北非的阿尔及利亚服兵役期间所进行的民族学式的田野调查。他的这些调查成果也集结成两本著作在 1960 年前后出版:《阿尔及利亚社会学》(*Sociologie de l'Algérie*, 1958),以及《失根:阿尔及利亚传统农业危机》(*Le Déracinement. La Crise de l'agriculture traditionnelle en Algérie*, 1964)。到了 1972 年,布迪厄又基于这两本田野调查的成果出版了一部重要著作《实作理论纲要:三个卡比尔民族学研究之前》(*Esquisse d'une théorie de la pratique. Précédé de Trois études d'ethnologie kabyle*)。这本书被视为是布迪厄的"实作理论"的奠基之作。[1]这本书的最重要之处,在于布迪厄通过大量人类学研究创造了"惯习"(habitus)理论。

　　"惯习"是个从柏拉图以及亚里士多德时代就存在的古老哲学概念,而在布迪厄这里,惯习指的是一整套关于感知、思想、评价与行动的体系,是我们在某种特定的社会条件下通过学习而获得的产物,其所展现出来的是一个人持续的言行举止、感觉与思考的模式。惯习一方面是外界给予的客观内容,但另一方面又是由主体自己不断再生产出来的。布迪厄认为他能借此概念在理论层次上适当地处理"结构/能动"这个传统社会学的理论困境。也由于惯习这个概念所具备的主客观双重特性,布迪厄将自己的理论立场定位为他所谓的"结构主义的建构主义"或者"建构主义的结构主义"。

　　大约从 20 世纪 70 年代起,在惯习概念已经发展成熟之际,为了理解不同社会群体之间的关系,布迪厄开始进一步发展"场域"(champ)这个概念。这个概念最早可见于他在 1966 年发表的两篇文章:《阶级条件与阶级位置》(Condition de classe et position de classe)与《知识场域与创作计划》(Champ intellectuel et projet créateur)。到了 1971 年,布迪厄继续发表了《权力场域,知识场域与阶级惯习》(Champ du pouvoir, champ intellectuel et habitus de classe)和《宗教场域的生成与结构》(Genèse et structure du champ religieux)。他的场域概念也通过这些讨论趋于完备。布迪厄认为,通过这个概念,他可以将研究对象具体拓展到社会中不同的领域之中,并且对不同场域的规则、样貌、资本分配与其中的斗争进行更加理论化的分析。

　　布迪厄将场域定义为整体社会世界之中,具有相对自主性的诸微观世界。每个场域(例如艺术、政治、宗教、新闻、知识、学术、法律、运动,等等)都有自己的游戏规则,主体则在其中追求特定的目标与特定的利益。布迪厄主张,有多少种不同的利益,就有多少个不同的场域。例如艺术场域所追求的利益与经济场域所追求的利益完全不同,因此里头的游戏规则也完全不同。当代艺术场域的游戏规则是"为艺术而艺术",而经济场域的游戏规则则是"在商言商"。每个场域的挑战都不尽相同,且对于该场域之外的局外人来说,这些挑战经常是虚幻、微不足道,甚至可能是毫无意义的。例如文学评论家们经常为了某一篇小说是否具有文学价值激烈争执,记者们为了争取自己的新闻能够刊登在头条而钩心斗角。然而上述这些斗争对于一名商业大亨而言显然不太重要。反过来说，商业大亨之间为了争夺某项产品的市占率所进行的商业斗争，对于艺术家而言也意义不大。而场域内部的不同位置，代表着不同的个体或群体因不同的资源拥有情况而产生的不同地位。每一个场域里都同时存在着支配者和被支配者，资深者与资浅者。支配者为了维持自身在场域内所占据的优势地位，会倾向采取保守立场，反对变迁。而场域中资本较为匮乏的被支配者，则较倾向于采取颠覆场域既有游戏规则的立场，以争取向上晋升的机会。

关于惯习与场域，布迪厄集大成的研究作品无疑是他在 1979 年出版的《区分：品味判断的社会批判》(*La Distinction. Critique sociale du jugement*)。但除了这部一般性的著作之外，他以艺术场域为对象所进行的大量艺术社会学研究也相当经典，在法国产生的重要影响力不亚于他在教育社会学方面的研究。布迪厄的艺术社会学研究也是从他学术生涯早期就开始从事的工作。在 1965 年出版的《中等艺术：论摄影的社会用途》(*Un Art moyen. Essai sur les usages sociaux de la photographie*)中，布迪厄通过大量的访谈调查，探讨"摄影"这种独特的文化实作所具有的社会阶级意涵。他的研究发现，中产阶级对"摄影是一种艺术"这样的看法有最高的认同。上层阶级则倾向摄影是次等的创作方式，而普罗大众阶级更多将摄影赋予某种工具性意义而非艺术方面的象征意义。

1966 年布迪厄出版了《艺术之爱：美术馆及其公众》(*L'Amour de l'art. Les Musées et leur public*)，该书调查了全欧洲美术馆参观者的社会构成，结果发现，"参观美术馆"这个活动具有十分明显的社会阶级意涵，参观美术馆的频率会随着参观者阶级地位的下降而递减。而且耐人寻味的是，造成此阶级区隔的原因并非是经济因素（例如票价太贵），而是源于文化需求的不平等。越处于上层阶级的人越有文化活动需求，越处于底层阶级的人对文化活动的需求就越低。1992 年，布迪厄继续出版了《艺术的规则：文学场域的生成与结构》(*Les Règles de l'art. Genèse et structure du champ littéraire*)，以福楼拜(Gustave Flaubert)的《情感教育》(*L'Éducation sentimentale*, 1869)为分析对象，剖析文学场域的生成及其内部结构的建立。到了布迪厄的学术生涯晚期,他仍然勠力拓展艺术社会学的可能形式。例如 2013 年出版的《马内:一场象征革命》(*Manet, une révolution symbolique*)集结了布迪厄 1998 年到 2000 年间在法兰西公学院的讲座内容,当中分析了法国印象派画家马内(Édouard Manet)如何由一个原本在艺术场域中被视为异端的边缘人物,到最后引发了艺术革命的过程。从这些著作可以看出,布迪厄在艺术社会学方面的研究绝非玩票性质,而是他的整个理论大厦中非常重要的构成部分。

当然,布迪厄的研究主题远远不止这些。他在大众媒体、性别方面也有相当引人注意的讨论,或是他在学术生涯末期开始进行的国家研究亦深受学界重视。但不论是哪份研究,他整个理论思想的核心要点都非常明确:带着批判的关怀,对惯习与场域进行分析。也正是这些明确的核心要点,成为后布迪厄时代的法国学者的理论出发点。在这些新世代的学者中,最早展开学术生涯、发挥国际影响力,且走出自己的研究道路的学者,就是布迪厄最重要的一个亲弟子:博尔东斯基。

三、博尔东斯基:从"以批判为己任的社会学"到"以批判为对象的社会学"

(一) 关于博尔东斯基

吕克·博尔东斯基(Luc Boltanski, 1940—   )从布迪厄的学术生涯早期就开始跟着布迪厄学习了,是布迪厄最重要、也最器重的学生之一。尽管如此,博尔东斯基不但没有始终忠于布迪厄,甚至很早就选择了一条反对自己老师的路。

博尔东斯基出生于因战乱而逃离俄罗斯的犹太家庭。虽然他今天在国际上是相当有声望的社会学家,但有趣的是,他在他们家还算不上是最知名的。他的弟弟克里斯蒂安·博尔东斯基(Christian Boltanski, 1944—2021)是一位围绕反屠杀、反战、反恐怖主义进行创作的全球知名艺术家;儿子克里

● 吕克·博尔东斯基。

图片来源：**https://images.gr-assets.com/authors/1406969881p8/300016.jpg**。

斯多福·博尔东斯基(Christophe Boltanski, 1962—)也是享誉国际的法国当代记者、作家。这两位都比作为社会学家的吕克·博尔东斯基更早出名，且名气更大。不过，名气不是社会学家要追求的。在学术工作上，吕克·博尔东斯基一直都非常热情、积极、脚踏实地、一步一步地建立起他的理论思想。

博尔东斯基最初在雷蒙·阿隆的师门下学习。阿隆退休后，其在法兰西公学院社会学讲座的教席由布迪厄接任，博尔东斯基便转为追随布迪厄，并在其指导下完成了博士论文。博士毕业后博尔东斯基首先在隶属于高等社会科学院(EHESS)之下，由阿隆创立、当时由布迪厄继任领导的欧洲社会学中心(Centre de sociologie européenne)工作，也因此普遍被视为布迪厄学派的一员。甚至在20世纪70年代他还与布迪厄一起创建了著名的法国社会学期刊《社会科学研究学报》(*Actes de la recherche en sciences sociales*)，直到80年代才离开布迪厄的研究团队和该期刊。在这段时期，博尔东斯基不仅参与了多项由布迪厄所主持的研究，还与布迪厄合著了批判性极强的《支配意识形态的生产》(*La Production de l'idéologie dominante*, 1976)与上文提到过的《中等艺术》。

布迪厄对批判的重视,对早期的博尔东斯基影响甚巨,博尔东斯基也时常身体力行批判理念。在阿尔及利亚独立战争期间,博尔东斯基积极参与反殖民运动,并加入了"左派社会主义联盟"(Union de la gauche socialiste),之后也参与了欧洲多项大型社会运动。他在 2008 年公开坦承自己在思想上接近"自由主义的共产主义者"(communiste libertaire),甚至于 2009 年参与了法国新兴政党"新反资本主义党"(Nouveau Parti anticapitaliste, NPA)的筹组。除了政治行动之外,博尔东斯基在离开了布迪厄团队后也于 1982 年出版了一部非常具有布迪厄风格的著作《干部:一个社会群体的形塑》(Les cadres: la formation d'un groupe social)。他在这本著作中明确延续且采用了布迪厄在《区分》里的问题意识,采用类似的研究方法,通过大量的统计资料勾勒出法国社会干部阶层的轮廓,以及新旧小布尔乔亚阶级形塑过程的差异。在研究中,博尔东斯基建构出干部群体的社会空间模型,分析此类社会群体的构成形态以及当中的异质性。《干部:一个社会群体的形塑》在法国相当成功,也让博尔东斯基在当时被认为是布迪厄学派的重要新星。

但是在这之后,博尔东斯基开始渐渐质疑自己过去一路走来所遵循的布迪厄那种将"批判"视为研究宗旨的社会学理念,甚至开始去重新思考、评价并反思"批判"在社会学之中所扮演的角色及其限制。这在他与泰弗诺(Laurent Thévenot)合著的《论正当化》(De la justification. Les économies de la grandeur,出版于 1991 年)中就已出现端倪了。在与夏佩洛合著的《资本主义的新精神》(Le nouvel esprit du capitalisme,出版于 1999 年)中,博尔东斯基又进一步开展出自己关于批判的一些构想。2009 年,博尔东斯基出版了《论批判:解放社会学精述》(De la critique. Précis de sociologie de l'émancipation)。这本书虽然篇幅不大,但呈现出非常完整的一套关于批判的社会理论,引发欧洲乃至国际社会科学界的大量关注与讨论,让博尔东斯基正式摆脱布迪厄包袱,成为独当一面的国际重量级法国社会理论家。

从这样的背景可以知道,要了解博尔东斯基如何成为法国当代最具代表性的后布迪厄时代的社会理论家,就必须了解他从《论正当化》以来如何看待"批判"这个概念。

（二）对批判的质疑

《论正当化》在一定程度上延续着博尔东斯基的《干部：一个社会群体的形塑》的主题，但又更进一步地探讨在各种（例如企业的）组织中干部阶层在面对诸多下属阶层时如何能进行持续、稳定的管理。这本书的一个讨论出发点是，布迪厄的象征暴力理论总预设统治权力会以一种仿佛蒙上面纱的方式让被统治者在不知不觉中受到支配，而社会学家的任务就是要去揭开面纱、揭示权力。但博尔东斯基认为，布迪厄的这种预设将统治过于简单地化约成一种"包装权力、蒙骗世人"的过程，忽略了干部阶层在进行管理工作时实际上的复杂性。因此他在《论正当化》中，像《干部：一个社会群体的形塑》一样以各种组织管理为研究主题，但把管理视为干部与下属阶层共存的一种整体且复杂的情境，以此去探讨"管理"作为一种统治类型是怎么实际进行的。

《论正当化》通过了大量实证研究（这本书的第二作者泰弗诺就是一位长于此道的经济统计学家）指出，组织管理不单纯只是一个干部阶层对下属阶层发号施令的过程，而是牵涉复杂的人际关系与资源配置，当中每个阶层或群体都有自身的利益追求。若利益分配不公，下属阶层可不会像布迪厄所谓的"被蒙蔽或被强加"那样傻傻地甘心接受一切，而是会提出谴责、引发争执。所以，若一个组织的管理要能"长治久安"，干部阶层与下属阶层必须共建出一种正当性，尽可能让所有人觉得管理是公平、公正的，甚至令人感到崇高伟大，觉得的确值得配合。

这种"将管理加以正当化"的做法不是只有一种，其重要性也不是从来没有人提过，而是在许多古典政治哲学中都有详细的讨论。博尔东斯基参考了几部重要的古典政治哲学，区分出了六种正当化的类型，并且还以极富修辞的方式将这六种正当化的类型命名为六种"城邦"：

一、神启之城（cité inspirée），这种正当化类型对应于奥古斯丁在其政治哲学著作《上帝之城》中提出的概念，意指以"神圣性"作为正当化的依据。在宗教信仰特别浓厚的地方，这种正当化的方式特别常见。

二、家所之城（cité domestique），这种正当化的方式在博须埃（Jacques-Bénigne Bossuet，1627—1704）的《源于圣经的政治》（*Politique tirée des propres paroles de l'Écriture sainte*）和许多其他人的古典政治哲学著作中都可见其叙述，意指一个人之所以具有统治的正当性，是因为这个人原先就是统治者的长子或头号继承人。我们可以看到当代韩国财阀的顶尖管理阶层特别依循这类正当化类型来奠定管理正当性，是典型的家所之城。

三、意见之城（cité de l'opinion），管理的长治久安取决于下属阶层的信任。博尔东斯基将此城邦的意涵归于霍布斯的《利维坦》，因为《利维坦》指出，统治权力源于被管理者的信任，亦即取决于被管理者的意见、看法。

四、公民之城（cité civique），这种城邦直接对应卢梭的《社会契约论》，意指管理的正当性源于契约缔结关系。

五、商人之城（cité marchande），对应亚当·斯密的《国富论》，意指在当代社会中一些能洞见与把握市场机遇而获得财富成就的人，亦能产生领导光芒。所以例如许多大富豪靠着所谓"成功学"的著作或演讲总是可以吸引一批追随者。

六、工业之城（cité industrielle），意指其管理因为可以带来极高效率、让所有人能更快更好地获得利益，所以人们愿意接受管理。这在圣西蒙（Henri de Saint-Simon，1675—1755）的著作《工业体系》（*Du système industriel*）中便有提及。

《论正当化》这六种"城邦"虽然看起来分类鲜明、修辞有趣、有理有据，但老实说这六种正当化类型的提出与区分在书中并不总是那么清晰，也不是那么有说服力。如我们等下会看到的，博尔东斯基在下一部著作中又提出了第七种城邦，令人感觉这些城邦的分类与提出相当随意，可以任凭喜好随意增减，也因此很难让人愿意认真看待。所以这本书除了在例如管理学界引起一些注意之外，在社会学界几乎没受到任何重视。但这部著作其实有些值得一提的启发性。

首先，讲到"统治的正当性"，相信很多人应该首先会想到韦伯对于统治正当性的三种或四种区分，亦即所有社会学人几乎都能朗朗上口的合法型、传统型、魅力型，以及韦伯在一些零散的文章中提到、近年来也渐渐被学界挖掘出来的"非正当的正当性"。今天国内的社会学人常常直接将韦伯的正当性分类当作不需进一步思考的"标准答案"而接受下来，但博尔东斯基的研究却提醒了我们，韦伯的说法不应该当作标准答案来背诵或解经。统治或管理不只存在于国家层面，而是也存在于许多企业、学校等或大或小的各种组织层面。如此一来，统治或管理的正当性在不同的组织运作中也应该会有不同的形态，这便值得我们进一步通过经验研究来探讨了。也就是说，韦伯关于"统治的正当性"的讨论不应该当作标准答案，而应该视为提问的出发点。唯有如此，韦伯研究乃至许多社会理论研究才不会变成无聊的复诵或解经，而是成为一颗充满未来创发可能性与生命力的思想种子。简单来说，当我们在教或学社会理论的时候，不应用"试问韦伯提出了哪几种统治的正当性类型"这种凡事首先把书本知识转化成考题的态度来背诵，而是应该用以下态度来思考：韦伯指出了，上层管理者发号施令和下层配合者听命行事之间，必须存在一个"正当性"的环节才能让整个组织持续运作下去，而韦伯在他那个时代针对"国家的统治"从理论上提出三种正当性，那么，我们今天某组织的运作，是否存在，以及存在哪些正当性呢？如果我们用这种态度来教或学社会理论，社会理论才是真正可以为我们开启各种属于自己研究主题的钥匙，而不是枯燥乏味，背也背不好、看又看不懂的天书。[2]

　　不过博尔东斯基的《论正当化》并不旨在与韦伯对话（他只在书中简单批评一下韦伯的正当性分类太过粗糙，然后就几乎没有进一步的讨论了），而是与布迪厄对话。这就是这本著作的第二个启发，也是博尔东斯基自己最重视的要点：如果任何的管理都需要建立正当性以获得被管理者的同意，否则下属阶层会对管理提出谴责，那就表示人们在面对各种权力支配时并不会盲目地被迫接受，而是人们的眼睛是雪亮的。如此一来，社会学家——布迪厄无疑是这里所谓的"社会学家"的头号代表——不能自认为只有自己能高高在上地看到社会大众看不到的权力面纱。

　　由于布迪厄将他在这方面的理念称为"批判"，因此博尔东斯基在质疑布迪厄社会学理念的同时,也慢慢走向对于"批判"的再思考。这种对批判的再思考尤其表现在他与夏佩洛合著的《资本主义的新精神》中。就是在这部著作中,博尔东斯基提出了我们在上文提到的第七种城邦,"项目之城"(cité par projet)。

讲到"资本主义精神",相信很多读者首先会想到的是韦伯的《新教伦理与资本主义精神》。但博尔东斯基一如往昔地并不将韦伯的这本书当作"圣经"接受下来,而是以此书作为起点提出了一个照理说显而易见却很少人认真思考的问题:自韦伯发表《新教伦理与资本主义精神》以来到今天已过去约百年的时间了,资本主义并没有像马克思预言的那样消亡了,但我们今天也很难说新教伦理依然像百年前那样在资本主义精神中发挥重要的影响力,毕竟宗教信仰已不具有百年前那样的地位。而且许多同样发展出发达资本主义的地方也并没有新教伦理传统。那么,让资本主义依然在全球如此蓬勃发展的新精神是什么呢?博尔东斯基明确指出,他不想像韦伯那样去思考资本主义的起源问题,因为那是韦伯那个时代的问题,不是我们今天这个时代的问题;我们应该立足当代,思考资本主义在今天能如此顽强持存的原因。

博尔东斯基认为从韦伯的时代以来到博尔东斯基这个世代之前,除了新教伦理之外,还有另外两种资本主义精神。一种是充满英雄主义气息的冒险、创新精神。基于这样的精神,企业家常常会被描述(或自我描述)为冒险犯难的英雄,历经千辛万苦后带领企业生产出推动人类文明进步的产品。此时的资本主义精神基本上是一种伟大的创业精神。爱迪生(甚至是当代的乔布斯)可说是此类资本主义精神的代表。而在 1930 年到 1960 年之间,社会则日益着迷于超大企业,人们重视的"英雄"也逐渐从创业老板变成了大公司的管理者,社会常常更凸显管理者的理性与计划能力,强调这样的管理者对整个社会的影响与协调力,以及他们如何用科层效率转移阶层冲突。这时,经理人、首席执行官就成为一种资本主义企业中尊绝不凡的身份。不过在这之后(特别是从 1968 年之后)资本主义又出现了一种被博尔东斯基归类为"项目之城"的资本主义新精神。在这种精神下,垂直的科层管理不再被认为是最好的；相反，社会开始更强调弹性的、水平的、互助的项目合作，如同哈维（David Harvey）所描述的那种后来被普遍称为"后福特主义"的资本主义形态。

作为资本主义新精神的第七种"城邦"概念的提出并没有特别获得学界的认可或赞许，所以这本《资本主义的新精神》虽然比《论正当化》有名，但在社会学界并没有被普遍视为"不可不读的当代经典著作"。然而，博尔东斯基实际上也并没有真的把重点放在"项目之城"的讨论上。他真正的用意其实是想问：无论如何，资本主义精神的确随着时代而转变了，但为什么资本主义的精神会出现这一系列的转变呢？他把答案聚焦在一个概念上：批判。对于批判的讨论，甚至占了《资本主义的新精神》三分之一以上的篇幅。

博尔东斯基主张，资本主义从出现以来就遭遇了许许多多的批判，甚至可以说资本主义的历史与对资本主义的批判一样古老。所以资本主义总是必须回应批判而不断转型，批判与资本主义体系的变迁与成长可说是齐头并进的。例如，正是为了回应行动者对于更多自主权的要求（像是人们对"异化劳动"的批判），因此资本主义的新精神放弃了上对下的严格管制，转而强调让员工参与公司治理与强调自我监控式的自主管理。像是弹性工时、弹性薪资等制度，便属于资本主义为了因应批判而调整出来的新做法。又如，为了回应对商品化的批判，金融市场进一步强化了资本流动率而非商品流动率。博尔东斯基认为，为了回应各种批判，资本主义会重新自我部署，这种自我调整亦是资本主义持续发展的一部分，即便这样的调整总有一天也会生产出新的问题、新的不正义。

《资本主义的新精神》一书特别区分了两种类型的批判：社会批判与艺术批判。常见的"社会批判"是一种基于社会主义和马克思主义的理论所发展出来的批判类型，其目的在于谴责资本主义在工作和社会生活中造成的苦难和不平等。社会批判的观点长期以来经常主导社会学这门学科的观点和走向，甚至有时候被某些社会学家视作社会学最重要的任务。例如将社会学视为"格斗运动"的布迪厄就是所谓"某些社会学家"当中的代表人物。除此之外，由于资本主义渗透到整个日常生活当中，因此除了阶级抗争之外,亦有另一种类型的批判,追求从文化方面(生活方式、艺术表现等)进行抵抗;这就是"艺术批判"。像德国的阿多诺可说是艺术批判最典型的拥护者。

在红色五月风暴之际,社会批判与艺术批判扮演了同等重要的角色。但博尔东斯基认为,红色五月风暴结束之后,不论是社会批判,还是艺术批判,都急速衰退。其中一个原因在于,资本主义本身也会根据它所遭遇到的批判来进行调整,因此劳工阶级困境会逐渐得到改善,抵抗性的生活方式也会遭到资本主义收编。这使得社会批判失去了设想的革命主体,艺术批判也沦为各种消费实践。但博尔东斯基指出,这并不意味着批判不再重要了。事实上,我们今天依然会面临各种不公,在社会各个领域看到或听到以各种方式呈现出来的批判之声或批判实践。但这些批判并不总是(或越来越不是)由社会科学家率领的意识形态揭露运动,而是由社会行动者自身发起的道德诉求。博尔东斯基因此认为,社会批判与艺术批判之所以衰败的另一个原因在于,不论是布迪厄、还是阿多诺,都错误地将自己从社会中抽身出来,误以为学者与社会民众是不同的两个角色,且误以为学者有指导社会民众的任务。但事实上,批判不是只有通过社会学家揭露意识形态才能实现,而是可以出现在一般社会大众的日常谴责中。

通过对组织管理与资本主义历史进程的研究,博尔东斯基关于批判的论点显然越来越清晰。这些想法最终在《论批判》中得以完整呈现。

(三) 对批判的批判

《论批判》的基本论点,博尔东斯基其实构思已久。早在《论正当化》和《资本主义的新精神》之前,博尔东斯基于 1990 年就发表了一篇现在看来非常重要的文章《以批判为己任的社会学和以批判为对象的社会学》(Sociologie critique et sociologie de la critique)。博尔东斯基提出了一对概念:一个是"**以批判为己任的社会学**"(sociologie critique/critical sociology),另一个是"**以批判为对象的社会学**"(sociologie de la critique/sociology of critique)。这一对概念虽然看起来很像绕口令,但顾名思义的话倒也不难理解。"以批判为己任的社会学"意指将批判视为社会学终极任务的研究取向，布迪厄当然就是头号代表。"以批判为对象的社会学"则是将"批判"这件事当作对象来进行分析探讨的社会学研究。以下将会看到的，博尔东斯基正是"以批判为对象的社会学"的代表（或根本就是提出者）。

博尔东斯基在1990年提出的这一对概念在《论正当化》和《资本主义的新精神》里头都仅是若隐若现。不过后来出现了一个让他正式把这对概念完整发展起来的契机。2008年10月，博尔东斯基受邀到德国柏林洪堡大学参加一场学术研讨会，接着11月在霍耐特的邀请下到了法兰克福。霍耐特是法兰克福学派批判理论第三代领袖，当时亦是法兰克福大学社会研究所的所长。博尔东斯基该月参加了三场以阿多诺为名的学术讲座［即在德国相当有名的"阿多诺讲座"（Adorno-Vorlesungen）］，并在讲座上与霍耐特进行学术对谈。一位始终在思考"批判"的法国社会学家，遇上德国当时率领着直接就以"批判"为名的理论学派的社会理论家，两人自然擦出了许多火花。正是在这次辩论之后，博尔东斯基回到法国正式完成了《论批判》，并以此完整建立起他的"以批判为对象的社会学"。

在这本书中，博尔东斯基想深入地探讨一个关于"批判"与"社会学"两者之间的关系的问题：社会学是否应该为批判提供贡献？如果是的话，社会学又该如何在"描述"与"批判"之间取得平衡？如果对社会学而言，批判被认为是正当的，那么，究竟是在怎么样的脉络与条件之下，这种批判才会被认为是正当的？

博尔东斯基首先指出，以批判为己任的社会学总是假设社会必然存在各种权力支配关系，并且这种权力支配关系必然会以各种方式隐藏起来，让人们不知不觉地服从于权力支配关系。正因如此，以批判为己任的社会学倾向"将现实描述为令人无法接受"（rendre la réalité inacceptable，这后来也成为博尔东斯基在2008年出版的一本书的书名），并认为每个行动者都肩负改变现状的职责。用通俗的话来说，就是：像布迪厄那一类的社会学家，总是看社会不顺眼，而且总是以学者的身份认为他对社会的不爽是一种智慧的表现，世界上所有人都应该和他一样看社会不顺眼，因为"改变社会、人人有责"。如果有人并不觉得社会像布迪厄认为的那样不堪,那是因为这人没有布迪厄聪明,被权力蒙蔽或逼迫了。这时布迪厄会认为社会学家必须把社会描述得令人非常不堪,让本来不认为社会有那么糟糕的人都会看社会不顺眼。

但博尔东斯基认为这种对权力支配关系的批判及其衍生而来的"以批判为己任的社会学"面临着某种"双重局限":"锚定的局限"与"外部的局限"。

"锚定的局限"意指以批判为己任的社会学总将社会问题的责任与改善社会的义务锚定在一般社会个体上。但同一时间,这种社会学又倾向将专家与一般人区分开来,并将专家的工作定位于"指出世界应该是什么样子",而社会大众的"一般谴责"相较之下则显得支离破碎,缺乏具体的理想目标,也没有整体的面貌,无足轻重。

"外部性的局限"的意思是,以批判为己任的社会学不论在描述某种理想的秩序,还是在反对某种秩序,都要求个体行动者必须移到"自身所处的位置之外"的位置。例如,马克思主义与以批判为己任的社会学通常会认为,一名高阶干部不可能在他的位置上理解整个劳工阶级的处境,他必须离开他的位置才能理解社会的全貌。或者一个资产阶级人士如果没有被置入无产阶级中,就永远不可能理解无产阶级革命的意义。因此这一类的社会学家总认为自己必须从"外部的位置"来描述世界,似乎一切从自己的位置出发的主观观点都是武断的。同时这些社会学家又认为,只有社会学家才有能力从外部的观点来观察,并宣称这就是所谓的"反思性"。

博尔东斯基认为,只要我们冷静地揭示出"以批判为己任"的社会学家究竟是怎么进行批判的,那么就很容易会发现,这群社会学家太过高傲、自以为是。博尔东斯基在他从《干部:一个社会群体的形塑》到《资本主义的新精神》的一系列研究中发现,一般人不需要社会学家的"开释",也都能发现社会有问题、表达各种不满。一般人在日常生活中遭遇不公的处境时,都有正义感促使个人对不公进行谴责,这种"日常谴责"完全无须知识分子为其代言。相反,社会学家才应该倾听、了解这些日常谴责,应该要**将一般大**

众的批判当作研究对象，向一般大众学习。由此，博尔东斯基提倡一种**"以批判为对象的社会学"**，亦即认为社会学的首要任务应该是去理解一般行动者会在何种脉络与情境下意识到**"不正义"**，并且探讨这种一般民众对社会不正义的日常谴责是在何种条件下开展出来的，具有何种意义与可能性。

　　例如今天我们常常可以在各种媒体平台上看到表面上像在插科打诨，但实际上所有人都心知肚明是在嘲讽时事的短视频、漫画或文章。此时我们就可以把"以批判为对象的社会学"作为理论基础，将这些文本视为各种日常谴责的表现进行语意分析，以此探讨现代社会中一般大众的日常谴责基于何种动机和受限于何种条件，因此以何种方式展现出受大众欢迎的日常谴责，以及这些日常谴责为何会如此受到大众欢迎，它可能会带来什么样的效应，等等之类的问题，开展一系列的社会学经验研究。以此而言，"以批判为对象的社会学"开辟出了一整套很有发展潜力的研究领域，甚至可说创建了一套新的社会学范式。

　　除此之外，博尔东斯基还进一步认为，以批判为对象的社会学不应将社会视为一个个场域，更应该视为一个个像是"法庭"的场景。而且在看待个体行动者时，这种社会学也不太必要聚焦于行动者的惯习或社会经济地位，而是要去看行动者的自由意志。之所以如此，是因为如果一般民众都能够针对社会不公提出日常谴责，那么就表示日常生活中所有社会行动者其实都会主动了解、知悉各种社会场景。在了解、知悉日常社会场景的过程中，一般大众都会去观察自己与他人的观点，并且为自己的立场与观点提出辩护与证明，努力地去证明自己所认知的观点是正确的，然后还会通过各种方法去正当化自己所拥有的观点，如同身处法庭。例如，当政府出台了一项政策，老百姓不需要大学教授来给自己"上课"，也会通过电视、报纸、互联网来想办法了解这个政策在说什么。并且在知悉政策之后，老百姓们也会在公园、餐厅、麻将馆等场合讨论这些政策。也许大伯大妈们还会对政策有不一样的意见、看法，会吵起来。但最后，也许尽管老百姓们有不同的立场、不同的意见想法，但最终都认为这项政策不具正当性，因此一致对这项新出台的政策提出谴责。由此观点视之，社会世界不是一个个被动服从权力支配关系的场域，反而更像是一个四处都有争辩、批判、歧见，以及期待重建协议与秩序的社会世界。

所以博尔东斯基也认为，以批判为对象的社会学除了应探讨一般大众日常谴责的内容、起因、过程、条件、意涵、结果之外，还可以探讨一般大众在提出批判的过程中，不同行动者如何看待彼此之间不同的立场与观点，如何争执，以及如何达成协议或共识——如果协议或共识存在的话。

有趣的是，由于博尔东斯基压根儿就不认为所谓的"以批判为己任的社会学家"有什么了不起，所以以批判为己任的社会学家所提出的各种批判也被博尔东斯基列为"一般大众的日常谴责"的其中一种。这意味着，当博尔东斯基建立起"以批判为对象的社会学"，并认为社会学的研究对象就是要去研究一般大众的日常谴责时，他等于相当叛逆地把他那高高在上的老师——布迪厄——拉下凡间似的变成了他的研究对象之一。身为布迪厄的得意弟子，却对布迪厄提出了如此尖锐（甚至时不时带点嘲讽）的批评，这种简直是"欺师灭祖"的论点很快就引起学界注意。加上博尔东斯基本来就颇有名气，他的"以批判为对象的社会学"又是在与德国批判理论第三代掌门人相互辩论（一定程度上也是一种相互抬轿式的国际合作）下完整提出的，而且老实说的确在很多方面颇有道理，因此在《论批判》出版后，博尔东斯基在国际社会理论界获得了高度声誉、占有一席之地。

不过，虽然博尔东斯基常常带着阴阳怪气的态度针对布迪厄的理论，但他在多大程度上真的完全超越了布迪厄，其实也很难说。他的理论至少有两个比较明显的问题。一是，虽然布迪厄的那种"以批判为己任的社会学"过于低估了一般大众的智慧，但博尔东斯基的"以批判为对象的社会学"似乎又矫枉过正地高估了大众的日常谴责。很多时候——事实上，可能是大多数时候——支配阶级的确会以各种方式粉饰或掩盖自身的权力运作，一般大众无法了解许多社会运作背后的真相。在不明所以的情况下，一般大众又如何能提出合理的谴责与批判呢？

二是，在论证"以批判为对象的社会学"的最后，博尔东斯基提出了相当令人讶异的结论。他认为，社会学家们应该重拾社会阶级的概念，注意到不同的社会阶级是有差异的。支配阶级拥有最多的机会以及最大的生存空间，也具备最多的行动工具。相反，被支配者即便提出了各种日常谴责，但实际上往往无力改变现状，也缺乏经济与政治权力。在这种情况下，"以批判为对象的社会学"的研究宗旨，应在于通过语意分析去激发对于变迁的想象，并且通过对诸多权力机构的分析，揭示出权力分配的矛盾，以此削弱支配阶级在定义上与现实中所拥有的特权。之所以这个结论令人讶异，是因为这样的说法和布迪厄的"以批判为己任的社会学"其实并没有太大差异，一样都认为一般老百姓是无能的，一样都把社会学（家）当成了一种领导世人的角色。可见博尔东斯基表面上赞扬日常谴责，但实际上也并不真的相信日常谴责能产生多大的影响。以此而言，博尔东斯基可能也并没有真的和布迪厄有那么大的差异。

不过除了博尔东斯基之外，另外还有两位学者与博尔东斯基的路数完全不一样，但同样在今天被普遍视为法国后布迪厄时代的代表人物而值得一提：艾妮克与拉依赫。

四、艺术的认识论挑战与多元的个体

（一）艾妮克的艺术认识论

艾妮克（Nathalie Heinich，1955—　）在布迪厄的指导之下于 1981 年提交了她的博士论文《十七世纪法国绘画场域的建构》（*La constitution du champ de la peinture française au xviie siècle*），之后便持续发展艺术社会学研究，并于 1992 年与其他学者共同创办了《艺术社会学期刊》（*revue Sociologie de l'art*）。作为布迪厄的弟子，她主要延续了布迪厄的艺术社会学研究，并企图翻转布迪厄常被批评为"社会决定论"的分析框架。布迪厄一生持续不断地从事艺术社会学研究，但常被批评将艺术的价值赋予视为场域斗争的产物，而忽略了艺术创作的内在性与独特性。艾妮克亦在这一点上反对布迪厄的研究取向。艾妮克主张,艺术场域重视的是独特性(singularité)而非过往社会学研究所强调的普遍性(généralité)。就此,艾妮克通过1998年所出版的《艺术为社会学带来什么》(*Ce que l'art fait à la sociologie*)一书,从艺术社会学出发,向社会学这门学科递出了整体认识论框架的战帖。

● 娜塔莉·艾妮克。
图片来源:**https://de.m.wikipedia.org/wiki/Datei:Nathalie_Heinich.jpg**。

艾妮克认为,艺术基于独特性的认识论基础,不仅为社会学带来挑战,更能够带来新的启发。她希望通过艺术社会学的研究来挑战社会学的某些基本立场。艾妮克将此书定位为她的"认识论宣言",一方面以此挑战旧有的社会学框架,另一方面更是尝试以此和他的老师——布迪厄——的社会学道别,与之从此分道扬镳。艾妮克提出了她的七个认识论主张,分别是:反还原主义的(anti-réductionniste),非批判的(a-critique),描述的(descriptive),多元主义(pluraliste),相对主义(relativiste),介入式的中立(neutralité engagée),以及中肯性的检验(épreuve de pertinence)。

"反还原主义"要反对的一项传统社会学认识论是,社会学往往习于将个人的表现与行动还原为社会性的呈现,例如所属的社会阶级、社会结构等。艾妮克指出,艺术所强调的天赋正是个体独特性的展现,而独特性并不能被简单地还原为社会的影响。布迪厄的研究将艺术创作的独特性还原为场域的规则、社会群体惯习之展现，是机械论、还原论的，社会学应对此常见的还原论倾向进行反省。

"非批判的"指的是，社会学不能忽视行动者对于艺术的主观意义，所以亦不能（像布迪厄那样）粗糙地将之诉诸惯习或场域等社会意义。社会学不应该将行动者的想法都直接贬低为服从于特定意识形态的"幻象"（illusion），不应该将幻象直接视为一种象征暴力而去批判它，而是应该去看行动者的主观想法如何发挥自身的客观真实作用。

"描述的"立场指的是，社会学可使用常民方法论的技术，将研究的目标从"解释（外在因素的因果关系）"转变为"诠释（内在的行动逻辑）"。例如社会学应去诠释艺术作品、艺术家的成功，何以来自艺术场域内部的行动者对美学的信仰，而不应像布迪厄那样光摆出一大堆统计数据，然后说"一切都是场域斗争"就完事了。

艾妮克所谓的"多元主义"，除了价值多元之外，更强调行动意义的多样性。同样的行动在不同的脉络下会有不同的意义，且行动者自己也很清楚意义的多元性。人若是换了位置当然也就会换了想法，因为人当然必须随情境的变化而灵活转换价值与立场。而不同立场的价值冲突时刻，亦是社会学可以充分研究之处。

"相对主义"则是说，在社会中价值观相互对立的双方，各自当然都会处在各自的价值体系之中，各自也因此都具有从自身出发的正当性。社会学的任务应在于对各种相对立的价值观立场分别进行阐述，让人理解其价值体系，而非对其进行评价与规范。在艾妮克看来，从法兰克福学派以降的文化社会学，往往预设了大众缺乏正确的文化判断力，有待知识分子的解放。但艾妮克认为并非如此。社会学家应去理解相互对立的不同价值观立场的建构依据，以及为何冲突会产生。

"介入式的中立"强调社会学研究应介入社会现实，但介入的目的不在于做出正当与否的裁决，而是以相互理解为目的，并与个别行动者及其所抱持的价值观保持一定的距离，如此才能充分地理解不同的价值体系。在此艾妮克引用了埃里亚斯（Norbert Elias，1897—1990）的看法，主张社会研究者既该"涉入"社会，同时也必须保持"超然"的姿态。具体而言，社会学研究者必须将自身投入行动者的世界，才能理解其行动的理由与方式；但另一方面也必须与研究对象保持距离，才能海纳诸多不同的价值体系。

最后则是"中肯性的验证"，意思是，社会学的研究对象与研究成果除了要能经得起学术社群的检验之外，也必须让研究对象本身能够理解并同意研究成果。例如艺术社会学，研究对象可能是艺术创作者或者是艺术的欣赏者，那么艺术社会学研究除了让学术社群审查之外，也应该邀请艺术创作者或艺术欣赏者一同评议。中肯性的验证通常须仰赖较长时间的验证。

艾妮克所提出的上述七点认识论主张在法国社会学界掀起了一阵波澜。除了得到不少拥护者之外，也有很多学者不认可她的观点。对她的质疑有不少围绕在她所坚持的介入式中立的立场。例如有学者认为艾妮克的这个说法和韦伯的"价值无涉"或哈贝马斯的"沟通理性"并无不同，有些说法在博尔东斯基那里也看得到。她的"认识论宣言"只是把韦伯、哈贝马斯、博尔东斯基等人的说法杂糅在一起，用这个大杂烩攻击布迪厄，但实际上了无新意。也有学者认为即便是在艺术领域中，价值判断仍然普遍存在，艺术在这方面并未比社会学更高明，何以能够给社会学不一样的指引呢？此外，也有批评者认为，所谓"非批判的"立场似乎回避了社会学应担负起的社会责任。例如拉伊赫便认为，社会学的分析一直存在两个不同的面相，一个是描述性、非规范性质的（非批判的），另一个则是规范性质的（以批判为己任的社会学与批判理论）。从历史上来看，社会学的发展与启蒙运动、民主制度的发展一直齐头并进，以批判为己任的社会学与规范性质的社会学分析对此提供了相当大的贡献，而艾妮克的论点似乎过于片面了。

（二）拉伊赫的多元个体理论

在对艾妮克的论点提出批评的诸多学者当中，拉伊赫的意见非常重要，因为他与艾妮克一样被视为法国社会学后布迪厄时代的代表人物之一。不过，和博尔东斯基或艾妮克不太一样的是，拉伊赫（Bernard Lahire，

1963—　）并未获得布迪厄的亲炙，最多只能说由于他受教于布迪厄的其中一位弟子文森特（Guy Vincent，1933—2017），所以可以算是布迪厄的徒孙。不过，从家庭社会学与教育社会学研究起家的拉伊赫基于对布迪厄的惯习概念的批判所发展出来的多元个体理论，亦让他被视为在布迪厄体系下走出自己的路的重要学者之一。

● 贝纳德·拉伊赫。
　图片来源：**https://images.editis.com/DEC/aut/img/P3/8/847c3da1b831363835**
　343531373735343339313038.jpg。

拉伊赫的其中一部重要代表作是他在 1998 年出版的《多元之人：行动的源头》（*L'Homme pluriel. Les ressorts de l'action*）。在这本书中，拉伊赫批判性地探讨了布迪厄的惯习理论。拉伊赫指出，布迪厄似乎预设个体总是被关在某个场域中，然后总是会顺从地将场域的规则内化成自己的惯习，亦即惯习与场域总是一致的。但拉伊赫基于他长久以来的教育社会学研究发现，实际上场域并不是封闭的，个体总是会跨越不同的场域，也不总是与惯习相一致、相协调。针对这样一种不同于布迪厄的看法，拉伊赫以"个体行动者"作为出发点来进行论证。

拉伊赫指出，社会学的行动理论至今大致上有两种极端立场。一派将社会行动者视为某种统一体，意思是认为行动者会以某种统一的方式去理解与实施现实中的各种不同情况。另一派则将社会行动者视为一种必然具有内在分裂性的个体。布迪厄和他的惯习理论属于统一体的那一端，所以他会认为个体的所有选择都是其所处的场域中的惯习的展现，任何个体在相同的情况下都会有同样的表现。

另一派认为行动者是分裂的。这一端的代表是戈夫曼。戈夫曼在诸多研究中反复指出，社会行动者并不具备某种恒久不变的特质。不论是对自我的认同，还是对他人的理解，都是因地制宜、随着不同的情境而变化的。虽然这种观点没有在布迪厄那里会犯的毛病，但也有一个风险，即采取这一派立场的研究者很可能只是不断在通过大量的案例分析去理解个体的身份、角色、行动，但这些分析彼此之间没有系统性的关联或解释。所以虽然我们会看到戈夫曼对于污名、精神病院、社交等社会情境的非常丰富有趣的研究，但最终只是在探讨人们面对污名时有哪些行动与互动模式，在精神病院领域中又另外有哪些行动与互动模式，或是在社交场合中有哪些相应于社交场合的行动与互动模式，至于这些不同场合的不同行动与互动模式之间究竟有什么关联，戈夫曼没给出任何交代，徒留一大堆零散概念。

可以想见，这两种理论立场拉伊赫都不同意。他认为，行动者究竟是统一的、还是多元的，既是一个经验问题，也是一个理论问题。因此他在《多元之人》中便尝试建构出个体行动者的统一性或多元性的基础条件。

拉伊赫从批判布迪厄的惯习概念出发。拉伊赫指出，一个充分内化了场域规则而形成统一惯习的个体行动者，亦即一种拥有同质的、连贯的行为或思想框架的个体行动者，不是不可能存在，但这种行动者只有在非常特定的社会条件下才有可能出现，而且这种特定的社会条件通常是在非常例外的状况下才会存在。例如涂尔干也曾使用过惯习概念，但只限于两个情况：传统社会与寄宿学校。只有在这两个情况中，人们才会与世界建立非常一致和持久的稳定关系。在大多情况下，个体行动者并不存在上述的一贯和稳定性,而是往往会与所处场域产生冲突,所以具有一定的多元性。例如,一个资产阶级出身的孩子,不一定总是会与家中的氛围完全兼容、一致。虽然这孩子也许有一些说话与生活方式会和父母很像,却有着与父母截然不同的兴趣,甚至因此有不符合父母期待的人生规划,使得这孩子可能会为了捍卫自我独特兴趣的热情而不惜放弃继承父母的衣钵。

在此,拉伊赫也反思了美国社会学常提到的社会化理论。社会化理论通常认为,人在以家庭为中心的初级社会化阶段,与原生家庭各方面的生活方式都会是高度一致的,到了次级社会化(学校、异质的同侪、组织,等等)阶段,才会因为受到次级团体的影响而出现与原生家庭不同的生活方式。但拉伊赫通过他自己的经验研究结果发现这种社会化理论是有问题的。首先,这样的社会化理论将家庭预设为一个高度同质的单位,但家庭往往并不是如此同质、如此和谐一致的。其次,在我们这个高度分化的社会中,对世界和情境的多元体验很可能很早就出现了,未必要等到离开家庭、进入社会群体之后才会出现。每个个体行动者一直都是多元的,因为人是在多重和异质的社会环境中经历复杂社会化的产物,而且是在很早期的经历中已经出现这种多元性。

此外,拉伊赫也详细讨论了那些"阶级叛逃者"的特殊情况,即个体彻底离开原生社会环境的特殊轨迹。例如布迪厄本人就属于这类情况。虽然布迪厄常说他那低微的出身背景使得他说话永远无法拥有法国精英阶级那样的口音,但最终他依然爬到了法国高校的顶尖地位,生活在精英阶级的圈子中,拥有不凡的艺术品位。像布迪厄这种既有底层阶级的口音,但也有顶层阶级艺术品位的例子,就展现了个体行动者的多元性。这种多元性,拉伊赫称为"异质秉性"(dispositions hétérogènes)。我们其实可以稍微将"异质秉性"理解成"一个人身上总会同时拥有多种不同惯习"的意思。但拉伊赫本人倒不会用"多重惯习"这种说法,因为他认为"惯习"就有一种高度统一性的意涵在,而这恰恰是他想反对的。

而一旦以布迪厄的生命历程为例来看待个体行动者,我们很容易就会发现绝大多数(包括布迪厄的)社会行动理论都忽略了个体行动者的生命历程轨迹,总是把个体行动者置于某个预设角色之下,仿佛行动者是既定、不变的,身上没有任何的时间流逝。但这显然不是事实。在此,拉伊赫特别借鉴了曾得过诺贝尔文学奖的著名法国哲学家伯格森(Henri Bergson,1859—1941)的观点。伯格森认为,当下的情境其实具备了"取代过去"的力量。意思是,虽然过去的记忆或惯习会影响当下的行动,但当下的态度或当下的行动也可以抑制某些过去,使过去的脉络失去效力。例如我们可能面对社会理论译著时,会根据过去许多阅读到"翻译腔"的痛苦经验而在翻开著作前做好要读到吐血的心理准备。但很可能我们基于这种经验翻开郑作或翻译的《社会理论二十讲》之后,却惊讶发现这本《社会理论二十讲》居然翻译得通畅、好读,于是过去那种痛苦的译著阅读经验就会瞬间失去效力了。人的行动总是当下情境中的行动。在处于当下情境时,行动者过去的某个经验总是可能会被唤醒而影响行动者的行动,也可能这样的情境会反过来压抑经验,使得过去的经验失去效力。这种多样可能性也再次印证了,个体行动者常常并不是统一体,而是多元、复杂的。在拉伊赫看来,任何社会行动都无法摆脱过去个人的经验与当前的社会情境的相互作用。这使得拉伊赫虽然不喜欢布迪厄的"惯习"概念,却很认真看待"习惯"(habitudes)这个词。在拉依赫看来,"习惯"是一种由过去的经验所引发的行动,这在他的理论中远比"惯习"更有意义、更为重要。

为了总结"个体行动者在生命历程中必然会经历过不同社会领域场景,因此必然拥有异质秉性,必然是多元的行动者,而非同质或碎裂的人"的情况,拉伊赫援引了法国哲学家德勒兹(Gilles Deleuze,1925—1995)的一个概念"褶皱"(pli),来更凝练地指涉他所谓的个体行动者的多元性。褶皱同时意指:一、任何的个体行动者不是既定的统一体,而是无数社会经历的折叠;二、社会也不是一个单一整体,甚至也不是一个个仿佛具有整体性的场域,而是由无数的制度、逻辑、规则、情境交叠在一起的褶皱。

在 2004 年出版的厚达 800 页的巨著《个体的文化:文化不谐调与自我区分》(*La culture des individus:dissonances culturelles et distinction de soi*)一书中,拉伊赫更直接与布迪厄的《区分》直接交锋。拉伊赫同样引用了大量的统计数据对各种文化活动进行分析，但他想尝试证明的是文化活动的同质型和连贯性只发生在极少数人身上，而非如布迪厄所断言的，同样的社会群体里头所有成员的文化活动都会有高度的同质型和连贯性。例如拉伊赫的研究指出，出身资产阶级的人未必只喜欢高级或正统的艺术形式，所谓的资产阶级的群体内部成员其实也是高度异质的。此外，随着时间的推移，某些原本缺乏正当性的文化也可能会逐渐取得正当的地位，爵士乐就是个典型的例子。拉伊赫指出，个体不仅身处自身所属的群体之中，同时也和外部群体有所关联。身处某社会群体并不意味着不会或不能从事其他的文化活动；甚至正好相反，文化杂食的现象在当代社会越来越普遍。拉伊赫在该书中企图颠覆社会学一向重视集体分析、轻忽个体分析的传统。不过，值得一提的是，拉伊赫并不赞同极端强调差异的后现代论点。他认为，理解个体的同时，亦不能无视个体在集体中的位置。

五、本讲小结

拉伊赫的多元个体理论在我们看来其实相当有启发性。他所谓的"个体行动者在社会褶皱中是多元的"，其实我们完全可以理解成"个体在生命历程中总会面临多样且不断变动的社会情境，并总在其中不断苦苦挣扎地进行应对"。这对于褶皱性特别高的社会来说是一个相当好用的理论。例如中国社会在很短的时间内经历了高速发展，经历了许多挑战，经济发展、高等教育、家庭形态、人口构成都在很短的时间内出现了重大变化，比起一些很久没有什么大风大浪式发展的社会来说无疑挤出了很多褶皱。在这样的社会中，人们也很可能在学习、工作、恋爱等方面拥有在"平滑"的社会中体会不到的多元经历，因此其生命历程被挤出了特别多的褶皱。这时候，拉伊赫的理论就为我们提供了一个理论基础，让我们知道可以去研究个体如何在经历社会的剧烈变动之后，成了皱巴巴的人。

面对褶皱度很高的社会，拉伊赫不只提供了理论，其实他也提供了研究方法。他特别为他的理论设计了"重复访谈法",其重点在于首先根据受访者经历过的领域或生命历程阶段划分不同访谈部分,然后针对重点部分重复访谈。之所以特别强调要重复访谈,是因为由于个体行动者是一种多元的褶皱,所以就算面对同一个访谈部分,也总是可以讲出不同的事。"对同一段经历讲出不同的事"就等于展开了褶皱,展现出个体行动者的多元性。

不过可惜的是,虽然拉伊赫这方面的理论如此重要,且他在法国乃至国际社会理论界声名显赫,但不知何故他的著作至今没有任何的中译本,甚至也只有《多元之人》有英译本。这倒不是说拉伊赫只有《多元之人》有英译本,他的另外两本书也有英译本,但都不是他在多元个体理论方面的著作,而是他近年来几乎与之无关的后续新发展。一本是在 2019 年获得英译、原书出版于 2015 年的《这不只是一幅画:论艺术、支配、魔法与神圣》(*Ceci n'est pas qu'un tableau: essai sur l'art, la domination, la magie et le sacré*),这是他关于艺术社会学与文化社会学方面的作品。他在这方面的作品还包括《文学的处境:作家的双重生命》(*La Condition littéraire. La double vie des écrivains*, 2006)、《所活与所写:文学对社会的描述和作家的社会化经验》(*Ce qu'ils vivent, ce qu'ils écrivent: mises en scène littéraires du social et expériences socialisatrices des écrivains*, 2011),只是这些作品都没有英译本。另外一本是 2020 年被译成英文、原书出版于 2018 年的《梦的社会学解析》(*L'interprétation sociologique des rêves*)。顾名思义,在这部著作中拉伊赫尝试从社会学的角度(而非以往常见的精神分析角度)来研究梦。关于梦的研究,拉伊赫还于 2021 年继续出版了第二部《梦的社会学解析 2:梦的部分》(*La Part rêvée. L'interprétation sociologique des rêves. 2*)。不过由此可见,英语世界对拉伊赫的著作的翻译是比较零散的,而且拉伊赫近年的发展似乎也越来越不再那么执着于与布迪厄对话了。

不再那么执着于与布迪厄对话的情况也发生在博尔东斯基那里。在《论批判》之后,博尔东斯基于 2017 年继续出版了《丰盛:对商业的批判》(*Enrichissement: Une critique de la marchandise*)。虽然书中依然有讨论"批判"的部分,但这本著作主要是承接《论正当化》和《资本主义的新精神》中关于组织管理方面的研究。整体来看，博尔东斯基这些年来"以批判为对象的社会学"的工作已经完结，取而代之的知识关怀则是人们如何相互包容、如何在异质之中寻求共同生存之道的问题。博尔东斯基和拉伊赫近年来对布迪厄的讨论越来越少，究竟是因为这些后布迪厄时代的学者已经获得了自己的一片天，因此不再需要把布迪厄当标靶了，还是因为布迪厄在法国的影响力已经随着他过世超过 20 年的时间而逐渐消退了，这就很难说了。

不过，虽然法国后布迪厄时代的"对批判的批判"似乎已经不再像博尔东斯基或拉伊赫年轻时那么盛行，但这倒不代表社会理论界再也不重视批判了。前面提到，博尔东斯基对于批判的讨论不只源于与布迪厄理论的对话，也源于他与德国法兰克福学派批判理论当代重要代表人物霍耐特的对话。霍耐特不仅延续了德国法兰克福学派的批判理论传统，而且还培养出了许多非常优异的弟子继续发展批判理论，使之影响力扩展到全球当代社会理论界。那么，霍耐特到底是谁呢？下一讲将详细介绍。

关于这一讲介绍到的后布迪厄时代的社会理论的进阶书单，首先在博尔东斯基方面，由于他已有响亮的国际知名度，因此英语世界已经出现了专门介绍他的思想的著作，很适合当作理解他的研究工作的入门读物：

- Susen, Simon and Turner, Bryan S. 2014, *The Spirit of Luc Boltanski: Essays on the "Pragmatic Sociology of Critique"*. London: Anthem Press.

另外一篇也很值得当作入门的文献，可见：

- 陈逸淳:《社会学该"以批判为己任"吗？危机、典范与挑战：以法国社会学发展为例》，载《台湾社会学刊》2022 年第 22 期，第 117—150 页。

关于博尔东斯基自己的作品，他早期在国际上第一本获得广泛认可的

《资本主义的新精神》有不错的中译本值得推荐：

- 博尔坦斯基、希亚佩洛:《资本主义的新精神》,高铦译,译林出版社 2012 年版。

在"以批判为对象的社会学"方面,一篇他自己简介其概念的短文可见:

- 博尔坦斯基:《批判社会学和关于批判的社会学》,载《社会理论学报》2015 年第 1 期,第 33—46 页。

这篇译文虽然翻译质量不错,但译者将"以批判为己任的社会学"译为"批判社会学","以批判为对象的社会学"译为"关于批判的社会学",这种译法比较容易让读者感到混乱,需要读者们自行将译词在脑海中转换一下。而对这方面最完整讨论的著作,亦是博尔东斯基最重要的成名作,可见:

- 博尔东斯基:《论批判》,王赟译,上海:上海人民出版社 2026 年版。

艾妮克在国际上的名气与拉伊赫相比虽然小得多,但反而她那本奠定自身地位的《艺术为社会学带来什么》已经有中译本了,此外也已有一篇中文文献专门探讨了艾妮克的理论:

- 海因里希:《艺术为社会学带来什么》,何蒨译,华东师范大学出版社 2016 年版。
- 陈逸淳:《宽容的矛盾:当代艺术与社会规范》,载《人文及社会科学集刊》2024 年第 2 期,第 291—333 页。

拉伊赫的著作翻译情况就比较悲剧了。若不懂法文的话，关于他的多元个体理论，读者们就只能从《多元之人》的英译本一窥究竟了：

- Lahire，Bernard 2011，*The Plural Actor*. Cambridge：Polity.

但除此之外，他还是有一些用英文发表的这方面的论文很值得当作参考，例如：

- Lahire，Bernard 2019，"Sociological biography and socialisation process：a dispositionalist-contextualist conception"，*Contemporary Social Science：Journal of the Academy of Social Sciences*，14（3—4）：379—393.

注释

［1］国内一般将布迪厄的 pratique 译为"实践"，但在布迪厄这里，pratique 和更应译为"实践"的 praxis 是不同的两个概念。为了将两者区分开来，因此我们这里倾向将 pratique 译为"实作"。布迪厄在 1985 年的一段访谈中明确地指出，他认为"实践"（praxis）这个概念源于马克思传统，但在马克思的理论中这个概念被过于夸大，因为它指向了一个明确的目标，即人类的解放。而他与马克思主义不同，他的"实作"（pratique）指的是受到惯习和不同场域中的诸多策略所指引的各种行动，而没有太多"夸大"的意涵。

［2］这里我们补充一点。韦伯所谓的"Legitimität der Herrschaft"，国内时常翻译成"支配的合法性"。但这种译法是有问题的。首先，Herrschaft 的确有"支配"的意思，但也有"统治"的意思，而这两者有不小的差异。Herrschaft 所指究竟为何，要根据上下文脉络来判断。"支配"通常意指对某单一个或单一类、单一群对象进行完全的掌握与控制，让该对象毫无选择地完全听命行事。"统治"则是统摄性的治理（而且通常指国家政府的统摄治理），但底下的人不一定会配合。而韦伯在提到"Legitimität der Herrschaft"时，Herrschaft 显然指的是"统治"，否则他没有必要再去讨论被统治者的同意与否的问题。至于 Legitimität（一般等于英文的 legitimacy）译成"合法性"更是翻译陋习了，甚至都影响了汉语自身的使用。"合法"应对应于 Legalität（一般等于英文的 legality），顾名思义，意指"是否符合法律规定"。但 Legitimität 指涉一种"是否真的有道理、能说服人，让

人们愿意配合"的情况,直接对应的应是汉语的"正当性"。在国际社会理论界的讨论中,正当性往往不但不等于合法性,而且还与合法性有一定的冲突张力。很多事情虽然合法,但缺乏正当性,亦即法规让人觉得不公平、没道理,不愿意接受或遵守。或是很多事虽然有正当性,却偏偏不合法。如果将 Legitimität 译成"合法性",那么 Legitimität (legitimacy)和 Legalität(legality)之间的张力,就会被翻译得一团混乱。而韦伯这里提到"Legitimität der Herrschaft",主要讨论的问题就是"当被统治者觉得'上位者凭什么让我听你的'的时候,统治者能给出哪些让人愿意配合的理由",并且韦伯给出的三个答案是:因为合法,因为传统上一直以来大家都已经习惯这样,因为有让人无以名状、就是想配合的魅力。不论是字面上、还是意涵上,"Legitimität der Herrschaft"译成"统治的正当性"才是真正能让人理解韦伯理论内涵的汉语。很多时候,社会理论文献之所以让人读起来不明所以、痛苦万分,就是因为作者或译者依循着不合于当代语言使用习惯的旧有译词来写作,甚至有时还刻意带着故弄玄虚的意图。但这种做法实无必要。

第五讲　法兰克福学派第三代批判理论：霍耐特的承认理论

一、基本介绍

社会学史上不乏各种"学派"或"流派"。例如法国最初围绕着涂尔干及其创立的《社会学年鉴》所形成的"社会学年鉴学派"或"涂尔干学派"，美国以"象征互动论"（symbolic interactionism）为标签的"芝加哥学派"，或是英国曾经以创立了"文化研究"而具有高度国际影响力的"伯明翰学派"。另外加芬克尔的常人方法论、法国在 20 世纪 80 年代前后数十年间的后结构主义或后现代主义，等等，也可算是知名的理论流派。但这些学派或流派在今天多半已经成为历史了。社会学年鉴学派在涂尔干过世后后继无人，芝加哥大学的社会学在美国实证主义、应用研究的霸权下已不存在信奉象征互动论的研究团队，伯明翰大学因行政与财政因素在 2002 年如自废武功般地将文化研究的学派基地"文化研究与社会学系"裁撤关闭。常人方法论与后结构（后现代）主义也不流行了，几乎再无人以其门徒自居。

然而在社会学理论的各种"学派"或"流派"中有一个例外，既拥有相对悠久的传统，至今仍充满生命力地"活着"；这个例外即德国的法兰克福学派批判理论。

法兰克福学派批判理论可能是社会理论史上唯一一个在清楚的世代传承下，至今知名度与影响力仍非常大且依然蓬勃发展的思想取向。它以"批

171

判理论"作为其具有跨世代核心关怀的思想主轴的流派名称，并且在发展过程中有大半时间以法兰克福大学社会研究所为基地，所以常被称作"法兰克福学派"。不过我们在这里主要会将这个思想取向称为"批判理论"，而不称作"法兰克福学派"。为什么呢？

"批判理论"这个概念，最初是1937年由时任法兰克福大学社会研究所所长的霍克海默在《传统理论与批判理论》中提出的。霍克海默希望以他提出的这种批判性的理论研究理念作为他主持的社会研究所的发展方针。他召集了如本雅明（Walter Benjamin，1892—1940）、马尔库塞（Herbert Marcuse，1898—1979）、弗洛姆（Erich Fromm，1900—1980），以及尤其是极富天分与创作能量的阿多诺等人，通过诸多相当具有原创性的理论著作将批判理论发扬光大。即便中间经历过动荡的第二次世界大战，他们依然著述不辍。这些学者也被认为是批判理论第一代成员。

20世纪60年代，曾担任阿多诺助理多年、后来接替霍克海默在法兰克福大学哲学系教席的哈贝马斯，其思想发展从原先纯粹的哲学研究大幅转向批判理论，提出许多原创性的思想，并站出来与他的老师阿多诺并肩参与各种学术论战，因此被视为批判理论第二代的主要人物。他在1981年出版的《沟通行动理论》堪为批判理论第二代最重要的著作。然而，哈贝马斯从来没有领导过社会研究所。因为当时学生的严重骚扰，阿多诺、哈贝马斯分别在1969年和1971年离开了法兰克福。阿多诺在离开法兰克福的几个月后在瑞士过世。哈贝马斯到了德国南部的马克斯-普朗克研究院工作，直到80年代之后才再次到法兰克福大学任教，但也没有直接参与社会研究所。可以说1969年后很长一段时间，法兰克福大学社会研究所就只是一个普通的社会研究机构，其继任的各所长和研究人员并不以批判理论为依归。批判理论虽然在哈贝马斯手上依然强健地发展着，但与社会研究所没什么直接关系。

不过，2001年接任社会研究所所长的阿克塞尔·霍耐特（Axel Honneth）让情况产生了一些改变。曾受教于哈贝马斯的霍耐特，很高调地拥护批判理论，并以此作为社会研究所的发展方针。他提出的"承认理论"

为批判理论增添了新的活力，培养了许多同样热情进行批判理论工作的弟子，并与国际同行（例如上一讲提到的博尔东斯基）热切交流，产生了很大的影响力。霍耐特也因此被视为第三代的批判理论家。这段时间，批判理论又再次成了法兰克福学派。

不过，这种情景到今天又不同了。霍耐特在 2018 年从法兰克福大学退休，2021 年 4 月接任社会研究所所长职位的雷斯尼希（Stephan Lessenich，1965—　）并非批判理论研究者（即便他很有意识地运用"批判理论"这块招牌，时常举办各种以"批判理论"为名的活动）。可以预见这个机构未来一段时间也不会以批判理论为发展方针。一定程度上这表示批判理论第三代已步入尾声了。但霍耐特培养的弟子中却有几位，大约在 2015 年之后开始声名鹊起，以批判理论为主要关怀，提出了原创的思想，被国际学界认为形成了第四代的批判理论学圈。当中最有影响力的人物当属哈特穆特·罗萨（Hartmut Rosa）与拉埃尔·耶基（Rahel Jaeggi，1966—　）。罗萨是耶拿大学社会学教授、兼任埃尔福特大学韦伯文化社会研究所所长；耶基是柏林洪堡大学哲学教授。两人都受教于霍耐特，也都主要从事批判理论研究，不过现在的工作都与法兰克福大学社会研究所无关。

从这段简单的历史回顾可以看到，批判理论是一个仍持续发展的理论流派，至今已成长到第四代。但它并不总是以法兰克福大学社会研究所为基地。如果将之称为"法兰克福学派"，很容易有误导性。所以我们倾向将之称作"批判理论"。

批判理论的四个世代中，第一代的阿多诺、马尔库塞等人，以及第二代的哈贝马斯，关于其理论今天已经有许多教材或二手文献提供丰富的讨论了。但第三代的霍耐特与第四代的罗萨至今还鲜见系统性的介绍。因此我们在这里主要集中介绍第三、四代的批判理论。不过这并不意味着以下就完全不讨论第一、二代的批判理论。以下将会看到的，因为一些原因，我们依然会大致描绘出霍耐特之前的批判理论的图景。

这一讲，我们先来谈"复兴法兰克福学派"批判理论的第三代领袖，霍耐特。下一讲则会接着介绍第四代批判理论。

二、霍耐特的理论前期准备与批判理论的新定位

霍耐特于 1949 年出生在德国的一个工业城市埃森(Essen),在波恩、波鸿等地的大学读过哲学、社会学、日耳曼文学。1983 年在乌尔斯·耶基(Urs Jaeggi, 1931—2021)的指导下于柏林自由大学获得社会学博士学位。[1]随后霍耐特到了法兰克福大学担任哈贝马斯的助理,并在哈贝马斯的指导下完成教授资格论文。取得教授资格后,霍耐特在德国、美国的多所大学工作过,1999 年在法兰克福大学哲学系安定下来,并于 2001 年接任法兰克福大学社会研究所所长一职,直到 2015 年从哲学系退休、2018 年卸任所长职位。不过从德国退休后,霍耐特接受美国纽约哥伦比亚大学的邀请,担任该校的特聘教授,因此他的教学工作并没有因退休而停止。

● 阿克塞尔·霍耐特。
图片来源:https://en. wikipedia. org/wiki/Axel＿Honneth #/media/File:Axel＿Honneth_2016-04-18.jpg。

霍耐特虽然著作等身,但大部分的作品是论文集和授课讲稿或演讲稿,内容主要是对社会哲学经典文献的梳理与解读,虽时有洞见,但大多没有什

么系统性的原创思想。不过他有三本著作系统性地建立起颇有影响力的理论,这三部代表作辅以其他小型作品,让他获得国际学界的高度重视与地位。这三本著作是他的博士论文《权力批判》、教授资格论文《为承认而斗争》,以及 2011 年出版的《自由的权利》。

《权力批判》基本上也是一部梳理经典文献的著作,与霍耐特另外两本代表作相比没有什么惊为天人的原创性。但这本书却在两方面具有备受重视的重要性。

第一,霍耐特尝试通过这篇博士论文概括出批判理论第一代与第二代的理论主轴,指出当中的传承性,并批判其不足之处。这乍看之下不是什么了不起的工作,但其实是一个很困难的任务。因为批判理论第一代是一个学圈,虽然这个学圈隐约有个共同的学术关怀,但当中每位学者都有自己的独特性,而且各有各的拥护者。若有人想宣称"批判理论第一代有个共通的理论主轴",这个人势必会忽视第一代学圈中各学者在这主轴之外基于个人风格的思想,因而也很容易受到该学者的拥护者的攻击。例如阿多诺,他不少拥护者宣称阿多诺的哲学思想就是"正统的"批判理论,唯有成为能将阿多诺所有著作倒背如流的阿多诺专家,才有资格宣称是批判理论专家,甚至是法兰克福学派的传人。这种拥护模式既会让被拥护的学者(不一定是阿多诺,也可能是马尔库塞、或是本雅明)变得不可批判,也会拒绝将被拥护的学者与第一代学圈的其他学者相提并论,因此当然也就不接受"批判理论有共通主轴"的说法。至于梳理哈贝马斯思想的困难之处在于,哈贝马斯太能写了,作品数量相当惊人,思想体系丰富庞杂,而且哈贝马斯的理论发展历程曾有过转向。因此如何说哈贝马斯的理论有个主轴,而且这个主轴与批判理论第一代有传承性,是很困难的。

但霍耐特的《权力批判》克服了这些困难。这本著作获得哈贝马斯这位批判理论第二代领袖极高度的赞赏,也广受学术界认可,甚至将之誉为"批判理论的教科书"。同时,霍耐特还通过对批判理论第一、二代的批判,指出批判理论于当代的任务应调整为"社会病理学"的分析;这也是他这本书第二个获得重视的地方,亦即提出了批判理论的新定位。也因为他后来的成就，让这个新定位被认为是开创出批判理论新世代的"第三代宣言"。

虽然这本书有两个重要成就，但毕竟只是梳理经典文献，所以内容还是比较简单的。霍耐特的出发点，是批判理论毋庸置疑的起点，即前文提到的霍克海默的《传统理论与批判理论》一文。在这篇文章中霍克海默很挑衅（虽然不是没有问题）地将实证主义式的科学研究理念一概称作"传统理论"。传统理论旨在以控制性的实验方式找出研究对象的运作因果法则，并以"通过原因的控制，以获得所企图的结果"的精神来支配所研究的世界。这种典型的自然科学研究精神在当时很大程度上成为社会科学的主要精神。但霍克海默指出，人类社会世界与物质自然世界不一样，其运作不是由自身固有的因果法则所推动的，而是由人基于各种观念、想法乃至一念之差而实现出来的。所以社会学家与其研究对象之间不是截然二分的。社会学家本身就是其研究对象的一分子，社会学研究结果与理论观念也会影响乃至改变其研究对象的运作原理。因此社会学家不能只是像传统理论那样描述与解释研究对象，而是必须批判性地揭示社会问题，以期推动社会朝往好的方向发展——这也就是霍克海默所谓的相对于传统理论的"批判理论"。

这个批判理论精神，后来在霍克海默与阿多诺合著的《启蒙的辩证法》与阿多诺主编的《德国社会学的实证主义之争》等批判理论第一代学者的著作中进一步铺展开来。实证主义科学精神在霍克海默提出批判理论之后依然相当蓬勃（而且显然直到今日依旧很有活力），其精神在当代被认为是典型的，甚至是唯一且正确的科学精神，也与"进步"画上等号。这种将科学研究对象视为遂行自身意图的工具，并且还认为是正确、进步、毋庸置疑的思维模式，即是所谓的"工具理性"。批判理论指出，工具理性宣称科学、正确、进步，但其实是一种支配性的思维。如果将这种思维放在社会科学——例如实证主义社会学——中，那情况就糟糕了，因为社会学本应旨在为人类建立更美好的生活作贡献，但实证主义社会学的工具理性却旨在支配人，这反而给人带来不幸。

于此，霍耐特指出，批判理论在一定程度上即是工具理性批判；而若是如此，那么批判理论的任务就必须探讨工具理性如何渗透进日常社会生活中,现代人的生活如何受其支配。唯有对社会生活所面临的威胁进行具体的分析,才能进一步思考从中解放出来的可能性。这些显然都是社会学的任务。也就是说,批判理论唯有进行社会学研究,才能完成这些自己设下的任务。然而霍耐特指出批判理论第一代都只停留在哲学(或顶多援用了心理学、经济学与政治学)研究,缺乏社会学式的经验分析,因此并没有完成批判理论应进行的工作。这使得霍克海默有时过分夸大了工具理性的支配力。或是阿多诺将解放人类的希望竟然放在美学领域,令人感到缺乏说服力,毕竟我们很难想象,一幅抽象艺术画作或一首无调性音乐如何能将全人类从工具理性的支配中解放出来。霍耐特认为,像是法国哲学家福柯(Michel Foucault)的权力理论,就可以是批判理论发展的参考文献。福柯同样谈到权力对人的支配,这与工具理性批判很像,但他通过对关系、规训的分析,对权力运作机制进行探讨,这种做法比批判理论第一代一些夸大且悲观的批判更细致得多。只是霍耐特也指出,福柯的研究只考察了17、18世纪的欧洲,对人的解放可能性也抱持悲观态度,因此也无法用于当代晚期资本主义的批判理论研究中。但正是针对这些不足,霍耐特认为,哈贝马斯的经验分析开辟了一条出路。

　　我们先暂停一下对霍耐特的《权力批判》的介绍,补充说明一下我们这本书从一开始就多次提到的两个术语:**经验主义**与**实证主义**。这两个概念在今天整个人文社会科学界极常被提到,仿佛是一个人人都理所当然要知道的常识。但相信很多读者其实并不真的了解这两个概念,只是因为好像身边所有人都知道所以怯生生地不敢举手发问、把问题吞回肚子而已。事实上连很多专门从事人文社会科学研究的大学教授也并不真的能分清这两个词,时常将两者混为一谈。但这两者是不同的(即便的确有关联)。

　　"经验的"(empirical)或"经验主义"(empiricism)思想可以追溯到阿奎那(St. Thomas Aquinas, 1225—1274)、培根(Francis Bacon, 1561—1626)、洛克(John Locke, 1632—1704)等古典哲学家,其基本预设是人一出生时如同一面白板(即拉丁文的"tabula rasa"),没有任何的所知,一切所知都是后来通过感官经验所获得的。基于此预设,经验主义认为所有科学知识的提出都必须基于感官证据，无法获得感官证据的谈论都不是科学知识。这和一般日常口语上所谓的"口说无凭，眼见为凭"意思类似，只是感官证据不只有"眼见"而已。摸得到、闻得到、听得到，等等，也都足以为凭。这种说法当然不是没有问题的，所以在哲学史上一直有无数更细致的论证和争议。例如第三讲提到的批判实在论，即是对这种说法提出质疑的其中一个流派。不过这不是重点，重点是，将经验主义放在社会科学中，社会科学的"经验研究"意指基于感官以获取研究对象的材料并进行分析。因此，通过发放问卷以获得数据的定量研究，或是通过访谈与观察以进行的定性研究——简单来说，真的实际进入社会现实中进行调研的研究，都属于经验研究。"经验分析"的范围则更广，只要对我们能以通过感官获得的论据或符合感官的论据进行分析，都可以算在其中。所以前文提到"哈贝马斯的经验分析提供了一条出路"，意思便是说哈贝马斯的讨论不是单纯哲学上的思辨，而是根据实际上的现实情况来分析的。同时，人文社会科学讲到的"经验的"常常是empirical，而不是一般口语上意指"有过经历与体会，甚至得到教训"的 experiential（不过，"经验的"实际上究竟意指 empirical 抑或 experiential，还是需要通过前后文脉络来判断）。

但之所以又说哈贝马斯和阿多诺——乃至所有世代的批判理论——都批评实证主义，就是因为经验主义或经验研究不等同于实证主义或实证研究。"实证主义"（positivism）这个概念一般认为是被尊称为社会学创始人的孔德（虽然如同我们在第一讲提到的，孔德并不真的是第一位提出"社会学"这个词的人）首先系统性地完整提出的。在孔德那里，"实证主义"或"实证（主义）的"（positivist）并不是有着严谨定义的概念，不过大致上意指一种理念，其认为通过观察、比较实验等方式所获取的客观精确知识，才是最能为人类提供帮助的科学知识。但今天社会科学界提到实证主义时，所指涉的基本上不完全是孔德的原意，而更像是后来"逻辑实证主义"（logical positivism）下的意思。"逻辑实证主义"不是一个有着单一明确定义的概念，而是一个标签，并且这个标签所涵盖的其实是一群异质性非常高的诸多科学哲学流派，包括所谓的维也纳学圈［其代表人物有石里克（Moritz Schlick,

1882—1936)、第二讲提到的亨普尔,还有以提出证伪概念而闻名的波普尔(Karl Popper,1902—1994)有时也被归于其中]和柏林学圈(代表人物有第二讲提到的莱欣巴赫)。所以根据这个标签下不同流派的偏好,这个标签也可能会被称为"逻辑经验主义"(logical empiricism)或"新实证主义"(neopositivism)。这样的高度异质性也让人们无法为逻辑实证主义给出单一明确的定义,而且哲学史上一般也都同意它仅仅在二战前后昙花一现,二战后没多久逐渐不再有人会主动或被动贴这个标签了。尽管如此,它大致上还是可以被指认出一个对后来的社会科学界影响非常大的内涵,即认为所谓的科学知识不只来自经验观察(这里所谓的"经验观察"特别是指通过实验方法来进行的科学观察),而且更重要的是要能够明确分析出、把握住观察结果的因果关系。但如何确定分析出来的因果关系真的有因果关系呢?靠逻辑,意思是科学分析出来的因果关系要能够经受得住逻辑验证。那么怎样才是最有逻辑的呢?数理逻辑,逻辑实证主义的"逻辑"其实大致就是指数理逻辑。所以,**逻辑实证主义大致上**(但注意,我们这里介绍的真的只是"大致上"而已,当中很多复杂的细节我们这里为了让读者方便理解,就先略过不提)**意指:经验观察的结果必须变成或符合数理公式所呈现出来的因果分析,如此才是知识。**

显然,逻辑实证主义认为,以实验手段找出研究对象运作模式中唯一因果关系的理念,亦即自然科学的理念,是最好、最科学的研究精神。这是一种非常自然主义与科学主义的思想。这种思想所谓的"找出因果关系",意指证明、证实我们所面对的世界确有此因果真理,所以这种理念会被称为"实证"主义。也因为这种思维模式主要是自然主义的,因此若要将这种理念套用在社会科学无疑会有点麻烦,因为社会世界并无法放进实验室来重复实验与证实。这时候,分析性的统计技术便提供了以数学方式进行模拟实验的技术,并让社会科学研究得以能够宣称自己是科学研究。因此,**社会科学今天所谓的"实证研究"(甚至是"实证主义")基本上是逻辑实证主义意义上的意思,然后差不多几乎等同于定量统计研究。**虽然定量统计研究知道由于"社会"这个研究对象的特殊性,因此自己大多时候并不能真的证明因果关系,而是只能宣称为因果相关提出依据;不过根本上定量统计研究相信这只是受限于研究技术暂时的不成熟,所以只能暂时退而求其次地探讨因果相关性,但总有一天这些暂时限制和因果真理的证实能力必然会获得突破。

这时候读者可能会想到,今天社会学有些(而且可能事实上还不少)定量研究的作者过于依赖从社会调查数据库中获取现成资料,然后用电脑跑出统计结果。整个研究过程只存在于数据库与统计软件之间(顶多再加上一些现有文献的阅读整理以填补论文所需的"文献综述"这个区块),作者并不真的进入社会现实中进行经验调研,所以很难说有经验基础。而且,似乎很多定量研究大体上并不真的是基于科学精神、本着对社会的关怀而提出问题与进行研究的,而是研究者因为论文发表压力,所以努力盯着社会调查数据库的现成数据,想看看有没有办法从中变出点能生出论文的把戏(虽然研究者必然会给自己变出来的把戏冠上一些社会关怀与价值意义的说法来为所谓的"学术论文"赋予研究正当性)。然后很多真正需要探究的问题,研究者一句"没有数据库资料,没法做"就一语带过,仿佛研究者并不是在使用社会调查数据库来尽到社会学家的社会责任,而是被学术发表压力和社会调查数据库制约甚至被绑架了,同时社会调查数据库也变得像是一种支配学术场域的权力工具似的。反而有些理论研究虽然看似抽象,但其分析却是基于丰富的人生经验而来的,真正反映与把握了社会问题,更直指社会问题的核心并获得人们的共鸣。(当然这里说的是"有些",也不是全部。不怎么样的理论研究对于读者来说,阅读体验当然也不会比不怎么样的实证研究好多少……)所以,虽然在自然科学中,实证主义的很多精神源于经验主义,两者密不可分,但一方面**经验研究不是只有量化实证研究,定性研究也属于经验研究**;另一方面,社会学的实证研究常常不总是真的那么"经验的",而是也常常不符合实证主义自称的科学精神。如果社会学期许自己是一门科学,但"科学"这个标签被实证主义霸占了,认为只有用了数学的定量统计研究才是科学,而无视自己可能根本就是脱离现实的数学游戏,那反而才可能违背了科学的本意,有反科学的危险。前文提到的工具理性批判，特别是《德国社会学的实证主义之争》这本书，都在提醒这件事。

　　有的社会学家尝试从根本上避免实证主义的陷阱。例如韦伯认为，社会学的研究对象应是"社会行动"；这种说法颇受社会学界欢迎。因为社会学若直接将"社会"视为一门科学的研究对象，那么会有个问题，即"社会"是极为抽象的概念，就算它变成了统计数据也并不会不抽象。但"社会行动"则有可能具体得多，因为我们可以看到个人的一个个行为举止。换句话说，对社会行动进行研究与分析，可以是更为"经验的"。所以社会学的行动理论常常被认为是一个相对来说较为经验的理论研究取向。这时候就可以回到霍耐特这里了，因为霍耐特认为，哈贝马斯正是基于行动理论来铺展批判理论，所以弥补了批判理论在第一代那里缺乏社会学分析的不足。

　　霍耐特认为哈贝马斯在批判理论的传承上有两个贡献。除了为批判理论加入社会学的经验分析之外，另一个重要贡献在于哈贝马斯在《知识与旨趣》一文中为批判理论提出了第二代的定位。《知识与旨趣》延续自《德国社会学的实证主义之争》。在这本论文集中，哈贝马斯是其中一位主要作者，和阿多诺一起抨击实证主义社会学。不过与阿多诺不同的是，哈贝马斯还想进一步提出解决实证主义支配问题的方案。但关于这项解决方案，哈贝马斯的思路比较谨慎。就像第一讲提到的，德国思想传统长期以来基于诠释学传统对实证主义保有警惕，一般会将以因果解释与支配作为旨趣的实证主义，与以理解、诠释为旨趣的诠释学对立起来。但哈贝马斯想提出第三条路。哈贝马斯在这里提出了以解放为旨趣的批判理论。这里的"解放"首先是从实证主义霸权、或更确切来说从工具理性中解放。这样的旨趣宣称，也为批判理论提出了不同于第一代的新定位。

　　但这种解放该如何实现呢？霍耐特认为，哈贝马斯将此任务寄托在基于沟通的相互理解之上。意思是，如果工具理性是一种将人给物化或异化成工具的思维模式的话，那么批判理论应该可以提出一种将人当作主体的思维模式，而这种思维模式的实现就是建立一套讲求相互理解的沟通方案。

哈贝马斯建立此套方案的做法,是将韦伯式的行动理论与象征互动论结合起来,提出名闻遐迩的沟通行动理论。韦伯将目的理性行动与价值理性行动置于社会学分析核心,但这两种行动都是个人自己的行动。哈贝马斯指出,米德式的象征互动论表明,人的自我认同、主体性是在象征互动的过程中建立起来的,这就意味着不是个体行动,而是主体间的互动,才是占据优先地位的人类行动。所以除了目的理性的与价值理性的个体行动之外,人们还必须设想一种主体间对各自的行动进行相互协调的行动,即沟通行动。社会学的行动理论一般被认为是一种经验分析;因此霍耐特宣称,正是哈贝马斯的这种做法,让批判理论拥有了社会学的经验内涵,弥补了批判理论第一代的不足。

从以上分析可以看得出来,学界将《权力批判》称作"批判理论的教科书"是有道理的,因为该书的确主要就是文献梳理,并且梳理得很清楚,然后站在一名社会学博士的立场上提出一些"批判理论需要有更多社会学的想象力"的批评意见。不过除了整理文献,霍耐特在那本书,以及围绕着那本书而写的一些其他文章中另外延伸出了两个要点,而这两个要点对他自己,甚至是批判理论后来的发展来说,就很重要了。

第一,霍耐特认为批判理论在第一代到第二代的传承过程中,发展出了一种完整度越来越高的研究主旨:为了让处于社会中的人有更好的生活与自我实现的机会,因此找出社会运作的病态缺陷,进而提出一套解决问题的应然方针(亦即提出一套规范理论),以建立更健全的社会。这种"找出不健康之处、解决问题"的模式,跟医生看病与治疗很像,只是看病与治疗的对象从"人"改成了"社会"。所以霍耐特最终将此主旨称作以追求"美好生活"为目标的"社会病理学"(soziale Pathologie)式的"诊断"(Diagnose)。霍耐特将此作为日后他自己的批判理论的方针,并且也因为后来他成为批判理论第三代领袖,因此这个主旨也成为哈贝马斯之后整个新世代的批判理论定位。

第二,虽然霍耐特认为哈贝马斯解决了批判理论第一代的问题,但这不代表哈贝马斯的理论就是完美无缺的。相反,霍耐特认为哈贝马斯的沟通行动理论本身也有自身无法解决的缺陷。霍耐特在《权力批判》新版后记和一些其他文章中明确提到，哈贝马斯太过自然而然地预设主体之间的沟通会带来相互理解，但没有想到沟通也可能会造成冲突。我们常常可以看到两个人原本在讨论事情，但聊着聊着却吵起来了。更重要的是，主体间的沟通有个重要前提，即一个主体会把另一个人也当作主体来看待，并且认为对方说的话值得听、对方的问题值得关注；简单来说，就是双方必须承认对方是主体、是沟通参与者，然后才有沟通与相互理解的可能性。但这件事并不必然会发生。很多社会冲突就起因自一方（甚至是双方）的主体性不被承认、缺乏发声权，因此只能采取冲突手段。但这种缺乏承认与相应的冲突问题，在讲求一片祥和地相互理解的哈贝马斯那里，都被忽略不谈。

霍耐特的这个批评相当好，连哈贝马斯都赞许这个批评。这里的"好"不只是说这个批评的确点出了哈贝马斯理论中的根本缺陷，也在于它提供了一个新的问题：如果批判理论发展到哈贝马斯这里，出现了缺乏对承认与冲突进行讨论的缺陷，那么是否可以将此缺陷的克服当作批判理论接下来的任务？霍耐特继续进行这项研究，并写出了他的成名作，即1992年出版的《为承认而斗争》。

三、承认理论

霍耐特博士毕业后，就到了他很"心仪"的哈贝马斯门下，在法兰克福大学担任哈贝马斯的助理，并在其指导下撰写教授资格论文《为承认而斗争》，后来也以承认理论闻名于世。不过奇特的是，他从来没有对"承认"这个概念下过明确、一贯的定义，总是以比较直觉或否定（即说"承认不是什么"）的方式在讨论。甚至在某次电视访谈节目中他还坦承自己并不知道如何明确定义"承认"。这看起来很胡闹，老实说并不是值得我们学习的做法；但这为霍耐特对承认的讨论提供了较为弹性的空间。

●《为承认而斗争》原版封面。
图片来源：https://www.amazon.com/Anerkennung-moralischen-Grammatik-sozialer-Konflikte/dp/351828729X。

　　霍耐特认为，今天所谓的"承认"这个概念所指涉的范畴，在西方（特别是法国、英国与德国）思想史上很早就当作议题而有不少讨论了。此讨论最早可以追溯到卢梭（Jean-Jacques Rousseau，1712—1778）的"虚荣"（amour propre，或译为"自爱"）概念。卢梭的这个概念意指一个人对自身行为、自己是否优秀的判断，完全依赖他人对自己的评价。霍耐特认为卢梭的这个概念即指出了人对于承认的需要。只是卢梭只讲到承认中过度迷恋他人认可的部分，所以认为"虚荣"反而会造成一个人因为太过在乎他人的看法而丧失自我，仅为承认概念给出了片面且负面的看法，可参考性不高，也没有获得后人的重视与发展。到了17、18世纪的英国，对被霍耐特认为属于"承认"范畴的议题，有了更进一步的讨论。从休谟到斯密（Adam Smith，1723—1790），都很关心一件事：在工业革命与资本主义兴起，人类群体产生个体化、原子化、功利且自私的趋势下，社会是否、或该如何避免分崩离析？

休谟和斯密等思想家指出，这样的趋势并不会全然造成社会的崩解，因为人有共情的能力，而且这样的共情能力不是意指人们可以直接体会他人的感受，而是会根据共享的道德观念，亦即想象有一个一般化的、具有规范权威性质的旁观者，以此设想他人的感受。霍耐特认为这种共情即是一种"承认"。只是这种承认主要还是想象性的，并不真的源于主体之间。直到接下来的德国哲学，特别是在费希特（Johann Gottlieb Fichte，1762—1814）和黑格尔（Georg Wilhelm Friedrich Hegel，1770—1831）那里，才真正明确使用了"承认"这个词，并且完整地置于主体间性的脉络中来探讨。

有一个读者们可能经常在理论书籍里看到，却不一定知道究竟意指为何的概念出现了，即"主体间性"（intersubjectivity），或有时译为"互为主体性"（或"交互主体性"）。所以我们在这里再暂停一下，来解释一下这个专有名词。很多读者应该都听说过，笛卡尔提出了"我思故我在"，认为只有（思考着的、具有主体意识的）"我"才是确切无疑的。笛卡尔的这个思路给西方哲学传统带来了重大的"主客二元论"影响，亦即将主体（有意识的我）置于绝对的中心位置，所有非我的其他东西一律被视为对立于我的客体。从这种思路下去，很容易会走向前文提到的实证主义，因为实证主义认为只有研究者才是有意识的主体，其他的一切都是对立于主体的某个被研究的"客体物"，包括除我之外的所有其他人。因此主客二元论的思维模式会把除我之外的所有其他人一概当作对立于我的他者，亦即将"自我"（ego）与"他者"（alter）对立起来。

但笛卡尔的这种说法当然不是没有问题的。有一些观点就强调"intersubjectivity"，亦即认为，**一方面**，世界上很多事情不是"若非主体我，就是客体物"。像是除我之外的其他人，虽然不是我，但显然他们也不单纯只是个"东西"而已，而是一个个有自我意识的主体。所以我若要研究其他人，不应该就只是把其他人当作"东西"，仅观察这个"东西"显现出来的外在行为，而是应该也把其他人当作跟我一样的主体，以将心比心、设身处地的方式来理解他人的想法。这个时候，"intersubjectivity"意指一种"把彼此都当作主体"的性质，即"互为主体性"。在互为主体性之下，通常不会把除自我之外的其他人一概当作他者,而是会当作"其他的自我"(alter ego)。

另一方面,世界上有很多事情并不是主观的自我想象,也不是客观的物质实存,亦即既非主体、也非客体,而是由人与人之间相互关联在一起而共同构成的。例如语言、法律、宗教信仰,这些都不是单一主体就可以构成的,但也不是一个物质客体,而是只**存在于许多作为主体的人之间**。当许许多多人共同参与、造就时,这些东西就存在,并且具有不受到个别人的控制与影响的客观性(反而它们可能会控制与影响人)。如人们都不参与、造就,或人类不存在了,这些东西也就不存在了。因此有时候,像语言、法律、宗教信仰这些东西,我们就会说要从"intersubjectivity"的脉络去思考,这时候这个词强调的就是"主体间性",亦即"存于众多主体之间"的性质。

"主体间性"(或"互为主体性")在近代社会学中之所以是个很常见的概念,主要是因为受到现象学的影响。现象学后来甚至不只将所有人都平等地当作主体来谈主体间性,还从人与所有其他事物乃至整个世界都平等的视角来谈"世界关系",并且也对社会学造成了影响。这一点在下一讲介绍罗萨的批判理论时会详细介绍。这里的重点是——回到费希特这里——为什么会说费希特是从主体间性来探讨承认呢?

费希特的承认概念,是在他对康德哲学的批判当中提到的。费希特认为康德哲学的不足之处,一是没有充分解释自我意识如何可能,二是没有考虑到自我之外作为他人的理性存在。费希特认为,自我意识要能够确立下来,必须把自我与外于自我的"非我"区分开来,包括其他同样拥有自我的人。但这就意味着我必须设想其他人也同样拥有自我,只是和我这个自我不一样。而如果其他人拥有自我,也代表其他人同样也认为我是有自我的我,他人才能把我和他人区分开来而获得自我。这种无限循环反复的情况造就了一个命题:自我意识得以确认的重要前提,就是相互承认对方是理性而自由的自我。

费希特的哲学从来都没有真的对承认进行专题讨论,但他开辟了一个以"承认"这个概念来统括的重要思路,因为他提出了一个命题:如果人们要思考人类主体的话,就必须思考整个人类共同生活的情境;而共同生活是一种相互承认的社会关系。费希特的哲学虽然是承认理论的重要开端，但一直以来并没有得到太多的重视。不过少数重视并继续发展费希特承认概念的人当中，却有一位受到广泛的重视，使得承认概念被发扬；这个人就是黑格尔。

黑格尔的思想主旨，在于建立一个探讨伦理共同体的哲学思想基础。在黑格尔之前，霍布斯（Thomas Hobbes，1588—1679）的国家理论是这方面很有影响力的研究。霍布斯认为人们为了解决"所有人对所有人的战争"的问题，因此愿意放弃自己一部分的自由来形成契约性的国家共同体，以换取和平。但霍布斯理论的思想实验有个问题，就是无法解释人为什么会突然愿意进入契约关系。因此黑格尔承接费希特的哲学，认为不能将人设想为彼此独立无关的原子式个体，而是必须认为社会共同体先于个人而存在，人则是降生于其中，并在承认关系中形成自我主体性。人类的自然状态并非功利个体，而是处于相互承认的社会关系中。以此，黑格尔将自然状态从"所有人对所有人的战争"改写为承认关系。

但黑格尔将费希特的承认概念又进行了一番转化。对黑格尔来说，自我意识是将知觉投射到对象物，并扬弃地回返自身的动态过程；所以承认是一个动态过程。黑格尔将之称为"承认运动"。霍耐特认为黑格尔所谓的承认运动主要出现在三个范畴当中。首先是家庭的亲子之爱。在亲子之爱里，人类首次从父母那里获得承认，成为具有一体性的家庭共同体的成员。但这种一体化的承认同时也否定了子女的特殊性。为了获得自我意识的独立特殊性，主体必须扬弃家庭关系，进入第二个范畴，亦即更广泛的社会关系，并且在当中获得承认。为了迫使他人正视主体、肯定主体，以生死斗争为手段的冲突就是必要的。社会共同体的承认形式则表现为法律权利。不过霍耐特认为，法律常常也会产生限制。如果黑格尔设想了一个最终的一体性的伦理共同体，那么应该还有第三个冲破法律形式的承认范畴。但黑格尔对此并没有进一步的详细论证。唯一最相关的范畴，是伦理共同体当中的"团结"。具体来说，团结意指主体在伦理共同体当中表现出对共同体有所贡献的特殊能力，加强共同体的凝聚力，主体也从中获得了名誉。不过这三个承认范畴在黑格尔那里并没有明确区分开来,而且当黑格尔进一步在《法哲学原理》中发展国家理论时,承认概念就没有上过他的哲学舞台了。所以黑格尔哲学中区分承认范畴的工作始终没有完整展开。

对霍耐特来说,如果要建立一套能用于社会分析的承认理论,黑格尔的工作还有三点不足。第一,黑格尔虽然强调个人主体性的形成必须放在基于承认的社会关系中来探讨,但他真正关注的是个人主体性,所以没有去经验性地考察社会世界中承认关系如何在主体之间形成。第二,黑格尔提出了承认的发展阶段,但对于不同阶段他只进行了抽象而含糊的分类,缺乏明确且经验性的区分。第三,黑格尔试图用"为承认而斗争"改写霍布斯的"为夺取持存资源的斗争"的思想实验,但"为承认而斗争"的想法本身也是一种思想实验。这个思想实验将为承认而斗争描述成一种生死斗争,但现实生活中,显然人们并不会为得到他人的正视与肯定而整天生死相拼。如此一来,现实的社会经验中,主体究竟如何因没有获得必须获得的承认而需要为承认而斗争,也是一个需要考察的问题。在这一点上,霍耐特选择了米德的社会化理论,作为将承认概念转化为社会理论的桥梁。

米德认为,主体性不是个体单凭自己的幻想就能建立起来的,而是必须从他人身上得知。不过米德与费希特或黑格尔不一样,他不将主体性的建立过程视作抽象的知觉扬弃过程,而是从经验的行为主义出发来进行探讨。米德指出,一个主体的自我意识的形成,仰赖于他人的回应。我们对自己的认识绝大多数情况都来自他人对自己的评价。在这里,米德将主体区分为客我和主我。客我是在象征互动之后形成的自我的一部分。这一部分会让人习得规范,让自己的行为能符合他人的期待。相反,主我是最原初的自我,还没有为规范所规训,充满欲望冲动,但也充满创造性。霍耐特认为,主体虽然在社会化过程中渐渐形成客我,但主我的原初个性、欲望、创造性也因为规范的习得而被约束。主我为了满足自我欲求、表现个体独特性,因此必须冲破客我的约束。但若完全不理会具有规范性的社会关系,得不到他人的认可,那么主我也无法自由地实现自我。所以冲破客我约束的主我又必须再形成一个更贴近主我的客我。主我与客我的动态辩证过程,被霍耐特称为米德版本的"为承认而斗争"。

　　承认的互动关系最早出现在亲子之间。虽然米德并没有用"爱"这个概念来指涉这个主体意识生成阶段，但霍耐特认为米德的亲子象征互动与黑格尔的爱，在实质意义上是一样的。但接着，为了冲破亲子之间的束缚，主我必须再进入更广泛的社会关系以获得更大范围的——米德所谓"概括化的他人"（generalized Others）的——承认。借着与更多的伙伴互动后，主体必须渐渐习得整个共同体的规范期待，让自己的客我能满足这样的期待。在获得整个共同体的承认的同时，主体获得了更广泛的权利，但也担负更多的义务。霍耐特认为这个阶段与黑格尔的法律承认阶段是一致的。不过霍耐特进一步指出，与黑格尔不同的是，法律承认同时加在主体身上的义务，与主体的主我欲望也许是冲突的，所以主体还有一个必须冲破法律承认的"为承认而斗争"的阶段。这第三个阶段，就是主体必须为共同体提供独特的贡献，以获得敬重。因此，米德将黑格尔依稀提到的"团结"这第三个承认范畴加以明确化了。

　　借由这一串论证，霍耐特认为，米德的社会化理论与黑格尔的承认理论是重合的，因此承认理论不只是哲学思想当中的抽象概念，也是经验社会世界中主体的形成原理与冲突原因。这补足了黑格尔的承认概念的第一个问题。不过与黑格尔不同的是，米德的社会化理论将承认清楚区分出三个阶段：爱、法律、团结。这解决了黑格尔的承认概念的第二个问题。至于第三个问题，造成冲突、为承认而斗争的负面状态，由于爱、法律、团结的承认过程三阶段已明确区分出来，那么这三个阶段的对立面，自然也就是为承认而斗争的原因。霍耐特断言，三个承认的负面状态，即是三种破坏了承认的"蔑视"形式。爱的蔑视形式，是身体施暴；法律的蔑视形式，是法权褫夺；团结的蔑视形式，等同于蔑视个人从共同体所获得的社会敬重，因此就是诽谤。

　　上述的霍耐特这一连串关于承认的讨论，尤其从费希特开始，可能对很多读者来说读起来很吃力、很难懂。毕竟《为承认而斗争》是一部社会哲学著作，而德国哲学嘛，总是玄之又玄，像天书似的。为了帮助读者们理解，我们这里用通俗说法将其总结成以下三点。

首先,什么费希特、黑格尔之类的哲学家思想都别管了,不懂的话也没关系。重点是,承认很重要,它是构成主体性的基本要素。什么意思呢?例如,写这一讲的郑作彧到底长得帅不帅,郑作彧自己说的不算数,必须得别人说了才成立。唯有其他人承认郑作彧是个帅哥,郑作彧的颜值优秀度才能具备有效性(至于这个"其他人"到底是谁,其实也没有真的具体指涉对象,只是一个泛泛的指称。这种"泛指的其他人"就是米德所谓的"概括化的他人")。帅哥没有自称的,都是必须由他人承认的。我们可以再扩大说,一个人是什么样的人,可以做什么事,有什么成就,全部必须得到他人的承认才能成立,光自己说是不算数的。所以我们才会说"承认是构成主体的基本要素之一"。当然,他人的主体性也需要获得我的承认才能建立起来。所以承认关系是一种形成自主体间的相互关系。关于这一点,费希特和黑格尔给出了哲学依据,米德给出了经验依据。至于依据的内容是什么,就是前文从费希特开始的段落的介绍。读者看得懂的话可以细细咀嚼,看不懂的话不用在意,只要看懂了这段大白话,就可以对霍耐特的承认理论核心梗概有了基本理解。

其次,"一个人是什么样的人,可以做什么事,有什么成就"都需要获得承认,霍耐特因此区分出三种承认关系或承认形式,这三种承认也对应着主体发展的三个阶段:"一个人是什么样的人"涉及"爱"这种承认形式。这种爱首先是亲情之爱,但也包括伴侣之爱和同伴友谊。举例来说:我们每次加入一个新团体时,必然会有一个很尴尬的活动环节:"自我介绍"。那大家想想看,自我介绍时说的内容是什么呢?其实无非就是家人、朋友、情人对自己的评价,例如"我朋友都说我是个比较讲义气的人"。或是"我公开场合可能很能言善道,但其实我私底下是比较内向的人",而"私底下"往往不外乎是家人或情人给自己的评价。"可以做什么事"则涉及"法律"这种承认形式。这个比较好理解,就不举例了。至于"有什么成就",涉及"团结"这种承认形式。不过老实讲,说"团结"是一种承认形式,实在有点奇怪。霍耐特后来自己也发现了,所以霍耐特后来将第三种涉及成就的承认形式改称为"社会敬重"。例如郑作彧编写的这本教科书有没有被承认为一项成就,其判断标准就在于社会理论界有没有因为郑作彧写了这本教科书而对他更加敬重。

最后，霍耐特认为，"承认"的相反是"蔑视"。一旦将三种承认形式明确区分开来，那么三种相应的蔑视形式（爱的相反、法律的相反、社会敬重的相反）也就可以一并提出，亦即身体施暴、法权褫夺、诽谤。

这三点总结，应该可以让读者更简单地了解霍耐特的承认理论在说什么。霍耐特的《为承认而斗争》在其导师哈贝马斯的高度赞赏与大力推广之下，一出版就获得学界高度重视。当然他的这套承认理论并不是完全没有问题的。例如霍耐特认为，米德的主我与客我之间的张力，是一种经验版本的为承认而斗争，但这个说法很奇怪。因为按照霍耐特的界定，为承认而斗争是主体间的冲突；但米德的主我与客我概念，是单个主体身上的两个面向，而非主体之间。米德的社会心理学和黑格尔哲学似乎并没有像霍耐特表面上所呈现的那样真的可以如此平顺无缝地结合起来。此外，霍耐特将主体发展阶段区分成爱、法律、社会敬重等三个承认发展阶段（以及相应的三个蔑视类型），然而，姑且不论这霍耐特的分类是否真的穷尽了承认的类型，至少光是这种线性进化论式的说法就值得我们警惕了。绝大多数人都只是普通人，没有什么伟大成就，很难得到社会敬重；但难道因此大多数人就都是发展不完全而有缺陷的可怜主体吗？或是，社会敬重承认一定是法律承认的更高阶段吗？两者难道不会并存，甚至冲突吗？例如一名在帮派火拼当中出生入死、杀敌如麻的杀手，可能会因他付出的独特贡献而获得黑道帮派的"社会敬重"，得到黑道共同体的承认，但这种承认显然与法律承认相互抵触。

除此之外，霍耐特的承认理论还有个更根本的问题：虽然他的这本著作题为"为承认而斗争"，但其实我们看不到"斗争"之处究竟何在。霍耐特只论证了承认对主体的构成来说如何地重要，区分出承认的不同类型。但如果按照书名，照理来说他应该还要论证"承认"如何在有问题的情况下没有建立起来，以及因此会发生或必须造成什么样的冲突以争取承认；然而他并没有做到这一点。在他的论证中，仿佛孩童一出生自然而然就会获得亲情、爱的承认,然后自然而然就会演进到法律承认和社会敬重。我们并不需要斗争,自然就会获得承认。虽然霍耐特也提到,承认也可能在建立起来之后,遭遇到身体施暴、法律褫夺、诽谤等蔑视的破坏,但霍耐特依然没有告诉我们该如何为了不被蔑视而"斗争"。这个问题其实很严重,影响了他后来的理论发展。这一讲最后会再对此多谈一点。

不过,尽管霍耐特的承认理论有一些这样那样的问题,但丝毫不妨碍霍耐特凭此在学术上获得高度重视。2003年,霍耐特与美国知名的女性政治哲学家(也是美国的批判理论代表)弗雷泽(Nancy Fraser, 1947—)合著,并以德文和英文同时在德国和美国出版的辩论文集《再分配、还是承认?》,让美国,甚至是全球学界更加认识到这位批判理论第三代领袖,使霍耐特的学术地位达到顶峰。在这本辩论文集中,弗雷泽批评霍耐特的承认概念只涉及文化间的冲突与共生问题,但没有处理经济财物的再分配问题。霍耐特反驳这项批评并指出,他的承认概念是让人与人之间能将彼此视为主体的基本道德概念。不只文化方面需要承认(例如尊重不同宗教信仰),而是在物质方面(例如缩小贫富差距)当然也需要承认。贫富差距的产生往往就是因为没有对各种劳动的重要性给予应有的承认,使得很多工作的劳动付出与收入不成比例。霍耐特因此将他的承认理论称为"道德一元论",亦即对一切社会关系都有效的最根本道德基础。霍耐特的回答很有说服力地反驳了弗雷泽的批评,也让学界看到了承认理论的运用潜力,使承认理论产生了跨领域的影响力。

《为承认而斗争》只是霍耐特的教授资格论文,为他开启了正式的学术生涯,因此当然只是他的理论工作的开端、而非终点。2008年在耶拿大学举办的德国社会学年会,年会主办人、时任耶拿大学社会学系主任的罗萨,邀请了霍耐特与弗雷泽同台辩论。当时会场上有听众质疑霍耐特的批判理论是否太过仰赖黑格尔哲学。霍耐特令人惊讶地回应说,他认为他的批判理论还不够黑格尔,他还想以黑格尔为榜样提出批判理论的时代诊断。而且他也的确说到做到。2011年,他结合了自己的承认理论以及黑格尔的法哲学思想,出版了他至今篇幅最长的专著《自由的权利》。

四、社会自由

霍耐特认为批判理论的关怀主题之一,在于人类主体能否在健全的社会中有良好的自我实现的机会。作为黑格尔的粉丝,霍耐特认为黑格尔晚期的法哲学思想为此关怀提供了一个思想出发点。黑格尔在《法哲学原理》中认为,人类主观精神发展到最高点,就是自由意志的实现。自由既是人类自我实现的前提,也是自我实现的表现。而在当代社会,各学科领域也无不是把"自由"视作掌握自主性以实现自我的基本前提,并将追求、争取与实现自由视作最重要的议题。因此,自由顺理成章地被霍耐特视作批判理论的重要讨论主题,并且认为批判理论应提出一套新的自由概念,即"社会自由"。不过,"社会自由"这个概念不是霍耐特凭空提出的,而是在他从学界对自由的长久讨论中批判性地凝练出来的。那么,学界一般关于自由的讨论是什么样子的呢?

今天,特别是欧美学界,对自由的主流研究,多从政治哲学的正义概念来进行阐述与论证。正义是自由的基础,自由是正义的展现。然而霍耐特认为政治哲学有个严重的局限,就是它常是一种与社会现实脱节的规范性构想。霍耐特的意思是,正义概念应该与社会现实相联系;任何社会都是基于特定的规范与价值而运作的,因此正义概念应该要对应所处的社会在运作时所仰赖的特定规范价值。但当代政治哲学往往过于强调政治哲学理论的原典诠释工作,老是在对古典著作进行"解经",忽略了很多经典理论形成时所处的时代,已经和当代有不小的差异了。如果人们要建立一套真正符合当代社会的、基于正义概念关怀之上的自由理论,就不能只去钻研对经典著作的规范构想,而是要配合社会哲学的研究路径,面对社会现实,探讨与社会现实相应的规范价值。

霍耐特指出,社会运作所仰赖的特定规范价值会具体化成各种社会制度,或是各种社会制度必然需要相应的规范价值来为其持存提供正当性。

在这些制度中,有一些制度对于保证人们的自由来说相当关键。因此考察这些关键制度背后所仰赖的规范价值,有助于建立一套符合当代社会现实的正义概念与自由理论。同时,由于这些制度并不是固定不变的,而是会因时因地地运作与发展。因此考察这些制度的运作与发展是否真的对应其仰赖的规范价值、保障了人们的自由,也是一个重要的工作,而且是一个相当符合批判理论关怀的工作。这一整套做法,霍耐特称之为"规范重构"。这套自由的规范重构工作有两大部分:一是霍耐特早期就强调过的"社会病理学诊断",另一个则是在《自由的权利》中专门提出的"错误发展分析"。错误发展分析意指我们必须在社会病理学诊断之外,再进一步批判性地探讨,那些基于规范原则之上、旨在保证主体能朝向自我实现与发挥自由的社会制度,在社会发展进程中如何、以及为何竟没有发挥这些制度本应发挥的功能。

霍耐特的社会自由理论,先从社会病理学诊断开始。在这部分,霍耐特首先将自由区分成两种并分别探讨。

在霍耐特之前,早有学者对自由进行过类型区分。最著名的,就是"消极自由"与"积极自由"这组区分。这组区分在今天常被认为是英国政治哲学家伯林(Isaiah Berlin,1909—1997)在1958年的就职演说《两种自由概念》中首先提出的。但是将此归于伯林的原创其实是错误的说法。例如因为齐美尔(Georg Simmel)早在1923年已从社会学的角度提出过,或是批判理论第一代的代表人物之一弗洛姆在1941年也讨论过。不过,虽然这组自由概念不是伯林的原创,但的确因为伯林而被推广开来、影响甚巨。"消极自由"意指"免于……的自由",能够不受阻碍地行动的状态。这是一种基本的自由状态。但伯林指出,一个人如果光是没有阻碍,却没有任何行动目标、没有任何追求,那么这种消极的自由并无法成就任何事,也就没什么意义。相反,"去做……的自由",就更积极得多,因此也就是所谓的"积极自由"。不过,虽然积极自由避免了消极自由的不足之处,但它也有缺点:如果一个人不知道自己究竟该做些什么呢?伯林认为,若一个社会过于强调积极自由,就有可能将某个追求的目标强加在个人身上,这最终有可能带来极权主义的危险。当然,积极自由并不必然总会造成极权主义,但有鉴于第二次世界大战法西斯政权造成的悲剧(例如纳粹政权便是将优生学的观念、追求纯种民族的积极自由,强加给所有当时的德国人民身上),因此伯林虽然表面上认为这两种自由各有优劣,应采取折中立场,但他还是明显更偏好消极自由。

在此种主流的自由理论背景下,霍耐特首先也是从消极自由谈起。消极自由的一个基本预设是,每个个体都有其特殊性,会有自己的愿望与追求;而免于外在阻碍,意指为每个个体的自我追求保留不受限制的空间。霍耐特认为,在现实社会中,随着社会的形成而发展出来的确保消极自由的领域,就是法律。因此相应于消极自由的经验范畴,即为法律自由。

法律的初衷是设定一套社会秩序,这个社会秩序确保人类主体的行动空间尽可能少受到外界的阻碍与压迫。这首先表现在让个体拥有所有权,亦即保证个体的经济安全与物质富裕。法律一方面是一种不能违反的、强制性的制度,它维护了消极自由;但另一个更重要的方面在于,法律也让主体在进行自我实现的时候,知道"个体的自我实现的自由不能受到侵犯",让主体之间互不侵犯的互动形态得以形成,进而形成规范性的社会秩序。

然而霍耐特指出,法律自由有两个问题。第一个问题是它在现代社会出现了病态。最主要的病态是现代主体错误地诠释了法律自由,把自己的利益通通放在法律所保护的权利底下,然后需要的时候就策略性地退缩到法律主体的外壳当中,用法律自由来自利地保护自身所有的需求。用通俗的话来说,就是一遇到与自身利益有关的纠纷,就声称自己是如何受到法律保障,然后凡事就只想通过上法院、打官司来保证自身利益。这也衍生出另一个病态,就是主体因此误以为人与人之间只剩下以法律自由保护自身利益的对抗关系,使得人际关系的维持变得脆弱不堪,主体也蒙受了高度的不确定性。第二个问题在于法律自由有其界限。今天,法律不只在于保障消极自由,也提供了积极的参与权。这既预设主体会遵守法律、不侵害他人自由,也预设主体的积极能力,但这两点都不是消极法律自由能够提供的。这意味着消极法律自由还需要第二种自由作为前提。

照理来说，霍耐特在此应该进入积极自由的讨论部分；但霍耐特没有这么做，而是另外提出了"反思自由"。反思自由的内涵其实跟积极自由很像，但霍耐特认为反思自由所涵盖的范围比积极自由更广一些。反思自由意指一个人积极地设定了自我实现目标。此外，不同于消极自由处理的是主体与外在强制的关系，反思自由处理的是主体的自我，以及自我与他人关系。关于主体的自我关系，意指主体需要通过反思，考量自身如何符合自我意图而自主地行动，并以达到自我实现为目标。不过，一旦自由涉及主体的实践面向，主体就必须同时考虑到如何不侵害他人的自由。这涉及自我与他人的关系，亦即涉及集体层面。在这个层面上，人们需要建立起一个以反思理性为基础的社会秩序。这种社会秩序假设只要人们能理性思考，那么思考的结果会是一致的。所以借由理性，人们可以发展出具有普遍有效性的自由界限，在发挥自由的同时担负对他人自由加以承认的义务。在现实社会当中，随着社会形成过程而具体化的反思自由，是非明文规定的"道德自由"。

不过，若要达到这种道德自由，主体必须扬弃不符合道德正确性的自身利益，甚至进而重视正确的道德价值胜过人情关系。这也让反思自由与相应的道德自由出现了两个问题。第一个问题是，道德自由跟法律自由一样有其边界。道德自由并不意味着主体必须完全放弃自身利益与人情，而是主体可以为其辩护，以在社会关系中获得承认，成为"正确的道德自由"的一环。这也就是说，道德自由是以所处的社会情境与承认状态为前提的。然而，第二个问题正在于，现代社会主体常可能错误地将道德诠释成一种僵固的绝对律令，无视其所处的社会情境与承认要素，以至于主体要么过于消极地完全抛弃了个人情感与人情，要么过于积极地想将自身社会情境当中的道德强行普遍化，造成"道德绑架"或甚至是"道德恐怖主义"，亦即道德被占据道德定义权的统治集团错误诠释，以道德为名迫害在该道德规范外的观念与行为。这也是道德自由在现代社会中表现出来的病态现象。

霍耐特指出，反思道德自由的重点应该在于，它指出了自由的实现必须要有个被普遍接受、成为共享价值的行动领域作为前提。这个范畴，即是他称作"社会自由"的范畴。

之所以坚称自由唯有添加进社会自由的面向才是完整的，是因为霍耐特认为自由真正的实现，有几个必要环节需要考虑。

首先，人并非单独存在于世，一个人在成为自由的个人主体之前就已经先镶嵌于社会结构当中。个人主体的自由的实现，必定都是在社会当中的实现。这也就意味着，自由的实现必定有其社会条件。对自由的讨论，不能抽离主体与其所身处的社会情境之间的关系脉络，也不能忽视自由的条件的满足。

其次，一旦我们考虑到主体必然与其他诸多主体共存，那么显而易见的情况是，个人主体的自由实践必定会涉及他人；所有人的生活都是息息相关的。所以，一个社会中的各个主体若要能自主地发展，一个必要前提是这些主体不阻碍彼此的所作所为。而若要众主体不彼此阻碍，那么"承认"就是一个必要环节。这里所谓的承认，霍耐特定义为一种特殊的经验，其中众主体展示自己的欲求与目标，也看到对方的欲求与目标，相互认可彼此的欲求与目标是很有意义的。一个人若能够拥有自由、实现自由，这个人的欲求与目标必须能够符合众主体的期待、相互承认。在这一点上可以明显看得出来，霍耐特的社会自由概念正是以他的承认理论作为基础发展起来的。

最后，在社会的进程中，为了实际建立一套完整的承认机制，以满足自由的条件，社会应相应地逐步发展出具体化的制度。在这些制度中，人们可以稳定地被承认以获得自由，但也必须承认其他主体，以让其他主体也能获得自由。霍耐特指的制度，不单纯指由明文法条所建立起来的、各行动必须遵照的规章，而是意指基于明文制度之上的人际关系。当然，今天社会中有很多关系制度；但霍耐特根据黑格尔哲学，主要集中讨论三个社会范畴。黑格尔认为人类伦理精神的扬弃发展过程中，有三个客观化的实体阶段：家庭、市民社会、国家。霍耐特也接续黑格尔的思路，主要集中讨论家庭、市民社会、国家这三个范畴。他认为，这三个范畴在当代社会分别形成了三种关系制度：私领域的个人关系，市场经济行动，以及政治公共领域。在"自由具有社会条件"，"承认是满足自由的社会条件的前提"，"当代社会已发展出三大关系制度以保证承认"这三大社会自由的命题基础之上，霍耐特进一步批判地检视了三个关系制度。这即是《自由的权利》的"社会错误发展分析"部分。

在个人关系方面,霍耐特细分了三种个人关系:友情、亲密关系、家庭。在个人关系中,伴侣与同伴彼此在情感上会对对方毫无理由地支持。主体在个人关系中可以放心地探询追问自身的价值与意义。因此在个人关系中,成员们彼此之间的共处与相互支持是毫无利害竞争的。这也是实现自由的重要基础。不过,不论是友情、亲密关系,还是家庭,现代社会越来越让人缺乏培养感情的时间,人际相处对契约义务的看重常常大过于对情感的强调(当代社会越来越高的离婚率和越来越普遍的婚前协议即是一例)。这使得原本应该承担情感承认功能的个人关系领域没有发挥应有的功能,产生了错误发展的问题。

市场经济领域方面,霍耐特认为,市场并不是单纯为了利益极大化的竞争场域,而是——如果按照亚当·斯密最初基于道德关怀之上发展出来的经济学理论来看——奠基在相互承认的公平契约之上,让市场交易所缔结的双方都可以各取所需、发挥自由的场域。不过今天,以新自由主义为主要意识形态的资本主义市场,资本家的优势和劳工与消费者的弱势之间的不对等关系,并没有充分发挥保障承认与实现自由的功能。

政治公共领域也有同样的问题。对于民主政治决策来说,公共领域是一个集结民意、汇聚市民对公共事务的关怀与意见的领域,这个领域也是民主政治的施政决策的重要基础。在社会的发展进程中,大众媒体成为一个提供信息与表达民意的平台。但近来大众媒体越来越少负起提供公共事务信息与民意表达的平台职责,而是为了经济获益,逐步成为文化工业商品与广告的获利领域。政治公共领域也因此产生了极严重的错误发展问题。

通过这些讨论,霍耐特既建立了一套具有规范性质(亦即提出"我们该怎么做"的初衷与目标)的自由理论,也对当代社会进行了批判诊断。就架构与野心来看,这本书显然有意跟哈贝马斯的《沟通行动理论》媲美。同时,由于霍耐特在国际上已享有很高的学术声望,因此他的这本《自由的权利》一出版就获得极高的重视,各地都有专门讨论此书的学术研讨会,很多国际上颇有影响力的学术期刊也很快地推出了专门讨论这本书的特辑。

　　不过，也正是因为《自由的权利》的起点很高、获得的关注很多，因此相应的遭遇到的批评也从一开始就很多。例如这本书最主要的部分，是基于社会自由概念对家庭、市场、国家进行错误发展分析。然而许多学者指出，在家庭方面，霍耐特天真地认为家庭本来应该会是一个相互承认的场域，没有注意到长久以来家庭一直都有性别分工与诸多不平等问题。或是霍耐特将市场经济领域视作相互承认的重要社会制度，与当代主流的经济学观点大相径庭，更是令许多政治经济学者感到惊讶。尤其是，之所以霍耐特特别关注市场经济领域，是因为他想探讨市民社会范畴当中保障社会自由的关系制度。市民社会范畴如此广泛，关系制度多样复杂，但霍耐特竟然仅仅聚焦在充满争议的市场经济领域，令许多学者大呼不解。另外，除了个人关系、经济、政治之外，难道没有其他重要的关系制度需要探讨吗？比如在西方社会，宗教是一个非常重要的领域，而霍耐特却对此只字未提。霍耐特自己也同意，他仅讨论三种关系制度是不够的。他自己都坦承，就他个人的兴趣而言，"教育"也应纳入分析主题当中，但他在进行社会自由研究时却忽略了。

　　除了上述这些问题之外，霍耐特的社会自由理论还有一个很大的问题，就是他犯了他自己曾经批评哈贝马斯的毛病。霍耐特提出社会自由，是因为他想强调我们不能假设人先有自由，然后才处于社会当中，而是必须看到，人是先诞生在社会当中的。唯有当自由所需要的社会条件能获得满足之后，人才会获得自由。自由之所以能够而实现，是因为主体间相互承认彼此的欲求与目标。但他没有经验地分析：个人主体的自由为什么可以成为被各个主体承认成具有普遍价值的自由？个人主体的自由为什么可以等同于社会的自由？在现实生活中可以轻易想到的是，主体不是自然而然就会相互承认的。每个主体的自由可能是彼此相抵触的，所以众主体并不必然会相互承认与合作，也极有可能会有冲突和竞争。因此"相互承认"本身常常就是需要自由才能达到的目标。但霍耐特却预设保障社会自由的各种制度已然就是毫无问题地存在的，他的理论就只是在分析这些制度如何发生错误发展而已。这是非常反常的预设。

此外，霍耐特曾批评哈贝马斯预设沟通自然而然就会带来相互理解，忽略了沟通的参与往往是通过冲突才能争取得到的。然而，霍耐特在发展他的承认理论时，其实就已经很矛盾地忽略了"斗争"的面向（之所以说是"很矛盾"，是因为他建立承认理论的那本书的标题明明就叫"为承认而'斗争'"），使得霍耐特到了建立社会自由理论的阶段时，实际上也和哈贝马斯一样忽略了承认与自由本身往往需要通过冲突才能争取、建立起来。

五、本讲小结

除了上述缺陷外，霍耐特的理论走到社会自由这一步时，还有一个毛病，就是太过宏观，也因此过于抽象与宽泛了。《为承认而斗争》这本书，我们还可以用一些通俗的说法来总结其内容，并从中得出一些对社会学来说颇有启发性的论点；但《自由的权利》完全是一本非常沉闷的哲学著作，实在很难讲它有什么有趣的洞见。霍耐特曾批评批判理论第一代的分析太过仰赖哲学与政治学，缺乏社会学的经验分析。但他的社会自由理论，也是基于黑格尔哲学很抽象地分析市场、国家等议题。不论是人类行动的要素，还是这些宏观的社会领域的运作模式，霍耐特都缺乏经验分析。因此霍耐特的同辈学者（例如弗雷泽）或弟子（例如耶基），批评霍耐特的批判理论到后来也开始严重缺乏社会学的内涵，很需要用社会学的经验分析来补充。而霍耐特的弟子中，有一位正是因为很丰富地弥补了霍耐特的批判理论所缺乏的社会学分析，并因其高度原创活力进一步提出了新的批判理论，所以开始被国际学界视为新一代的批判理论代表人物；这个人就是哈特穆特·罗萨。下一讲就专门介绍他。

虽然霍耐特的批判理论本身遭受许多批评，他的后浪也开始在国际学界冒出头来，但霍耐特并没有因此成为干涸在沙滩上的前浪。霍耐特的理论至今还是很有影响力，而且不少社会学的经验研究也运用他的理论了。例如在教育学领域，承认理论被广泛用来检视教育过程如何能够，以及是否为受教者带来健全的主体性与完满的自我实现。另外,在英美学界意义下的文化研究中,尤其关于多元文化与身份政治,不论是对冲突的经验研究,还是整合的规范方针,承认理论也都提供了一个新的论证依据。因此,用整整一讲的篇幅来专门探讨霍耐特的理论,对于一本介绍当代前沿社会理论的书来说也依然是必要的。

此外,这一讲也介绍了一些专有名词(实证主义、经验主义、主体间性、消极自由与积极自由),想必也可以为读者厘清许多一直以来阅读理论书籍时的困扰。

关于值得推荐的与本讲主题有关的补充文献,我们建议读者可以直接阅读霍耐特的著作。霍耐特的三本主要代表作《权力批判》《为承认而斗争》《自由的权利》已有中译本:

- 霍耐特:《权力的批判:批判社会理论反思的几个阶段》,童建挺译,上海人民出版社 2020 年版。
- 霍耐特:《为承认而斗争:论社会冲突的道德语法》,胡继华译,上海人民出版社 2021 年版。
- 霍耐特:《自由的权利》,王旭译,社会科学文献出版社 2013 年版。

霍耐特还有很多著作有中译本,但平心而论,大多都是枯燥的哲学经典阐述,没有什么成体系的洞见,有些书甚至写得不是很好,文章架构很有问题。但有两本书相对来说还是比较有参考价值。其中一本书补充了承认概念的内涵,另一本书则详细梳理了"劳动"这个概念,呈现了霍耐特较新的研究主题。

- 霍耐特:《承认:一部欧洲观念史》,刘心舟译,上海人民出版社 2021 年版。
- 霍耐特:《劳动主权:劳动规范理论》,周爱民译,上海人民出版社 2025 年版。

此外,前文提到的弗雷泽与霍耐特的学术争辩,也有中译本,亦值得一读:

- 弗雷泽、霍耐特:《再分配,还是承认?一个政治哲学对话》,陈晓旭、周凯译,上海人民出版社 2024 年版。

在中文的二手文献方面,任教于复旦大学哲学系的王凤才教授的著作是中国最完整的霍耐特思想研究专著,王凤才本人也与霍耐特熟识,因此是值得推荐的:

- 王凤才:《蔑视与反抗——霍耐特承认理论与法兰克福学派批判理论的"政治伦理转向"》,重庆出版社 2008 年版。
- 王凤才:《承认·正义·伦理——实践哲学语境中的霍耐特政治伦理学》,上海人民出版社 2017 年版。

只是王凤才的这两本著作是纯哲学著作,读者们若想从社会学的角度来获取知识,可能要有心理准备,不一定会满足期待与需求。如果想看看从社会学的角度可以怎么探讨霍耐特的批判理论,可以参阅两篇文章:

- 郑作彧:《承认的社会构成》,载《社会》2018 年第 4 期,第 180—211 页。
- 郑作彧:《批判理论视野下的社会自由概念及其不足》,载《社会科学》2019 年第 2 期,第 71—80 页。

注释

[1] 这里提到的乌尔斯·耶基和前面提到的拉埃尔·耶基都姓耶基,这不是巧合。事实上,拉埃尔·耶基就是乌尔斯·耶基的女儿。也就是说,霍耐特是他博导的女儿的博导。

第六讲　法兰克福学派第四代批判理论:罗萨的共鸣理论

一、基本介绍

　　罗萨虽然身为霍耐特的弟子,但和霍耐特很不一样。霍耐特从攻读博士开始,就以批判理论为职志了,所以他一开始就是作为批判理论家出名的。另外,霍耐特在后期几乎成了一位纯粹的哲学家,主要从事经典哲学的诠释,其工作内容变得比较谨慎,不以大开大合的原创思想为主要任务。但罗萨完全不是这样。他最初的研究成果几乎没有什么批判理论的味道,而且他始终都是一位非常热衷于理论概念原创工作的社会理论家。这不仅让罗萨和他老师有非常鲜明的差异,也和同属霍耐特师门中的其他学者非常不同。也许正是因为如此,罗萨在批判理论第四代群体中显得格外有特色,其理论发展进度也格外快速,由此被视为批判理论第四代的领军人物。

　　其实批判理论第四代群体中最早冒出头来的不是罗萨,而是福斯特(Rainer Forst, 1964—　　)。福斯特的博士是跟着哈贝马斯读的,教授资格论文是跟着霍耐特写的,他关于宽容、正义方面的研究获得哈贝马斯和霍耐特的高度赞赏。他长相风度翩翩、口才雄健,毕业后很顺利地获得法兰克福大学哲学系的教席,因此被很多批判理论支持者寄予厚望。但福斯特(和现在的霍耐特很像)也是一位理论发展比较谨慎的纯粹哲学家,所以名声主要局限于哲学界。还有其他一些以批判理论为主要研究专长而开始崭露头角的青年学者,像是接替了霍耐特在法兰克福大学哲学系教席的萨尔(Martin Saar, 1970—),现任教于柏林自由大学哲学系的采利卡特斯(Robin Celikates, 1977—),这些人也被视为批判理论第四代成员。但他们相对太过年轻,获得大学教职的时间尚短,还没有广获注意的原创理论著作,所以就真的只是崭露头角而已,尚称不上有什么学术影响力。现在第四代群体中,真正有像批判理论第一、二、三代学者的广泛影响力的人,目前是罗萨和耶基。由于罗萨现在的"主业"是社会学,所以作为一本以社会学为主要立场的社会理论教科书在这一讲就以罗萨的批判理论为主。

● 哈特穆特·罗萨。
图片来源:https://www.uni-erfurt.de/fileadmin/_processed_/5/4/csm_rosa_hartmut_72c0555f03.jpg。

　　既然说社会学是罗萨"现在的主业",就表示罗萨也并不总是一位纯粹的社会学家。罗萨 1965 出生于德国黑森林地区的一个小镇罗拉赫

（Lörrach），并且在黑森林长大，一直到大学毕业。在这样的成长背景下，罗萨非常热爱大自然。即便到了现在，他逢年过节还是会回到黑森林居住。也因为如此，罗萨的思想中有很深厚的浪漫主义情怀。他从小就会在森林里望着星空思考自我、思考人类该如何过上美好生活的问题，也非常重视乡村式的人与人、人与环境之间的共同情感。这让他后来选择以加拿大哲学家泰勒（Charles Taylor，1931—　）的社群主义理论为主题，撰写出了将近600页的学位论文《认同与文化实践：泰勒的政治哲学》（*Identität und kulturelle Praxis. Politische Philosophie nach Charles Taylor*，1998），并取得政治学博士学位。也就是说，罗萨最初的学术出身背景不是社会学，而是哲学，且主要是政治哲学。

　　"社群主义"（communitarianism）是政治哲学中旨在批评与弥补自由主义不足的一派学说。一般意义下的自由主义（意思是，自由主义还有很多不同的流派，每个流派都有或大或小的差异，但我们这里先进行初步的介绍，所以不管这些细节）多半基于个体主义，认为社会由一个个的个体构成的，每一个个体都有自己的目的、理性、关于善的观念，也因此需要有平等的权利，让每一个个体的自由能获得保障。而且像经济学那种"市场有只看不见的手"的观念还甚至认为只要每个个体都能有充分的自由发挥自己的理性，最终就可以让大家的利益最大化。在这样的逻辑下，自由主义认为我们应该尽量让对个体的外在干涉最小化（例如尽可能压缩国家、政府的权力），让个体的自由最大化。但社群主义认为自由主义的这种相信每个人都自私自利又聪明绝顶且原子化的个体主义预设是有问题的。只要从社会学的角度思考就可以轻易想见，人并非一出生就是聪明绝顶的孤立存在，而是必然处于一个共同体之中，由他人扶养才能长大，并且会通过社会化而享有所处共同体的文化理念，大家齐心协力、分工合作才能生存下去。因此社群主义认为共同体、群体认同、社会责任等议题才是最需要讨论的重点。在社群主义看来，我们虽然不能轻易认为集体高于一切个体，否则很可能会陷入像纳粹那样的极权主义的危险；但也不应该天真地认为免除对个体的所有外在干涉就可以让所有人发挥最大且能带来最佳后果的自由。人们必须考虑到个体需要共同体的支援才能生活下去,因此必须认识到个体对共同体应承担责任与义务,并且必须去分析共同体应如何能以此为所有成员服务。桑德尔(Michael Sandel, 1953—)、麦金泰尔(Alasdair MacIntyre, 1929—)、瓦尔泽(Michael Walzer, 1935—)等政治哲学家都是社群主义的代表人物;当中也包括泰勒。以此而言,钻研泰勒的社群主义思想非常符合罗萨的个性,毫不令人意外。泰勒是现在世界上与哈贝马斯平起平坐的顶尖思想大师,在德国当然也声名显赫。但泰勒的政治哲学在德国却一直没有被真正完整探讨过,而罗萨的博士论文正是德国甚至是世界上第一本完整、全面且系统地梳理了泰勒思想的著作。这篇博士论文受到泰勒高度赞赏,也让罗萨至今都与泰勒保持亦师亦友的关系。

　　不过罗萨并不是因为写出了这本书所以结识了泰勒。在打算对泰勒哲学进行研究的一开始,罗萨便想找在德国熟识泰勒的人当博士导师。在德国,最熟识泰勒的人当属哈贝马斯。但罗萨读博士时哈贝马斯快要退休了,无法指导罗萨。因此罗萨拜入哈贝马斯的弟子且同样熟识泰勒的霍耐特门下。这也让罗萨在撰写博士论文的过程中就得以与泰勒联系上了。当然,在霍耐特门下学习,也让罗萨受到最正宗的批判理论训练。但罗萨的博士研究没有特别以批判理论为研究主题。甚至在博士毕业之后,虽然罗萨继续在霍耐特的指导下撰写教授资格论文,但依然不是一部批判理论著作,而是一项社会学理论研究成果,且其研究主题在当时非常新颖奇特:社会加速,并于2005年出版,书名为《加速:现代时间结构的改变》,是一部从时间社会学的角度切入提出社会加速理论的著作。该理论大获成功,让罗萨在国际社会学界一炮而红,成为相当知名的时间社会学家,他也在拿到教授资格之后没多久便很顺利地在耶拿大学获得教席。可以说,他是以时间社会学家或社会加速理论家的身份成名的。

　　获得大学终身教职的罗萨不但没有松懈,反而更有活力。入职之后罗萨接连担任国际上最重要的时间社会学期刊《时间与社会》(Time & Society)的主编、耶拿大学社会学系主任、几项德国国家重大科研项目的课题负责人,亦担任德国高校学生咨询委员会的负责人,非常关心大学生的学

习与生活。在期刊主编、系主任等职务因期满而卸下之后，罗萨又在 2013
年受邀接管位于埃尔福特市的一个由市政府资助、靠挂于埃尔福特大学、独
立运作的跨学科社会人文研究机构：马克斯·韦伯文化与社会科学高等研
究院（Max-Weber-Kolleg für kultur- und sozialwissenschaftliche Studien），成为
该机构的院长。

　　在丰富的学术与教学行政事务生活中，罗萨依然笔耕不辍。2010 年
后，罗萨开始大幅转向批判理论研究。在《新异化的诞生》（*Beschleunigung*
und Entfremdung：Entwurf einer kritischen Theorie spätmoderner Zeitlichkeit，
2010）、《加速时代的世界关系》（*Weltbeziehungen im Zeitalter der Beschleuni-*
gung，2012）等过渡性著作后，罗萨在 2016 年出版了不论是对他自己还是
对批判理论的发展来说都非常具有里程碑意义的巨著《共鸣：世界关系社
会学》。就像哈贝马斯的"沟通"、霍耐特的"承认"一样，罗萨在这本书提
出了"共鸣"概念作为他的批判理论的标志，将批判理论的范畴向前推进
了很大一步。共鸣理论让罗萨获奖无数，甚至在 2023 年一举获得全德国
荣誉程度最高、全世界奖金数额最大（高达 250 万欧元）的莱布尼兹奖。
自 1986 年该奖项设立以来，获得过此奖项的社会学家仅五位。罗萨也凭
借共鸣理论获得了更上一层楼的国际跨学科学术声望。此外，罗萨还有
个不同于他的批判理论前辈（甚至是同辈）的特色，就是他很乐于撰写面
向大众、平易近人的批判理论科普小书，像是《新异化的诞生》《不受掌控》
（*Unverfügbarkeit*，2018）、《民主需要宗教》（*Demokratie braucht Religion*，
2022）、《当怪兽咆哮天使吟唱：简明重金属音乐社会学》（*When Monsters*
Roar and Angels Sing. Eine kleine Soziologie des Heavy Metal，2023）。虽然不
少人因为只读过这些轻薄好懂的科普小书、没有真的花力气与心思去完整
阅读他正式的大部头学术著作［或重要且深入的学术编著，例如他参与主
编的《现象学与批判理论》（*Phänomenologie und Kritische Theorie*，2025）］，
所以认定罗萨的理论是轻薄肤浅的东西（然后就会有"批判理论真是一代
不如一代"的评价），但这依然不改罗萨乐于将社会理论分享给非学术圈
的大众的做法。

虽然罗萨在《共鸣》中才真正提出一套完整的新版批判理论,让他从"知名的时间社会学家"升级成"重要的社会理论家",但他的社会加速理论依然很有介绍的价值,更何况社会加速理论后来也成为共鸣理论很重要的构成要素之一。因此我们先来从他的代表作《加速》开始介绍。

二、社会加速(批判)理论

之所以没有从《认同与文化实践》开始谈起,是因为罗萨的博士论文虽然不乏重要洞见,但本质上仅着重对泰勒的政治哲学进行梳理,没有系统发展出特别值得大书特书的原创理论。不过在博士论文的撰写过程中,罗萨逐渐发现泰勒的理论中有一点不是很有说服力。罗萨认为泰勒有个思想习惯,就是会倾向将所分析的主题(例如社群认同)拆解成各要素,然后将要素依照重要性进行本质上的排列,亦即会认为社会现象的构成要素有最重要、第二重要、第三重要……的顺序。但罗萨认为社会现象的构成要素不会有哪一项必然是最重要的,而是会随着时间而有所改变,上个世代最重要的事情也许到了这个世代就不再重要了。而且现代社会最重要的特色就是很多事情都在加速,事情的变化间隔常常从"数个世代之间"变成"单个世代之内"。正是在这一点上,罗萨发现现代社会的加速特质如此重要,但从未有社会理论完整且系统地探讨过这件事。因此他在博士毕业后决定转向时间社会学,对社会加速现象进行全面的分析。

在罗萨之前不是没有任何学者对加速或速度(其实"速度"与"加速"是不是相同的,是一个可以讨论的主题;但我们这里姑且不管,先当作同一回事来介绍)进行过社会科学式的讨论。在社会理论界中最先专门讨论速度的学者,当属法国文化理论家维利里奥(Paul Virilio, 1921—2018)。维利里奥甚至自创了一个法文单词"竞速学"(dromologie)来专指他的速度理论。维利里奥指出,从石器时代,人类为了获取食物而快速地追捕猎物,或为了不变成食物而快速地逃离猎食动物开始,"速度"就一直是维系人类生存的核心要素。最早，人类会试图通过空间配置来提升速度。街道建设就是一个例子。自中世纪以来，城市建设中的道路规划一直是一个核心环节，因为道路是能为整个城市带来速度动能的基础空间。因此在战争中，军队最先需要占领的往往是作为交通要冲的街道。当然，道路对于一般民众而言也有同样的重要性。在任何革命或抗争过程中可以轻易见到，人们都是聚集在重要的道路之上，通过对街道的侵占，来破坏整个城市的速度动能，从而摧毁整个城市的秩序，以达到革命或抗争的效果。近年来随着信息科技的发展，人类更是利用了光物理学的技术，造就远程两地以光速实时互动的能力。这不只消灭了空间间隔，也消灭了时间间隔。今天人们利用手机、互联网等科技，即便真实身体待在原地不动，也可以通过电信传播如亲临现场般地得知远方的所有信息。人们还没出发，就抵达了现场。不过如此一来，虽然人类因速度而得以轻易跨越广大空间，但也因速度而失去了动能性。最典型的情况是，今天一旦手机没电了，人就似乎什么事也做不了。人类的身体在今天仿佛被各种加速科技殖民了。

不过，维利里奥虽然是将速度作为社会理论主题的第一人，也获得了广泛的学界关注，但速度在他那里完全仅是科技运作造就的物理现象，人类生活的改变则似乎直接是这种科技效应的必然结果，人类之所以会发明科技，以及会怎么运用科技等社会情境与社会条件全都忽略不顾。这种"科技决定论"的说法显然是不足的。而且速度在现代社会中不只表现在科技运作上，也表现在很多方面，例如生活步调的变快、产品汰换的加速，等等。因此学界长期以来对维利里奥的竞速学也多有不满。而罗萨的社会加速理论之所以一问世就广受重视，是因为他对加速现象的讨论更为明确、全面且系统。

所谓的"明确"，意指罗萨明确地将加速定义为"固定时间间隔中发生的事件数量增加了"或"事件发生所需时间变少了"。"全面"则意指罗萨并不单纯将加速当作科技运作的结果，而是视为广泛涉及许多重要社会范畴的当代特有时间结构。在这里，罗萨大胆地宣称"现代"社会即意指时间结构转变为"加速"形态的社会；现代社会就是加速社会。并且加速不是同质的，它在不同的社会范畴中会有不同的运作形式与效用。罗萨清楚区分出三个加速范畴。

第一种是"科技加速"。这类加速常有显而易见的可观察现象，因此也有最多的研究和探讨成果，维利里奥的竞速学即属此类。科技加速的影响，在于改变了时空关系。但科技加速也应至少再区分出三种类型及其不同的影响：一、运输科技的加速，改变了人们与空间的关系。二、传播科技的加速，改变了人与人之间的社会关系。三、生产科技的加速，改变了人们与物之间的关系。

第二种是社会变迁的加速。当代的社会制度、结构或关系等，往往在很短的时间内便会面对剧烈的变动。以往存在于世代之间的交替，如今已是世代之内的交替。各种社会制度、结构、关系的有效性不断变短。在现代社会中，很多才刚制订出来没多久的制度、刚发布的消费产品没过几天就失效、过时，"当下"一下子就变成了"过去"。社会变迁的加速即意指"当下"这个时态不断萎缩的趋势。不断变动的社会情境，也导致人们对于未来愈发感到惶恐与茫然。充满不确定性的"偶然意识"因此成为快速变迁的社会情境中基本的日常生活意识。

第三种是生活步调的加速。可以表现在可客观观察到的行为中，例如人们在街上行走的速度、人们同时处理多样事务的程度，等等。已有不少实证研究都指出，大城市（尤其是大城市的商务区）人们走路的速度常常特别快，也常处于同时处理多样事务的情境中，而这无疑反映了大城市商务区（例如比起乡村度假区）的人们的生活步调特别快。但另外一方面，就算一个人在街上走很快，也不见得他真的是因为感受到匆忙快速的社会情境而使然；生活步调的快慢，很大的程度上也需要依赖人们的主观诠释。因此，生活步调的加速也需要心理学的实证研究来补充。而实际上也有不少心理学实证研究指出，人们处于过快的生活步调时，会对心理造成许多负面影响，甚至影响到生理层面。许多心脏疾病正是由生活步调过快带来的心理压力所导致的。

　　罗萨对加速的定义很明确、讨论很全面,但不只如此,重点还在于系统化,意思是他不仅清楚区分出不同的加速范畴,而且还将这三个加速范畴很系统性地关联起来。他指出,以往的研究常受到科技决定论的影响,认为科技因其加速能力促使了生活步调与社会变迁的加速。但这种说法有一个显而易见的矛盾:科技的加速能力照理说可以帮助人们节省下更多的时间,既然如此,在人们始终忙忙碌碌的当代社会中,何以我们拥有了多样时间节省科技却反而越没时间呢?他建议,我们应该把这三种加速相互牵引的顺位调换成一个更符合现实的方向:人们因为加速、过于紧迫的生活步调,因而需要使用加速科技;而通过加速科技的运用,人们在更短的时间内促成了社会变迁;但加速的社会变迁,使得人们必须不断应付新事物的到来,而提升了生活步调的速度。而这三种加速的相互牵引,都有各自的内在推动力。

　　生活步调之所以加速,是因为当社会变迁的加速带来开放而不稳定的未来时,一方面使得时间似乎是取之不尽、用之不竭,因而更应该努力赚钱、服从天职;但另一方面,人们为了抗拒未来的不稳定性,会努力让未来变成现在的计划,如此一来事件密度便会增加,在微观的层次上也必然会使得个人的生活步调速度增加。罗萨称此为"加速的应许"。生活步调的加速在"加速的应许"的推动下,更需要通过加速科技的使用来善用所有时间,以获取更大的经济利润。科技加速便在经济动力肇因之下,产生了对运输、传播与生产三方面加速的强大影响。罗萨援引了马克思观点指出,其影响的结果便是现代人总是快速地建立起新的事物,同时又快速地扫除、摧毁既有的事物。不断地建立与扫除,迫使社会必须面对更多更不一样的新事物。于此情形下,涂尔干的社会分工论以及卢曼的系统理论(见本书第十讲)便清楚呈现出来,社会如何为了因应快速变动而造成的高度复杂性,加快了社会变迁的速度。

　　社会加速的三方牵引与各自的推动力,罗萨总结成下图。

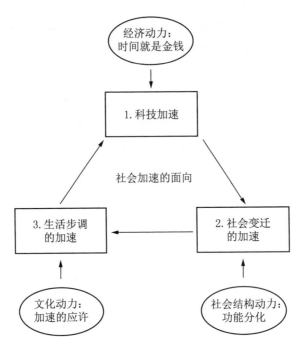

● 加速推动循环。
来源：Rosa, Hartmut 2005, *Beschleunigung*：*Die Veränderung der Zeitstrukturen in der Moderne*. Frankfurt am Main：Suhrkamp, p.309。

　　对社会加速作了清楚的分析之后，罗萨在《加速》最后探讨了社会加速带来的后果。首先，科技的加速改变时间结构、消弭空间限制、提升生产能力，也改变了人际关系，最终形成全球化的发展。其次，由于加速而不断变动的社会情境，使得人们不再能像以往前现代或早期现代社会那样有个至少在观念上稳固不变的身份地位。当整个社会结构快速变迁之时，对应于该社会结构的认同也必然随之在很短的时间内解构与再建构。因此，人们不再能有稳定的认同，而是必须随着快速朝往未来的变动，在时间中不断地形塑、再形塑自我认同。于是加速社会带来的后果之一就是"情境式的自我认同"。此外，社会加速对经济、生活、社会结构都造成了快速改变的效果，但以科层制为主的政治系统，由于自身僵化、反加速的特性，其统治权力无法应对不断变动的外在环境，因而不再能够有效地涵盖社会。这造成第三个加速社会带来的后果，即当代加速社会中，政治因为与外在其他各系统的速度的不同步，造成统治权力的正当性危机。

　　与过往的社会加速理论比较起来，罗萨的加速理论无疑非常厚实，因此很快就被视为当代时间社会学最新且最重要的理论。不过他的加速理论本身不是完全没有问题的。例如他的加速定义完全是物理学式的量化概念，因此他所谓的社会加速三大范畴似乎不过是在社会之中的三类物理现象；既然如此，他为什么可以说这些是"社会的"加速呢？加速的社会性在哪？如果他的加速范畴并不是物理现象，而是社会现象或也包括社会现象，那么我们可以完全只用物理学式的量化概念来定义例如社会变迁或生活步调的加速吗？事实上，罗萨在探讨社会变迁和生活步调的加速时也都提到这两种加速无法直接用物理学式的量化概念来讨论（所以他才提出了"当下时态的萎缩"和生活步调的心理层面），但不知何故他并没有因此调整他的加速定义。不过这些问题对罗萨的社会加速理论来说不是最致命的；真正最常见，也最重要的批评是，不少学者认为这套理论实际上只是一种描述，缺乏批判视野。简单来说，就是罗萨的这套社会加速理论虽然明确、全面、系统，但我们并不知道它能揭示什么大道理，也不知道它可以为我们带来什么实践方针。如果一套社会理论不能为人们指出相应的社会问题，那么它的贡献就相当有限。

　　罗萨完全接受这样的批评，因为他本来就无意将加速理论作为他研究工作的终点，它只是阶段性成果。自从罗萨钻研泰勒的理论以来，他就非常关注人们如何能建立起一个更好的共同生活形式，并且当他加入霍耐特门下之后，他就深知批判理论对他的这个根本关怀有非常大的帮助。于是在《加速》爆红且被有的学者一针见血批评之后，罗萨便大约从 2010 年开始着手搭建他的批判理论。

　　罗萨首先尝试用霍耐特的研究成果来改造他的社会加速理论，提出"社会加速批判理论"。这里所谓的"霍耐特的研究成果"指的是霍耐特对批判理论的定位。上一讲提到，霍耐特将批判理论定位为一种以建立美好生活为目标的社会病理诊断；罗萨也正好是从小会仰望星空思考美好生活的人。

因此罗萨直接接受了霍耐特对批判理论的定位。此外,霍耐特那显然有一定程度的社群主义成分的承认理论,也对长期浸淫在社群主义思想中的罗萨产生很大的影响。但罗萨认为承认理论有个不足之处:霍耐特将承认视为人与人之间可单方面争取或被给予的一种资源,但造就美好生活的不应只有人与人之间的某种特定资源。例如星空、森林,或音乐、绘画等能唤起我们心灵深处某种共鸣感受的非人事物,都可以让我们的生活变得更加美好,但不能如资源一般单纯地取用甚至剥夺。因此批判理论若要探讨美好生活,应该去研究更广泛的、能引起共鸣的世界关系才对。虽然从上一讲可以看到,霍耐特的理论更多将承认界定为一种"彼此都视对方为主体的社会关系",所以"霍耐特将承认视为一种可单方面争取或被给予的资源"这种说法是一个有点奇怪、似乎不太公允的指责;但霍耐特甚至是霍耐特之前的霍克海默、阿多诺、哈贝马斯等批判理论家,都仅聚焦在人际之间,没有将视野放大到整个世界关系。因此世界关系的确是一个可以继承并扩展批判理论的思想切入点。

不过此时罗萨仍继续将理论重心放在社会加速上,世界关系仅是改造社会加速理论的一个概念。罗萨指出,批判理论旨在探究美好生活的可能性,而必然处于世界关系之中的人类若要达到美好生活,那么一个必要的前提就是人与世界之间有基本的同步关系。然而由于现代化的时间加速逻辑,使得人与世界开始因为不同的步调而产生"去同步化"的现象,将人与世界的关系撕裂了。于此,社会加速理论揭示出一种"异化"的,也因此值得批判的世界关系。马克思就曾基于他对政治经济学的批判而提出资本主义社会中劳工面临的几种异化情境。不过罗萨指出,如果我们不是仅局限于生产关系,而是将视野放在人与整个世界之间的时间关系,那么我们就应该重新提出五种当代社会因加速而造成的新的异化情境。

第一种是"空间异化"。人类毕竟是一种空间性的身体存有,"世界"其实也是一种具有空间隐喻的情境。不过在加速时代中,人们常会遇到(不论是情愿的,还是不情愿的)迁居搬移的情况;即便是定居在固定地方,也会因为快速的社会变迁而导致居住环境不断改变。因此人们在今天越来越常感受到自己身处在一个非常陌生或是越来越陌生的世界空间中，也总是会禁不住发出感叹："这个世界今天到底是怎么了？"

空间异化也带来第二种异化现象，即"物界异化"。当处在一个不断加速变动的世界中时，人们也常遭遇到一个问题，亦即与这个世界里的物的熟悉感被剥夺。遵照摩尔定律快速推陈出新的数字产品就是最好的例子。每当人们好不容易对一件数字电子产品感到上手的时候，更新的产品又推出了人们必须重新面对一个陌生的产品、被迫适应它。不断面对陌生的物品，也成为现代加速社会的常见情境之一。

不断上手新物品的过程，也常会伴随着物品使用的不确定性。在加速社会中，这种物品使用的不确定性越来越普遍，如此一来，人们终究会遇到第三种异化："与自身行动的异化"。例如，今天人们的文字处理工作高度依赖电脑。可是文字处理软件时常在更新，每次的更新内容越来越复杂。这使得人们越来越常因为需要重新熟悉更新的软件，而怀疑自己按下这个按键、点入那个程序，这样做、那样做，到底对不对；或是常常搞不清楚，为什么这么做会让文档突然失效、那样做又使得文档无法开启。人们依赖工具而行动，但人们的行动却往往仿佛不受自己控制一般地造成意料之外的结果。

第四种是"时间异化"。许多时间心理学的研究成果指出，时间流逝速度的知觉，与当下的情绪愉悦度和印象深刻度成反比。但是在加速社会中，人们却越来越常遭遇一种吊诡的情况：由于社会生活加速得太快，造成空间异化、物界异化，以及与自身行动的异化，让人们与世界的关系越来越疏离，因此今天人们虽然处在一个时间流逝非常快的世界中，却对整个流逝过程的印象非常薄弱。时间一下就过完了，事后却想不起来方才究竟做了什么。时间莫名其妙就这样不见了，仿佛在那段快速流逝的时间中自己不曾存在似的。

最后，加速社会造成了一种终极的异化，即"自我异化"。如果人们对自己所身处的空间感到陌生，不知道自己所使用的对象到底是什么，怀疑自己种种作为,想不起来自己曾经历过什么事件,那么人们也就缺乏所有自我认同与反思的参照,不知道自己到底是谁、到底能做什么、到底有什么生存价值。在加速社会当中,人们因为稀缺的时间而无法追上这个世界的变动速度,以至于仿佛被世界甩开、抛弃。莫名的孤寂与无力感,最终会因为速度而侵蚀整个社会,吞噬生活。而人们离美好生活的可能性也就会越来越遥远了。

罗萨的这套将社会加速理论稍微修改而成的对新异化进行批判的理论,既好懂又贴近现代人的生活感受,也补足了社会加速理论原先的不足,所以得到不少好评。然而平心而论,他提出的这些新异化批判都是很简单的判断,缺乏严谨的学术论证,因此有不少疏漏。例如:他提出的这些新异化和旧异化在经验方面与在学界已有的讨论方面有什么关联? 新异化只有这些吗? 加速真的会带来这些新异化,或是这些新异化真的只与加速有关、是加速带来的吗? 一套新的批判理论只从加速面向切入,然后简单提出几个新异化批判,真的是足够的吗? 这些显然该仔细探讨的事罗萨全都没有详细交代。事实上,虽然社会加速批判理论极具创意,充分表现出罗萨那大开大合地提出原创概念的学术风格,但它完全不是一套完整的理论,更多只是一种实验性质的思想大纲。这样一个思想大纲虽然指出异化是现代社会的世界关系中一个显著的病征,但这个大纲更凸显出罗萨若想发展批判理论的话真正必须解决的任务:搭建一套完整的世界关系理论。因为唯有对世界关系有充分的掌握,认识它应有的运作原理,我们才能有扎实的基础对异化现象进行诊断,甚至提出解决异化的方针。简单来说,我们得先知道"没有异化"是一种什么样的世界关系,才能以"没有异化的世界关系"当作标准来批判异化,甚至以"迈向没有异化的世界关系"当作目标来思考该怎么解决异化。

罗萨也深知这个任务的必要与重要性,而且他很认真地推进了这项工作。其成果,就是出版于 2016 年、厚达 800 页、让罗萨再创学术巅峰的著作《共鸣:世界关系社会学》。

三、共鸣理论

（一）美好生活问题与世界关系社会学

在正式发展罗萨式的批判理论一开始，罗萨依然继承霍耐特的"探究美好生活"的批判理论定位，但这次他又加入了更多内容。霍耐特虽然提到美好生活，但他并没有真正深入讨论什么是美好生活。其实霍耐特不是宣称美好生活是社会科学研究宗旨的第一人，在他之前有着几千年历史的哲学很早以前就将美好生活当作重要主题了。但罗萨经过文献考察之后发现，尽管美好生活很早就被视为重要议题，但学界却从来没有直接讨论过这个问题。一直以来，"生活是否美好"被认为取决于个人主观好恶，外人无法评断，所以美好生活研究要么从心理学的角度用一些自评性的主观幸福感量表来谈一些生活质量满意度问题，但幸福感是否真的能通过眼花缭乱的问卷和令人"不明觉厉"的复杂公式来准确地量化出来，一直是启人疑窦的。要么直接将美好生活等同于经济资源利益的最大化，因此把美好生活问题转换成正义、分配等问题。但人们只要细想就很容易发现，虽然没钱万万不能，但钱不是万能的。即便美好生活与经济资源利益可能相关，但两者显然不能直接等同。仅仅谈论分配与正义问题，不只会忽略掉更多其他重要议题，而且也回避了对美好生活本身的讨论。

而罗萨的批判理论的根本目标，就是去直面美好生活问题。他指出，生活永远都是处于世界中的生活。虽然每个人对自己理想中的生活形态都有主观上的差异，但生活必定是实际活出来的情况。而如何能活出美好生活，也必然取决于人在世界中的存在方式，取决于世界关系是否具有实现美好生活的条件，并且因此取决于人与世界之间的关系。不过世界关系的情况及其所具有的条件，会随不同的社会时空条件而定，需要通过社会学的考察才能充分掌握。于是罗萨提出了一个基本命题：**美好生活研究，本质上必须是一项世界关系社会学的研究**；要研究美好生活，就必须建立一套世界关系社会学。这也就是罗萨的《共鸣》一书将副标题取名为"世界关系社会学"
的原因。

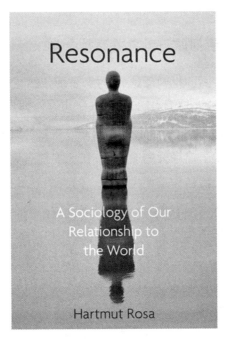

● 《共鸣：世界关系社会学》的英译本封面。

罗萨很明确地将"世界"定义为人类主体能知觉与体验到的（罗萨用的
是比较专业的现象学概念：人类主体所"意向"的）、对主体来说具有意义的
一切事物（包括主体自己）的总和，"关系"则指人作为一种具有心灵、意识
的身体处于世界的情况。不过罗萨再三强调，虽然他讨论的是人与世界的
关系，但他绝对不是说世界关系是先有"人"和"世界"作为两个对立起来的
既存实体、然后两者才产生关联。相反，他把重点放在"关系"上，强调关系
才是优先的，人和世界是在关系中凝结出来的两个观察与分析面向。这种
认为"关系先于本质"的说法今天一般被称作"关系本体论"（relational ontol-
ogy），在前沿社会理论中最极端也最著名的关系本体论者，当属拉图尔。下
一讲会专门介绍拉图尔，届时会进一步介绍这个概念，这里先不谈它。罗萨
也自称是关系本体论者，但他的说法没有那么极端。不过即便如此，"世界

关系先于人与世界"依然对读者来说可能有点难以理解。不过如果我们先了解一下罗萨的世界关系概念所仰赖的理论基础的话，罗萨的"关系先于本质"的说法就不会那么难懂了。罗萨在这里所仰赖的理论来源很多，但其中有两者比较重要：梅洛-庞蒂的知觉现象学，以及普雷斯纳的哲学人类学。

（二）世界关系社会学的理论基础：知觉现象学与哲学人类学

梅洛-庞蒂（Maurice Merleau-Ponty，1908—1961）是法国哲学家，他是将胡塞尔的现象学完整引入法国的重要推手之一，也是将索绪尔的结构主义语言学引入法国、并因此影响后来法国的结构主义与后结构/后现代主义的第一人（虽然有点尴尬的是，梅洛-庞蒂严重误读了索绪尔的结构主义语言学的内涵，所以最初引介进法国时对索绪尔理论的介绍有不少地方是讲错的……）。他在 1945 年出版的重要代表作《知觉现象学》（*Phénoménologie de la perception*）将现象学进行了非常有原创性的转化与推进。梅洛-庞蒂的知觉现象学的内涵非常丰富，其中一项要点在于探讨人类主体的知觉得以形成的条件。一般认为"知觉"是人类个体自身的一种生理或心理反应。但梅洛-庞蒂认为这种说法忽略了一件事，即知觉永远是对于某事物的知觉，知觉永远来自世界。知觉着的人和被知觉到的世界要作为整体共同存在，否则只有人但没有所要知觉的世界，知觉是不可能形成的。知觉不只是个人的感受，也是世界赋予的结果。画家将天空画成蓝色，不只因为在画家的知觉中天空是蓝色的，而是因为在画家面前的天空以蓝色的形象触动了画家。不论触动的方式是大气层吸收与折射了光线，还是光线刺激了视网膜细胞，终归都是天空以某种方式召唤了全身心投入面前世界的画家将它画成蓝色。而当画家将天空画成蓝色的时候，也同时确立了天空对于人而言的存在形式。梅洛-庞蒂想指出的是：我们的主体意识，无非就是由无数基于意识而产生的经历、体验与记忆交织而成的；如果主体是由意识产生的，意识是人与世界的共存而造就出来的，世界又是经由人类意识而证成的，那就意味着这一切的开端都是一种整体的共存，而后才在这种共存中慢慢造就出许多端点，例如人类主体与世界。人与世界不是世界关系的开端，而是世界关系的结果。所以梅洛-庞蒂非常强调人类主体不能当作一个独立实体来看待,而是首先必须视为一种"在世存有"(being-in-the-world)。

这样说如果还是有点抽象费解的话,我们再用更好懂的方式来讲解一下。首先,世界上的一切(包括人)都是整体的。这个"作为一个整体"的意思有两重:一方面,我们自己不是由耳朵、鼻子、手等等器官凑在一起的组合,而是人本身就是一个整体,所以我们的知觉也不是各感官的刺激—反应,而是一种整体的把握。因此"牵一发"会"动全身"。另一方面,世界也是一个有着光影和线条,充盈着微风、味道、声响,有着处于这个世界中的我的整体。所以,例如今天当我们听到周杰伦的《安静》这首歌(或任何一首我们喜爱的曲子,特别是戏剧、电影或卡通的主题曲)时,可能会觉得很感动,但这不只是因为这首曲子本身在听觉上旋律优美,而是因为这首曲子会把我们带回当时听到这首歌的场景,让我们仿佛可以闻到老家的味道……音乐不只是一段声音,而是一整个场景,一整个有着视觉、味觉、触觉,以及有着我们自己的整体场景(心理学有一个专门的概念在指称这种现象,叫"Gestalt",音译为"格式塔"或意译为"完形"。事实上,梅洛-庞蒂最初的哲学研究就是以完形心理学作为基础而出发的)。我们在听音乐的当下不是只听着音乐,而是处于一个世界中。所以一首歌的播放不只是发出了带动我们听觉的声音,而是同时也绽出了带动我们所有知觉的整个世界。我们就在那个世界中,或是那个世界就在我们自己里头。

其次,关系构成了主体与世界是什么意思?例如,我们的主体意识是由记忆构成的,但我们的记忆是由脑细胞和无数世界中的场景构成的。所以我们常常会看到让丧失记忆的患者恢复记忆的方式,并不是开颅手术,而是将患者带到其所曾经生活过的各个场景,让患者再次体验场景、让场景唤起患者的记忆。这意味着构成我们记忆,进而构成我们自己的,或是我们的记忆的存放之处,不(只)是我们的脑细胞,而是我们曾遇过的人、听过的歌、淋过的雨、哭过的电影、看过的风景;这一切构成了我们自己,或是说这一切就是我们自己。而且这一切,同时构成了我们面前的世界。

但人类主体不是在世界关系中构成之后就可以独立出来与世界无关

了。就算我们成为独立个体，也依然是在世存有，任何的行为举止也必然需要基于世界关系而进行。于此，德国社会学家普雷斯纳的哲学人类学理论就很重要了。"哲学人类学"是一门探讨"人"的学说。这个学说今天尤其被哲学垄断，不少哲学家认为探讨人类本质的哲学皆可称作哲学人类学。像是海德格尔（Martin Heidegger，1889—1976）和萨特的存在哲学、马克思的人本思想，甚至是尼采（Friedrich Nietzsche，1844—1900）的超人哲学，都常被归为哲学人类学。但"哲学人类学"这个名称最初是由在第一讲介绍德国社会理论基本发展背景时提到的舍勒所提出的。舍勒明确指出，哲学人类学的主旨在于从抽象的社会理论层面，立基于社会学，结合哲学、生物学等思想，理解人在世界中的位置，包括思考人从哪里来、该往何处去等问题。后来舍勒的弟子兼助理普雷斯纳，以及虽未曾受教于舍勒但视舍勒为精神导师所以致力于发扬舍勒哲学人类学的德国社会学家盖伦（Arnold Gehlen，1904—1976），基于不同的重点继续推进舍勒式的哲学人类学的内涵。在这样的背景下，德国当代相当重要的一位哲学人类学者菲什（Joachim Fischer，1951— ）认为，今天人们可以区分出两种哲学人类学：一种是"小写的"哲学人类学，（philosophische Anthropologie），主要是哲学式的讨论。其虽然主流，但讨论内容其实或多或少已宽泛到没有专门意涵。另一种是"大写的"哲学人类学（Philosophische Anthropologie），专门指以舍勒、普雷斯纳与盖伦为三大家的讨论取向，其内容有明确的范围与传承，并且将自身视为一套社会理论，旨在镶嵌于具体社会中进行经验分析。

作为医学与动物学背景出身（后来才改行从事哲学与社会学的学习与研究）的普雷斯纳在其 1928 年出版的代表作《有机体的阶段与人类：哲学人类学导论》（*Die Stufen des Organischen und der Mensch：Einleitung in die phil-osophische Anthropologie*）中指出，要研究人类本质内涵的最好方式之一，就是将其与其他生物——尤其是植物与非人动物——的世界关系进行比较，通过比较以彰显出人类的特质。植物面对世界时是非常被动的。植物的特质是只能被丢在某个地方，然后在原地随风摇摆地生长。这也让植物完全没有自我中心性，而是几乎消融进环境里。所以植物常常也可以被当作摆饰品。非人动物显然不像植物那样那么过度融入环境中，而是会在环境中活动、应对环境。但动物只会以本能、以它内在被规定好的生命模式来应对环境。所以与完全没有自我中心性的植物相比，动物是另一个极端，它完全是封闭地、以自我为中心地处于世界中。人呢？人当然不像植物那样完全融入环境中。但人也不像其他动物那样根据本能、作为封闭的中心而立足于世。因为事实上，相比于其他动物，人相当缺乏本能。但人之所以如此缺乏本能却还是能存在于世界上，是因为人有一种很特殊的生存模式：人的生存从来不完全只从自身出发，而是会先去看自身所处的环境是什么样子的。也就是说，人首先会像植物那样先融入环境中，然后人会根据自己的世界关系，建立与调整自己立身处世的方式，如同动物那样动态地应对环境。就像我们每天出门前，都可能会先伸手或探头到窗外（融入环境），看看今天的天气与温度怎么样，然后再以此作为基础按照自身的需求来穿衣服。正是因为如此，所以人可以在任何地方以相应的模式生存下去，不像植物或非人动物一样栖息地一改变就可能面临灭顶之灾。普雷斯纳将人类的这种"以脱离自我的客观视角，建立起自己立身处世的方式"的特有能力，称为"离心的定位性"（exzentrische Positionalität）。

（三）共鸣关系，不受掌控

在罗萨看来，"在世存有"和"离心的定位性"等这类理论都证明：唯有与世界处于一种整体的关系中，人才能生存；也唯有与世界保持一种相互开放与融合的关系，人才能持存下去。这种相互开放、相互融合，也因此构筑出"人"与"世界"这些端点（亦即构筑出人独特的主体性和世界的自身特性）的关系，既是人的本质，也是人必须不断实现下去的状态。因此，一套以此理念为基础的世界关系社会学理论，同时也是作为探究人类本质的本体论，也是作为人类实践方针的规范理论。**这种既源于相互开放与融合、也造就各自独特性的世界关系，这种可同时作为本体论与规范准则的关系，被罗萨称为"共鸣"关系。**

罗萨强调，人类主体不论是内在还是外在，一切的活动都是在这种共鸣关系中才得以可能。所以他特地玩了个文字游戏，认为像"感动"这样的内在情绪从字面上就说明了人必须先对环境有所"感"受，内心才能有所触"动"，所以他将感动特地拆解成从字词构成方面就反映出共鸣必要性的"感→动"（E→motion）。或是像"刺激"这样的外在行为，也是字面上就显示出主体必须要受到环境的"刺"动才会"激"起出自身的反应，因此他亦将刺激特地拆解成反映了共鸣必要性的"刺→激"（Af←fizierung）。但这里必须补充强调的是，罗萨所谓的共鸣并不是一种隐喻或主观情感状态，而是一种实质存在的**关系**。所以要探讨共鸣，必须去考察人与世界之间的关系实际上是怎么一回事。

罗萨指出，人首先是作为一个肉体而在世存有的，所以他对共鸣关系的考察首先是从身体作为主题出发的。人最初还不是一个独立的身体，而是首先作为一个胚胎，与胎盘、羊水一起在母亲子宫里。胚胎与母亲是相连的，但又不是母亲本身，而是可以有自己的举动（也就是所谓的"胎动"）。而胚胎，人最初的形态，既称不上是主体，但也不能说是客体。罗萨借用奥地利文化评论家马可（Thomas Macho）的术语，将之称为"既非客体"（Nobjekt）。"既非客体"的状态不只在母亲肚子里，就算出生后，我们首先也是被托在手中的，一双不是自己却因为托住了自己的生命而与自己的手有同等意义的手。然后大口地把世界里的空气吸进自己的肺里，再把自己肺里的空气大力呼进世界（并且正是在一呼一吸的过程中形成了婴儿降生的哭泣声）。我们的皮肤会感受温度变化而进行毛孔收缩，耳膜会接触空气而震动。我们产生了知觉，但正是因为我们降生到世界、作为与世界相互交缠的既非客体，所以才能够产生知觉。不只是知觉，还有感受。感受从来就不是内心凭空出现的，也不是仅停留在内心的。我们会因为环境的阴森气氛而感到恐惧，然后我们的皮肤会起鸡皮疙瘩；或是因为一件事而难过或过于高兴，然后用眼泪把我们的悲伤或欢乐流泄出来。空气、环境的温度与湿度、阴森、舒服或难受的事件构筑出我们的知觉，进而构筑我们的主体意识。这就是共鸣。

这里可以看到，罗萨将他之前提出社会加速批判理论时直觉地提出的共鸣概念,赋予了非常确实、丰富的内涵。共鸣是人与环境相互开放、相互触动,同时又相互构成且因而彼此都能持存下去的一种关系,这是一种理想的世界关系,也是批判理论的基础。意思是,生活是否美好、是否需要批判,就是去看构成生活的共鸣是否遭到破坏。如果共鸣没有遭到破坏,人与世界在共鸣关系中便可以得到相互支援,主体也因此在世界中能获得**自我效能感**。"自我效能感"(self-efficacy)是著名的美国心理学家班杜拉(Albert Bandura,1925—2021)提出的概念,大致上意指一个人对自己在特定领域中实现特别行动目标所需能力的信念,并且这个信念在不小的程度上既来自人际情境,也期望能在人际情境中获得承认或甚至发挥影响力。虽然在班杜拉那里,自我效能感主要是一个可被量化以用于心理测量的概念,但罗萨认为这个概念与共鸣不谋而合,因此直接援用到他的共鸣理论中,将之视为人们与世界之间是否具有共鸣关系的一个重要判断准则。

不过罗萨刚提出共鸣概念时,就有很多人质疑罗萨的这个概念是否真能作为规范准则。我们常可以看到或听说像是传销大会或邪教仪式上,所有成员处于一种相互共融,甚至共融到很亢奋、产生涂尔干所谓的集体欢腾的状态。有的德国学者更是觉得罗萨让他们心生恐惧地想起二战时期纳粹德国的街头游行。而这些情况显然不能说是值得作为道德规范基础的世界关系。不过虽然这类质疑自始至终都存在,但罗萨也自始至终都非常强调:**"共鸣"绝对不等于"合音"或"回音"**,也不必然会与期待相一致并带来欢愉的感受。首先,在合音或回音的情况中,只存在同一种声音或只有一个主旋律,但共鸣意指两种不同的声音相应和。也就是说,**共鸣需要有差异作为前提**。共鸣关系中的整体性不等于同一性,甚至需要有非同一性作为前提。就像人体能作为一个整体,就是因为人体有心、肺、肤、眼、脑等各种非同一的器官,否则若同一成一个器官,那它就不是人体,而只会是一个器官了。又例如伯牙与锺子期的知音相遇就是一种标准的共鸣关系。在他们的相遇中,正是因为锺子期以自己的感受聆听与回应了伯牙的琴声,两人才会结为无比难得的知音。若锺子期只是用自己的琴将伯牙弹奏的旋律又重复了一遍,那么两人之间只会有单调的回音,绝不会产生共鸣,也不会结成知音。

因此罗萨用一种譬喻式的说法，指出共鸣是一种主体与世界（包括其他主体）双方都愿意**聆听**与回应彼此的关系。所以邪教仪式或纳粹游行在罗萨的定义里并不是一种共鸣关系，而顶多是一种回音关系。

其次，共鸣不等于和谐，所以也不总是会带来愉悦的感受，但这恰恰就是美好生活不可或缺的要素。例如一部电影好看与否，并不取决于它是否能带来快乐，而是取决于导演及其作品与观众之间是否能相互敞开、相互投入而造就共鸣，即便它并没有带来愉悦。我们可能会看了一部非常哀伤的电影，难过得痛哭流涕，或是看恐怖片被吓个半死。这种哀伤、恐惧的情绪当然不愉悦，但这些电影正是因其造就的不愉悦的感受而让我们大呼过瘾。事实上，只要主体与环境保持差异，那么两者之间必然会有不和谐甚至是冲突的可能性。但如果主体必须要有共鸣才能持存，那么主体与环境之间必须维持彼此间的差异，即便有不和谐与冲突的情况。换句话说，共鸣作为人类存有必须具备的世界关系，需要双方对彼此抱着开放的态度，维持并接受对方的**不受掌控**，而这也会有风险。共鸣不意谓完美，而是必有风险。但生活正是要不完美才足够美好。一部电影如果剧情走向完全和我们所认为的一模一样，那么这部完美符合我们想象的电影反而会让我们感到无聊。一款电子游戏只有在我们于其中还有未竟之处才会撩起我们的游玩欲望。当它被完美通关的时候，也就是它失去游玩价值的时候。**若我们想掌控一切、把世界变得完美无瑕，我们反而等于掐死了这个世界的丰富可能性，破坏了这个世界原本的样貌**，同时也破坏了我们自身存在于世的可能性与意义。就像将聆听与回应视为共鸣关系中的具体态度一样，罗萨也强调主体与世界之间由于双方的不受掌控，因此也总是处于一种同时包含**欲望**与**恐惧**的情绪中，一种同时既拉进又推离的心理状态。只有欲望或只有恐惧的世界关系，便是一个缺乏共鸣的世界关系。

当然，如果生活真的什么坏事全遇上、过于悲惨，还说这样才足够美好，那也太站着讲话不腰疼了；罗萨当然也不会这么认为。罗萨不断强调，共鸣要求非同一性。如果生活直接和悲惨等同起来，那也是一种同一性，所以当然也不是好事。罗萨强调共鸣要以差异与不受掌控作为前提，但不受掌控不是说完全消极地放任一切不管,而是意指抱持开放态度的积极投入。所以罗萨也说,他所谓的不受掌控实际上更多意指一种有些掌控但又不完全受掌控的"半受掌控"的状态。不过想必各位读者到这里可能会觉得罗萨的这种说法很有问题,因为不受掌控或半受掌控等于是说虽然人生不能绝对悲惨,但有点悲惨还是不错的。这种论点想来应该不是很能让人接受。还有,有没有什么标准可以让我们判断我们的世界关系是恰到好处的半受掌控呢? 没有,罗萨完全没有给出标准。在这些要点上,罗萨的说法的确很有问题;但从他整个理论来看,其实又没有问题,反而若我们认为这个说法有问题,我们的观点才可能是有问题的。这是什么意思? 这要通盘理解罗萨的批判理论才能理解,所以我们先继续沿着罗萨的这个以不受掌控作为核心命题的共鸣概念看下去,最后再来揭晓谜底。

(四) 共鸣轴

就像在探讨加速时区分出不同的加速类型一样,罗萨也指出共鸣不是同质的。在社会发展的过程中,人类为了持存,会在社会生活的许多方面建立起各种制度性的或文化性的共鸣保障机制,形成各种不同的共鸣范畴。这些共鸣范畴,被罗萨称为"共鸣轴"。他区分出了三种或四种共鸣轴。

第一种,罗萨称为"水平共鸣轴"或"社会共鸣轴",意指人与人之间的共鸣关系。这一类共鸣轴最典型的例子就是家庭或友谊。家人或朋友之所以对我们来说那么重要,便是因为家人、朋友与我们之间是一种愿意聆听彼此也愿意回应彼此的关系。或是民主政治体制。民主政治体制之所以成为现代社会当中广为人所称道的政治体制,就是在于这种政治体制的特色是政府会回应人民的声音,并且人民将支持的呼声赋予政府统治正当性;而这种政府与人民之间以自己的声音回应对方的关系就是典型的共鸣关系。以此而言,水平或社会共鸣轴其实与霍耐特的承认概念很像。事实上,罗萨在这里很坦率地以霍耐特弟子自居,宣称共鸣理论一定程度上就是由改进了霍耐特的承认理论而来的。当然,不是所有家庭或友谊当中每个人彼此都愿意聆听与回应对方。也有发生家暴或充满道德绑架的家庭关系，产生所谓"煤气灯效应"的友谊关系，或是以民主之名行民粹之实的极权政治体制。罗萨也不是说家庭、友谊或民主中必然有共鸣关系。但就像上一讲介绍霍耐特时提到的"错误发展分析"所说的那样，虽然家庭、友谊、民主实际上不一定会实现理想状态，但这些制度之所以始终拥有高度重要性，是因为它们是以承诺会提供共鸣关系作为正当性（而且人类也的确需要这类共鸣）而发展出来的社会范畴。批判理论宗师阿多诺曾说过，社会学的其中一项重要任务就是去考察社会所承诺的事和它实际发生的事之间的落差，如此方能更有的放矢地对社会提出批判，挖掘出让社会可以往理想的方向进行变革的改善方针。[1]以此而言，水平或社会共鸣轴，乃至于所有区分出来的共鸣轴，都是多少带有这类规范理论意涵的理念型，一定程度上具有上一讲提到的霍耐特所谓的"规范重构"的成分。

　　第二种，罗萨称为"对角共鸣轴"或"物质共鸣轴"。顾名思义，这是人与非人的物界之间的共鸣范畴。这条共鸣轴的提出可能会让不少人感到讶异，因为如果所谓的共鸣意指一种聆听与回应的关系的话，那么物会说话吗？我们怎么聆听它、它会回应我们吗？但罗萨指出，这种认为物是毫无生命、毫无生机与气息的观点，这种将物给物化了的观点，其实是科学革命，甚至是理性化与祛魅化之后的现代社会才出现的观念。在这之前，长期以来很多人类社会是以"万物有灵"的想法去看待与理解世界的。即便是将物给物化了的现代世界，也因为气候变迁、各种生态危机等现象，让人类开始怀疑以物化的态度对待物是否恰当。将物视为主题，认为需要将物视为行动者或甚至物就是行动者的社会理论在近代开始纷纷出现，例如以拉图尔为代表的行动者网络理论，或近年来作为新兴范式出现的新唯物主义，都是例子。而且在现代人的日常生活中，主体寻求物界共鸣关系的情况也随处可见。像是很多人可能都会有为自己身边心爱的物品取名字的经验，即是例子。此外，在将物给物化了的现代世界中，人类依然会尝试建立起物界共鸣关系、物质共鸣轴。例如，劳动，根据马克思的理论，理想上是人类通过介入以与世界产生关系、进而造就主体性与自我持存的活动。异化劳动之所以受到挞伐,正是因为主体的劳动与产品(物)之间的关系因为资本主义运作形态而断开了。或是像足球这种球类比赛,不论是球员、还是观众,都深受人与球(作为一种物)之间共鸣关系的吸引。

不过罗萨在这个共鸣范畴中讨论得最多、最细致的,倒不是劳动或足球,而是课堂教育。罗萨指出,现代人与物的关系的建立往往首先是在课堂上萌发的。本质上,课堂教育应是一种让学生与物界产生共鸣关系的中介领域,亦即学生能在课堂上(例如通过老师的讲解、展示,或是通过实验课)体验、融入世界,了解(或是用罗萨可能比较喜欢的隐喻来说:聆听)物界的运作原理,并从中仿佛得到世界的回应般获得各种知识、成长,获得自我效能感。由于罗萨本身就兼任过德国高校学生咨询委员会的主席,与学生和教育学界有很多交流,因此他的共鸣理论提出后(至少在德国学界)很快就成为重要的教育学理论之一,亦即将共鸣作为课堂教育的实践方针与效果判准。

第三种共鸣轴被罗萨命名为"垂直共鸣轴"或"存在共鸣轴",它指的是与一般人世间之外的超越性的世界或彼岸之间的共鸣。宗教就是典型的这类共鸣轴。罗萨援引了以色列宗教社会学家布伯(Martin Buber)的思想指出,宗教本质上是一种将整个世界从"它"转换成"(永恒的)你"(亦即世界不是一个与我们无关的第三人,而是在我们对面、与我们交流的第二人,即神)的领域,通过这种转换,人类会感觉到能与世界对话,并通过各种仪式感受世界的回应。而且矛盾但有趣的是,我们在祷告时往往会闭上眼睛,而这种让自己回到内心的举动却可以使自己觉得与外界产生联系,这就是一种融为一体的共鸣表现。此外,宗教仪式往往也涵盖了其他的共鸣轴,例如教会组织作为社会共鸣轴,圣餐、十字架作为物质共鸣轴,都在宗教这个垂直或存在共鸣轴上交会。当然,罗萨不是鼓吹宗教迷信(按照他的定义,"迷信"意指信徒丧失了自己,宗教于此等同于回音般的教条,因此不是共鸣),但他认为人与超越性的世界产生共鸣联系,并让所有共鸣轴于此产生交会,对现代社会来说非常重要。此外,外太空、宇宙这种看似离人类非常遥远的超越性的世界,人类依然会尝试建立起共鸣轴。古人认为天象会影响或直接反映人类世界，因此会通过观星来建立人与宇宙之间的关系。月亮的阴晴圆缺总令人感伤。即便到了现代社会，星座（即宇宙与个人命运之间的共鸣关系）也总是在人类生活中占有一席之地。

　　就算我们认为应该讲究科学而不是把这种神秘学当真，自然科学中也依然不乏人类产生自或追求垂直共鸣轴的证据。例如 17 世纪科学革命的重要推手、天文学家开普勒（Johannes Kepler），他那影响了后来牛顿物理学的天文科学研究的基础即源于古希腊哲学的"音乐宇宙"（musica universalis）理念，亦即认为天体运行与音乐的法则是一致的，宇宙会发出一种歌声，因此我们要以聆听宇宙之声的方式来进行科学研究，以我们对宇宙的理解来回应这个世界。如果宗教、宇宙对于现代人的日常生活来说太遥远的话，那么还有一个垂直共鸣轴与我们日常生活更为紧密：大自然。罗萨认为，事实上"大自然"这种明明包罗万象却又统一、单数性质的概念是近代人与所处环境世界因科学革命、理性化等发展而区分开来后才出现的。但正是因为人与大自然被二分了，所以现代人前所未有地向往大自然，使得大自然成为一种超越性的领域。像是假期去郊外踏青、去海边度假，都是人类追求垂直共鸣轴的表现。而且，同样矛盾但有趣的是，现代社会开始出现一种观念，认为人走进外在大自然的同时，也可以从中发现主体的内在自然，亦即发现自我。各种走进大自然的活动常常也被认为是一种探寻自我的活动。这无疑又证明了共鸣关系与共鸣轴是人类主体性得以成立与维持的根本。

　　除了在《共鸣》一书中进行了完整分析的这三种共鸣轴之外，罗萨后来在一些地方又提出了**第四种共鸣轴："自我共鸣轴"或"自我轴"**。不过罗萨并没有对"自我共鸣轴"给出完整的分析，只是粗略地介绍了一下。从他的简单介绍看来，所谓的自我共鸣轴与我们前面提到的身体、情绪（感→动、刺→激、自我效能感）等有很大的重叠。也许罗萨后来认为这些也可以独立视为一种共鸣轴吧，但可惜对此他至今还没有进一步的解释，所以这一节一开头我们才会说罗萨提出了"三种或四种"共鸣轴。

（五）异化批判：提升逻辑与扩大对世界的作用范围

罗萨提出的这几种共鸣轴是很理想的状态；但"理想"就意味着事实并不总是那么美好。至少阿多诺和霍耐特都曾明确指出批判理论的其中一项任务就是要去揭示社会承诺过的理念为什么没有实现，以此探讨美好生活为何受到阻碍而没有实现。罗萨直接指出，对他来说（也许这亦可被视为批判理论第四代的宗旨）**批判理论的任务在于通过揭示理念与现实的裂缝，以设想乃至实现出各种不同生活的可能性。**而对于社会学家来说，此处最重要的优先任务就是去考察所谓的裂缝是怎么造成的。

当然，罗萨必须先说明这里的"裂缝"所指为何。罗萨很清楚地指出，既然共鸣意指主体与世界有一种通过聆听与回应而相互联系起来的关系，那么有问题、且问题最严重的世界关系，便是一种不再有聆听—回应，使得人与世界双方都静默、死寂下来的关系。罗萨将这种关系称为"异化"，并直接援用这一讲一开头提到过的他的同门师妹耶基的研究结果，**将异化明确定义为"缺乏关系的关系"**（Beziehung der Beziehungslosigkeit）。虽然罗萨也提到，异化不总是不好的，因为主体要是一天 24 小时都在与世界共鸣也是会累的，人与世界各自也是有需要独处、安静休息的时候。但问题是，现代社会的世界关系越来越呈现出走向绝对异化的趋势，主体在越来越多情况下与世界之间处于彼此缺乏聆听与回应的关系，世界越来越不理会主体的呼唤，主体也越来越不理解世界。主体与世界原本是一体而共鸣的，但在现代社会中却越来越是相互对立、相互沉默的。为什么世界关系在越来越多方面出现异化趋势呢？对于这个问题，罗萨强调一套恰如其分的社会理论必须从两方面进行分析。

其一是以"第三人称"的视角对客观的社会结构进行的分析。对此，罗萨指出，现代社会最重要的一个特征，就是在许多领域都以不断追求"提升"作为唯一目标，并成为其运作的主要逻辑。这种**提升逻辑**（Steigerungslogik）最具体的表现之一就是社会加速；或是说，之所以现代社会出现全面的社会加速现象，就是由提升逻辑所驱动的。所谓的提升逻辑意指现代社会在越来越多的领域都开始设置量化指标，并且一方面以"在固定周期内达成量化指标"作为各社会领域运作的唯一目的，不论该领域最初之所以会被人们建立起来的理念与目标为何。另一方面，在周期内达成指标之后，并不意味着人们在下一个周期要做的是继续达成同一个指标，而是要达到标准被定得更高的指标。**这造成现代社会在结构上唯有不断维持动态才能保持稳定。**例如今天各公司企业乃至国家，都会为自己定下一个季度（或一年）的营业目标（或经济增长率）。这最初是用来评估经济发展情况的，但今天任何公司和国家都已经不再以达到目标为目的了，而是要求必须要比上一个季度（或去年）的经济增长数字更高。而且所有公司和国家都会以此为唯一发展目标，至于公司体制是否健全、国民的贫富差距或生活品质是否提升，全都弃之不顾。这种情况在各社会领域中越来越普遍。穿戴设备将我们的身体状况转化成步数、睡眠分数、血氧等各项单一量化指标，指标原先是为了让我们可以随时知道自己的健康状况，但现在它每天都在提醒我们要做得比前一天的各项数据更为优化。以前，就业时有个本科学历就已被认为是很有竞争力了；但今天，社会上的企业对求职者的学历要求不断提高，有时候这甚至使求职者觉得没个博士学历都像是没读过书似的。在现代社会的提升逻辑下，人们的生活在各方面越来越被化约成单一量化标准，并且以量化标准的提升或优化为主要生活方式，主体与世界之间的聆听—回应关系越来越不可能。

这里可以发现，罗萨将他之前的加速理论融入他整套共鸣理论中，成为其中的社会结构批判的部分。原先在社会加速批判理论中提出的异化批判，现在在共鸣理论中依然是重点，但共鸣理论将异化概念界定得更为清晰，并与共鸣成为或多或少具有对立性质的一组概念。加速与异化的关系也不再是直接对应的，加速仅为异化的其中一项肇因。

那么另一项肇因是什么呢？罗萨认为，除了以第三人称的方式对客观社会结构进行分析之外，还必须以第一人称的视角对主观的文化观念进行讨论。意思是，光检视客观社会结构是不够的，社会学家于此还必须考察人们因为何种文化观念而产生相应于此种社会结构的行为动机。否则如果主体并没有相应的想法与动机,单单社会结构是起不了的作用的。即便现代社会基于提升逻辑而产生动态稳定的结构,但如果人们都不将之当成一回事,那么提升逻辑本身不会造成异化的世界关系。不过在罗萨的考察中,偏偏现代社会有一个与提升逻辑相呼应的重要而特殊的文化观念:**扩大对世界的作用范围**(Weltreichweitenvergrößerung)。例如在结构方面,可能一个国家今年的经济增长率跟去年一样,没有更好,但客观来看还是增长了。然而今天人们却有一种会带来恐惧感的观念:如果其他国家的经济增长率每年不断飙升,自己增长率却没有提高,那很快就会变成落后国家了。这种恐惧其实没什么道理,因为除了经济增长率之外,国民的财富分配、医疗卫生建设、治安、教育公平、阶层流动等各项问题也一样非常重要。像是日本经济,从"失落的十年"到现在都要变成"失落的三十年"了,几十年来日本经济基本没什么增长,但日本依然是世界经济强国,也没人认为它变成落后国家了。相反,如果一个国家其他方面都病入膏肓,只有表面上经济增长数字很漂亮,这个国家也并不会有所发展。然而现代人却因为提升逻辑而只将目光放在单一量化标准上,竟然就相信了这样的发展标准。这使得现代人对越来越高的标准的追求不是由为了变得更好的欲望所推动的,而是完全仅由对害怕落后的**恐惧**所推动的。对于单一(量化)标准的迷信,以及对害怕落后的恐惧,让现代人的生活开始变得以盲目追求更多的物质资源为唯一动机。我不知道我到底想要什么、到底想过上什么样的人生,但身边的人都在拼成绩、拼收入、拼指标,使得我也只能跟着大家一起拼成绩、拼收入、拼指标。因为害怕落后,我必须不断扩大我对收入、成绩、指标的掌控能力与掌控范围,亦即不断扩大对世界的作用范围。我对我所处世界的各方面的支配能力越多、越广,能攫取的各种物质资源就会更多,然后我就不会输给其他人了——即便或正是因为如此,可能我的生活并没有变得更好,而是更丧失意义、更让我绝望了。

当现代人因为"扩大对世界的作用范围"这种基于恐惧的观念而不断扩张对世界的支配、不断想全面掌控世界时,主体与世界之间的关系就会随之变得更为异化。罗萨的"不受掌控"或"半受掌控"概念可能会让一些读者很难接受。但如果从罗萨的这套理论来看，之所以这种概念很难接受，可能是"扩大对世界的作用范围"这个心态造成的。由于现代社会的文化观念要求人们凡事皆要全面掌控，认为任何事都能订出一个量化标准，所以不受掌控或暧昧不明的半受掌控才会显得刺眼。但真正应该让我们感到刺眼的，其实应该是"全面掌控"这种心态。而且矛盾的是，世界从来不是真的能被完全掌控的。现代人越是想全面掌控世界，世界往往反而会更加不受掌控，而且这不是作为共鸣前提的不受掌控，而是一种带来灾难的失控。因此，虽然现代社会似乎总是不断发展，经济指数越来越高、科技越来越发达，但现代人的生活却往往并没有变得更加美好，反而因此更加困难了。总而言之，我们面对的世界越来越听不见我的声音、不回应我的呼唤，越来越静默，越来越异化。

四、本讲小结

相比于仅聚焦在时间层面的社会加速（批判）理论，共鸣理论将焦点放在人类最根本的生存状态上（甚至一定程度上我们可以说，罗萨的共鸣理论是一套新的哲学人类学理论），并且非常全面地涉及诸如身体、教育、体育、民主政治、经济发展、宗教等各个社会领域，是一套非常大型的社会理论。当代能像罗萨这样发展出规模如此庞大且系统的社会理论家是相当罕见的。他的共鸣理论既提出了"共鸣关系"作为规范与价值的判断标准，也提出了"异化批判"作为指明问题的社会分析，让它有很庞大的发展与应用潜力。例如，教育学界便以罗萨的共鸣理论作为一套新的教育范式，以此作为课堂教学的设计方针与评价准则。或是社会工作学界也开始有学者将共鸣的建立作为社工人员与案主之间的互动方针，探讨社工人员如何以聆听—回应作为界定案主需求的路径。又例如在博物馆学的领域，两位青年学者彼德斯（Mathijs Peters）与马吉德（Bareez Majid）在 2022 年合作出版了一本书（在这本书出版之际，两人分别在荷兰与德国工作），该书对罗萨的共鸣理论进行了一定程度的修改，并将之用来进行经验研究，实地考察了伊拉克的安那·苏拉卡（Amna Suraka）大屠杀人权纪念馆如何通过各种共鸣的营造来取得哀悼与反思的效果。[2] 可以说，从 2019 年《共鸣》的英译版出版以来，全球社会科学的许多领域中都可以看得到罗萨的共鸣理论的影响力，也难怪罗萨能获得莱布尼兹奖。

此外，罗萨很自觉地以霍耐特弟子的身份发展出一套以"共鸣"为关键词的批判理论，对批判理论的发展也起到了非常大的作用，让世人可以明确指出批判理论到了罗萨这里已经进入了新世代。罗萨的共鸣理论对批判理论既有传承，也有批判性的推进。在传承的部分，"共鸣"这个概念和阿多诺的"非同一性"、哈贝马斯的"沟通"、霍耐特的"承认"是一脉相承的，但又将前辈们的这些概念调整得更适合于 21 世纪的社会情境，可说让批判理论重新翻修成一套属于当下社会情境的理论。但罗萨不只是翻修批判理论，而是通过"世界关系"概念将批判理论的适用范围推向了他的前辈们没有达到的地方。哈贝马斯、霍耐特的理论都只聚焦在人与人构成的社会世界关系；阿多诺或其他第一代批判理论学者虽然提及了内在精神心理层面与绘画、音乐等超越性的艺术层面，但还是只停留在人类世界。而罗萨的理论则让批判理论首次系统性地涉及"不只有人"（more than human）的世界，特别是批判理论以往几乎没有谈到的物界。可以说，罗萨之所以用"共鸣"取代诸如"沟通"或"承认"等原有的批判理论概念，就是因为一旦将批判理论推广到不只有人的世界关系，共鸣会比其他原有的概念有更广泛的适用性，而这对批判来说无疑是一个相当革命性的进展。

不过，罗萨的共鸣理论当然不是没有遭遇批评。当中最不绝于耳的、实际上也是最致命的，就是质疑共鸣是否真的能作为规范准则。即便罗萨不断强调他的共鸣意指一种让差异能被维持下来的不受掌控，一种有聆听—回应、能产生自我效能感的关系，但仍然有许多学者认为共鸣可能产生不好的后果，甚至恰恰就是权力乃至暴力的来源，因此认为罗萨无论如何都必须进一步区分出好的与坏的共鸣，否则难有说服力。例如在校园霸凌中，霸凌者在旁观者的鼓噪中对受害者施加暴力行为。按照罗萨的说法，这当然不是共鸣关系，因为霸凌者和受害者之间缺乏任何可称为共鸣的要素。但如果是在霸凌者和旁观者之间呢？这两者很可能是符合罗萨定义的共鸣关系的，霸凌者和旁观者的动力可能恰恰就来自彼此的共鸣。共鸣关系有可能是有边界的，这个关系群体的共鸣很有可能正好是破坏另一个关系群体的原因。由于罗萨选择将共鸣视为规范准则，因此始终坚持不将共鸣再区分出好的与坏的，而是努力将共鸣定义得更为精致。但是，平心而论，就算定义得再狭隘，在回应这项质疑时罗萨还是显得很吃力。所以像前文提到的彼德斯与马吉德虽然采用罗萨的共鸣理论进行经验研究，但他们还是决定原创"共鸣光谱"这个概念对共鸣进行一些类型区分，没有将罗萨的信念照单全收下来。

此外，虽然罗萨的共鸣理论为批判理论的发展作出的最大贡献，是将批判理论的讨论范围推广到物界，但他的这套理论最薄弱的地方恰恰也来自物界。罗萨指出，聆听—回应的共鸣关系在人与物之间也存在。判断人是否聆听与回应物，相对简单；但我们如何判断物是否也聆听、回应人呢？毕竟物不会说人话（就算是人工智能今天能生成自然语言，那也是由人所设计、制造出来的，不是物本来的声音）。非常有可能我们以为我们和物达到了共鸣关系，但这不过是我们人类的一厢情愿，实际上两者之间并没有共鸣关系，甚至已经处于异化关系中。

之所以物界共鸣关系在共鸣理论中显得相对薄弱，很大的原因在于罗萨对物的社会理论分析不够充分、扎实。不过对于这项缺陷，不论是罗萨自己、还是共鸣理论批评者，都不认为很致命，因为近年来学界已经开始兴起一波"物质转向"的风潮，各式各样关于物的社会理论开始出现，这些现有的理论资源可以很好地补充共鸣理论在这方面的不足。罗萨自己在面对这项缺陷时，也常轻松地直接援用现有的关于物的社会理论来回应。其中，促使社会理论界兴起物质转向的最重要的推手，也是对罗萨产生莫大影响、在建立共鸣理论的过程中他相当仰赖的前辈，便是法国社会理论家拉图尔，亦是下一讲要介绍的学者。

最后是关于这一讲的书单。罗萨的理论很好入门，因为，如本讲一开始提到的,罗萨自己就很热衷于撰写一些科普性质的小书介绍自己的理论,这些小书都非常简单易懂。关于他的社会加速(批判)理论,简明版的小书可见:

- 罗萨:《新异化的诞生:社会加速批判理论大纲》,郑作彧译,上海人民出版社 2018 年版。

共鸣理论的简明版,可见:

- 罗萨:《不受掌控》,郑作彧、马欣译,上海人民出版社 2022 年版。

罗萨运用共鸣理论在教育和音乐领域方面所作的分析也很值得推荐:

- 罗萨:《共鸣教学》,王世岳译,上海人民出版社 2025 年版。
- 罗萨:《当怪兽咆哮天使吟唱:简明重金属音乐社会学》,彭蓓译,上海人民出版社 2025 年版。

另外,罗萨在 2021 年和德国除罗萨之外的另一位非常重要的社会理论家莱克维茨(Andreas Reckwitz, 1970—   )合著了一本书,在这本书中罗萨用较为学术、但整体也还算比较简明的方式介绍了他整个理论的最新进展,并且书中还可见莱克维茨对共鸣理论的批评,让人能瞥见罗萨与德国学界的互动情况,因此也很值得一读:

- 莱克维茨、罗萨:《晚期现代社会的危机:社会理论能做什么?》,郑作彧译,上海人民出版社 2024 年版。

不过,虽然入门简单,但若要真的充分了解罗萨的批判理论,还是必须去阅读他真正的学术专著,而这就不是一件简单的事了。虽然这些专著的用字遣词依然朴实好懂,并不是内容晦涩的天书,但问题是其内容都非常庞大,知识门槛很高,篇幅非常浩繁。若要阅读与钻研,还是要有点心理准备,必须要有耐心,不能讲求快速与全面掌握。其中最重要的是:

- 罗萨:《加速:现代社会中时间结构的改变》,董璐译,上海人民出版社 2025 年版。
- 罗萨:《共鸣:世界关系社会学》,林靖宇等译,上海人民出版社 2026 年版。

另外,如本讲开头提到的,批判理论第四代群体中,除了罗萨之外,耶基也是非常重要的人物。而且有趣的是,罗萨和耶基虽然师出同门,两人也有很多的合作、很好的情谊,但也时常相互批评、相互切磋。甚至罗萨的共鸣理论中有一些内容实质上是对耶基的批判。本书由于各种原因没办法介绍耶基。但若有读者对耶基的批判理论感兴趣,那么可参考耶基较新的一本著作及其译者导读:

- 耶基:《进步与退步》,郑作彧译,上海人民出版社 2027 年版。

最后,上述关于罗萨对物—人共鸣关系讨论不充分的批评,郑作彧曾写了一篇完整的批判文章,有趣的是罗萨回应了这篇文章,还反过来批判郑作彧的批判。对罗萨的攻击性防御感兴趣的读者,也不妨参阅这两篇文章:

- Cheng, Tsuo-Yu 2023, "On the quadrants of the thing-world relations: A critical revision of Hartmut Rosa's resonance theory in terms of thing-world", *The Journal of Chinese Sociology*, 9(2):33—51.
- Rosa, Hartmut 2023, "Resonance as a medio-passive, emancipatory and transformative power: A reply to my critics", *The Journal of Chinese Sociology*, 9(2):100—109.

注释

［1］阿多诺这句话的出处，甚至是阿多诺作为批判理论第一代代表人物对社会学研究任务的讨论，感兴趣的读者可参阅：阿多诺:《社会学导论》，郑作彧译，上海人民出版社 2026 年版。

［2］Peters, Mathijs and Majid, Bareez 2022, *Exploring Hartmut Rosa's Concept of Resonance*. London：Palgrave Macmillan.

第七讲　社会理论的物界研究开端：
拉图尔的行动者网络理论

一、基本介绍

布鲁诺·拉图尔（Bruno Latour，1947—2022）可说是"复合型选手"，一位不被学科边界局限的跨领域的学者。拉图尔曾笑称，即便是在同一个图书馆里，他的书也会被分别放在哲学、社会学、人类学、法学，乃至建筑学、景观设计等不同类目的书架上。不过，虽然他的研究涉及很多学科领域，但他明确说过他还是以作为一名社会学家而自豪。的确他的理论思想并非纯粹的抽象思辨，而是以大量的经验研究为基础建立起来的。加上毕竟我们这本书的立场是社会学，所以就姑且把拉图尔当社会学家吧。

然而，相比于前面介绍过的博尔东斯基等法国社会学家，拉图尔的学术生涯既非从巴黎开始，也非从社会学起步。拉图尔 1947 年出生于法国勃艮第地区的伯恩（Beaune），自高中起便痴迷于哲学，尤其是尼采。大学期间他开始钻研德国神学家布尔特曼（Rudolf Bultmann，1884—1976）的思想，并以其理论为基础完成了博士论文《解经与本体论——以耶稣复活为例》（*Exegèse et ontologie à propos de la resurrection*），于 1975 年在图尔大学（Université de Tours）获得哲学博士学位。平心而论，这样的学历背景并没有什么亮眼之处。拉图尔既非名校毕业，也不像博尔东斯基那样出身自"学术名门"。没有师门加持不仅意味着拉图尔的学术事业必须白手起家，也意味着他不太容易在学术界中一开始就能拥有让大家很快接受他的标签或定位。所以在一段时期内,拉图尔在法国学术圈中不仅是外省人,更是圈外人,他甚至还被刻薄的同行嘲讽为"学术孤儿"。不过,虽然学术出身没有太多优势,这种无师无派反倒让拉图尔无拘无束,他的学术生涯似乎从一开始便是在挑战学术传统,也让他毫无包袱地从法国之外的地方崭露头角。

● 布鲁诺·拉图尔。
图片来源:https://www.prendreparti.com/2020/03/25/bruno-latour-la-crise-sanitaire-incite-a-se-preparer-a-la-mutation-climatique/。

　　拉图尔的学术生涯大致可以分为三个阶段。第一个阶段可以从他1973年到非洲服役算起,一直到1982年为止。在这一时期,他主要通过人类学的田野工作进入社会学研究领域。拉图尔在服役时参与了法国海外科研技术办公室所委托的一项发展社会学调查,探究为什么法国公司在后殖民时代的科特迪瓦阿比让地区很难招聘到"有能力"的当地人担任高管。这项调查让浸泡在哲学传统里的拉图尔接受了较为系统的人类学训练。拉图尔对具有不同经济背景的本地人和欧洲人开展了约130次半结构式访谈,并形成研究报告《阿比让工业环境中关于有能力的意识形态》(*Les idéologies de la compétence en milieu industriel à Abidjan*, 1974)。

　　在告别非洲后不久，拉图尔便获得了博士学位，接着受美国法裔神经内分泌科学家吉耶曼（Roger Guillemin，1924—2024）的邀请，在富布莱特·海斯奖学金的资助下前往位于美国加州的索尔克生物研究所（Salk Institute for Biological Studies）进行人类学式的参与观察。他于 1975 年 10 月进入吉耶曼的实验室，一直待到 1977 年 8 月。在这段时间里，拉图尔在默顿（Robert K. Merton）创立的社会科学研究学会（Society for Social Studies of Science，简称 4S，后来拉图尔也担任了该学会 2004 年至 2005 年的会长）第一届年会上结识了史蒂夫·伍尔佳（Steve Woolgar，1950—　　）。作为英国人的伍尔佳很快便成了拉图尔的英语搭子，在帮助拉图尔提高英文写作技巧的同时还向他引介了科学知识社会学。不久，相处甚欢的两人基于拉图尔所提供的经验资料，以英文合著了一本科学知识社会学著作《实验室生活：科学事实的社会建构过程》（*Laboratory Life：The Social Construction of Scientific Facts*，1979）。这本书融合了伍尔佳的英国科学知识社会学背景和拉图尔的法国哲学传统，详细阐述了科学知识是如何被生产出来且被认定的过程。这本书一出版就引起轰动，拉图尔由此在学术圈开始小有知名度。值得一提的是，因为在研究下丘脑所产生的激素方面的杰出贡献，吉耶曼成为 1977 年诺贝尔生理学或医学奖的共同获奖者之一，初出茅庐的拉图尔和他的《实验室生活》也因此沾了吉耶曼的光引来不少自然科学家的关注。

　　虽然《实验室生活》的面世让拉图尔崭露头角，但他并没有为此而满足。在一结束索尔克生物研究所的田野调查后（甚至在《实验室生活》还没有出版之前），拉图尔便马上投入下一项研究中。1978 年到 1981 年，拉图尔参与了法国国家科学研究中心组织的"巴斯德与法国社会"科学史研究，并将其研究成果写成《微生物：战争与和平》（*Les Microbes：guerre et paix*）一书，于 1984 年出版。这本书也成为他职业生涯中第二部标志性作品。也是从这个阶段开始，成名于海外的拉图尔在用英语写作的同时也渐渐回过头来用他的母语——法语——创作，这也代表着他的学术根据地逐渐回到了他的祖国。1982 年，拉图尔入职巴黎高等矿业学院的创新社会学中心（Centre de sociologie de l'Innovation），这是他学术生涯第二阶段的开始。他逐步确立了自己的学术风格和地位,并逐渐发展出后来成为他的理论标签的"行动者网络理论"。一直至 2006 年加盟巴黎高等政治学院,才差不多宣告他在第二阶段的任务已基本完成。

在第二个阶段中,虽然拉图尔对科学活动依然有着极大的兴趣,但他并没有驻足,反而将视域转向了更大的范围。在 1991 年出版的《我们从未现代过:对称性人类学论集》(*Nous n'avons jamais été modernes — essai d'anthropologie symétrique*)中,拉图尔以"我们从未现代过"这个说法抨击了现代性与后现代性的诸理论,引起整个社会科学界的讨论。这本书明确提及的生态问题也贯穿了他此后的学术生涯。在 1999 年出版的《自然的政治:如何把科学带入民主》(*Politiques de la nature. Comment faire entrer les sciences en démocratie*)中,拉图尔呼吁,倘若想严肃对待我们赖以生存的生态,对政治的理解必须发生深刻转变。借此他重新定义了"政治生态学"以及科学在民主中的作用。在 1994 年至 1999 年间,拉图尔把他的田野转移到了法国最高行政法院——国务委员会,并于 2002 年出版了《法律的制造:法国国务委员会的民族志考察》(*La fabrique du droit. Une ethnographie du Conseil d'Etat*)。这本书不仅对法官在处理案件达成共识时的工作进行深描,还将科学实验室中的客观性和法律中截然不同却十分特定的客观性进行了比较。在此意义上,可以将这部作品视为《实验室生活》的法院版本。到了 2005 年,拉图尔以社会学家的身份用英文写成《重组社会:行动者网络理论导论》(*Reassembling the Social:An Introduction to Actor-Network-Theory*),完整论述了行动者网络理论。这一著作标志着拉图尔对该理论的发展与论证已基本定型,在其思想发展脉络中具有承上启下的意义。

如果说拉图尔在第一阶段主要埋头于以科学议题为主的经验研究,第二阶段侧重于面向更丰富、多元的社会现实进行理论构造,那么,在 2006 年进入巴黎高等政治学院之后,拉图尔则开始公开展露他的哲学思想,这也是他第三阶段的主要方向。2007 年至 2013 年,拉图尔还担任了巴黎高等政治学院的副校长,分管科研工作。2012 年,拉图尔出版了他最厚的著作——

《存在模式探究：现代的人类学》(*Enquête sur les modes d'existence：Une an-thropologie des modernes*)。拉图尔用这本近五百页的大部头著作呈现出一个令人眼花缭乱的非现代方案，书中的分类体系相当繁复。2017 年拉图尔荣休，但他依然笔耕不辍，并且越来越频繁地参与关于生态的社会讨论。针对这些议题，他相继出版了《面对盖娅：新气候体制八讲》(*Face à Gaïa：Huit conférences sur le Nouveau Régime Climatique*，2015)、《着陆何处？ 如何在政治中找到方向》(*Où atterrir? Comment s'orienter en politique*，2017)。除了以文字阐释自己的理论，拉图尔在这一阶段也很喜欢用图像、影像、互动参与等多种形式展示自己的观点，在国际上许多地方举办过展览。

　　学术生涯中获奖无数的拉图尔很早就被认为已跻身社会理论大师之列。他的研究内容跨越多个领域，连在法国发行量极高的《世界报》都称他是个"无法被分类的知识分子"。不过就连拉图尔自己都认为，最让他出圈的概念其实是他关于"物"的理论。社会理论并非总是只讨论人而从未讨论物，但直到拉图尔的"行动者网络理论"开始，才真正有人系统性地挑战了过往社会理论对于物的理解，将物和人同样视为参与世界建构的行动者，让社会学研究的对象从人类社会世界扩展到物的世界。可以说，拉图尔启发了社会理论的物界研究，直接促使了"新唯物主义"理论思潮近年来在社会理论界的突然爆红。例如下一讲将要介绍的哈曼便常自称为拉图尔的小迷弟。然而尽管拉图尔强调社会理论必须将物视为探讨主题，但他不会把自己归入"新唯物主义"阵营，而且有趣的是当代学者也不会将他视为新唯物主义者。即使他的"行动者网络理论"看似突出了物的存在，但实际上他从未说过这是一个关于物的理论。这便造成了一个有些吊诡的局面：人们一面在言"物"时必引拉图尔，因为是他开启了社会理论的物界研究；但他好像从来没有真的把物说清楚，让人感觉在进行物界研究时难以从他的理论中获得充足的帮助。

　　2022 年 10 月，拉图尔在巴黎过世。虽然此前已患癌多年，但他始终表现得非常有活力，一点也没有被病魔折磨的样子。他甚至还在过世的前一个月参加了巴黎高等政治学院一百五十周年校庆并致辞。这使得他的过世令人感觉有点突然与错愕,让人感到故事好像不应该戛然而止。

作为社会学物界研究的开端,拉图尔关于"物"的论述并非一以贯之,而是多有迂回,而且他的理论发展也不是一蹴而就的。要了解他的理论,他最初崭露头角的科学实验室研究可能是最好的出发点。

二、生物实验室中的科学知识研究

拉图尔最初到科学实验室里进行的社会学研究,是以人类学的视角与研究方法,也就是说他的做法是把科学实验室当丛林、把科学家当原始部落那样,探讨科学知识是如何生产出来的。把我们今天觉得高高在上的科学家(而且还是真的拿到诺贝尔奖的顶尖科学家)当作原始人来研究,无疑让人感到新奇有趣;但对科学知识的研究并不是拉图尔原创的研究取向,也不是他的研究获得学界重视的原因。把科学知识当研究对象来进行探讨的社会学研究在拉图尔之前就已行之有年。所以要真正了解拉图尔在这方面的研究的实质价值,我们必须先大致了解一下科学知识社会学的整个发展背景。

(一)科学知识社会学概述

讲到"科学知识社会学",可能有读者会纳闷:这东西跟"知识社会学"或"科学社会学"有没有关系? 是一样的东西吗? 答案是,这三个看起来很像的东西虽然在今天的确有很大的重叠,不那么严谨地将三者混为一谈常常也无伤大雅,但如果严谨一点来看的话这三者不完全一样,而且从历史上来看这三者甚至一开始并非都有重叠之处。之所以如此,与社会学看待科学的态度有关。[1]

如第一讲提到的,今天意义上的有系统内涵的"知识社会学",一般认为是曼海姆在《意识形态与乌托邦》中建立起来的。曼海姆主张人类所有知识都是社会的产物；不过那时他又补充了一点：这个"所有知识"仅指社会文化方面的知识，不包括科学知识。之所以这样区分，是因为曼海姆认为自然科学家获得的科学知识是对自然事实的真实反映，因此可以不受社会因素的影响。这使得知识社会学最初把自然科学和自然科学知识排除在研究范畴之外。

不过在曼海姆之后没多久，情况就稍微出现了一些改变：社会学虽然不研究"科学知识"，但不代表社会学因此不能研究"科学"啊！我们从第一讲就不断提到的默顿便在他于 1938 年发表的博士论文《17 世纪英格兰的科学、技术和社会》里考察了近代科学起源的社会文化因素。为什么 17 世纪英格兰的科学能够飞速发展？默顿发现，在 17 世纪，清教强烈影响了整个英格兰，这样的影响力同时也为科学树立了声望，使科学活动备受尊重。他进而得出结论：是清教造就了促进科学兴起的结构类型。

这本书的整个论证方式其实很像韦伯的《新教伦理与资本主义精神》，我们将之直接改名为《清教伦理与科学主义精神》也毫不违和。之所以默顿会研究这个议题，是因为他目睹了第二次世界大战期间希特勒迫害犹太人、迫害理论物理学的行径。这种对科学发展的破坏是科学知识本身所无法解释的，所以他从社会中去寻找原因。通过这样研究，默顿建立起了"科学社会学"（sociology of science），其旨在将科学视为一种具有独立规范结构的社会制度，以此去研究科学活动的职业群体特征，尤其侧重于研究科学家在科学实践中的行为规范等问题。不过默顿的科学社会学并不探讨例如"万有引力为何会被认为是正确的"这种针对科学知识本身的问题。因为事实上默顿和曼海姆一样也认为社会因素无法进入对科学知识的定义之中，科学内容最终由自然决定，或至少是由一个普世皆然的标准来裁定。社会学既没办法也没必要去解释科学知识。

然而曼海姆和默顿的观点（其实也是当时大多数人的观点），在库恩（Thomas Kuhn，1922—1996）的著作《科学革命的结构》于 1962 年出版后被动摇了。

库恩原本是学物理学出身的。有一回他在准备为社会科学家介绍物理学发展的讲座时,接触到了科学史的内容。在阅读科学史的过程中,他发现亚里士多德的力学体系和牛顿的力学体系大相径庭。不仅亚里士多德和牛顿之间是如此,牛顿和爱因斯坦的科学体系也同样极为不同。甚至都是后一个力学体系否定了前一个力学体系。过去人们常觉得科学知识是不断传承、累积下来的,科学家是站在巨人肩膀上才看得更远的;但库恩发现实际上科学知识并没有那么连续的传承发展性,甚至科学家往往是因为否定了前人的知识才获得突破的,亦即科学家实际上是因为踩扁了巨人肩膀所以才成为巨人的。

库恩进一步梳理了整个科学史之后发现,在每个时期中,都会有一整套提问视角、思维模式、评判标准等框架来指导这个时期的科学知识的生产。库恩将这种框架称为"范式"(paradigm)。每个范式在它们各自的时代中都可以解决一些问题,但也都有回答不了、无法解决的问题。在该范式大行其道的时代中,科学家都会认为之所以有一些问题回答不了,是因为这个范式还不成熟;只要这个范式发展完备了,这些问题终究可以获得解决。所以那个时代的科学家会基于对这套范式的信奉而不断用同一套范式进行研究。

然而当这套范式无法解决的问题累积得越来越多的时候,终究会在某一天有一批年轻的科学家开始认为这些问题的无解不是因为这套范式不成熟,而是因为这套范式根本是错的,并且开始发展新的范式。当某一个新范式的确获得了更多的问题解决能力,获得越来越多信徒,并且信奉原本范式的大佬开始纷纷退休、新的学者能掌握话语权之后,范式就会产生转移,科学研究也因此会进入新的时代。库恩的结论便是:科学的历史即是不同范式之间前后交替、转移的过程。范式转移会让科学家对其研究所及的世界的看法产生变化。就算面对的是客观、不因人的意志而改变其运作原理的自然世界,科学家也会因为不同的范式信仰和诸如学术江湖权力等因素而采取不同的实验方法与解释模式,而得出不同的科学知识。就像一幅鸭兔图,即便是静态不变地摆在那里,但先前科学家眼中的鸭子在经历范式转移后很可能会变成兔子。

● 鸭兔图。
图片来源:**https://zhuanlan.zhihu.com/p/37928317**。

　　库恩的范式概念,意味着科学研究即便是在研究自然现象后得出客观知识,但其背后也依然有诸如范式信仰、学术场域、权力等社会要素在发挥作用。于是,库恩一下子撼动了知识社会学与科学社会学的前提,向来被认为独立于社会的自然科学知识不再是铁板一块,自然科学知识也不再被认为真的那么独立于社会世界而存在。

　　1966 年,英国爱丁堡大学的几位年轻学者成立了一个名为"科学研究小组"(Science Studies Unit)的研究中心,主要成员有布鲁尔(David Bloor, 1942—　)、巴恩斯(Barry Barnes, 1943—　)等等。他们受库恩的启发,批评默顿的科学社会学过于狭隘,缺乏对科学知识本身的关注,顶多只能算是"科学家社会学"。为了克服社会学在传统上对解释科学知识的限制,更为了与默顿的科学社会学相区分,他们创立了"科学知识社会学"(Sociology of Scientific Knowledge,简称 SSK),一个专门针对科学知识、将科学知识当作对象的研究领域。不过"科学知识社会学"也只是一个笼统的说法,它包含着许多不同的流派,比如爱丁堡学派、巴斯学派,等等。但这些流派的基本立场是一致的,都认为科学的知识本身在一定程度上是一种社会产物,进而科学的客观性、合理性在一定程度上也是社会利益和主导价值观的延伸(至于"在一定程度上"究竟是多大程度,不同的流派有不同的立场)。

虽然科学知识社会学强调科学知识多多少少都是由社会所建构出来的,然而他们对于所谓的"社会"是什么,却没有特别清晰的说明,只是非常含糊地使用利益、阶级等概念,说这些东西是构成科学的决定性因素。至于所谓的社会究竟如何通达微观的科学实践,科学又如何因这些社会因素而获得效力,他们往往并没有给出合适的回答,但其思想却在客观上造成了对科学知识的瓦解,乃至对整个科学地位的瓦解。面对这种局面,美国数学与物理学家索卡尔(Alan Sokal, 1955—)就曾很不客气地回应道:如果你们认为物理学定律只是一些社会建构出来的产物,那么你们敢不敢从我21楼的公寓窗户跳出去来打破这些定律啊? 姑且不论索卡尔的这种质问是否有道理,至少这表明:科学知识社会学对科学的各种说法在科学家看来不少时候很有攻击性,因此造成了这一派的社会学和科学之间常常处于敌对关系。

通过上述的梳理我们大概可以知道,"知识社会学"最初在曼海姆那里并不包含科学;"科学社会学"最初在默顿那里虽然研究科学(而且专门研究科学),但只研究科学职业群体活动,不讨论科学知识;"科学知识社会学"则专门研究科学知识,但将之当作是一定程度上由社会建构出来的结果,把科学知识相对化,这样的做法非常有争议。也就是说,这三条路径在它们最初的发展中都有各自的缺陷。[2] 相比之下,拉图尔则通过《实验室生活》及相关著作走出了一条相当有创造性的进路。

(二) 拉图尔的科学实验室研究

在索尔克研究所待了21个月,拉图尔发现他在实验室里面对的真是一个混乱的"部落"。实验室有各种仪器,一群科学家操弄着由各种仪器吐出印有各种数值的纸,然后科学家们开始相互交谈:讨论、吵架、协商,甚至还聊八卦。最后,写论文、改论文,再吵架、协商,投稿,发表,申请经费。就这样,然后吉耶曼竟然就因为发现了TRF(促甲状腺素释放因子)的化学结构而得到诺贝尔奖了! 这乍看像是由草台班子所构成的实验室部落,怎么就生产出被认为严谨而不容置疑的科学知识呢? 拉图尔的《实验室生活》便是想回答这个问题。

我们直接说结论:拉图尔认为,科学知识是建构的。

这个结论看起来跟布鲁尔他们的科学知识社会学的观点一样,似乎没有什么新颖之处。但实际上完全不同。在最初的科学知识社会学那里,科学知识被认为和所有其他社会文化观念一样都只是由各种诸如意识形态、利益、权力等所构筑出来的话语。科学知识并不对应什么客观依据,甚至也没有对错可言,而是完全依不同的社会情境而相对的知识。这时候所谓的"建构"几乎和"虚构"没有什么两样。但拉图尔的"建构"不是这个意思。他没有认为科学知识是一种完全没有客观依据、虚构出来的东西。他要说的是,看起来宛若"不可置疑的事实"的科学知识并非本来就存在而有待发现的真理,而是经过一整套非常复杂的社会活动而造就的。"建构"在拉图尔这里更多意指一种让科学知识得以成为科学知识的"知识营造过程"。而且拉图尔也不是根据各种哲学思辨或史料论证而提出这个论点的,而是非常具体地呈现出他在科学实验室对科学家们研究 TRF 过程所进行的观察的结果,所以很有说服力。

那么拉图尔的研究内容到底是什么呢？他在《实验室生活》中呈现得非常细致,但太过细致了,包括对 TRF 的化学结构的介绍。这东西对非生物化学专业人士来说可能会造成阅读障碍。就连拉图尔都抱怨他在弄懂这些东西的时候就像在读中文一样痛苦(虽然对我们中文读者来说,可能反而会觉得"如果这些东西真的全部是中文就好了")。所以我们这里把拉图尔的整个讨论大幅简化,并另外举一个假设性的例子。

假设这个实验室想研究水加热后的特性。为了要研究水一直加热会怎么样,因此整个实验室的科学家都在操弄各种仪器来煮水,观察与测量水。最后科学家发现水一直加热下去会开始冒泡、气化。这时候科学家们就开始翻阅各种文献,七嘴八舌地讨论要怎样呈现这个过去文献没有讨论过的现象。可能有人建议用气压形态来阐述这个现象,一旁的同事可能会说:"不行,这种说法可能别国实验室也会发现,甚至会先于我们把论文发出来。而且这种研究结果感觉太平淡,对我们后续申请更多经费帮助不大。"也许这两名同事吵成一团,也许大家点头同意。经过大伙不断吵架,写作论文,修改论文,做实验,最后可能终于生产出一篇像样的论文了,当中宣称"水加热到摄氏一百度会沸腾、气化"。然后全世界实验室照着这个论文的说法重新把实验做一遍,发现确有此事,于是该论文的第一作者和通讯作者就被奉为"发现水的特质的伟大科学家"。

在拉图尔看来,"水加热到摄氏一百度之后会沸腾、气化"这件事当然是真的会发生的客观事实,不是虚构的。但他强调,这个事实背后其实隐匿了很多事情。首先,水并不会自己就突然跑到火上面烧到沸腾。如果没有科学家把水拿来加热、如果科学家不用温度(而是用气压,或不用摄氏而是用华氏)来阐述这个现象等等,"水加热到摄氏一百度之后会沸腾、气化"这件事并不会发生。是科学家们用各种仪器做这个实验,并且在实验室里因为各种动机(例如为了抢先发论文,为了申请经费)而从温度层面来阐释沸腾与气化,所以才会出现"水加热到摄氏一百度之后会沸腾、气化"这个现象与相应的说法。但最后科学家们生产出来的论文,却把这一切幕后花絮(实验室的物质设备,科学家们的动机、心眼、争执)全部隐匿,显得仿佛"水加热到摄氏一百度之后会沸腾、气化"是一项完全与人无关的自然现象。然而事实上,是因为有这些被拉图尔称为"建构"的科学活动过程,科学知识才会被营造成一种自然事实。**科学事实并不预先存在,而是经由科学陈述的建构才有科学事实的出现,但出现之后科学却把这项事实营造得如同先于科学陈述而存在并等着世人发现似的。**

不过,虽然拉图尔的论证有道理,但平心而论,他用"建构"这个词的确很容易造成误解,因为这个词在社会科学界的确常常首先意指的就是近乎"虚构、无中生有"的意思,所以这让很多人误以为拉图尔是反科学的。除此之外,还有一个对拉图尔这项研究的批评的确非常有道理,即指责拉图尔只关注实验室内的琐碎细节,而无视实验室与外界的任何关联。难道外面发生的一切都对实验室里的一举一动没有任何影响?

事实上,在离开索尔克生物研究所之后,拉图尔便对这次田野调查作了自我反思。他也认为像《实验室生活》这样的实验室研究直接从某个既定的地点出发,没有去考虑这一出发点是否适切,是很有问题的。为了转变自己的研究方法,也为了回应那些质疑,在 1987 年出版的《科学在行动：怎样在社会中跟随科学家和工程师》(*Science in Action*：*How to Follow Scientists and Engineers through Society*)中,拉图尔提出了这样的研究问题：实验室内的科学家(比如每日忙于实验操作的助理研究员)和实验室外的科学家(例如为申请课题经费而四处游说的项目负责人),谁对实验室的发展更为关键？这一著作同样涉及实验室研究,只是这次不再将实验室作为起点,而是以多个案例展现实验室内外相通、多方联动的运作,从异质性网络的运作角度来描述科学知识的生产。通过这样的视野,拉图尔让我们看到了科学实践并不像教材里所写的那样清晰、简洁、具有美感,而是要复杂、混乱得多。这样的实践也并非单纯的求知,它在生产知识的同时已延伸到社会现实的其他领域,在不断地介入和改造世界。所以,拉图尔呼吁要从研究"已经完成的科学"(science already made)转向"制造中的科学"(science in making)。"已经完成的科学"对应着研究阶段、争论阶段已经结束的科学,"制造中的科学"则是仍在经历着未知的命运,要么尚未形成结论,要么还在进行着逻辑重构的行动中的科学。

我们可以发现,拉图尔这时候把"建构"这个词转换成"行动"了,亦即他不说"科学知识是建构出来的",而是改称"科学知识是无数行动不断进行着的过程"。这样的修正也让拉图尔的科学知识研究的确澄清了许多先前遭遇到的误会。

20 世纪 80 年代中期之后,整个社会科学界出现了一个研究领域：科学与技术研究(science and technology studies,简称 STS,以下一律使用这个简称)。这是一个庞大的跨学科研究领域,旨在探讨科学与科技的发展和社会情境之间如何相互影响,这个领域包括了历史学(尤其是科学史)、哲学(尤其是科学哲学)、社会学(包括科学知识社会学,虽然可能有科学知识社会学家会觉得 STS 并没资格"包括"他们)、人类学、文化研究、公共政策,等等。相比于科学知识社会学,STS 的立场更加多元、大多时候也不那么极端。在参与 STS 的诸多领域中,不论是哪个领域都将拉图尔的研究视为最重要的奠基与贡献者之一。然而,虽然拉图尔在整个 STS 领域中得到了极高的声望,但他没有因此躺平在这个领域里,反而离开了舒适圈,尝试将他在科学知识研究中得出的各种理论性的构想投入一个广泛也更麻烦的问题领域中去;这个问题领域就是"社会"。也是在这个阶段中,拉图尔发展了让他在社会理论史上占有重要一席之地的"行动者网络理论"。

三、行动者—网络—理论

拉图尔对"行动者网络理论"(actor-network-theory,简称 ANT)的构思可以一路追溯到他学术生涯第二阶段早期出版的《微生物:战争与和平》这部有关巴斯德的案例研究著作。这本书其实从头到尾都没有提到"行动者网络理论",因为这个名称在拉图尔写这本书的时候都还没有正式诞生。但后来拉图尔真正在发展行动者网络理论时,很多的理论概念与例子在这本书里就出现了。之后这个理论在《重组社会》中集大成。但《重组社会》并不是行动者网络理论的搭建终点。他依然不断在修正与发展这个理论,一直延续到 2013 年问世的《实存模式探究》都还不见颓势。

为便于介绍,我们从拉图尔的巴斯德研究开始谈起,继而探索几个关键概念,逐步揭开行动者网络理论的面纱。

(一)"巴斯德英雄叙事"的翻案

《微生物:战争与和平》(这本书在 2001 年的新版,书名改成了《巴斯德:微生物的战争与和平》)的副标题"战争与和平"不是单纯为了修辞而起的,而是致敬托尔斯泰的经典文学名著《战争与和平》。《战争与和平》虽然描述的是拿破仑时代的故事,但托尔斯泰却刻意将重点放在那个时代下无数人的动荡人生,企图以此打破将拿破仑作为唯一主角的英雄叙事。同样,拉图尔在研究法国巴斯德时代的《微生物》这本书里也企图把原先被放到背景中的无数平凡事物搬到前台,以打破过往将巴斯德视为凭一己之力改变世界的英雄的叙事。这一次,拉图尔不再通过人类学的田野观察来研究,而是通过史料梳理来尝试对历史翻案。不过要介绍拉图尔的这部历史翻案研究，显然有必要先交代一下"巴斯德的英雄叙事"是怎么一回事。

巴斯德（Louis Pasteur, 1822—1895）是法国微生物学家，近代微生物学、免疫学的奠基人。一般史书上对巴斯德的事迹是这样记载的：1877年，法国农场爆发了大规模的炭疽病的传染，大量牛羊牲畜死亡，这让法国畜牧业陷入濒临崩溃的境地。炭疽病是由一种叫作"芽孢杆菌"的细菌引起的。因此当时人们特意请来曾用鹅颈瓶证实"细菌说"的巴斯德对此加以研究。巴斯德于四年后研制出世界上第一种有效的炭疽疫苗，拯救了法国畜牧业。虽然巴斯德这个疫苗是给牲畜打的，而且疫苗技术本身也不是巴斯德首先发明的，但巴斯德后来又陆续发明了例如狂犬病疫苗等给人注射的疫苗，并且基于扎实的微生物学推广疫苗，为整个人类疫苗史带来了重大的革命。这让巴斯德在法国成为深受爱戴的民族科学家。为纪念他的诸多贡献，法国很多大小城镇的街道广场都以巴斯德命名。

然而，"巴斯德科学地发现病原，并发明疫苗以控制住疫情"这种叙事对于曾在科学实验室做过人类学研究的拉图尔来说，一看就知道是一种过于简化的说法，也不合逻辑。怎么可能光靠一个巴斯德就能把疫苗打进牛羊身体、从而控制住整个炭疽病疫情？拉图尔整理了众多史料之后，尝试还原当时的真相。

1877年，诸多农场主并没有像请救世主下凡那样请巴斯德来拯救世人。相反，巴斯德在那时候并不是很有社会知名度的科学家，但他很想推广他的研究成果，所以主动率领着一个团队依序做了三件事。第一步，他们将实验室移到农场，从而提取到在野外作祟的炭疽杆菌。第二步，他们把杆菌的培养工作移回实验室，通过净化等处理工序，削弱了细菌的致病原并在保留抗原后为实验禽畜接种，由此研发出炭疽疫苗。第三步，也是最重要的一步，1881年5月5日，巴斯德将一个农场的一部分改造为类似实验室的空间，还找了一些农夫、兽医、官员、记者，尤其是记者，邀请一群观众现场观看他重复实验室里的实验。巴斯德团队找了50头感染了炭疽病的羊，给当中的一半打了疫苗，另一半不打。当时现场看热闹的人超级多，但老实说巴斯德心里没个底，因为他此前只用了一些小动物作实验，真正的大型表演他也没搞过。不过这场表演后来大获成功，过了一个月之后，接种疫苗的羊全部康复存活下来，另一半没打疫苗的羊就算不死也只剩半条命了。在这场表演之后，法国农民才普遍愿意尝试采用巴斯德的疫苗，后来继续经过许多人的努力，疫情才慢慢缓和下来。

面对这一段历史，过往的人们常认为巴斯德带领团队走出了实验室、踏入了社会，成功传播了有关疫苗的知识。但在拉图尔看来，巴斯德团队并没有"走进社会"然后直接平息了疫情。之所以会有这样的看法，是因为人们忘记了巴斯德团队为保证疫苗有效专门铺设了一整套"网络"，亦即他们通过消毒、清理，把农场改造成了一个准实验室，并严格重复实验室的操作，确保疫苗能针对特定的细菌以起效用。后续的一个故事就证明了这个判断：德国和意大利后来也采用了巴斯德的疫苗，但治疗效力却大相径庭。原因就在德国人不仅带走了疫苗，还将农场改造为准实验室，像巴斯德派一样铺设出相应"网络"。而意大利人却未开展相应工作，只是给牲畜瞎打针而已。

拉图尔认为，我们不能脱离"网络"去谈论人造疫苗的治疗功效。同理，我们也不能认为芽孢杆菌是一种自然而然就呈现在世人眼前的客观现象。炭疽病的确存在，畜牧业也的确在当时受到冲击，但如果没有政府官员、调查员、保险员、监察员奔波于不同地点并不断测算染病的家畜数量，让染病家畜数量变成报告中的统计数字、让芽孢杆菌变成炭疽病疫情并出现在法国农业部的办公室里的话，或是简单来说：如果没有由无数行动相互关联以便让炭疽病、疫情、疫苗效用、甚至巴斯德的英雄成就等得以形成网络的话，法国人根本看不到炭疽病在威胁国家，更看不到后来巴斯德的疫苗拯救了国家。正是因为有相应的网络存在，芽孢杆菌才会变成"疫情"，去除了致病原的细菌才变成了"疫苗"，巴斯德才成为"疫苗学家"，实验表演活动后存活下来的 25 只羊才成为"获得控制的疫情"。拉图尔指出，芽孢杆菌并不是因为自带毒性而所向披靡，巴斯德也不是因为自带真理光环而救民于水火，他们都是因为有一套特定网络，所以才能展现出世人看到的样貌。

（二）"行动者—网络"

至此，"行动"和"网络"都在拉图尔的研究中出现了，但拉图尔这时候并没有想到把这些概念结合起来以提出"行动者网络理论"。这个名称是由他的同事卡隆（Michel Callon, 1945—　　）提出的，但这个名称也不是卡隆最初的首选。这是怎么回事呢？

卡隆和拉图尔当时都是巴黎高等矿业学院创新社会学中心的研究人员。他们在 20 世纪 80 年代初期吸引了像是阿克里奇（Madeleine Akrich, 1959—　　）、劳（John Law, 1946—　　）等从事 STS 的学者加入。这群人也被科学知识社会学或 STS 称为"巴黎学派"。在卡隆的主持下，这些巴黎学派的学者逐渐得出一些思想共识，并将他们的 STS 研究取向称为"转译社会学"（sociologie de la traduction/sociology of translation）。但这个名称在学术界（尤其是英语学界）一直不被接受，因为很多学者纷纷表示他们看到这名称，以为是将"翻译"视为讨论对象的社会学研究，于是搞不清这究竟是指语言学中的社会应用，还是社会学中的语言转向。1985 年左右，卡隆经过几番琢磨后给他们的学说改名为"行动者网络理论"。

不得不说，改名真是改命，这个叫法一下就得到了广泛的认可。虽然改名之后"转译"这个概念——如我们以下将会看到的——依然在其学说中扮演核心角色，但毕竟"行动者网络理论"这个名称更成功了，因此巴黎学派的各位学者便纷纷开始根据自己的不同侧重点来对"行动者网络理论"这个名称提出自己的见解，包括拉图尔也是从这时候才开始用这个标签来整合他在过往研究中得出的各种理论想法。在这过程中，拉图尔的版本随着拉图尔的理论超越 STS 领域，延伸进整个国际社会理论界，因此比起其他仍专注在 STS 领域的版本来说知名度最大。到今天，除非专门定位在 STS 领域中，否则学界——包括这一讲——提到"行动者网络理论"基本上都是指拉图尔的版本。

"行动者网络理论"完整的名称应是"行动者—网络—理论"，其核心概念是"行动者—网络"。这个理论其实有个不能省略的连字符，只是为了配合国内已习惯的译法,以及为了让文字更简洁,所以这里提到"行动者网络理论"这个全名时还是姑且按照时下通行的做法省略掉连字符。"行动者—网络"中的连字符之所以重要,是因为拉图尔想强调"行动者"与"网络"其实是同一件事。什么叫作行动者与网络是同一件事呢?还有,这两者是同一件事又怎样呢?我们一个一个解释。

从《实验室生活》到《巴斯德:微生物的战争与和平》,拉图尔都发现并且想强调:科学知识并非本来就是科学知识,科学家也并非本来就是科学家,疾病疫情并非本来就是疾病疫情,英雄并非本来就是英雄。"科学知识"是因为通过各种考量进行修辞、以可视和可被同行重视与理解的方式呈现在科学期刊上,所以才会成为科学知识,"科学家"也是因为产出了科学知识所以才是科学家。这是因为两者共处在一个特定情境中,在彼此的相互关联下才会成形为科学知识和科学家。炭疽疫情是因为无数的清点、统计、报道,才会成为疫情。疫苗是因为细菌的致病原被削弱了,然后又注射进特地被挑选出来的得了炭疽病的羊身上,然后又通过大型实验表演,才会出现效用而成为疫苗。

拉图尔之所以如此强调,不是要说例如"造成牲畜生病的细菌不存在"这种社会建构论的论点。他要说的是,如果这些细菌没有"在牛羊身体里造成牛羊感染"这个关联脉络(亦即所谓的"网络")中产生作用,单单细菌本身不会成为"病毒"。所以我们如果要说"病毒",不会只说它是细菌,而是必须要说它是"一种造成牲畜生病的细菌",亦即必须把它放到"造成牲畜生病"这个网络中,否则细菌本身不成为病毒。一样,如果没有特定的网络,牛羊本身不是牲畜。或是,如果牛羊没有被放到"人类为经济效益而大规模饲养"这个网络下,单单一群牛羊生病不会成为"造成畜牧业重大损失的疫情"。同理,要不是有特定的网络,谁管巴斯德是谁呢?正是因为巴斯德在特定的网络中作了一些让他镶嵌进这个网络中的事情,所以巴斯德成为一位可被指称为"英雄"的重要行动者。

所以,如果没有网络,巴斯德不会成为行动者。就像前文将巴斯德视为一位重要行动者而进行介绍时,必须把整个当年的网络拉出来叙述,才能介绍清楚巴斯德。但反过来说,正是因为巴斯德做了一些事情,所以才会造就出巴斯德的英雄故事、造就出网络。虽然前文一直说巴斯德的英雄故事不是单单巴斯德一个人就可以成就的,但巴斯德对这整个英雄故事当然有不可抹灭的贡献。没有作为行动者的巴斯德,网络也不成网络。

于此,拉图尔想强调,行动者与网络是一体两面、不可分割的;这就是为什么"行动者—网络"中间有不可省略的连字符的原因。之所以如此强调,是因为过往的社会理论——尤其是受帕森斯影响而将韦伯视为起点的社会理论——常常将行动者视为社会的分析单位,视为社会分析的起点、成因,然后将整个社会或各种社会现象视为由行动者构筑出来的结果。但拉图尔经过了许多经验研究或历史文献研究之后发现这是倒果为因的错误想法。行动者不是原因;相反,它是嵌入网络中的行动所造就的结果。因此拉图尔格外强调:**并非因为是行动者所以能行动,而是因为行动了所以才成为行动者。**

拉图尔的"行动者—网络"概念,后来许多支持他的学者差不多理解为"一个东西是什么,是由它在什么样的关系网络中扮演的角色而定的"。一片装有四根立柱的木板,当它上面被放置一堆水果、餐具、餐巾纸时,它是餐桌;但当它被人一屁股坐在上面时,它就成了椅子。这种**"关系决定本质"的论点,后来学界称为"关系本体论"**,并将拉图尔的行动者网络理论视为典型代表。上一讲的罗萨就将拉图尔视为标准的关系本体论者。但好玩的是,拉图尔的迷弟,哈曼,却恰恰是关系本体论的反对者。对此,下一讲会详细讨论。

(三)行动素,转译

之所以我们说"关系本体论是支持拉图尔的学者通过大致上的理解而得出的理念",是因为虽然拉图尔本人不反对这种诠释方式,但"关系本体论"不太是他想强调的重点。他想强调的其实是另外两点。

一是,如果行动者—网络是结果而非原因的话,那么社会科学家在研究社会时就不应先设定好各种行动者及其网络。例如在进行实验室研究时不应先预设"科学家在实验室里进行科学实验",在研究巴斯德的那段历史时不应先预设"巴斯德发明疫苗消灭了炭疽病疫情",而是直接去看那个场景中的各种东西，以及各种东西在其中实际上发挥了什么作用。**这种"先去看整个情境的各种东西的各种作用，而不是先设定好某些行动者、将整个情境化约成特定行动者的后果"的研究方式，拉图尔称为"非还原原则"**（principle of irreduction）。拉图尔正是因为通过非还原原则，不把科学知识事先就当作科学知识、不把英雄事先就看成英雄，所以才能从实验室研究和巴斯德研究中得出许多耳目一新且更贴近事实的见解（不过有趣的是，拉图尔最初在实验室中的人类学研究并不是故意要采用非还原原则的。他当初是因为身为一名文科生真搞不懂那群生物科学家的研究内容，所以只能"非还原"地摸摸打印机、看看仪器、听听八卦。只是没想到这样子反而挖掘出很多成果，让他发现这样做研究还挺好的）。或是用更简单的方式来说，"非还原原则"认为人们不应先界定好各种概念（像是行动者、主体、意识、组织、经济、教育、阶层、性别，等等），并以此进行研究，而是应该先对我们所面对的整个场景当中的一切来阐述其关联。拉图尔特别将"运用预先界定好各种概念来进行的社会研究"（还原的研究）称为"社会的社会学"（sociology of the social），将"先对场景中的一切关联进行描述"的社会研究（非还原的研究）称为"联结的社会学"（sociology of the associations）。显然，拉图尔更赞赏"联结的社会学"。不过这也带来一个后果，就是拉图尔甚至认为社会研究应该直接整个抛弃"社会"这个概念，因为这是一个预先给定好的还原概念，会带来偏见、遮蔽视野。当然，这个说法不是所有人都认同的。

二是，在拉图尔看来，"非还原原则"颠倒了社会科学的研究顺序：不是先给定行动者，然后看行动者造成了什么后果，而是要去看产生行动而彼此关联成网络的**东西**，因其行动产生什么样的网络而让这些东西**变成**了什么样的行动者。于此，拉图尔又进一步针对"东西"和"变成"这两个关键词进行了阐述。关于"产生行动的东西"，拉图尔借用了立陶宛裔法国语言学家格雷马斯（Algirdas J. Greimas，1917—1992）的概念称为**"行动素"**（actant）。可能有些读者这里会觉得："'行动素'和'行动者'好像根本上是同一回事啊！你拉图尔说咱做研究不要先预设行动者，却说要先去看行动素，这只是在玩文字游戏但换汤不换药，有意义吗？"但拉图尔会说：当然完全不一样。

他认为过往社会理论讲到的"行动者"，本质上几乎等同于人类主体，并且认为因为人类主体具有自我意志，所以能够产生行动。只有人类是行动者。但他所谓的**"行动素"是一切产生了行动的东西，这东西不必是人，而是包括了一切非人的物。只要物产生了行动，它也可以是行动者**。于是，强调非还原原则、从探讨行动素出发的行动者网络理论，自此成为一个将社会理论的视野从人类世界扩展到整个物界的理论。人在这套理论中并没有优先性，而是作为可能的行动素而与所有其他行动素是平等的。在变成行动者之前，人和其他所有的一切并没有两样，也只是个东西。一个躺平啥都不干的人，并不会比一个在十字路口运行着、致使所有车辆通行或停止的红绿灯更是行动者。所以拉图尔说，他所谓的网络不是主体间性的网络（关于"主体间性"，可见本书第五讲），而是一种基于"一切事物首先都平等地只是个东西"的"客体间性"（interobjectivity）的网络。

不过"行动素"不是行动者网络理论（或所谓的"联结的社会学"）的研究终点，而只是起点；如此进行研究的真正目的，是要**探讨行动素及其相互关联如何变成特定的网络与行动者**。这个作为真正研究宗旨的"变成"，即是"行动者网络理论"这个名称出现之后也依然扮演核心角色的**"转译"**（translation）。"转译"这个概念最初是卡隆从法国哲学家塞尔（Michel Serres，1930—2019）那里借用来的。卡隆一开始将他和他的小伙伴们的 STS 研究，设想为一套探讨"所谓的科学活动实际上是什么样的一连串转译过程"的社会学研究。正是因为如此，所以卡隆才会一开始将他们的 STS 取名为"转译社会学"。

关于转译，拉图尔曾很难得地举了一个好懂的例子。他先问了一个问题：当一个人拿手枪杀了另一个人，那么究竟是枪杀了人，还是持枪的人杀了人？然后拉图尔的回答是，这两种说法都不对。如果我们能采取非还原原则的"行动者—网络"立场来看的话，那么真正的答案应是这个人和这把枪一起杀了人，造成另一人的死亡，并且同时在这个时候"持枪者"这个行动素转译成了凶手，"枪"这个行动素转译成了凶器，"被枪杀者"转译成了"受害者"，这整个网络也同时转译成"凶杀案"而出现。对于"凶杀案"这个网络来说,持枪者、枪、受害者都是不能忽略不顾的构成要素,并且也是因为这些行动素转译成了凶手、凶器、受害者等这些行动者,所以整个情境才会转译成"凶杀案"这个网络。一旦出现"行动者—网络",那么当中所有事物会相互转化彼此的性质,甚至是相互定义彼此的本质。

在论及转译时,拉图尔还提到行动素彼此之间不一定会产生转译而构成"行动者—网络",而是也可能什么都没有发生。所以拉图尔还区分了两种情境:一种情境是没有发生转译的"传义者"(intermediary),另一种是产生了转译的"转译者"(mediator)。例如某个大学的教室,如果响起钟声后台下的人自顾自地刷手机,台上的人自顾自地念课件,这个教室就是没有产生课堂网络的"传义者"。相反,如果钟声响起后台下的人开始听讲、用手机查资料做笔记,台上的人开始分享他觉得有趣的知识,并根据台下反应调整语速或补充内容,那么这个教室就是钟声转译成上课钟声、现场的人转译成师生、手机转译成学习工具、现场关系转译成了课堂网络的"转译者"。拉图尔对此还有很多细致的讨论,例如他还强调"转译具有偶然性"等观点。虽然这些细致的讨论不是不重要,但相比于拉图尔整个社会理论事业来说,他的行动者网络理论更重要的是提出了"物亦可为行动者"的论点,因为这个论点引起了学界广泛讨论,也让他顺势将他的工作慢慢推进到第三个阶段。

四、对称性思维

(一)我们从未现代过

行动者网络理论根本上是一个采取非还原立场来探讨行动素如何转译成"行动者—网络"的研究指导原则,并不是一个专门针对"物"的理论。但学界和拉图尔发现,这套理论中的"物亦可成为行动者"这个论点特别有争议,也因此特别有发展潜力。因此除了行动者网络理论之外,拉图尔也开始渐渐尝试发展这个论点。只不过他不是直接阐发"物作为行动者"这个观点,而是去问一个更根本的问题:为什么"物亦可成为行动者"是一件很有争议的事?´对于这个问题的讨论,便是让拉图尔又再创学术巅峰的著作《我们从未现代过》。

之所以拉图尔并没有直接阐发"物作为行动者"的理论,是因为其实他在发展行动者网络理论过程中提出"物也可以成为行动者"这个说法时,学界的反应并不是觉得很有创意且很受启发,而是提出了诸多批评、反对意见。特别在社会科学界,人们常认为物是中立的,物的作用取决于人怎么使用物。当拉图尔说物也能成为行动者时,学界大多认为:这不就等于在鼓吹"万物有灵论"吗? 这跟原始部落的巫术观有什么两样呢? 面对这些批评时,拉图尔的反应不是感到被误解而生气或被否定而气馁,而是饶有趣味地提出一个问题:为什么你们都在批评我的说法像是"原始"的观点? 或是说,为什么你们会觉得你们的立场就比较"现代"呢? 这种自诩为"现代"的立场究竟是什么、怎么来的呢?

今天谈到"现代性",常常会将欧洲的"启蒙时代"当作起点,并将韦伯意义上的"理性化"或"祛魅化"当作核心机制。意思是,"现代化"意指人们不再认为这个世界有无法掌握的神秘力量在作祟,而是认为这个世界由不以人类意志转移的客观因果关系构成的,人的智慧可以把握因果关系,并可以凭自我意志打造出更为理想的社会生活。

例如,古代如果某国连番发生天灾,人们会觉得一定是皇帝做得不好、被上天惩罚了,所以皇帝得向上天下个"罪己诏",否则皇帝的统治正当性会被动摇。像这种把自然天灾当作政治后果背后神秘力量的情况,这种认为人类世界与非人世界会互相"转译"的情况,被认为是一种非现代的思维。相反,"现代"意指我们能够清楚地将天灾视为天灾、将人祸区别为人祸。各种天灾的成因不在于领导人的私德,而是在于大自然自身的因果法则。地震来自地壳运动原理,不来自皇帝是否错立了太子;地震是自然现象,归学自然科学的人管。学人文社科的人只管社会现象,只管例如防灾经费分配、建筑法规制订、风险防范意识、违法的责任追究,等等。拉图尔认为,简单来说,"现代"意指一种将自然与社会、客体与主体、科学与政治等进行明确二分的"纯化"(purification)机制。正是因为这种纯化机制,所以学界才会认为"物亦可作为行动者"这种违反纯化的论点很刺眼、很难接受。否定转译、施行纯化,可说是现代性的"宪章"。在这种宪章之下,人们会认为"现代人"必须清楚知道物就是物、人就是人,若说物也要被当作行动者来看待,仿佛是说要探讨法国总统大选为什么是某候选人选上了,可以通过探讨地质成分改变的方式来研究,而那简直是胡扯。

但拉图尔在最早的成名作《实验室生活》中就发现了,"转译"这项机制从来没有从我们的生活中退场,甚至它就是科学知识的重要成因。而且更早的科学知识社会学或后来的 STS 都已经充分指出,科学知识从来都不是"纯粹的"科学知识,而是总受到社会的影响。同样的,当代社会生活中明明就充满了无数而且越来越多的物,从来也没有真的与自然脱离开来。尤其是当代很多生态议题都进入国会,甚至是联合国的议事桌上,影响政治后果。所以地质成分的改变作为一种生态变迁现象,是真的可以影响政治选举的。1989 年在巴黎、伦敦、阿姆斯特丹举办的数场探讨地球状况的政治会议,就是最佳例证。所以,人们以仿佛更为"现代"的姿态将拉图尔的论点斥为"原始"而嗤之以鼻,其实是相当可笑的,因为让现代之所以是现代的"纯化"从来没有真正完全实现过,也就是说——这就是书名的由来——我们从未现代过。

拉图尔认为我们应该摆脱根本不符合现实的将自然与社会二分开来的纯化思维,而是应该以"对称性"(symmetrical)思维取而代之。所谓的"对称性"大致上意指面对自然或社会时,先当作同一回事,先不要先去纯化、二分,而是去朴实地面对网络,然后才去看自然与社会是怎么从网络中浮现出来的。像人类学常要求研究者不带偏见地进入田野中详实描述一切事物,就是对称性思维的表现(所以《我们从未现代过》还有个副标题:"对称性人类学论集")。同时,我们也应该正视物的行动。拉图尔甚至提出了"物的议会"(parliament of things)概念,提醒人们要注意我们所身处的这个世界不只有人,而是我们应该将所有物都纳入视野中,如同生态议题早已进入政治议会那样。

《我们从未现代过》出版之际，适逢尊崇"现代性"的理论家（例如哈贝马斯）和许多"后现代"理论家（例如德里达）的论战的尾声。说是尾声，是因为那时双方可以吵的议题都吵得差不多了。在整个学界，当时一方面大家还在考虑要支持哪一边的立场，另一方面还在想这两边还有没有什么事情没有吵到。结果拉图尔一上来不但没有选边站，反而还用"我们从未现代过"的论点将双方都嘲讽了一遍，打开了一个出乎所有人意料的新话题。所以这本书几乎可以说瞬间让拉图尔在整个社会理论界爆红，晋升为成一家之言的社会理论家（而不只是 STS 研究者）。

照理说，有了这本著作作为兜底，拉图尔应该更扎实地发展他关于物作为行动者的理论。但他并没有这么做。而是，一方面他继续完善他的行动者网络理论，另一方面沿着他在《我们从未现代过》中开辟的一个话题继续走下去，这个话题就是"生态"。

（二）存在模式与盖娅

在行动者网络理论方面，虽然拉图尔在《我们从未现代过》中批评现代性的二元论是有问题的，我们应该采取对称性思维去面向网络；但这样的论点也引起了质疑：拉图尔你总说要采取非还原原则，但你每次一遇事情就说"先去看网络"，这本身不也是一种"凡事化约成网络"的网络中心主义吗？还有，你说我们不应以纯化思维，而是应以非二元论的对称性思维来看待当代世界，那么被这样看待的世界又到底长什么样子呢？如果没有纯化，一切都是网络，那么科学知识、巴斯德、战争等事物我们又如何区别开来呢？难道它们都是同一回事吗？这显然毫无说服力吧？面对这个问题，拉图尔用了他生平最厚的一本著作《存在模式探究》来回应。

在这本书中，拉图尔一方面维持"关系本体论"的论调，认为任何事物都是处于与所有其他事物的关系中才得以存在的，坚持非还原原则。而且此时他越来越赞赏生态学思维，因为生态学思维就是把万事万物的存在放在相互关系中来看待的。另一方面，拉图尔虽然依然强调网络很重要，但此时却进行了补充，做了一点修正：网络也只是所有事物的其中一种存在模式。

除了网络之外,还有其他让事物之所以能成为事物的存在模式。之所以我们会辨识出战争与教育,或是辨识出幸福或不幸,就是因为不同的存在模式所致。那么除了网络之外,还有哪些存在模式呢?拉图尔很惊人地洋洋洒洒列出 15 种存在模式。比较容易想见的例如 STS 专门在探讨(也因此作为 STS 奠基者之一的拉图尔本来就在长年钻研)的"科技",或是社会理论常会提到的"道德""法律";另外比较奇特的则有例如"介词""变形",甚至还有源于鼠标使用方式的"双击"!而且这并不是全部。在这本书出版的同时,拉图尔还架设了一个网站,邀请所有读者上该网站分享一下对这 15 种存在模式的想法,并且如果大家觉得还有什么存在模式拉图尔没提到的话,拉图尔也欢迎大家到这网站提供补充。这多多少少让人感觉似乎存在模式有几种本身不是重点,而是这本著作连同整个互联网活动本身就是一种存在模式的试验,也因此这使得人们在面对这本篇幅本来就很大、又通过互联网而不断增殖的著作时,很难确认或辨识出拉图尔究竟有没有回答上述各种对他的质疑。

在生态方面,拉图尔晚年对许多生态学议题进行了讨论。例如《面对盖娅》就是他聚焦于"人类世"(anthropocene)这个概念以讲稿形式写就的著作。

"人类世"是近年来很红,也产生很多争议的概念,我们这里先稍微岔开来简介一下。这个概念来自地质学,但地质学本身对这个概念是否成立一直都没有取得共识。地质学的其中一项工作是通过地层研究以确认地质事件并区分出不同的地质年代,以此描绘出地球的历史。像是恐龙横行的"侏罗纪"、整个地球许多地区被冰川覆盖的"晚更新世"就是地质年代的两种阶段。长久以来,地质学认定我们今天处于"全新世"。但 2000 年在墨西哥举办的一场国际性的地质学会议上,曾在 1995 年获得诺贝尔化学奖的克鲁岑(Paul J. Crutzen, 1933—2021)提出一个说法:我们今天有必要划分出一个在"全新世"之后的更新的、我们现在所身处的地质年代,这个地质年代是由人类活动造就出地球面貌的"人类世"。

这个说法一提出,马上引发诸多讨论。一方面,很多人觉得有道理,的确人类已经改变地球面貌了，所以很支持克鲁岑的说法，认为我们应该用人类活动来界定出新的当代地质年代。但另一方面，这意味着地质学必须把人类纳入研究范畴当中，而这就麻烦了。地质学一直以来都是根据气候、地质、全球物种生态状况来描绘地球历史的，甚至整个科学界都认为地球的变化依循的是客观的自然因果法则，它是一个不会因人类意志而转移的外在世界。地质学是一门自然科学。如果要研究地球，那么该采用的做法应是对地层岩石进行放射性同位素分析，而不是去管人类社会怎么发展。但今天突然说要把人类放到跟气候、地质、全球物种生态等自然要素一样的位阶上来探讨，等于说地球变迁是人类行为的后果，地球一切变化都是人类行为的责任，这难道是要地质学家以后的研究工作不仅要考察地层，而且还要去研究人类行为道德吗？地质学一旦这样搞，那还是地质学吗？如果不这样搞，那怎么研究人类世？这可把地质学一下子给整不会了。所以一直到今天，虽然"人类世"早已出圈、成为一个非常热门的知识概念，国际地质学会也专门成立一个小组来探讨"人类世"作为一个正式科学概念的可行性，但地质学至今始终没有正式认可这个概念。[3]

不过，"把地质学给整不会了"这件事在拉图尔看来，正是起因于"纯化"的失败。人类世正好是一个"对称"的概念，完全符合拉图尔的理论思想。我们简直可以想象得到拉图尔看到人类世概念的提出及其造成的巨大争议时心中有多乐。在拉图尔看来，长久以来人们一直认为地球是客观的对象，但"人类世"的提出终结了这种现代性二元论的认知，催促着人们转变关于人与地球关系的思考。不过在拉图尔看来，今天主流的关于人类世的讨论，要么是期待科学家或工程师能一劳永逸地解决气候变迁问题，要么是把气候变迁视为政治问题，期待有个大无畏、至高无上的政体能全局性地思考，进而指导并规范人们在局部的行动；但拉图尔不同意这些思路。拉图尔认为，"人类在人类世成为最重要的影响因素"的观点非常容易被误解。首先，这种说法在经验层面上就具有误导性，因为在谈论人类时，我们仿佛面对着一个统一的叫作"人类"的集体，但事实上并没有这样的统一存在，并不是所有人类都对地质时代负有同样的责任。亚马逊雨林中的原住民部落并不像西方工业那样影响地球。其次,于他而言,人类世不代表某种激进的断裂,或地球历史上的一场根本性变革。他指出,我们并没有生活在一个全新的世界中,而是"人类世"主要意味着必须以一种全然不同的方式与旧世界相联系。

在《面对盖娅》中,拉图尔还有一个十分明显的意图,即与盖娅假说对话。20世纪70年代,化学家洛夫洛克(James Lovelock,1919—2022)提出一套假说,该假说将地球界定为由所有生物和它们的环境所组成的动态系统,能够调节地球自身的气候和化学状态。洛夫洛克以希腊神话中的大地女神盖娅(Gaia)来命名这套假说。同时洛夫洛克认为地球是所有生物构筑出来的适合生活的世界,而不是需要改造的世界。洛夫洛克甚至在他的盖娅假说中提出了一个大胆,也争议很大的说法:地球是活的。

拉图尔援用了"盖娅"这一称呼,在此基础上进一步阐发了他自己的理解,盖娅确实是能够动员科学、政治和宗教的唯一实体,但盖娅是异质实体的复杂集合,因而不能被视为统一的整体。换句话说,每个人所踏足的地球都有其异质性,所以诸如"同一个地球"之类的统一整体不过是一种空洞的符号幻象。在他看来,盖娅没有固定的身份,也不能作为一个超然的裁判去调和人类的冲突,或是去揭示某种藏于背后的客观性。也就是说,根本不存在任何总体的权威,所以我们不应该抱有这样的幻想,即诉诸"盖娅"可以统一我们,或代表人类和非人类的某种总体共同利益。相反,她是一个不断干预和改变我们关系的"拟客体"。这也就意味着,我们必须建立一种反馈机制,必须聆听盖娅会如何回应我们。例如在气候变化的议题中,我们应该为二氧化碳这样的"拟客体"提供回应的空间。如果某一政策声称二氧化碳的浓度会降低,那么,二氧化碳要么会接受我们的主张(即通过减少其浓度),要么提出反主张(即通过增加其浓度)。当然,政治家或科学家可以提出新的主张来应对这种抵抗,但被代表者应始终能够提出反主张并被听取。

拉图尔说的这些并不是纸上谈兵。2015年5月,巴黎政治学院在巴黎附近的楠泰尔(Nanterre)组织第二十一届联合国气候变化大会(即巴黎气候大会)的模拟大会。来自世界各地多所大学的200名学生聚集在此,模拟了"物的议会"的程序。除了代表国家的学生,还有学生代表着非国家集体

（例如"土著民族"）和非人类集体（例如"海洋"和"土壤"），他们共处一堂，一齐探索解决气候谈判的替代方式。在这个过程中，与会者其实就是在"面对盖娅"。通过"盖娅"概念，拉图尔剖析了在一个似现代又非现代的世界里我们如何共处的问题。需要注意的是，他追问的并不是社会如何凝聚起来。相比于"社会何以可能"，他这时所关照的是"共存何以可能"。这绝非是挑战人类的中心地位，而是反思、重思人类的组构、存在、形象。一言以蔽之，这时候的拉图尔在思考的是人类的命运。

五、本讲小结

在提到"聆听与回应盖娅"的时候，可能有的读者会联想到上一讲提到的罗萨的共鸣理论。的确在这一点上两人有很大的重叠。罗萨的共鸣理论的确相当仰赖拉图尔的工作。而且当罗萨跻身理论大家之列后，拉图尔也开始越来越重视罗萨的理论。2020 年，法兰克福图书博览公司特地邀请拉图尔和罗萨以"新冠疫情后的世界"为主题在一片公园草地上进行英语对谈。在这场梦幻联动中，两人既在许多立场上拥有共识但也在很多地方充满分歧的论战，精彩到足以在社会理论史上记上一笔。

● 拉图尔与罗萨的对谈。
图片为视频截图：**https://www.youtube.com/watch?v=SltAfAn6PiU&t=3053s**，**18：46**。

之所以精彩,是因为两人在日常生活中都不是严肃冷漠的学者,而是相当幽默健谈。不过拉图尔不仅在一般日常对话上幽默健谈,而是在学术写作上也同样有这样的风格,但这样的风格搬到学术写作上就是个问题了。各位读者别看这一讲介绍拉图尔的理论思想一路下来丝滑顺畅,实际上拉图尔的著作几乎就没几本是好读易懂的。他的著作难读,不是因为太过晦涩,而是因为太过啰唆。拉图尔虽然用字遣词并不随便,但他的文笔完全称不上严谨,时常有细碎的、宛若梦呓的语句,充满许多并不好笑的冷笑话。(例如他会说,他之所以喜欢"行动者网络理论"的其中一个原因,是因为这个理论的缩写 ANT 正好是英文的"蚂蚁"的意思,让人联想到一群蚂蚁爬来爬去的画面,实在太有趣了。这种句子对学术论证来说重要吗?)许多照理来说应有助于读者理解的例子虽然的确道理深奥,但非常难懂,让人感觉"例子举得很好,以后别举了"。前文提到的"一个人拿枪杀人",算是拉图尔诸多举例中极少数真的有助于读者理解的例子。偏偏他很多重要论点常常就夹杂在很不重要的细碎语句中,这对阅读节奏来说并不友好。

姑且不论写作风格,他的理论还是贡献巨大,虽然本身也不是完全没有问题。

对当代社会理论界来说,拉图尔的贡献除了 STS 方面之外,便是对物界研究的扩展了。一开始他将物视为行动者的说法虽然遭到学界的抨击,但在《我们从未现代过》之后,加上现代社会发展过程中越来越多印证《我们从未现代过》的事件案例出现(例如"人类世"概念的兴起),对物界研究的质疑已经因为拉图尔的努力而逐渐消失了。今天我们可以将"物"纳入社会研究的视野中,并且这么做不需要过度强调物的能动性与否定人类行动的重要性,而是能以拉图尔的行动者网络理论为基础,以更中立的态度将"物"视为协作者来进行探讨。简单来说,若我们想以某个物作为主题来进行社会研究,但被质疑:"难道物不是因为被人的使用所以才会产生作用吗?所以我们不是应该因此去研究人类的行动吗?"此时,拉图尔可以让我们有很好的理由说:人类行动当然很重要,但物的确扮演了重要角色;在当代因为过度强调人类能动性而忽略物的作用的情况下,我们的研究策略性地聚焦在"物"的作用上，对整个社会研究来说能发挥补充性的贡献。

然而，开辟物界研究的视角、提供物界研究的正当性是一回事，物界研究究竟该怎么进行是另外一回事；在这方面拉图尔的行动者网络理论做得并不充分。除了行动者网络理论本身并不是专门服务于物界研究的社会理论之外，一般学界还有两个一针见血的批评。一是，行动者网络理论的"非还原原则"虽然消解了许多容易带来偏见的概念，但同时也将各种规范面向的关怀都消解了，导致这套理论既缺乏应有的基本规范立场，也无法提供任何批判性的见解。这很容易让研究者在援用拉图尔的行动者网络理论进行经验研究之后，只能给出网络描述，难以在结尾处提出更进一步的学理性的结论。这个对于行动者网络理论的批评并不是不重要的，但可惜的是拉图尔从未将之当一回事。遇到这种说法，拉图尔总轻松地直接搬出博尔东斯基对"以批判为己任的社会学"的批评（见第四讲），表明所谓的"批判"不过是学术界众多褊狭的取向中的其中一项。他甚至还抱怨，读者们整天要社会学家进行社会批判，根本是对社会学家的一种"道德绑架"。但是，要求社会学家给出批判性的见解，究竟真的是一种对社会学家的道德绑架，还是拉图尔只是想模糊焦点、回避他应承担起的学术任务，这就很难讲了。

二是，虽然拉图尔从未直接宣称"物是行动者"，但他的确认为物是行动素，也可以产生能动性、成为行动者。如此一来，有个问题是不能回避的：物的能动性从何而来呢？能动性在"人"这个部分不太会成为问题，因为人有主体意识让人可以主动去做某些事。几百年来已经有无数的哲学或心理学为此提供了丰富的论据，所以"人有能动性"这点今天可以不用特别交代。但在"物"这个部分，这个问题似乎就无法回避了。当拉图尔说"不是人杀人，也不是枪杀人，而是人和枪一起杀了人"时，虽然的确枪扮演了不可忽视的角色，但难道归根结底不是因为有人制造了枪、有人拿了枪并对人开枪，枪才会在这个网络中有一席之地吗？这不是因为"采取了纯化思维"所以才会产生的问题，而是一个基本逻辑上的能动性归因问题。如果没有正面回答这个问题，那么对于物的社会研究很难避免终究还是会回到"人类的物品部署行为研究"这个想来并不符合拉图尔意愿的原点。

不过,这两个问题虽然在拉图尔这里没有获得解决,但这个物界研究的困境并没有持续太久。近年来接续拉图尔开创的物界研究而发展出来的"新唯物主义"就对这两个问题有诸多讨论,特别是"物的能动性从何而来"这个问题,新唯物主义给出了许多说法,相当值得参考。下一讲继续来谈这方面内容。

拉图尔的著作很多都有中译本了。虽然我们这一讲已经介绍了他的思想的大部分内容,但也有一些其他内容我们这一讲出于便于读者理解等诸多考量而略过未提。例如在提到"网络"时,拉图尔强调网络同时涵盖两层含义:由异质性要素构成的非连续序列,以及以连续的形式在该序列中流通的东西。简单来说,网络的构成需以行动素的异质性为基础,但也正是因为有这种异质性,所以网络才能产生一种内容的同质性。像这些复杂细节对于有兴趣的读者来说还是需要进一步阅读拉图尔的著作才能了解。

我们这里推荐几本书。在"生物实验室的人类学研究"方面,可见:

- 拉图尔、伍尔加:《实验室生活:科学事实的建构过程》,修丁译,华东师范大学出版社 2023 年版。
- 拉图尔:《科学在行动:怎样在社会中跟随科学家和工程师》,刘文旋、郑开译,东方出版社 2005 年版。

在行动者网络理论方面,比较重要的至少有两本书:

- 拉图:《巴斯德的实验室:细菌的战争与和平》,伍启鸿等译,群学出版社 2016 年版。
- 拉图尔:《重组社会:行动者网络理论导论》,张天一译,上海人民出版社 2025 年版。

从《我们从未现代过》开始的一系列生态学讨论,可见:

- 拉图尔:《我们从未现代过:对称性人类学论集》,刘鹏、安涅思译,上海文艺出版社 2022 年版。
- 拉图尔:《面对盖娅:新气候制度八讲》,李婉楠译,上海人民出版社 2024 年版。
- 拉图尔:《着陆何处? 地球危机下的政治宣言》,胡恩海译,上海书店出版社 2023 年版。

如果想横向了解一下后继学者对行动者网络理论的探讨,特别是将之作为一种后拉图尔的理论继续发展,那么可以参考下列文集:

- Blok, Anders et al.（eds.）, 2019, *The Routledge Companion to Actor-Network Theory*. London: Routledge.

注释

［1］这里说明一下,我们在这一讲所有提到的"科学"一律指"自然科学"。虽然我们从一开始就不断强调,把"自然科学"等同于整个科学,甚至当作唯一科学的科学,是某种特定立场的说法,并不是没有问题的。但这一讲我们为了让行文更简洁、更符合时下在科学社会学或科学知识社会学等领域方面的习惯说法,因此我们这一讲先不去计较这点,直接把"科学"与"自然科学"等同起来。

［2］但注意,我们这里不断强调"最初"。这三个研究领域今天已经没有那么狭隘了,也因此才会如我们前文提到的,这三个研究领域在今天已经有不少重叠了。

［3］关于人类世概念带来的争议其实远远不只如此。为了聚焦在本讲乃至本书的主题上,我们这里只能给出非常简略的介绍。对人类世的缘起、内涵、争议的完整介绍,若读者有兴趣想进一步了解的话,我们推荐一本著作:路易斯、马斯林:《人类世的诞生》,魏嘉仪译,积木文化 2019 年版。

第八讲　社会理论的物质转向：
新唯物主义

一、基本介绍

上一讲在介绍拉图尔的行动者网络理论时提到，虽然他最初是在 STS 领域中赢得声誉的，但他提出的将物纳入社会研究范畴的"对称性思维"并不限于他发家的领域，而是适用于所有社会研究领域，所以他无疑是提出了一套原创的"大型理论"（而非仅局限于 STS）的社会理论家。不过，尽管他有这样的贡献，但他对"物如何具有能动性"这个问题始终缺乏深入讨论，使得他的行动者网络理论及其拥护者后来逐渐面临瓶颈，缺乏实质性的突破性进展。然而这个问题并非至今悬而未决。近年来社会理论界已出现一股今天被统称为"新唯物主义"（neomaterialism 或 new materialism，两者一般同义且可混用）的理论思潮，对这个问题进行了非常深入且丰富多样的讨论。此外，这些讨论并没有停留在设想层面，而是已开辟出新颖且广阔的经验研究视野，造就了大量丰富有趣的经验研究成果。至少到了 21 世纪 20 年代，新唯物主义还在相当蓬勃地发展，一时半刻仍未显任何疲态。所以在拉图尔的行动者网络理论之后，这一讲就来介绍新唯物主义。[1]

新唯物主义是一派专门讨论"物"的社会理论（这亦是它被称为新唯物主义的原因）。之所以这派理论在当代的发展如此蓬勃，是因为人们已发现社会生活中有越来越多的重大问题及其解决方案无法简单归结于制度或文化等人为因素，而是肇因于前所未见的物界情境。这个新的物界情境不只有能自己进行深度学习与思考计算，或能把人送上太空的各种已经或明显即将改变人类生活的新科技，也包括各种气候变迁、生态崩坏、能源与粮食短缺等自启蒙时代以来常被人们认为可以简单通过人类智慧加以解决，所以不需严肃看待，但今天人们开始坦承自身无法掌控且已带来重大危害的自然问题。面对新的物界及其带来的新问题，社会学亟需新的理论提供研究方针，而新唯物主义正好就是能对此提供丰富多样切入点的理论。如果说，在 1970—2000 年间，人们面对的最主要的问题是政治经济发展与社会资源分配等展现在话语与制度等方面上的各种权力问题，而法国的后结构（后现代）主义、布迪厄的以批判为己任的社会学、德国的法兰克福学派批判理论等因为正好针对这些问题提出深入的讨论所以大行其道的话，那么最晚从 2000 年之后新唯物主义也许已逐渐取而代之了。意思是，新唯物主义在当代社会理论界的地位，可能已逐渐获得如同以批判为己任的社会学在当年的地位，因为今天我们已然身处在新物界之中了。

虽然如此，但"蓬勃"与"丰富"却也正是新唯物主义自身在当今的发展过程中面临的一个棘手问题。就像（后）结构主义并不是一个理论，而是涵盖了如列维-斯特劳斯、巴特、鲍德里亚、阿尔都塞、拉康、德里达等众多不同理论家的标签一样（关于结构主义、后结构主义，乃至后现代主义，可参阅第一讲第二节），新唯物主义也不是一个统一的理论，而是一个标签。被贴这个标签的理论类型相当多样，而且这些理论虽然都以物作为讨论主题，但它们常常最初是在彼此互不了解、互不关联的情况下独自发展的，其立场和研究路向往往有极大的差异，甚至充满矛盾。尽管它们开始发展成熟，在主动或被动贴上"新唯物主义"这个标签后开始认识彼此，但它们依然时不时会相互攻讦。所以新唯物主义更多是一个复杂的、复数形态的理论名称。同时，虽然本讲至此都在宣称新唯物主义是一派社会理论，但实际上它所涉及的内容不仅是社会科学的，而且是跨学科的，物理学、生物学、生态学、哲学、艺术学、信息科学等领域的学者以其自身的学科立场参与其中。这种种特质都让新唯物主义的相关讨论常常并不在同一条线上对话。

但这并不代表我们无法对新唯物主义有一个通盘的了解。之所以这些理论会被人们统称为"新唯物主义",是因为它们有一些共通的理念,这些理念也成为新唯物主义的基本共享命题。**新唯物主义的基本共享命题至少可以总结成两项。第一,新唯物主义一致反对人类中心主义**,虽然各理论反对的理由与方式不太一样。反对人类中心主义不一定意指蔑视人类,而是指反对将人类主体与非人类客体截然二分开来,并将人置于优先地位、将物置于次级地位。在西方思想中,至少从启蒙时代以来,盛行一种将人类理性思维置于一切知识智慧的中心的观念,认为人类因有理性思维,因此与所有其他物质客体相比是完全不同的。所有的物质客体都可以被人类通过理性思维而加以理解,进而加以掌控与运用,使之服从于人类理性思维的实践之下。也因为如此,社会科学的研究目光才会放在基于主观动机而有意义地进行的社会行动与社会实践之上,放在权力、制度、文化等社会事实之上,对物视而不见。因为在这种所谓的"主客二元论"思维模式下,物被认为是从属于人的,本身没有研究价值。例如一把枪,它是杀人还是救人,完全取决于人在何种社会背景或社会情境下去使用它,所以唯有用枪的人及其所处社会才值得研究,枪本身不重要。若有人因为受到科技进步的震撼而专门讨论技术物的作用,在基于主客二元论的社会科学界中常常就会被贴上"科技决定论"的标签而遭人嗤之以鼻。但新唯物主义驳斥这种说法,它拒绝以人为中心、将物视为与人之间有明显差异且从属于人的思维模式。因此,"消解主客二元论"便成为新唯物主义理论共同的任务之一。

第二,虽然各新唯物主义理论在"消解主客二元论"这个任务中对待人的方式不一定一样,但在看待物的立场上却是一致的,**它们都强调物本身是具有能动性的行动者**。这也是它们之所以会被称为**新唯物主义**,以区别于其他传统的唯物主义的地方。"唯物主义"是一门哲学思想,它也是一个很宽泛的标签。今天人们一般认为这门哲学思想源于古希腊罗马时代的哲学家德谟克利特(Demokrit,约前460—前370)的"原子论"学说和卢克莱修(Lukrez,约前99—前55)的《物性论》对原子论的发扬。德谟克利特认为我们这个世界的本源是原子与虚空,这两者是绝对的实在。而原子是不可再分的最小粒子,世界上所有事物都是由原子构成的物质表现。因为认为我们这个世界就是由粒子所构成的物质世界，而非由神创造的，所以唯物主义常常也被认为是一种无神论的哲学，在欧洲过去长久以来受宗教支配的时代中很不受欢迎。不过经过后来几千年的思想发展，唯物主义内涵已变得非常多样、丰富与庞杂。例如费尔巴哈的机械唯物主义和马克思的历史唯物主义虽然也都称为唯物主义，但显然它们之间有很大的差异。不过新唯物主义宣称，即便有着源远流长且丰富多样的发展历程，但传统唯物主义都有一个共通的观念，就是认为物是惰性的、机械性的、本质性的，只会被动地按照给定的因果法则来运作（但又无法解释"因果法则"和"运动变化"这种超越了物质基本粒子的东西是怎么来的）。新唯物主义则反对传统唯物主义的这种观念。新唯物主义坚称物在本体层次上是有活力的、有创造生产力的、生成的。之所以社会理论应研究物，不是因为我们可以将物视为行动者，而是因为**物就是**有能动性的行动者。所以新唯物主义的另一项共同任务，就是论证物如何是能动者，并经验地研究物如何发挥了什么样的能动性。

简单来说，新唯物主义的基本主旨在于尝试通过力证物在本质上的能动性，以此消除主客二元论框架下的人类中心主义，并为社会科学提供了研究物的必要性、正当性与切入视角。不过，就像前文反复提到的，虽然有这些基本共通之处，但各新唯物主义理论对人的地位、物的能动性来源与发挥作用方式等议题上，见解都不同，所以产生了多样庞杂的理论。这也使得绝大多数介绍新唯物主义的文献都只能零散地罗列各理论，难以给出系统性的解说。不过尽管如此，新唯物主义的各种讨论方向到今天已经逐渐形成虽然有清楚的差异，但也有显著的互补关系的**三条轴线**。第一条轴线虽然强调物的能动性、不断尝试消解人—物二元论，但最终关怀其实依然放在人身上，所以可说是**以人为本**的取向。这条取向的理论代表为**后人类主义**，学者代表为**布拉伊多蒂**（Rosi Braidotti, 1954—　）。第二条轴线不极端地以人为本，也不极端地以物为本，而是采取折中立场，认为**人与物之间具有互构关系**，其代表为**能动实在论**，是由**博拉德**（Karen Barad, 1956—　）提出的。第三条轴线便是高度鄙视人，完全只以物为中心，可说是**以物为本**的取向。当中最典型的理论为**物导向本体论**,其领袖为**哈曼**(Graham Harman,1968—)。这些理论是在 1990—2000 年之间出现的,2000—2010 年之间它们开始成熟并被学界贴上同一个标签,2010 年至今它们蔓延到全球的各学科中,成为重要的跨学科范式。2012 年,两位荷兰学者道芬(Rick Dolphijn, 1974—)与涂茵(Iris van der Tuin, 1978—)出版了《新唯物主义:访谈与理论概览》(*New Materialism: Interviews & Cartographies*),书中对两位作者认为最具代表性的新唯物主义学者进行访问,并编写了一些导论性的文章,将"新唯物主义"这个标签与基本理论旨趣的最初提出者归功于布拉伊多蒂。虽然这个说法后来遭到质疑或反对,但因为这本书很成功、在学界中影响很大,所以布拉伊多蒂作为新唯物主义的开端的说法今天已被普遍接受。因此我们接下来先就从布拉伊多蒂的后人类主义式的新唯物主义理论讲起。而新唯物主义理论的另外两条轴线中,能动实在论在一定程度上是延续后人类主义而来的,所以在讨论完后人类主义之后我们会接着介绍博拉德的理论。最后则呈现哈曼的物导向本体论。这里先预告一下,以下的介绍会提到很多"—主义"或"—论"(-ism)。很爱谈"—主义"或"—论"也是新唯物主义的特色之一。这些标签的内涵不一定很清晰,彼此间可能有高度重叠,但又不能混为一谈。虽然我们会尽可能清晰地介绍,但首次接触这些"—主义"或"—论"的读者可能会觉得有些压力,要有心理准备。

二、以人为本的取向:布拉伊多蒂的后人类主义

(一) 女性主义理论的困境与德勒兹哲学的启发

其实道芬与涂茵的书里将新唯物主义概念的开端不仅归于布拉伊多蒂,也同时归于一位美国文学作家德兰达(Manuel DeLanda, 1952—)。不过,也许因为德兰达不是真正的学术中人,所以虽然他出版过不少哲学著作,在自己的博客上张贴的一些哲思文章广为流传,也和许多知名学者有密

切的学术交流，在学界有不少支持者，但他并无大学教职，学术影响力有限，所以今天学界的讨论常常不会正式提到他。但布拉伊多蒂就不同了。她不仅有成功的学术成就，而且她丰富的经历也为人津津乐道。布拉伊多蒂目前任教于荷兰的乌特列支大学，并在该地创办了对全欧洲都有极高影响力的荷兰女性研究院。但她不是荷兰人，而是意大利人。不过她年轻时在澳大利亚留学多年，获得本科与硕士学位，并因此让她除了意大利国籍之外同时也拥有澳大利亚国籍。随后她去了法国的索邦大学攻读博士，一心钻研女性主义理论，并在该地取得博士学位。这种丰富的国际经历在今天并不是那么常见的。

● 萝西·布拉伊多蒂。
图片来源：https：//en. wikipedia. org/wiki/Rosi _ Braidotti #/media/File：Rosi _ Braidotti_-_Portrait.jpg。

　　不过,虽然去过许多地方,但在法国的学习经历对布拉伊多蒂的影响最大。在布拉伊多蒂读博士期间,法国还沉浸在后结构主义的氛围中,当时(不仅法国,而是整个欧美)的女性主义都深受后结构主义的影响。后结构主义将人的思维结构等同于语言符号结构,并认为语言符号[即"能指"(signifier)]背后没有任何实质对应的本源真实[即"所指"(signified)]。如果人们觉得语言符号背后有对应的本质,那么这都是人们因受到了某种权力的支配而错误拥有的意识形态。这让当时很多学者都沉迷于通过撕裂能指与所指之间的关系以破坏各种思维观念的正当性。这些学者相信,从语言符号的层面上对各种观念的破坏,就是对既有思维的破坏,也是对各种权力的反抗,可以为人类带来解放。当时很多女性主义者接受了后结构主义的说法,认为"女性"这种性别范畴根本不存在,它背后并没有任何规定这种性别有什么特质、该做什么与不该做什么的本质。然而在父权的支配下,许多贬抑与压制女性的论点被偷偷与能指结合在一起,变成一套洗脑般的话术,让"女性"这个范畴通过不断被说出来,建构成这个范畴仿佛本来就应该是什么样子似的,形塑出各种让女性蒙受不公的观念。如果我们破坏各种性别言说规则,例如通过各种嘲讽、胡说来颠覆父权话术,我们就能破坏各种性别观念秩序,进而破坏父权的支配机制,开启性别不平等的解放可能性。像美国哲学家巴特勒(Judith Butler, 1956—　　)等女性主义学者都是这方面的代表,布拉伊多蒂在法国读书时的老师也都是其拥护者。

　　然而这种后结构主义的思路始终无法说服布拉伊多蒂。布拉伊多蒂同意我们应该拆解各种莫名压抑了女性的条条框框,但她相当怀疑:仅仅通过各种叛逆的话语实践,仅仅逞口舌之快,如何真的能为女性带来解放? 布拉伊多蒂认为,性别之间在物质层面上的不平等问题依然很重要,甚至是首要的。尤其是物质性的身体,更必须是女性主义研究首要的出发点。但当时主流的女性主义认为这种唯物主义的观念必然会沦于本质主义(女性身体就是有那样的阴柔性征,就是体能上软弱无能,就是可以也必须生育,就是……),会阻断改变父权压迫的可能性,因此难以接受回到物质身体的取向。正是为了发展出一套重返身体的女性主义,同时避免陷入本质主义的窠臼，布拉伊多蒂（以及当时有同样想法的许多青年学者们）不得不重新思考身体、物质等概念。

在对这个问题的思考中，布拉伊多蒂发现一个既属于法国学界主流思想又能为她的问题提供解决方案的理论：德勒兹哲学。于是，将德勒兹哲学通过诠释以转化成一套符合女性主义宗旨的理论，便成为布拉伊多蒂早期的主要工作。

德勒兹（Gilles Deleuze，1925—1995）是法国相当知名且具有高度国际影响力的哲学家。他和福柯之间分分合合的友谊、曾参与电影演出的经历、最后久病厌世而跳楼自杀等戏剧般的人生经历，对许多哲学学人来说相当有吸引力。德勒兹最重要的成就是与精神分析学家加塔利（Félix Guattari，1930—1992）合写的一系列哲学著作。这两位学者宣称他们的研究任务在于创造概念。不过概念的创造不是任意的。如同那个时代大多数核心法国学者一样，德勒兹的工作一定程度上沿着权力批判与解放的要旨进行。他的做法是通过诸多概念的创造——例如"生成""块茎""游牧""去疆域""欲望机器"——形塑一种思维与观察模式，将世事视为去中心化的、流变不居的，以此抵抗各种支配。支撑这种哲学思维的其中一个基本命题是对"力"的强调。在尤其是基于对斯宾诺莎（Baruch de Spinoza，1632—1677）哲学的诠释之上，德勒兹提出一种将力放置在最高地位的生机论观点。"力"意指从未固定、没有方向、永恒的流变运动。它是万事万物得以呈现的根本原因，就连看似最本质、最僵固的物质也仅是一种力（暂时）展现出来的形象。在这个以力为绝对原则的世界中，万事万物永远处于生成且因而有无限可能的过程。就如同珠穆朗玛峰看似永远不变地伫立在那里，但其实它是不断进行中的地壳漂移挤压过程所造就出来的始终处于改变状态中的地貌，在千万年前它并不存在，在千万年后它可能也不再存在。

若从"权力批判"这项主旨出发进行探讨，力至少在两方面格外重要。其一，人的身体或生命本身即是一种（例如可以表现为欲望的）力的生成。身体从未是单一固定的形态，而是会在与环境交流过程中持续成长、老化、改变。我们的头发总是不断在变长（或不幸地变少），牵扯其中的一根发丝同时可以牵扯起全身的紧绷跳动。所以人总是(或应该)可以从身体出发摆脱外界的支配性部署(德勒兹和加塔利将这种抗拒或未受组织与分化的身体概念称为"无器官的身体")。其二,由于世间事物皆是力,因此在力的不断流动中身体或生命也总是可以有各种变化、有各种与世界中的一切相融合的可能性。这种不断处于变化、变形、融合的过程情境,被德勒兹称为"生成"(devenir)。人总是不断处于生成过程中,而且可以通过各种力的融合以生成动物、生成植物,甚至生成各种无可感知之物。这种无方向、无本质的生成,亦是一种摆脱中心权力支配的逃逸路线。

德勒兹哲学由于创造了很多前所未闻的概念,加上其文笔说好听点是优雅浪漫、说难听点是晦涩且缺乏严谨性,很多情况下都只给出充满各种隐喻修辞且夸张的判断,但缺乏详细论证,因此后来往往仅在人文艺术学科领域较受到重视,社会科学家一般谨慎地与之保持距离。但在布拉伊多蒂看来,德勒兹提出了一个很重要的观点:身体乃至所有物质都不是僵固、被动、命定的,而是不断处于生成中的力的创造性展现。这是一种唯物主义,但又不是那种将一切还原成原子、暗含本质主义思想的传统唯物主义,而是一种将一切物质视为不断流动、生成的力之展现的——正是在这里,布拉伊多蒂正式提出了这个标签——新唯物主义。在布拉伊多蒂看来,德勒兹哲学不仅有助于人文艺术方面各种天马行空的创作,而是也可以成为一套社会实践方针。因为,如果新唯物主义揭示了所有物质——包括我们的身体——都是力的展现,且永远处于生成中的话,那么这也意味着人类永远可以通过身体与各种物质的流变融合而拥有实质抵抗权力(例如父权)的可能性。对于物质身体的探讨并非去追寻某种(例如女性的)本质,而是去探讨人如何可以从身体出发实践出各种具体的生成可能性。不过这样的说法相当抽象,一般人想来很难想象这种新唯物主义如何成为一套实践方针。为此,布拉伊多蒂从原先只是单纯诠释德勒兹哲学的工作,更进一步发展出自己的思想以更具体地阐述她设想的实践方针。她尤其将她的这套思想归在"后人类主义"这个旗帜下。

（二）后人类主义

"后人类主义"不是布拉伊多蒂原创的概念，而是一个近代出现的颇为复杂的思潮。这里先稍微介绍一下其内涵。

今天很多人在使用"后人类主义"（posthumanism）这个概念时，常常实际上混淆了三个不同的取向（这三个取向可能各自还可以再细分出不同的流派，但大致上当今学界一般认为至少有这三大取向）：超人类主义（transhumanism），科技的后人类主义（technological posthumanism），批判的后人类主义（critical posthumanism）。

超人类主义比较多是一种信念，认为人可以、应该，也一直已经在克服各种躯体上的不完美，以让人类进化成一个更完美的物种。过去，人类主要通过教育的方式来进化，后来更多通过医学的方式追求进化。今天，超人类主义者相信，人类可以通过科技的方式来追求各种人体强化，以达到更完美的进化。例如，让人体蒙受损坏的原因之一就是疾病，所以超人类主义认为我们应通过科技为人赋予各种免疫能力。而让人类的死亡率最高的疾病，就是衰老与死亡本身，所以超人类主义思潮的一个终极目标，就是追求人类的长生不老。这种观点对我们来说可能听起来有点奇葩，让我们忍不住想调侃说："那么秦始皇可说是中国史上第一位超人类主义者了，领先国际时尚两千年。"但在欧美，很多超人类主义者是很认真的。例如当代超人类主义的思想领袖摩尔（Max More，1964—　　），不只撰写了各种超人类主义宣言著作，并宣称这是一套哲学，成为美国很有名的哲学家（虽然学界可能更多会觉得这人顶多属于民间哲学家），而且还因此真的被阿尔科生命延续基金会（Alcor Life Extension Foundation）聘为首席执行官，坐拥高薪，可谓名利双收。而阿尔科生命延续基金会是什么呢？它是全美国最大的人体冷冻服务供应商，旗下客户都是弥留之际希望能将自己冷冻起来，等到未来科技发展到有足够能力时，可以解冻以获得长生不老的富豪或政要。也有许多超人类主义者在欧美政界组成了政党，尝试进入议会推动各种生物医疗科技的促进法规，以推动人类的进化。所以，虽然我们可能会觉得很异想天开，但超人类主义在欧美的经济领域和政治领域有着实质影响力。

　　科技的后人类主义同样强调科技对人类物种发展的重要性,但与超人类主义不同的是:超人类主义将科技视为让人类进化成完美物种的工具;但科技的后人类主义认为人类进化的方向最终将是人与科技融合成人机结合体(亦即所谓的赛博格,cyborg),甚至人最终可以不需要有机肉体,只需要让意识通过科技纯粹化并操控可随时改造替换的机械身体。所以科技不是工具,而就是人类的目的。这种观点对于艺术文化领域有极大的影响,几乎所有赛博朋克(cyberpunk)风格的科幻创作都属于科技的后人类主义,我们不需要举例,相信读者可以从很多电子游戏或好莱坞电影中找到例子。但由于科技的后人类主义的论点过于科幻,与日常现实颇有距离,因此社会科学一般不会严肃地看待它。

　　但**批判的后人类主义**在社会科学界中就非常重要了,一般社会科学界所谓的后人类主义几乎就仅指批判的后人类主义,许多批判的后人类主义学者——例如哈若薇(Donna Haraway,1944—　)、海勒斯(N. Katherine Hayles,1943—　)——在学术界都有非常响亮的跨学科国际知名度(除非特别说明,不然本讲所有提到的后人类主义皆指批判的后人类主义)。在这当中,布拉伊多蒂对后人类主义基本学理概念的贡献相当大。甚至虽然布拉伊多蒂被尊称是新唯物主义的发起人,但实际上布拉伊多蒂更多时候以"后人类主义"标示自身。之所以如此,主要是因为她想为自己从德勒兹哲学那里得来的实践构想提供一个学理定位。那么究竟什么是"后人类(主义)"呢?为什么作为社会理论的后人类主义在详细的分类上会在前缀加上"批判"呢?这里,我们回到布拉伊多蒂的理论工作来一步一步解释。

　　布拉伊多蒂将德勒兹的生成哲学诠释为一种新唯物主义,认为所有物(包括人类身体)都是不断生成、流动的力,彼此可以相互融合。在布拉伊多蒂看来,这不只是哲学隐喻,而是现实中已经正在发生的事。并且只要把握住这种经验事实,就能够颠覆一个长久以来在(西方)社会思想中占据主流地位,但其实很成问题的思潮:人本主义(humanism,按照字面亦可翻译为"人类主义",亦即"后人类主义"这个词汇中的人类主义)。

在后人类主义者看来，传统的人本主义至少有两个特点。首先，传统人本主义一视同仁地对待人类生命并赋予高度关怀。其次，在西方基督宗教的影响下，人本主义将人类视为介于神与禽兽之间的存在，并强调以教化与涵养的方式让人能以神为榜样进行提升，远离禽兽。于此，"理性"与否被视为是否身为"合格的人"的标准。然而这种理性中心主义其实是以特定具有支配性的角色（例如在女性主义者看来，这个角色等同于西方基督宗教下受过精英教育的白人异性恋男性）作为典型，并同时排除其他文化、性别、思维模式的人而建立起来的标准。这样的思维模式实际上反而成为约束乃至禁锢了人类生命的枷锁，违背了人本主义宣称的关怀任务。布拉伊多蒂指出，从经验现实来看，人一直都在与各种物不断地融合，从来无法被用单一标准来定义。例如若从传统的人本主义视之，"眼镜"是没有理性思维能力、不属于人类的外在物质客体。但对于有重度近视的人来说，若没有眼镜就根本看不到东西。眼镜不仅是装在细支架上的两片无机玻璃，而是它与眼球这两个发挥光线折射与接收之力的物融合在一起，成为眼睛本身，成为不可或缺的人类器官。又例如 2022 年 1 月，美国首度将经过基因改造之后的猪心移植到人体中。虽然患者在两个月之后依然因为心脏衰竭过世了，但患者的确于手术移植后在不同物种器官运作力相融合的情况下活了两个月。对于这位患者来说，这颗移植到他胸腔的东西不是作为客体的猪类器官，而是它就是他的心脏。同样，汽车就是通勤者的脚，水肺就是潜水者的呼吸器官。这类例子在当代社会已数不胜数。

布拉伊多蒂指出，这些例子都表明人从来不是纯粹的人，物也从来不是纯粹的物；人与物从来都是相互融合在一起的，无法二元区分。甚至人始终都必须与各种物融合在一起，才能更好地生活。只要我们掌握这一事实，或是只要我们不断实践出这一事实、不断实现出与世界万物的各种融合（这种与世界万物进行了各种融合的、模糊了自身边界的人类，就被称为"后人类"），我们就是不断在批判人本主义对于人的定义。也因为我们批判了人的定义，所以反而让人摆脱定义的禁锢，可以有更多的可能性，为人带来解放，真正实现了人本主义对人的关怀。也就是说，如果以新唯物主义作为理论基础,将研究焦点放在人类身体上,那么——在布拉伊多蒂看来——我们不但不会落入后结构主义所担心的本质主义危机,而是反而会因为看到人与物之间的各种融合而为人类自己带来更多可能性,例如性别问题也可以由此找出解决之道。布拉伊多蒂认为,这样一套带着人本主义的关怀,但以批判人本主义对人的定义的做法实现其关怀的理念,即是以颠覆的方式传承了人本主义的"批判的后人类主义"。

在布拉伊多蒂的努力下,后人类主义不仅是抹消人类自身边界的"后人类—主义",也是被赋予了深刻伦理学内涵的"后—人类主义"。对于很多女性主义者来说,这种不同于后结构主义的思路令人感到耳目一新;对于原先就对人与物之间的结合关系相当着迷的超人类主义者与科技的后人类主义者来说,这套被赋予了学理深度的思想能为自己的政经目的或科幻创作赋予学术正当性。因此布拉伊多蒂的这套后人类主义的新唯物主义获得很大的回响,不少学者采纳了这个取向,以此发展出自身的经验分析或经验研究成果。

美国哲学家本内特(Jane Bennett, 1957—　　)是这个取向中名气很大也很有影响力的新唯物主义者之一。她在 2010 年出版的成名作《活力物质:物的政治生态学》(*Vibrant Matter. A Political Ecology of Things*)中对于食物的分析常被认为相当经典。食物一直是社会科学界的重要主题之一,正如法国人类学家、结构主义之父列维-斯特劳斯(Claude Lévi-Strauss)的名言所说:"食物不只可以拿来吃,还可以拿来思考。"(可参考第一讲第二节)不过过往的研究多半要么从历史学的角度考察饮食文化的变迁,要么就是像列维-斯特劳斯那样将食物视为符号以探讨其所反映的社会结构意涵。但本内特认为,食物首先是物质,我们理当优先考察其物质面向。不过,考察食物的物质面向并不是指像食品科学或生物学那样探讨食物的有机成分。之所以食物值得我们考察,是因为它会被人吃;或是反过来说,人总是必须进食才能活下来,并且进食后人会对食物的物质成分进行消化与吸收,然后产生各种改变。因此在本内特看来,若从后人类主义取向的新唯物主义角度来看,在面对食物作为一个主题时,我们应该研究食物在人体的消化吸收情境下会产生什么后果。她初步考察了美国食品工业后指出，正是人类的食物摄取决定了食品安全法规相关制度的运作。或是，正是因为当代美国食物的成分，所以才会造成了美国普遍的肥胖问题，并且肥胖问题又进一步带动了庞大的健身或整型产业。也就是说，不论是人体、法规制度，还是商业经济，这些人类世界的改变中有不小的部分都是由食物作为一种有作用力的物，以及食物与人的融合之下所产生的，而不是由人的理性思维作为唯一原因所造就的。这种说法显然与传统人类中心主义的思维模式大相径庭。

虽然本内特是一位哲学家，所以对于食物的分析大概就是这样，点到为止；但她的这些说法无疑为社会学开启了一个具体且庞大的经验研究主题，即人与食物在某具体的社会情境中究竟是如何融合在一起的，以及这种融合如何划定了人的类属边界（和划定出了什么样的类属边界）、决定了该社会什么样的运作形态。例如，中国社会一直以来都有（相对于西方社会来说较为）独特的"食补"现象，那么后人类主义取向的新唯物主义提问模式，显然就可以援用来对食补提出社会学式的问题。当然不只是本内特和她的食物理论，而是我们完全可以通过后人类主义取向的新唯物主义视角，提出各式各样的人与物之间的融合问题与社会后果。例如英国社会学家迈克尔（Mike Michael）在其著作《将文化、科技与自然重新联结起来：从社会到异质性》（*Reconnecting Culture, Technology and Nature. From Society to Heterogeneity*）从同样的取向出发，以鞋子作为对象进行了新唯物主义式的研究。他的基本命题是，鞋子不是人们套在脚上的工具，而是已然与人融合在一起成为人体的一个器官。毕竟人从出生开始在大多时候没有鞋子是难以在路上行走的。他以此命题出发，研究了登山靴如何依其材质而产生作用力，与人类的脚融合后重塑人对世界的感知，并如何使得陡峭的山峰变成人类可以攀越的对象，重塑了人类社会与自然世界的关系。

读者们在这里想必可以自己以此联想出很多可以进行社会学研究的经验现象，这也是新唯物主义之所以近年来在社会学界爆红的原因。但就理论层面来说，这个取向的新唯物主义理论并不是没有问题的。它至少有两个很明显的令人质疑之处。第一，后人类主义强调因为物具有力，所以物与同样作为力之展现的人彼此能相互融合；但"物的力"究竟是什么意思？"力"是一个非常模糊的概念，"物的力"更是让人不明所以。而且"物的力"究竟来自物本身，还是由人所制造的，所以也不过是"人的力"的媒介而已？（虽然究竟什么是"人的力"在此显然也是一个奇怪的大问题。）第二，力都是同质的吗？各种不同的物和各种不同的人的力都能相提并论吗？物真的因此总是能和人融合在一起并为人类带来解放吗？关于这些问题，后来稍晚出现的另外两个新唯物主义理论都提出了明确的回答，而且其观点大相径庭。一个是美国学者博拉德，她一方面也自认是后人类主义者，因此同意人和物的关系是密不可分的。但另一方面她不用"力"这个过于抽象的哲学概念，而是从物理学的角度指出人和物的关系不能说是"融合"，而更多应该说是"相互构成"。另一位是上一讲提到过的美国哲学家哈曼。哈曼虽然不怎么反对"力"的概念，但不认为人和物会互融或互构，而是认为人和物根本就是同一回事。什么意思呢？我们先从同样把自己归入"后人类主义"这个标签下，多多少少继承了一些后人类主义观点的博拉德讲起。

三、物人互构的取向：博拉德的能动实在论

和本书介绍的所有其他学者不同，博拉德完全没有系统、完整的人文社会科学学习经历。她是纯理科背景出身的，以夸克和费米子的计算方法研究在美国纽约州立大学石溪分校取得理论物理学博士学位，毕业后于加利福尼亚大学圣克鲁兹分校任教，在物理学系取得了终身教职，是一位量子物理学者。但她强烈自我认同是女性主义者、后人类主义者，更希望在这些领域作出贡献，因此她尝试从量子物理学的角度出发来发展出一套人文社会科学理论。2007 年，她的论文集《半路遇见宇宙：量子物理学和物质与意义的纠缠》(*Meeting the Universe Halfway*：*Quantum Physics and the Entanglement of Matter and Meaning*)出版后，广获高度赞誉。在欧洲，她的思想更是受到

热烈欢迎,2012 年和 2015 年,她不少在美国甚至都还没有结集成书的文章就率先被德国引进翻译与编纂成著作出版了。[2] 后来她也调离物理学系,转进同校的女性主义研究所,并同时在哲学系和意识史研究所开课任教,专门从事社会理论研究。虽然她主要致力于女性主义与后人类主义研究,但学界一般都首先将她视为新唯物主义最经典的代表人物。可以说,最晚在2010 年之后,博拉德发展出来的新唯物主义理论就已经席卷欧美了。

● 凯伦·博拉德。

图片来源:https://people.ucsc.edu/~kbarad/Images/DSC03832.jpg。

博拉德的理论是由许多原创概念组成的。虽然概念繁多,但它们绝大多数是博拉德以玻尔(Niels Bohr)的量子理论为基础所提出的。

量子力学中一直有不少谜团,例如光的波粒二象性。波动和粒子一般被认为是两种不同物理样态。波动是能量通过介质以类似波浪的形态动态传散开来的。若两股波动相遇,就会产生干扰,甚至如果一个波遇到另一个频率相同但波峰波谷完全相反的波,两个波还会相互抵消。现在常见的耳机降噪模式,就是以此原理进行的,亦即耳机一方面侦测外界的声波,另一方面从耳机里发出频率相同、但波峰波谷完全相反的声波,以此抵消掉外界的声波,从而在耳机里产生安静的环境。粒子则是一种具有本质的实体,一堆粒子相遇不会产生干扰或抵消的情况,而是会不断堆积。照理来说,一个物理事物要么是波动、要么是粒子，非此即彼。但在物理学知名的"双缝实验"中，光究竟是波动还是粒子，却是无法确认的事。我们只看双缝实验中光打在屏幕上的结果，光会产生波动形态才会有的干扰现象，亦即产生光的衍射效果。然而一旦我们想通过观测仪器去察看光在双缝实验中打向屏幕的过程，光就会在屏幕上打出粒子形态般的堆积效果，衍射现象消失了。在这样的现象中光仿佛是有意识似的，人没有看它它就自在地扮演波的角色，一旦有人看它它就紧张兮兮地扮演粒子的角色。

对于这种现象，玻尔不认为是什么谜团。他指出，物理学对双缝实验之所以会感到困惑，是因为科学传统上长久以来认为被观察的对象有自身绝对的本然性质，它独立于观察者而存在，与此对象不相干的观察者该做的就是从旁观测该对象。科学长久以来将此观念称为"客观""科学研究"。但玻尔认为这种观念是有问题的。除了所谓的被观察对象常常是实验室中剥除掉所有本来存在于自然当中的要素而纯粹化出来的人为建构物之外，"观测"本身也不仅是静静在一旁观察而已。"观测"意指设定测量单位后，通过专门仪器对被观察对象的变化进行测算，亦即基于特定参照、通过预想好的观察对象变化展现方式，以此为被观察对象赋予意义。虽然被观察对象自身无疑会有某种性质，的确会发挥出实际作用（例如光的确会在屏幕上产生痕迹），所以"客观性"并不是主体意识产生的幻觉；但被观察对象之所以会展现出某些面貌，是因为我们采用了特定的观察方式（例如是因为我们设定孔隙障碍物与架设了投射屏幕，并用了某种仪器来进行观测）。博拉德接着玻尔的这个说法，提出一个堪为她自己整套理论的基本论点：被观察对象的展现与观察本身是同一回事，两者不可二分；或是更抽象一点说：**物的实在与观察能动性是纠缠在一起的**（由于量子力学出身的关系，受到"量子纠缠"概念的影响，所以博拉德很喜欢"纠缠"这个词）。更直白地说，物的实在是什么样子的，取决于我们怎么观察它。正是因为这个基本论点，所以博拉德才会将她的理论命名为"能动实在论"（agential realism）。从能动实在论的基本论点出发，博拉德继续提出了一系列的概念。

首先，她建议我们对物界的认知观念应该要从"反射"（reflection）改换成"衍射"（diffraction）。反射和衍射都是光学概念，首先将这两个概念对立起来并用作社会理论的隐喻的人，是后人类主义哲学家哈若薇。哈若薇所谓的"反射"意指一种观念，即认为世界会如实地映照在我们的意识上，就像事物会如实地在平面镜子上反射、映照出来一样。哈若薇反对这种反射思维，认为我们对世界的认知从来不可能直接等同于世界如实的样子。而衍射在哈若薇那里则意指像哈哈镜一样扭曲影像，意指我们应通过各种想象力来呈现出人类与世界的各种可能结合关系。她认为衍射是一种具有改变现实的潜能，所以更有创造实践能量的思维模式。不过，"衍射"实际上意指光的传递会因为观察者所使用的仪器或开有孔隙的障碍物而产生干扰性质。所以量子力学出身，因此比哈若薇更了解光的博拉德，一方面同意并直接继承了哈若薇关于"反射"的概念，并且批评反射思维，不过另一方面她并没有继承"衍射"在哈若薇那里的隐喻意涵，而是改变了其内容，将之意指一种认知到自己的观察能动性会干扰物的展现形态、认知到观察与物是纠缠在一起的思维模式。[3] 当然，博拉德的能动实在论也同样更加赞同衍射思维。

其次，由于物的实在和人的观察能动性是一体两面的事，因此博拉德也强调，事物的本质（对此的探讨是本体论的任务）和观察、认识事物的方式（这即是认识论的探讨主题）是同一回事，两者纠缠在一起。不仅如此，也由于观察与实在总是纠缠在一起，所以任何的观察与认识都不是人们静静地在旁观看，而是一种对世界的介入。这使得观察与认识必然也会对世界产生影响。一旦牵涉介入与影响，就会牵涉伦理学方面的问题。博拉德认为，她的能动实在论的目的就是在揭示伦理学、本体论、认识论的三位一体，所以能动实在论本质上亦是一种**伦理—本体—认识—论**（ethico-onto-epistem-ology）（有时候博拉德会省略掉"伦理"这个环节，就只说"本体—认识—论"）。

以上的能动实在论、衍射、伦理—本体—认识—论等概念，都还比较属于元理论的范畴，但博拉德并没有一直停留在形而上的理念判断上。在这些基本理念之上，博拉德也问了一个相对具体的问题：物的实在与观察能动性是怎么纠缠在一起的？关于这个问题，博拉德提出了一些很重要的社会理论概念，并且这些概念来自她的一个极为漂亮而经典的案例分析：孕妇超声检查。

在博拉德的考察中，人类对声波一直有一些基本的认识，但一直到两次世界大战期间，为了开发出潜艇的导航与测距技术，人类才开始制造出能发送与接收声波的仪器（即声呐）。这也使得声波不只是一种天然物理现象，而是也可以成为一种军事工具。20世纪30年代末，经过了一些偶然的发现与有意的发展，一些医疗器材企业与医学家开始尝试将超声波技术运用在医学的治疗与诊断上。随后超声波成像技术兴起，人们开始想到可以将超声波用在怀孕检查上。在这些条件出现之后，人们才开始生产、制造用于妇产科胎儿检查的超声波仪器。不过，就算在科技如此发达的今天，人们依然只能看到屏幕上由仪器给予人的超声图像。这种图像其实很模糊，对该影像的识读是需要人们通过专业学习才能诠释的，而且即便习得了，也会有识读错误的可能性。也就是说，我们必须去理解超声波孕检仪器给予我们的信息；超声波孕检仪器这个物发挥出我们必须服从的能动性，无疑是一个能动者。

然而，虽然超声波孕检仪器是一种具有探测与成像能动性，因而堪为能动者的物，声波及其物理特性也是本来就存在的，并不是人造的，但仅仅声波本身无法具有诊断与治疗的能动性。声波本身原先并没有成像、孕检的能力。它的这些能动性，是人基于特定的物质想象与运用观念，将各种物质加工制造成特定仪器并运作与运用后，才能够发挥出来的。这里所谓的"物质想象与运用观念"用更专业、抽象的话来说，就是"科学知识"；而科学知识无非就是一套话语体系，科学应用则是基于这套话语体系之上的实践。因此，博拉德提出了一个比后人类主义新唯物主义更加清晰的命题：物的能动性并非来自神秘模糊的"力"，而是通过人类的**物质—话语实践**（material-discursive practices）才得已发挥出来的。物不是本身就是物，而是基于人类的本体—认识论之上，通过物质—话语实践而**成物**（mattering）的结果。

不过博拉德想说的不是只有如此而已。她还进一步提到，即便超声孕检仪器并没有提供清楚的影像，但它的确让人可以"看见"未出生的胎儿。以前唯有当幼儿离开母体、诞生于世后，幼儿才对所有人呈现出客观的人类生命力。但在超声孕检仪器出现后，我们越来越常看到家庭通过展示胎儿的超声图像宣告新成员到来。也就是说，将人判定为人的标准，在今天越来越不是由分娩界定的，而是由超声孕检仪器呈现的超声图像所定义的。于是，在孕妇超声检查的情境中，不仅超声波因为人造出了仪器而被赋予了特殊的实存、成就其能动性，而且人也因为超声孕检仪器而获得了人生而为人的定义，被承认其能动性。于是，在"成物"的过程中，被实现出来的不只有超声孕检仪器，还有人。博拉德将人与物之间的这种关系原创地称为——这可能是她原创的理论概念中影响力最大的一个概念——**内在作用**（intra-action）。

博拉德刻意将"内在作用"与"相互作用"（inter-action）作为一组对立概念。"相互作用"在社会理论界一般中译为"互动"，象征互动论、互动仪式链等许多理论都早已有非常多相关的讨论。互动主要意指两个行动者指向对方与回应对方、进行意义往返的双重行动过程。博拉德认为，互动概念预设了进行行动的双方是在行动之前就存在的有行动能力的实体。或简单来说，行动者先于关系而存在。但博拉德从上述玻尔的量子力学和超声孕检仪器等例子进行分析后相信，是因为先有关系，所以实体——不论是人、还是物——才能实现行动能力而成为行动者。也就是说，博拉德所谓的内在作用，意指一种实现出行动者的关系网络；放在作为社会理论的新唯物主义中，**内在作用即意指一种物与人相互构成的过程**。

显然博拉德跟上一讲介绍的拉图尔有相同的关系本体论的立场，她自己也承认这点。但博拉德和拉图尔最大的差异在于，她除了宣称人与物都处于关系网络中、都必须同样被视为行动者（或用拉图尔的说法来说：行动素）之外，还进一步提出一个可供社会学经验研究提问的方针，亦即告诉我们可以去研究一个过程：**人基于何种物质—话语实践造就出什么样的物，以及物如何又反过来（再）塑造了人**。

近年来也有不少新唯物主义的经验研究采取了这套思路。诸多经验研究中最常被学界当作优异例子的当数美国学者菲什（Michael Fisch）以人类学的立场通过民族志对日本东京地铁交通进行研究、出版于 2018 年的著作《机器人类学》（An Anthropology of the Machine：Tokyo's Commuter Train Network）。[4]这本书虽然没有明确提及博拉德，但同样强调人与物的内在作用，因此常被视为一份能动实在论式的经验分析。菲什指出，地铁轨道交通的运营是一个非常复杂的现象。每一趟列车的行驶，除了有大量的电力、车厢、站台等硬件条件之外，更重要的是它还需要配合上精密的时刻表，才能与众多列车交错配合，在适当的时间地点起停，以服务于所有通勤人员。可以说，各个轨道列车的车厢（连同整个轨道交通硬件设施）正是服从着许多轨道交通人员的物质—话语实践而运行的。而在轨道交通的运营之后，它也回过头来构筑出人类社会的通勤现象，产生人类世界的特殊景观。同时，轨道交通的运营也不是在各种硬件设施与时刻表定好之后就一劳永逸地重复了。轨道交通系统中的所有参与物——轨道硬件设施、地形与天气、城乡行政区域、通勤人口、交通高/低峰节奏，等等——永远在不断变化，让地铁列车不断产生各种迫使轨道交通人员随时进行各方面的相应调整的行动作用力。或是每日的通勤乘客在搭乘地铁时，地铁的晃动节奏也可能会与在车上打盹的乘客的身体无意识律动协调在一起，因此地铁到站后，没有听到到站广播的熟睡乘客也可能因为车子与自身的律动频率失调而突然惊醒、匆忙下车。因此菲什的研究证实了人与物之间总是具有一种相互开放性，正是在这种相互开放性中人与物之间通过内在作用构成了对方。

比起后人类主义的"力的融合"，能动实在论的"内在作用"似乎没有那么夸大与极端，也似乎比较具体，而且又能与社会理论本来就有的"互动"概念相互对照，因此能动实在论在社会理论界中很受好评。然而就理论本身来看，能动实在论与后人类主义有一个共同的毛病：科技乐观主义。和布拉伊多蒂一样，博拉德似乎也预设人与物总是会处于一种有益于人的关系，没有考虑到人与物不一定都会处于能构成彼此的内在作用中。当地震引发海啸时,高至数层楼的海浪不需要有什么本体—认识论也依然有摧枯拉朽的威力;当人在海啸中灭顶身亡后,我们也实在无法说这是一种相互构成的内在作用。正是在这一点上,哈曼提出了与上述两派新唯物主义都完全相反的物导向本体论。

四、以物为本的取向:哈曼的物导向本体论

(一) 前身:思辨实在论

1968 年出生的哈曼虽然身为美国洛杉矶南加州建筑学院的哲学教授,最早是海德格尔哲学的研究者,但他毫不死板严肃,而是活泼风趣的演讲与写作风格,让他跟有类似风格的其他学者,例如拉图尔和斯洛文尼亚哲学家齐泽克(Slavoj Žižek, 1949—)建立起不错的交情,过从甚密。不过,相较于"新唯物主义",哈曼常常被贴另一个标签:思辨实在论(speculative realism)。

"思辨实在论"这个词并不是由某个或某些学者通过严谨的论证后提出的概念,而是 2007 年在伦敦大学金匠学院举办的一个小型学术工作坊上,由主办人布拉希耶(Ray Brassier, 1965—)想到的会议名称。这个工作坊的与会者只有四位发言人:英国哲学家布拉希耶、葛兰特(Iain Hamilton Grant, 1963—),法国哲学家梅亚苏(Quentin Meillassoux, 1967—),以及本节主角哈曼。在这场会议中以及之后,梅亚苏的名气最大,因此一般被当作思辨实在论的领袖,另外三位学者及其支持者也或多或少被视为思辨实在论的成员,即便他们都认为自己与其他人的思想差异太大,不觉得彼此属于同一团队。

梅亚苏的代表成就是他在 2006 年出版的成名作《有限之后:论偶然的必然性》(*Après la finitude. Essai sur la nécessité de la contingence*)中对关联主义(correlationism)的批判。梅亚苏指出,哲学界最晚从康德开始、一直到近

代的例如胡塞尔或海德格尔，都抱持一套很矛盾，也因此很成问题的想法：一方面，这些哲学家们都将"人是否能真正完全了解物"当作一个问题，因为如果物完全独立于人类主体而实质存在的话，仅能用有限的知觉与意识面向世界的人类似乎可能永远都无法真正完全了解物。但另一方面，虽然关于上述问题，不同的哲学家有不同的看法，但他们都一致同意我们可以用思维来或多或少地认识物。如果物的实存能被思维掌握，那么我们就能运用思维完了解物；如果物的实存超越了人类的思维，那么我们还是可以通过思维在一定程度上认识物。对物的认识是或多、还是或少，取决于物与思维之间的关联本质上是强、还是弱。但不论是多还是少、强还是弱，哲学家们已经总是在将物乃至于整个世界摆在其与人类思维的关联之下来进行探讨（这就是"关联主义"这个词的由来）。而梅亚苏坚信，物的存在是实质的绝对存在；但关联主义总是从人类思维出发，这实质上是一种人类中心主义的思维模式，会让任何对物的讨论都不可能真的讨论物，顶多只能讨论物与人类思维之间的关联。因此他的哲学就是致力于如何能摆脱关联主义而讨论物、讨论我们的世界。

梅亚苏的论证很哲学化，碍于主题与篇幅我们这里无法详细介绍他的解决方案。简单来说，他的结论就是将希望寄托于数学，认为客观的数字思辨可以让对物的实在的讨论在不诉诸主体思维的情况下，依然可以讨论（所以"思辨实在论"这个会议主题后来被人们冠在梅亚苏的哲学理论上成为他的思想标签，梅亚苏也欣然接受）。这个结论也和梅亚苏的老师——法国当代著名的数学哲学家巴迪欧（Alain Badiou, 1937—　 ）有关。哈曼最初也很赞成梅亚苏的思辨实在论，写了不少讨论梅亚苏与思辨实在论的文章。但后来哈曼逐渐发现自己与梅亚苏的哲学之间有一些无法弥合的分歧，因此哈曼便逐渐与思辨实在论保持距离。

哈曼认为自己与梅亚苏的哲学或思辨实在论最大的分歧在于，梅亚苏虽然宣称反对关联主义，但他最终矛盾地认为可以通过思辨而讨论物，而思辨偏偏怎么看都是很关联主义的一个概念。哈曼则比梅亚苏更加激进地支持关联主义批判。哈曼的理论基本命题坚信，凡存在的物都是实质绝对存

● 格拉汉姆·哈曼。
图片来源：https://en. wikipedia. org/wiki/Graham ＿ Harman #/media/File：
Graham_Harman_at_MACBA.jpg。

在的物，物的自身实在并不诉诸人类思维，甚至与一切事物——包括物与物之间——都没有关联。因此哈曼开始排斥思辨实在论的标签，转而自己提出另外一套完全以物为中心的哲学。他最初将他的工作称为"物导向哲学"，后来则定调为"物导向本体论"（object-oriented ontology，简称 OOO，发音为 triple O）。虽然他近年来宣称"物导向本体论"这个说法不是他原创的，但他实质上是率先有系统地将之发展成一个标签的人。

（二）物的绝对实在与物/质裂隙

物导向本体论中的"本体论"在哈曼这里不是一般意义上探讨本体性质，乃至于本体存在与否或如何存有的元理论，而其实就是"一套哲学思想"

的意思。至于"物导向",我们则可以简单理解为相对于人类中心主义的"物类中心主义"取向。意思是,用哈曼的话来说,他的物导向本体论旨在宣扬一种"扁平的本体论"(flat ontology):凡存在的一切,都是同样层次的物,没有哪个物会比其他的物更(不)优越或更(不)实存。包括"人"也是一种物。哈曼甚至不喜将人视为"主体",而是更倾向称之为"人类物体"。他甚至宣称,人之所以为人,首先不是因为人有意识,而是因为人是一个物。因此物导向本体论是一个宣称自身不涉及主体、人类中心主义或关联主义之类的概念,而完全只讨论物的理论。

这样的理论旨趣很容易会让人想问:那么,哈曼,你说的"物"意指什么呢?面对这个问题,哈曼直接宣称"物"是有自身特质而存在着的事物,这种实质存在让物具有绝对的封闭同一性。一个物就是一个物,它以自身的特性孑然存在于世,不与任何其他事物有关联,甚至**所有的物都因为实质存在而有会产生冲突的相互作用**。所以虽然物与物之间处于同样的概念层次上,但彼此之间因为相冲突,所以总是有此消彼长的情况在,因此哈曼于此提出一种"不对称"的思维。意思是,物虽然在本体论层次上是扁平的,但彼此之间有冲突关系,这种冲突关系可能会让某个物造成另一个物的毁灭,所以是不对称的。显然,哈曼在这里刻意针对与批评拉图尔提出的"对称性思维",虽然这两人所说的对称显然不是同一回事。另外,之所以我们这里说哈曼的这套说法是"宣称",是因为哈曼的论点不太是通过层层递进地论证与丰富其内涵而建立起来的,而更多是直接宣称这个命题,然后用反驳其他理论观点的方式来捍卫自己的命题。他最常反驳的有七个理论观点:向下还原(undermining)、向上还原(overmining)、双向还原(duomining)、物理主义(physicalism)、微小主义(smallism)、反虚构主义(anti-fictionalism)、文字主义(literalism)。不过这七个观点中有些差不多是重叠的。

向下还原和微小主义几乎是同一种观点。这种观点认为所有的物都是由小于该物的内在部分所构成的,甚至所有物的最基本构成元素都是同一个如绝对单一真理一般的元素。所以若要分析一个物,那么该做的就是将物不断拆解,直至最底层、小到不能再小的最基本构成元素,并相信只要掌握基本构成元素的性质,就能掌握所有由同一个最基本构成元素所组成的万事万物(这其实也就是前文提到的原子论或传统的唯物主义的论点)。而哈曼从涌现论的观点反对这类说法。第二讲曾提到过,今天意义上的涌现论是一派主要源自 19 世纪末、20 世纪初的英国科学哲学理论。这个理论认为虽然任何事物整体都会有其构成元素,但很多实在的物会从构成元素的汇聚中涌现出构成元素本身不具有的特质。所以涌现论强调,对于具有自身特质的实存的事物的讨论,不能通过向下还原的方式来进行。哈曼则更极端地宣称,所有物都具有无法还原到构成元素的实在性。哈曼自己最喜欢举的是源自海德格尔(Martin Heidegger)的铁锤例子。

海德格尔最初举这个例子,是为了阐述他那极为经典著名的哲学著作《存在与时间》的难点。《存在与时间》的宗旨在于分析"是"这件事,但"是"很难讨论,因为一旦我们要讨论它,很难不提到"'是'是什么?"这个问题,而一旦提到这个问题时,我们就已经把"是"(即"'是'是什么"这个句子里的第二个"是")放到一个无法讨论的情况了。海德格尔说,这就很像对锤子的分析。锤子在我们拿来敲钉子的时候才能表现出锤子的本性,但当我们把锤子拿在手上敲钉子时[海德格尔将之称为"上手状态"(Zuhandenheit)],我们只会盯着钉子,而不会盯着我们的手和锤子(因为我、手、锤子这时候自然而然地融合在一起了)。如果我们硬要盯着我们的手和锤子,观察锤子如何被拿着和敲钉子[海德格尔将之称为"手前状态"(Vorhandenheit)],我们反而会很别扭、没法敲钉子,锤子也就不是锤子了。或是如果锤子突然不好使了,我们才会盯着我们的手和锤子,但我们盯着我们的手和锤子的时候恰恰也同样表示锤子不是锤子了。

哈曼则将这个例子修改成符合他观点(也因此和海德格尔的讨论没什么关系)的内容:当铁锤能敲钉子时,我们不会觉得这有什么奇怪的;但假设铁锤敲了钉子后铁锤突然碎裂了,那么我们就会傻眼,因为铁锤这时就报废、没法用了。哈曼认为这种"傻眼"正好证明向下还原和微小主义的不成立:从向下还原和微小主义的观点来看,一堆碎裂的铁块和一个完整的铁锤的性质并没有任何差异,甚至铁块才是铁锤性质的来源。但事实上碎裂的铁块并不能拿来当铁锤用、不具有铁锤的性质，甚至我们的"傻眼"证明了铁锤和碎裂的铁块之间、实在的物和实在的物的构成元素之间，因为皆是实在的物，所以彼此是相冲突的。

向上还原则意指"物的实在和所有对于物的认识都必须将物放到其所属的整体关系网络中才能成立"的观点。前文提到的罗萨、拉图尔、博拉德，都是这种"向上还原"的代表人物（只不过他们不会将他们的立场称为"向上还原"，而是称为"关系本体论"）。但哈曼认为这很荒谬：如果没有实质的物先存在着，哪来关系可言呢？例如向上还原论者（或关系本体论者）可能会说，一张在四个角有同方向支柱的长方形木板平面，究竟是桌子、还是椅子，得端看它是处于平面上摆放水果杂物还是有人坐在其上的关系网络中。但哈曼说，不管是哪种关系网络，先实存着四个角有同方向支柱的长方形木板平面，难道不是必不可少的前提吗？因此哈曼在此再一次反对拉图尔的论点。哈曼甚至直接和拉图尔唱反调：**是因为物存在了所以才能行动，而不是因为物行动了所以才存在**。

双向还原则意指同时包含向下还原与向上还原的取向，哈曼主要指基于数学公式的物理学。一方面，物理学相信万事万物最终可以向下还原成同一种最根本而微小的构成物，另一方面这种分析的方式又将之放到整套数学语汇网络中。而哈曼认为双向还原更不可取，因为它同时犯了向上和向下还原的毛病。

物理主义和反虚构主义其实也很类似，即认为凡实在的物都必然是以物理性质存在的物。但哈曼认为如荷兰东印度公司、美国南北战争等非物理性质的事件，以及具有庞大粉丝且促成伦敦贝克街 221 号 B 真的出现了的虚构的福尔摩斯，都因为涌现出了不以个人意志为转移的封闭同一性，因此即便它们不是像石头、树木、或是人那样的物理存在，但依然是实在的物。也因为这个论点，因此哈曼认为他的理论是一种"非唯物主义"（immaterialism）。不过这里我们可以注意到，哈曼并不是说他的理论"不是唯物主义"或"反唯物主义"，而更多是说他的物导向本体论是一种不局限于讨论物理实体的物的理论，所以他宣称的"非唯物主义"反而更多意指一种非传统唯物主义的新唯物主义，这也就是为什么物导向本体论今天一般也都被纳入新唯物主义标签下的原因。为此，哈曼曾以专文（甚至是专书）用他的物导向本体论分析了荷兰东印度公司和美国南北战争。他强调，可以将这些社会现象或历史事件视为物来进行分析。这种物虽然是由许多政客、军人、劳工和记账本、枪炮弹药等物所构成的，但没有一个人或物能真的经历过完整的荷兰东印度公司或美国南北战争，荷兰东印度公司或美国南北战争也具有无法还原成任何其构成元素的自身性质。

　　不过平心而论，哈曼在这方面的分析并不尽如人意。至少对社会学来说，社会学重要经典奠基人之一，涂尔干在其名著《社会学方法的准则》中，早已提出将社会事实视为物来进行研究的说法，并且对自杀、宗教等给出了丰富细致的研究，成为今天社会学非常成熟且重要的一个范式。第十讲将补充介绍的卢曼的系统理论，也同样以类似的方式将各社会领域视为封闭同一而自我生产的社会系统，认为所谓的社会系统不是将社会领域比拟成系统，而是说社会就是系统，亦即认为各社会领域的封闭同一性是本体实存意义上的、而非隐喻的。卢曼甚至还提出"人不是社会系统的构成部分，而是社会系统的环境"的论点，强调社会系统的涌现性。这些社会学理论都比哈曼对社会现象或历史事件的分析提出得更早也更为成熟丰富。哈曼将他的物导向本体论延伸到社会现象的分析并不新颖。而且很奇怪的是，哈曼在这里将社会现象和历史事件等同于锤子、石头、猫狗，用"扁平的本体论"观点视为同一回事，这种做法想来对于社会科学家，或至少对于社会学家来说，应该不太具有说服力。物导向本体论虽然反对物理主义和反虚构主义，但实际上它的确对物理实存物有更好的适用性。至于它对于社会现象和历史事件的分析究竟是一种扩展延伸，还是过界打捞，就很难讲了。

　　最后，哈曼所反对的"文字主义"认为一切实存的物必定都可以用文字命题精准地描述与掌握。哈曼宣称，文字命题所呈现的仅是描述者从某个特定视角所描述出来的物的某个性质而已，但因为物是人类思维之外的实存物，所以对于反关联主义的物导向本体论来说，一方面，对物进行再多的文字上的性质描述，都不可能穷尽物的所有性质而把握物本身；另一方面，描述者只要换个时空,对于物的性质的文字描述可能就会改变,甚至性质与性质之间有可能是矛盾的,而这更表示文字命题不可能绝对地描述与掌握物。例如一颗苹果,在光线明亮的情况下由上往下看和在昏暗的情境下从某个侧面看,它被描述出来的性质不会是一样的。或是正在读这本书的读者,你身边所有人乃至于你自己,都可能提出无数对你这个人的描述或评价,但我们所有人都知道再多这样的描述与评价,也都无法用来完全了解你这个人本身。

基于反文字主义,哈曼进一步提出两个论点。一是,物不仅不能还原成其构成元素,也不能等同于其性质,甚至物的性质和物之间有一道永远无法跨越的鸿沟。哈曼将之称为"物/质裂隙"(object/qualities rift)。别人对你的评价(性质)永远不能等于或决定你这个人(物),别人对你的评价和真正的你之间永远都会有裂隙。二是,哈曼并不因此反对知识的必要性、否定知识,他认为知识虽然不可能是真理,但的确知识(例如哈曼自己的物导向本体论)无论如何可以让我们对物有更多的认识。不过除此之外,他还认为正是因为文字主义的不足与"物/质裂隙",所以艺术有任何(尤其是科学)知识类型都无法取代的重要性,因为艺术——例如一幅画、一尊雕塑——都是在尝试用除文字之外的各种方式呈现物,而艺术欣赏者也不是在解读物,而是沉浸在艺术作品中去感受物。也就是说,艺术欣赏是一种人把自己当作物的一部分投入物中的过程,而这显然是一种相当"物导向"的活动。

(三) 超物体

物导向本体论由于总的来说把人当作物来看待,认为人跟一张桌子没什么两样,对于人类的主体性、能动性、情感、伦理道德等方面的议题嗤之以鼻,撇除在讨论之外,因此虽然是新唯物主义理论中很出名的一个取向,但相比于后人类主义与能动实在论,哈曼的理论在社会科学界的接受度至今都很有限。毕竟社会科学主要还是一个关怀人类社会世界的学科,这样的科学根本上与完全不把人当一回事的哲学很难契合。但除了哲学之外,物导向本体论在不少其他学科中还是很有影响力的,例如美学,或是建筑、设计等与艺术相关的领域。毕竟哈曼自己就直接将物导向本体论与艺术结合在一起了。此外，还有一个学科也相对欢迎哈曼的哲学，甚至也因为这个学科和社会科学有相对较好的亲近性，因此让物导向本体论经过这个学科之手后还是对社会科学产生一定程度的影响；这个学科就是生态学。其实只要仔细一想，就会发现生态学对物导向本体论有相对较高的接受度好像并不令人意外，因为生态学也认为所有物——包括人类——皆平等地共存于地球生态圈。第七讲介绍过的"人类世"这个概念于近年来兴起后，抱持着"物类中心主义"的物导向观念更容易被接受。这也让生态学界中最重要的哈曼追随者，生态哲学家莫顿（Timothy Morton，1968—　）提出的"超物体"（hyperobjects）成为物导向本体论中最受欢迎的理论概念之一，甚至在社会科学界中这个概念可能还比物导向本体论本身还更受好评。

莫顿所谓的超物体，意指以极庞大的规模散布在时空之中的实存物，例如气候、雨林、大气层、紫外线、洋流、台风、海啸、地层、地震，甚至外太空的星系、黑洞，等等。这些物由于规模过大，超越了一时一地（non-local），我们无法知觉与掌握其整体，所以只能用"超"（hyper-）来形容。莫顿认为，这种物由于极为庞大，因此一方面是黏着性的（stick），意思是它势必会将所有其他物都包含进自身之中，让所有物都相互牵连在一起；另一方面它的作用力又是处于物体之间的（interobjectively），意思是我们只能从各种物体之间的关联中才能察觉到它。例如台风，它本身是一个实存、有着自身特质的天气现象，但它庞大到我们完全无法在一时一地就看到一整个台风，我们只能从密布的乌云、被吹得东倒西歪的树木、大量降水等各种物体状态之间感知到台风，同时乌云、树木、暴雨，乃至于我们自己，也都被包含进台风中。然而，虽然台风地区中的一切都被包含进台风中，但这并不意味着被风雨笼罩的山头、东倒西歪的树木、躲避风雨的我们自己是台风的构成要素。相反，虽然这一切都在台风里面，是台风的内含物，但这些东西和台风显然是不同的实存物，而且和台风彼此有着相冲突的张力。树木的枝干如果不够坚硬、根的抓地力不够，那么可能会被强风吹倒而最终枯死。人类必须做好各种防台风措施，否则我们可能会被强风吹落的物品砸伤、被豪雨带来的洪灾灭顶。高耸的山则可能因为破坏气流结构,最后让台风威力减弱,甚至平息了台风。过往的人类中心主义的一个基本观念是,物因为外在于人类主体,所以物与人是相对立的。但超物体却显示出:人类主体可以内在于物之中,但依然与物是相对立的,甚至所有物就算被包含进超物体中,也依然都是相对立的,不会因此就成为超物体的构成要素。这也足以证明后人类主义和能动实在论这两个新唯物主义取向的乐观态度是大有问题的:物和人并不总是可以融合或相互构成的,而是因为各自的绝对实存所以彼此具有张力,甚至可以是相互毁灭的。

读者们可能因此想到一个问题:莫顿说超物体超越一时一地所以无法被我们看见,但我们今天不是已经可以通过卫星云图看到台风了吗?甚至前不久我们都可以看到黑洞了! 莫顿说,没错,在大约 1900 年以后我们开始有越来越多方式可以"看见"超物体了。从最初的各种根据统计数据绘制出来的趋势图,到现在各种可视化的技术,超物体都越来越可见。但超物体的可见恰恰对人类带来前所未有的冲击。之所以被冲击,不只是因为我们真的可以知道超物体有多么庞大,使得人类在对比之下显露出自身原来有多么渺小,渺小到仿佛可有可无、瞬间就不留痕迹地消失,所谓的人类主体也不过就是众多物中的其中一种而已;这种冲击更来自我们越看得到超物体,却往往会越发现我们不可能了解超物体。我们虽然今天可以从卫星云图中看到台风,但我们也同时发现从有卫星云图记载至今,从来没有任何台风的行进路径是相同的,我们不可能精准预测台风的移动路线。并且由于台风过大、过于复杂,所以卫星云图只能看到某种俯视图,如果我们想更了解台风,就必须使用别的可视化技术,例如气象雷达图。但不论是哪一种可视化技术,都不可能一劳永逸地完全彻底呈现出整个台风,反而只会让我们不断发现台风总有特性是我们无法充分呈现与了解的。超物体的这种"物/质裂隙"会让我们感受到一种"越了解超物体,超物体就越陌生"的矛盾无力感。基于超物体概念,以及对人与超物体的当代关系所进行的考察之上,莫顿的结论是,我们因此必须认识到一个以往被认为是外在于我们或我们身处于其中的一种整体的"世界"概念已经需要被终结了,同时我们也必须用另外一种更恰当的观念——当然，作为哈曼的追随者，莫顿认为物导向本体论就是这种更恰当的观念——来重新思考与了解世界概念被终结之后的情境。

莫顿的超物体概念相当原创，并且比起哈曼的理论过于勉强地无所不包（哈曼自己就非常有自信地说了他的物导向本体论是一种新的"万有理论"），将桌椅、铁锤、人、东印度公司都混为一谈的做法，莫顿的理论很有针对性地仅聚焦在自然物理实体物，并用了许多好懂且有说服力的例子与论证方式来说明，因此颇受学界欢迎。而且莫顿的超物体理论非常清晰地凸显出后人类主义和能动实在论这两个新唯物主义理论的科技乐观主义的缺陷，因此可以说将哈曼的物导向本体论做了更好的提炼与提升。不过也因为针对性与聚焦性更高，所以莫顿的物导向本体论式的生态哲学理论要如何"出圈"到其他学科，例如社会科学要如何运用这个理论来进行（例如环境社会学，甚至不只环境社会学的）经验研究，可惜目前我们还没看到学界对此有什么进一步的成果。

五、本讲小结

不过不只是莫顿的理论，整个新唯物主义理论直到 21 世纪 20 年代都还在发展中，所以其中很多理论观点的发酵可以想见还需要一些时间。甚至本讲提到的各理论家也可能之后会出现理论转向，彼此本来志趣相合但之后渐行渐远（或相反，本来互相攻击但后来却成为团队伙伴）。例如哈曼曾很热情地将本内特视为物导向本体论的伙伴之一，但本内特却从来没有领过情。她总是表明自己与布拉伊多蒂更为志同道合，还甚至曾大力捍卫布拉伊多蒂，对物导向本体论提出批判性的评价。又或者，由于哈曼反对向上还原（例如能动实在论）与向下还原（尤其是"传统的"唯物主义），也经常和德兰达相互批判辩论，因此哈曼常常也将（博拉德式的和德兰达式的）新唯物主义当作他的攻击对象，使得有一些学者也认为物导向本体论和新唯物主义虽然极为相似，但可能必须视为有着根本差异的两套理论而不能混为一谈。也就是说,"新唯物主义"并不是一个已经固定、稳定下来、毫无争议的标签。不过无论如何,新唯物主义的蓬勃发展活力都是特别值得我们期待的。可以想见,新唯物主义在未来还会再出现许多有趣的发展让吃瓜群众有戏可看;如果想参与,那么这派社会理论也因为还在蓬勃发展中,因此还有许多不足或空缺的位置能让我们参与其中。

关于其中的不足,到了 21 世纪 20 年代已经至少有两个开始引起人们注意且尚未获得共识的争论。首先,新唯物主义的"物"其实是一个非常模糊的概念。虽然一般我们直觉上可能会觉得"物"指的是物理性质的物质实体,但一方面,就算如此,所有的物是不是同质的、是否可以相提并论,是令人怀疑的。山、水、人、狗、仙人掌、桌子、飞机、超声波孕检仪器、电脑,这些都可以是物,但它们都是一回事吗? 真的能混为一谈吗?"扁平的本体论"这种说法真的能成立吗? 另一方面,从前面的介绍中应该也可以看到,其实很多新唯物主义理论家并不真的只讨论物质实体。例如博拉德的理论是从"光"这种我们今天都不知道到底算不算是物质的东西出发,哈曼则连美国南北战争都当作物来研究了。德兰达甚至宣称,新唯物主义所讨论的物不只有物质,而是也包括能量与信息,所以新唯物主义实际上应该是一种新的"物—能量—信息主义"(material-energetic-informationism)。若真是如此,那么新唯物主义理论也太过宽泛了,而且也让人疑惑,物作为一个对象或范畴的定义到底是什么,为什么能量与信息也可以视为物。这种概念模糊最直接的后果,就是许多新唯物主义理论家看似在互相攻击或互相声援,但实际上所有人可能根本从来没有对上话。哈曼对博拉德的指责,本内特对哈曼的批评,表面上吵得不可开交,但可能根本都是无效的自说自话。事实上,新唯物主义的"物"的概念之所以模糊还有一个原因,即其中的每个学者都有各自看待"物"的具体例子,同时这些学者又因为想将自己的理论给普遍化,所以把他们所讨论的具体例子当作一种普遍的概念,刻意避而不谈"把部分当作全体"这种做法的问题,以此掩盖他们理论的局限。因此我们在援引新唯物主义理论来思考与研究的同时,可能需要自我警惕,意识到其中各理论都有这些理论家自己没有提到(不论是这些理论家没有意识到,还是意识到了但避重就轻）的理论有效边界。

第二，新唯物主义理论常被其他的社会理论指责由于将焦点放在"物"上面，因此将长久以来存在于人类社会中的问题（例如阶级或性别不平等、权力压迫、制度缺陷，等等）都给忽略了，缺乏批判分析的能力。例如博拉德的能动实在论提到了超声波孕检仪器与人的内在作用产生了相互构成，虽然很有趣，但女性怀孕时可能因家庭、医疗、性别等因素而面临的不公正问题，在能动实在论里头都不见了。上一讲介绍的拉图尔也遇到这个批评，而他当时的做法是反过来用博尔东斯基的说法，讪笑批判概念的天真与无用。但不少新唯物主义理论家倒是没有像拉图尔那样反过来攻击批评者，而是很认真考虑该如何突破此种困境。例如本内特在《活力物质》书中，花了非常多的篇幅去探讨对物的研究如何可以带来政治性的后果。在她看来，若人们能从新唯物主义的视角注意到物的能动性，那么就也能发现过往社会科学界常批判的例如各种社会不平等方面的问题不会只有例如布迪厄所谓的"象征暴力"那种仅存在于主体之间的成因，而是还有更多"不只有人"（more than human）的视角可以加入讨论。如此一来，新唯物主义不但不会不够批判，反而还可以扩展批判的范畴、更加批判。或是2017年出版的一本非常值得参考的新唯物主义社会学教科书《社会学与新唯物主义：理论、研究、行动》（*Sociology and New Materialism：Theory，Research，Action*）中，作者特地在最后一章专门交代新唯物主义研究如何可以结合实践以推动社会变革。不过尽管有这些尝试，但总体来说，新唯物主义理论在批判分析方面的工作依然相对还有很大的发展空间，这也是我们可以见缝插针、加入国际学界讨论之处。

不过，如果我们有意加入新唯物主义的讨论，那么除了本讲的一些基本介绍之外，当然还需要再阅读更多文献。所以我们最后来推荐一些补充阅读文献。首先推荐一本入门导读性质的著作：

- Coole，Diana and Frost，Samantha（eds.）2010，*New Materialism. Ontology，Agency and Politics*. Durham/London：Duke University Press.

另外有两本专门基于社会学立场来写的教科书,介绍新唯物主义视角下社会科学的经验研究可以提出什么样的研究问题、使用什么样的研究方法。这两本书的理论深度会相对浅一点,但研究的"实用性"会高一点:

- Pyyhtinen, Olli 2016, *More-than-Human Sociology*: *A New Sociological Imagination*. New York: Palgrave Macmillan.
- Fox, Nick J. and Alldred, Pam 2017, *Sociology and the New Materialism. Theory*, *Research*, *Action*. London: Sage.

读过了一些导论性的教材之后,想必有些读者们也希望能深入阅读本章介绍的三条理论轴线的主要原典著作。我们这里也列出几本。在布拉伊多蒂式的后人类主义方面,见:

- 布拉伊多蒂:《后人类》,宋根成译,河南大学出版社 2016 年版。
- 本内特:《活力物质:"物"的政治生态学》,马特译,西北大学出版社 2024 年版。

在博拉德的能动实在论方面,见:

- Barad, Karen 2007, *Meeting the Universe Halfway*: *Quantum Physics and the Entanglement of Matter and Meaning*. Durham/London: Duke University Press.

在物导向本体论方面,则有:

- 哈曼:《新万物理论:物导向本体论》,王师译,上海文化出版社 2022 年版。

● Morton，Timothy 2013，*Hyperobjects：Philosophy and Ecology after the End of the World*. Minneapolis／London：University of Minnesota Press.

　　从这一整讲的介绍我们可以发现，虽然拉图尔的行动者网络理论是社会理论物界研究的开端，正是因为拉图尔的成功及其不足，所以社会理论界才会在很短的时间内接受了新唯物主义，但新唯物主义的发展本身倒是几乎没有受到拉图尔的影响。不论是布拉伊多蒂、本内特、还是博拉德，她们的新唯物主义理论最初都是从后结构主义女性主义理论出发的。所以读者们如果对女性主义更多一点了解，在阅读很多新唯物主义的原典时的感受会可能反而会更深刻些。但女性主义的当代发展并不都是像本讲介绍的学者这样转向对物的关怀，而是也有一些很重要的发展依然以人与人之间的社会关系作为关怀重点，而且也同样超出女性主义的范畴，对整个社会理论都产生很大的影响。下一讲就接着介绍另外两个同样从性别研究出发，也同样成为一般性的社会理论的重要方向。

注释

　　[1] 我们注意到国内有些人将 new materialism 译为"新物质主义"。我们之所以倾向于将其译为"新唯物主义"的原因有二。一是，new materialism 这个说法源于 materialism，而 materialism 国内一般译为"唯物主义"，并且这个译法并没有毛病。所以如果 new materialism 译为"新唯物主义"，那么在讨论其与唯物主义之间的传承关联时，关键词（即 materialism）就可以保持一致、避免歧义。二是，如下文将会指出的，new materialism 讨论的不只是一般物理意义上的物质实体，而是也包括例如信息、光，甚至还有社会等更为广泛的客体或对象。若译为"新物质主义"，可能会有点扭曲这派理论的内涵，或至少将之狭隘化了。不过，虽然我们认为"新唯物主义"这个译法更为妥当，但平心而论"新物质主义"也没有什么错误之处。所以我们此处仅给出我们的看法，至于最后它在社会理论史上会被译成新物质主义还是新唯物主义，就交由历史决定。

　　[2] 分别是 2012 年出版的《能动实在论：论物质—话语实践的意义》（*Agentieller Realismus：Über die Bedeutung materiell-diskursiver Praktiken*）与 2015 年出版的《纠缠》

(*Verschränkung*)。这两本书的文章虽然多半是《半路遇见宇宙》里头就已经收录的,但也有不少文章是德国首先编纂的,甚至有些访谈内容是只有这两本德文著作才看得到的。由此可见欧陆国家对博拉德的高度重视。

[3] 不过哈若薇虽然没有像博拉德那样对物理学非常专精,但她也不是纯文科出身的哲学家。哈若薇是动物学背景出身并取得生物学博士学位、后来才转向女性主义后人类主义哲学的学者,和博拉德"半路出家"的经历一样。

[4] 这本书有中译本,只不过不知何故书名被改为有点恐怖且跟内容不是很有关系的"通勤梦魇"。见:菲什:《通勤梦魇:东京地铁与机器的人类学》,孟超、桑元峰译,上海人民出版社 2025 年版。

第九讲 从性别出发的社会理论：
建制民族志与南方理论

一、基本介绍

从 20 世纪 90 年代开始，社会理论界有越来越多学者开始反思一个问题：社会理论基本上都是以现代社会作为研究对象的，然而所谓的"现代社会"实际上无非意指近两三百年来的西欧与北美社会；但社会理论真的应该或只能基于欧美现代社会来发展吗？此外，不论是"古典"社会理论家，还是"当代"社会理论家，为什么主要都是欧美主流背景，亦即主要都是"盎格鲁-撒克逊基督教白人男性"（White Anglo-Saxon Protestant，WASP）呢？虽然从 20 世纪晚期开始，非欧美国家或非基督教文明背景的社会理论家，或是女性社会理论家都逐渐或已经崭露头角，但是在各种关于社会理论的研究与教学"名人堂"之中，仍然不容易看到这些人的身影。如果这些人的确被广受重视，却不被认为是"主流"理论家的话，那么此种状况背后是不是有一些值得我们进一步挖掘的事情呢？

这样一种反思引发了两个方向的进一步讨论。一个是从中心出发来瓦解主流，意思是通过剖析"主流之所以成为主流"的过程，揭示所谓的主流其实也是一种建构出来的过程，而不是理所当然之事，以此把人们一直以来觉得的主流推离主流地位。另一个方向是从边缘出发，尝试将边缘推往主流，不论是将边缘推成唯一的主流，还是打造出多元主流。"由外向内"的讨论尤其会去找寻一些并非紧贴于欧美男性基督徒的人选，尝试从中挖掘出他们能够被拱上"社会理论大师名录"的可能性。我们可以简单将这两方面的反思称为社会理论的"双向去中心化"运动。

双向去中心化运动中,"从中心出发来瓦解主流"这一个方向,尤其表现在从 20 世纪 80 年代开始出现的各种"重探古典社会理论"的研究。这种"重探古典社会理论"的研究一开始并非出于"瓦解主流"的动机,而是因为许多此前没有的古典文献纷纷被整理出版,这些丰富的资料吸引了人们阅读与梳理。例如数十卷的《韦伯全集》与《齐美尔全集》在这段期间陆续问世,以及一些期刊(虽然是比较小众的期刊)——像是《韦伯研究》(*Max Weber Studies*)、《齐美尔研究》(*Simmel Studies*)、《涂尔干研究》(*Durkheim Studies*)或《古典社会学刊》(*Journal of Classical Sociology*)——的陆续创立,即是这方面的例子。然而当人们越是深入钻研这些古典社会理论家,对这些理论家及其所处时代了解得越多,许多学者就越发现这些理论家的真实面貌和他们被树立起来的"大师人设"不一定是全一致的,或是发现大师人设的树立过程其实涉及复杂的后人发扬、全球层次上国家与国家之间的关系、学科之间的合作或竞争、学术出版市场变迁等诸多因素的相互作用。于是对古典文献的梳理难免会因为打破对于古典理论大师的"滤镜"而多多少少带来了瓦解主流的效果。

"将边缘推往主流"这个方向,近年来最典型的例子可能当属杜波依斯(W. E. B. Du Bois, 1868—1963)的"再发现"了。杜波依斯是非裔美国人,终其一生致力于争取有色人种的平等权。当然他一开始主要针对的是非裔美国人在美国的处境,但后来他的讨论范围扩大到全球各殖民地的有色人种的权利,他的学术事业也因此从"反美国种族主义"扩大到"反殖民主义"。美国社会学界一直都有学者呼吁要重视杜波依斯的贡献,但不温不火。直到近年来越来越多美国社会学家大力挖掘与宣扬杜波依斯的研究贡献,甚至尝试将杜波依斯推到与马克思、涂尔干、韦伯同等的"社会学古典大家"位置上,并获得不少回应。如出生英国但主要在美国求学与任教,以《制造同意:垄断资本主义劳动过程的变迁》(*Manufacturing Consent*:*Changes in the Labor Process under Monopoly Capitalism*, 1979)等著作,或是"公共社会学"等概念闻名于世的马克思主义社会学家布洛维（Michael Burawoy），就是致力于将杜波依斯树立成与韦伯和涂尔干并驾齐驱的"社会学之父"的典型代表。除此之外，生活在18—19世纪"古典社会理论"时期的几位女性学者，也在20世纪后期开始受到社会理论界的重视。例如英国女性哲学家玛丽·沃斯通克拉夫特（Mary Wollstonecraft，1759—1797）曾撰写了《为女权辩护》（*A Vindication of the Rights of Women*）一书以驳斥保守主义者埃德蒙·伯克（Edmund Burke，1729—1797）的《对法国大革命的反思》，她的历史地位在近代水涨船高。同样在当代日益受到重视的还有倡议废奴运动、翻译孔德著作的英国女性作家、记者哈丽雅特·马蒂诺（Harriet Martineau，1802—1876）。越来越多非"盎格鲁－撒克逊基督教白人男性"学者近年来逐渐进入社会理论的视野中。

● 从左到右：杜波依斯，沃斯通克拉夫特，马蒂诺。
图片来源分别为：https://en.wikipedia.org/wiki/W._E._B._Du_Bois#/media/File：W.E.B._Du_Bois_by_James_E._Purdy,_1907_（cropped）.jpg；https://en.wikipedia.org/wiki/Mary_Wollstonecraft#/media/File：Mary_Wollstonecraft_by_John_Opie_（c._1797）.jpg；https://en.wikipedia.org/wiki/Harriet_Martineau#/media/File：Harriet_Martineau_by_Richard_Evans.jpg。

　　这股社会理论的"双向去中心化"运动不是没有争议的。像是布洛维曾与一群中国社会学家就"建立杜波依斯在社会理论界的大师地位"一事展开过讨论，中国社会学家基本上都对此持商榷态度。例如郑作彧就直接向布洛维提出了质疑，他怀疑近年来美国这类推崇杜波依斯的工作似乎并不是在将社会理论加以"去中心化",而是"再中心化",亦即布洛维这样做似乎企图将一位美国社会学家打造成"整个社会学"的奠基人。美国社会学在今天已经在全球社会学界占据了支配性的地位,如果这类做法真的又成功地将美国人杜波依斯打造成整个社会学的奠基人,进而迫使全球学子都必须从尊奉杜波依斯——进而尊奉美国社会学——开始来学社会学,那等于是美国社会学以杜波依斯之名对全球社会学界进行了殖民。如此一来就很讽刺了,因为杜波依斯一辈子都在为"去殖民化"努力,但他的事业却被后人用来进行学术殖民。而且美国社会学界之所以突然比过往更重视杜波依斯的地位,似乎并不完全出于学术上的理由,而是与美国的觉醒文化下的肤色政治正确有关。但是这种政治正确的诉求主要是美国国内的族群问题,似乎并无必要当成"整个"社会学的问题,让全世界都被强行背负上美国自己的包袱。[1]

不论郑作彧的怀疑是否合理,至少这种怀疑不无道理地指出了"双向去中心化"有可能实质上会产生不怀好意的"再中心化"。不过这股社会理论的反思潮流当然不总是那么引起争议,而是也有很多研究成果获得了广泛认可且充满启发性。这一讲就来介绍两位在社会理论"双向去中心化"潮流中成就非凡、当代社会理论界已经越来越无法绕过的社会理论家:出生于英国,从女性主义研究出发,进而提出"**建制民族志**"的加拿大女性社会学家**史密斯**,以及原先就以男性气质研究闻名、近年来因提出"**南方理论**"而更加声名大噪的跨性别女性(意指原先为男性,后经由医学方式转变为女性)澳大利亚社会学家**康奈尔**。

之所以特别介绍这两位学者,不仅因为她们的成就已经足够让一本社会理论教科书开辟专章,而且还有三个原因让她们的理论对我们来说可能特别有启发性。第一,史密斯成长于加拿大学术社群,康奈尔则成长于澳大利亚。她们的学术生涯都不处在作为"核心"区域的欧陆与美国,而是大致上位于相对"半边陲"的地带。第二,她们基于"半边陲"地带发展出来的社会理论近年来同时往中心(欧美)与边缘(非欧美)扩散开来。这种"知识流通"的方向与传统从"欧美中心"朝往"边缘非欧美国家"的单向扩散很不一样。这种双向甚至是多向的理论扩散是怎么发生的,对中国社会理论的发展来说无疑是值得借鉴的。[2]第三,她们的理论最初都是从性别研究开始的,却不局限于性别研究,而是也为阶级、权力等更广泛的社会理论议题提供了重要贡献,使得她们的理论发展历程呈现出"交叉性"的特色。许多社会理论常常号称其所针对的是"整个人类社会",却把性别、种族等重要议题当作无法细致处理的"子领域"而略过不谈。史密斯与康奈尔则相反,她们从被当作"子领域"的性别研究出发,却影响了整个社会理论。这种理论发展方向是很值得参考的。

那么究竟她们是怎么做到的呢? 以下先介绍史密斯的研究。

二、多萝西·史密斯的建制民族志

(一) 关于多萝西·史密斯

多萝西·史密斯(Dorothy Smith,1926—2022)的个人生平与学术生涯在她所属的世代中是相当特别的。她出生于英国的约克郡,家中女性长辈(祖母、妈妈)都非常关注妇女运动,史密斯也深受其影响。她在 1955 年于伦敦政治经济学院取得社会学的本科学位(主修社会人类学),婚后与丈夫一起到美国就读于加州大学伯克利分校,1963 年取得博士学位后留校任教至 1966 年。她的博士导师是常被视为象征互动论重要代表的戈夫曼(Erving Goffman,1922—1982)。虽然史密斯并不觉得自己认同戈夫曼的学术立场,但加州大学伯克利分校当时作为反抗主流文化与(美国东岸)主流社会学的重镇,仍然给予史密斯相当重要的学术养分。史密斯这段经历在 20 世纪 60 年代是绝对的异类。攻读博士学位的女性在当时已经属于少数了,她在博士就读期间生养两个孩子还能顺利完成学位,毕业后竟然还能留校任教,而且她还是当时 44 位教师之中唯一的女性教师。所有这些事情加在一起,史密斯更是少数中的少数。

不只博士学位取得前后的经历相当"异类",她在之后的职业轨迹一样相当"非主流"。史密斯毕业后没多久就与丈夫离婚了。由于在没有家庭支持的情况下一个人实在难以兼顾照顾小孩与工作,因此她回英国老家,到埃塞克斯大学任教。但因为不习惯英国的保守氛围,加上也因为越战而对美国很反感,所以她在 1968 年离开了英国,但也没有回到美国,而是带着两个儿子前往加拿大温哥华,任教于英属哥伦比亚大学,并在该校协助建立妇女研究课程。1977 年她转至多伦多大学的"渥太华教育研究机构"任教直至退休,这期间亦短暂于维多利亚大学担任兼任教授。

史密斯的职业生涯并不局限于学术研究、仅在学术象牙塔里教教书和发发论文。一方面,她长期关注与参与妇女运动,也对于该运动及其内部产生的复杂辩论有所反省。另一方面,在多伦多大学或维多利亚大学任职期间,她建立起了"建制民族志",并带领一批兼具学术与实务背景的合作者,从事了许多将理论与现实结合起来的工作。史密斯并不是单纯以学者的身份参与这些学院工作之外的事务的。从求学年代开始,她就经历过身为女性、妻子、母亲等相对弱势的角色,这也让她更能对护理、社工、教育、照顾等实务背景的学生或同事的困难经验感同身受。但在参与妇女运动的过程中,她又常感受到现有的性别研究在面对实际情况时有诸多不足。因此史密斯虽然在学术生涯早期将她自己的研究工作定位为"女性主义社会学"研究,但到了后期便明确宣称她的工作更多是一种"常民社会学"(sociology for people)。后文会详细介绍何谓常民社会学。

虽然史密斯主要在加拿大工作,但她多次的学术获奖记录反映出她的学术成就不只在加拿大获得承认,而对美国社会学界亦有广泛的影响力。她在 1987 年出版的《以日常世界作为问题意识:女性主义社会学》(The Everyday World As Problematic: A Feminist Sociology)让她在 1990 年获得加拿大的"约翰·波特奖"(John Porter Award),随后同年获得加拿大社会学会和加拿大人类学会颁发"杰出贡献奖"。之后在 1993 年,她获得美国社会学会颁发主要针对女性主义社会学的"杰西·伯纳德奖"(Jessie Bernard Award),1999 年获得美国社会学会的"杰出学术成就奖"。由此可见,在 20 世纪 90

● 多萝西·史密斯。
图片来源：**https：//en. wikipedia. org/wiki/Dorothy_E._Smith#/media/File：Do-rothysmith.jpg**。

年代,她"非主流的"学术耕耘开始受到学术界广泛肯定。美国知名期刊《社会学理论》(*Sociological Theory*) 曾在 1992 年出版了一期史密斯专题,当时参与专题的学者认为她的成就在于她的女性主义研究扩展了整个社会理论。同时认为她最重要的作品是她的三部曲著作:除了前文提到的《日常世界作为问题》之外,还有《文本、事实、女性气质:探索支配关系》(*Texts，Facts，and Femininity：Exploring the Relations of Ruling*，1990) 与《权力的概念实践:女性主义的知识社会学》(*The Conceptual Practices of Power：A Femi-nist Sociology of Knowledge*，1990)。不过,史密斯并没有因为在 90 年代成为一位成功的"女性主义社会学家"就心满意足地躺平了。从 2000 年开始她进一步致力于发展"建制民族志",并以 2005 年出版的《建制民族志:常民社会学》(*Institutional Ethnography：A Sociology for People*) 为里程碑,开启她另一段为期二十年的学术之旅。

　　史密斯一开始在女性主义社会学领域终究竟有什么样的成就呢? 她之后又为什么会转向了常民社会学? 她提出的建制民族志又是什么呢? 接下

来我们一一介绍。

(二)(女性主义的)立场论,交叉性,分叉意识

20 世纪 90 年代以前的著作中,史密斯常以她作为单亲妈妈与女性教授的双重身份作为例子来阐述她的女性主义观点,并以此来凸显出她的研究中不同于主流社会学之处。在女性主义的各流派中,史密斯的这种做法常让她被视为"立场论"(standpoint theory)的代表人物之一,而且她的确对推进立场论的发展作出不小的贡献。当然,要知道史密斯对立场论的贡献为何,得先知道究竟何谓立场论。

今天一般认为美国女性主义哲学家桑德拉·哈丁(Sandra Harding, 1935—)是较早让立场论获得广泛影响力的学者。在科学知识社会学[3]的启发下,哈丁于她的《女性主义的科学问题》(*The Science Question in Feminism*, 1986)和《谁的科学? 谁的知识?:从女性生活来思考》(*Whose Science? Whose Knowledge?: Thinking from Women's Lives*, 1991)等著作中指出,科学知识常被认为是中立的,科学家亦是中立的真理知识追求者,但实际上任何知识主题和知识主体必然是镶嵌在社会中的,有其特殊的社会背景与社会定位。科学知识主题的启动往往源于"为某些社会群体所用"的考虑,科学家的认知过程也会被自身所处的例如阶级、性别、族群等背景因素所影响。科学家与科学知识从未是中立的,而是有其特定的**立场**作为基础——这就是立场论的基本论点。基于此,立场论能够让人在面对任何知识(哈丁主要讨论的是科学知识,但显然立场论的有效性不局限于科学知识,而是所有知识)时想到去问:这个知识是男性的还是女性的呢? 这个提醒直到今天都非常重要,例如,在面对生成式人工智能聊天机器人时,立场论可以提醒我们应对这类新科技保持警惕态度,时时批判地思考:人工智能是何种性别的呢? 它是站在何种立场上回应我们的呢? 它因其立场而给出的回答让谁获得利益、又让谁受到损害呢?

不过,之所以我们特别提到立场论的"这个提醒"直到今天都非常重要,是因为哈丁的立场论中另外有些部分很成问题,人们并没有照单全收。其

中最有问题的是，哈丁认为，关于某些知识，处于特定立场的知识主体会有更大的建立"可靠知识"的优势。例如关于女性主义的知识，女性由于处于女性的立场上，因此拥有更大的知识主体优势。一方面，这种说法非常有可能会造成一种排他性的新霸权，这显然是很危险的（哈丁也同意这个批评，所以后来也对她的这个论点进行了修改；但她基本上还是没有抛弃"优势知识主体"的想法）。另一方面，更重要的是，在女权运动的社会实践之中，许多参与者发现社会运动议题常常是以白人中产阶级女性的立场上提出的。其他阶级、其他族群背景的女性，甚至在性别认同光谱上更复杂的身份，都可能有相当重要的诉求，但被单一女性立场给掩盖住了。于是像史密斯这个世代的女性主义学者开始注意到，立场论必须考虑到"立场"这个概念是由非常多样的要素交织而成的，任何权力压迫与被压迫的情况都要考虑多重要素的叠加。"女性"不是铁板一块的，而是会因为种族、阶级、职业、年龄、家庭状况等要素而有所差异。这种"注意到受压迫者立场的多重要素叠加"的情况，便是近代性别研究或美国种族研究很常提到的"**交叉性**"（intersectionality）。

将交叉性添加进立场论而让女性主义变得更为丰富的重要推手之一，就是史密斯。此外，交叉性在史密斯那里不仅强调立场的复杂性，而且还从社会学的角度更强调这种复杂性带来的张力。她自己遭遇到相当多"必须身为女性，否则不太可能体会到"的事情，例如学术工作和家庭工作难以兼顾、学术环境中总是存在着的性别刻板印象，等等。这样的个人经历也影响了她的学术思考。史密斯发现，知识生产过程中的主体与主题并不是没有实存面貌的人，而是有着实实在在社会特征与脉络的人。同时她自身立场的交叉性也往往为她自己带来许多断裂的经验，或是造成了史密斯自己所谓的"**分叉意识**"（bifurcated consciousness）。史密斯提出的"分叉意识"意指女性自身的立场和她必须适应的主流观点（"主流观点"往往是基于男性立场的）常常是分歧的。例如女性今天常常既被期待在家庭私领域要负责操持家务，又被期待要能参与公领域的劳动市场以能在职场上获得经济独立与自我实现。但公/私领域其实在不小的程度上是基于男性立场上才会被划分出来的，因为男性常常不用操持家务，所以才会觉得家庭是不同于"需要从事劳动的公领域"的私领域。这使得女性常常明明白天要上班，回到家也一样要像上班一样辛劳操持家务[以情感劳动、性别、家庭等方面的研究闻名于世的美国社会学家霍克希尔德（Arlie R. Hochschild, 1940—　）便将女性这种"回家依然得像上班一样操持家务"的情况称为"第二轮班"]，这两者明明同样重要，却要适应基于男性立场之上的"公领域／私领域"二分观念而将同样重要的事硬排出个优先顺序（而且常常必须以基于男性立场上的公领域为优先），使得女性常常处于挣扎、痛苦的情况中。例如史密斯自己既在所谓的私领域是单亲妈妈，又在所谓的公领域是女性教员，因此她常常可能上一秒还在想两个儿子下一次的牙科回诊日期与时间是何时，下一秒又必须抛开儿子的事而优先处理手边等待修改的稿件并回复审稿意见，只因为在主流意识中从事学术工作被认为是"正事"、带儿子看医生是"私事"，即便明明两者在史密斯自身立场上的意识中都同样令她操心、难以二分。由于有这样的经历，因此与哈丁那一类的哲学家相比，身为社会学家的史密斯在谈到女性主义立场论时，会更关注个体在各种制度中、在日常生活中具体处于什么样的多元情境和因此面临到什么具体的问题。也就是说，史密斯的女性主义立场论特别具有"从个人经验出发、身处断裂状态"的特点。

　　史密斯不只在女性主义社会学方面用"交叉性"与"分叉意识"来丰富并推进了女性主义立场论，她还以此对整个社会学研究进行了批判反思。史密斯认为，如果社会学家的任务就是探究各种社会问题，而社会问题无非首先是无数普通老百姓日常充满困扰，甚至是痛苦的经历["无数普通老百姓"即史密斯所谓的**"常民"**（people）]，那么社会学就应该以常民的日常苦难作为"问题意识"（problematic）。也因为如此，史密斯大多数情况下会刻意在她的作品里避用使用"理论"一词，因为她认为主流的社会学研究经常在引入理论观点的时候，不知不觉地抹去了常民经验的重要性。史密斯的这个论点可以从两个例子来理解。其一，一些批判的政治经济学家提出的抽象概念——例如货币交换、社会行动——明明是从经验现实中萃取出来的，但他们的社会分析却反过来从抽象概念出发来讨论经验现实，把抽象概念套用在社会现实上，宛若社会现实是建立在这个抽象概念之上的。这种概念套用无非是倒果为因地"以抽象取代现实"的谬误。

另一个例子则来自史密斯将她所谓的"问题意识"和主流社会学常强调的"社会学的想象力"的比较。"社会学的想象力"（sociological imagination）最初是美国社会学家米尔斯（C. Wright Mills，1916—1962）提出的概念。他认为"社会学"首先是一种思维方式，这种思维方式认为任何个人烦恼都必然有社会成因，因此所有个人问题都应放到更大的社会历史与社会结构当中去考察。后来吉登斯扩展了米尔斯的说法，认为可以先借由"历史学的想象"（古今之比较）与"人类学的想象"（不同文化之比较），来建立"批判性的想象"（想象一个更好的社会），以此形塑出能对社会进行全面分析的完整的"社会学想象力"。在米尔斯那里，个人的感受是从属于整个公共议题的，常民自身感受在此无疑被放到次要，甚至是毫不重要的位阶上。在吉登斯那里，社会学想象力需要经由不同学科的知识来启蒙，这也同样是一种不信任常民经验的论点。不论是米尔斯还是吉登斯，"社会学想象力"都建立在否定常民经验的预设上，且同时对常民经验投射了某些规范性的期待。然而史密斯认为社会学家的"问题意识"应该要从常民经验（特别是常民遭遇的各种烦恼或受挫）出发，社会学研究不应总是首先套用各种理论概念而抽离现实社会情境。或是更言简意赅地说，史密斯从女性主义立场论的研究中得出了一个涉及更广泛的社会学研究的基本论点：**社会学的研究问题应是常民遇到的日常问题**。意思是，**社会学的研究问题不应从各种理论大师的文献中挖掘灵感或线索，而是应该把书丢开，首先直接去看人们日常生活中到底哪里感觉到不对劲，并因此身陷各种困难。**就像史密斯之所以会从事女性主义研究，无非因为史密斯在日常生活中自己作为一类个体遭遇了具体的困境。

当史密斯的立场论不局限于女性，而是涉及了更广泛的"常民"范畴时，她的研究探讨也就不局限于女性主义，也不只是针对社会学进行反思，而是可以进一步提出一整套适用于整个社会学研究的论点了。

（三）协作，支配关系，建制与建制民族志

以常民的"具体日常困境"作为研究问题，这说法乍看之下没什么问题，但实际上相当模糊，因为这种说法并没有具体交代当我们说要研究常民问题时我们到底要研究什么。难道社会学家的工作就只是去收集民众的各种抱怨吗？这显然不行。只是收集抱怨，但并没有进行分析，实在称不上是学术研究。但如果要进行分析的话，该怎么研究才是能提供分析成果的常民问题研究呢？

关于这个问题，史密斯深受马克思的影响。在她看来，马克思（和恩格斯）的研究正是从常民（主要是无产阶级工人）的日常问题出发的。而马克思考察常民问题的一个与同时代的人相比极富特色的出发点，是社会关系。马克思正是因为从社会关系出发进行研究，所以才得出异化、剩余价值剥削、商品拜物教等对常民问题构成要素的研究成果。而且更重要的是，马克思将研究成果进一步反馈给工人阶级，让工人阶级更清楚自己面对的是什么样的情境，进而知道原来可以通过无产阶级革命来改变自己的处境（《共产党宣言》就是典型）。除此之外，史密斯也考察了韦伯的权力理论，她发现韦伯也是以"科层制"这种社会关系作为研究对象来剖析出现代人为何会身处在理性化的铁笼中。

虽然社会关系很重要，但这个概念过于模糊，有时候仿佛是一种静止不动的状态。人与人之间不会自然而然就有关系。所以马克思虽然对史密斯来说很重要，但史密斯没有直接将马克思的理论整个接受下来，而是将之视为一种启发来进一步提出自己的见解。在史密斯看来，社会关系之所以形成是因为人与人之间总是需要进行协作（coordinate）。"社会"在史密斯看来无非是由无数协作所构成的。同时，虽然协作若没有共识、沟通、目标是无法完成的，但在协作过程中人与人之间总难免会有差异。这种差异来自每个人自身的独特立场与相应需求。不过，协作中总是难免会存在的差异常常被掩盖或忽略。当掩盖或忽略了差异的协作不是偶尔为之，而是重复进行时，协作会慢慢成为一种客观的模式，甚至在很多情况下会形成一种制

度强加在人身上。这时候，协作中掩盖或忽略差异的部分就会成为一种不断重复发生的**支配关系**（ruling relations）。这种支配关系不一定是因为有某个支配者刻意为之，但在协作过程中产生的支配关系里头，人们总是会因为差异被掩盖，亦即自身的需求被消弭，因而陷入了被压迫的状况。

史密斯认为，如果社会学应研究常民问题，那么社会学的任务就是应细致地揭示常民在协作中产生的支配关系，亦即社会学家应仔仔细细地呈现出来，常民日常生活中遭遇到的各种困境究竟是由什么样的支配关系所导致的。支配关系的稳定模式化过程，被史密斯称为"**建制**"（institution。这个词基本上多翻译成"制度"，但史密斯使用这个词时指涉的是"通过反复的协作而建立出制度的过程"，所以这个词在史密斯这里应译为"建制"会更准确些）；而"仔细、朴实呈现协作情境中的支配关系"的这种研究，和"民族志"这个研究方法的内容不谋而合。因此史密斯将她这一套社会学研究理念称为"**建制民族志**"（institutional ethnography）。

史密斯很强调建制民族志中的"民族志"。除了前述原因之外，也因为史密斯提出的这套思想中有一个很重要的理念：社会学家在进行研究时，不应将常民当作研究对象，而是应像民族志那样融入常民生活中，让常民借由社会学家更系统性的论文或著作等学术形式来讲出自己的困境。当常民的困境经由社会学家的学术呈现成为更系统的知识后，这套知识可以回馈给常民，让常民可以更清楚看到问题症结点而知道要怎样改变自己的生活。就像恩格斯通过经验研究所写就的《英国工人阶级状况》，其用意不仅在于分析与解释英国工人的生活情境，而是要让英国工人可以借这本书呈现出自身悲惨状况，进而能号召英国工人为解放自身而斗争。马克思的许多研究亦是如此。简单来说，**建制民族志的宗旨不是要把常民当作宛如客体一般的研究对象去解析其生活状况的因果关系，而是要让常民发声、让常民讲出自己的困境，并且研究成果最后要回馈给常民，为常民提供改善生活的能量。**

以上的介绍都很抽象，可能有些读者读起来会因此懵懵懂懂。这里用一个假想的例子（我们无意对应任何真实案例。如有雷同，纯属巧合）来帮助读者理解。假设某个社会中，一些女性在 30 岁左右拿到博士学位后在高校获得教职,从事教学与研究的工作。照理说,在高校工作是一个既能培养后人,又能在学术世界基于自身求知欲挖掘知识真理,因此是能够获得成就与完成自我实现的活动。虽然有的学者成就较高、有的学者成就较低,但那也是因为每个人的能力天花板高度不同所致,怪不得别人,所以大致上学者们的生活还是可以过得比较满意的。但这个"照理说"在社会中的女性青年学者那里却几乎不存在。女性博士在求职方面常常遭遇更多拒绝,就算获得教职,女性青年学者也常常明明非常认真,学术能力也并不差,但在"非升即走"制度下达不到工作要求而造成职业生涯的危机,痛苦万分。即便有些女性青年学者终于熬过了"非升即走"的阶段,评上了较高、较稳定的职称,但若想进一步申报更高层次人才特殊支持计划,却依然常常难以具备申报资格,即便她们的各项研究成果并不差。

也许过往有一些学术文献通过统计学方式呈现出了女性在职称考核或高层次人才评聘上表现并不佳的现象,然后用各种人口学、社会学、心理学等方面的理论来解释这种现象。但这种时候建制民族志就会说:女性青年学者不是一些像"物"一样的客体研究对象,而是蒙受了实实在在痛苦的常民。与其从外部研究者的立场瞎扯一些现有的理论来进行解释,为什么不直接真的深入这群女性青年学者的生活中,从女性青年学者的立场来呈现出她们所处的环境究竟为什么会让她们明明如此努力却又痛苦万分呢?于是建制民族志研究者会进一步探究她们在高校工作过程中与各个部门单位或同事在打交道的过程中(协作),有哪些成文或不成文的规定因为无视或消弭了女性青年学者的需求,所以才会导致她们处于痛苦的处境(支配关系)。

也许最后研究结果发现,女性青年学者在这个社会中之所以会蒙受痛苦,是因为在这个社会里女性广泛被期待要结婚生子,并且广泛被认为在孩子的抚养与家事照料上负有优先责任,而30岁前后是较为流行的女性青年学者生育年龄,所以在怀孕和幼儿照料等方面往往会花上女性两年以上的时间。如果在博士毕业前怀孕生子,那会延后毕业年龄;如果获得教职后才怀孕生子,也一样会迫使女性停下教学与科研工作两年左右的时间。然而这个社会的高校教师招聘常常有特定年龄限制(例如求职者不能超过30

岁),非升即走也常常有固定的时间限制(例如三到六年),人才评聘也有年龄限制(例如 35 岁),而且这些时间方面的规定并没有根据性别差异来调整(甚至基本上就是基于男性立场上来规定的)。于是招聘、非升即走和人才评聘的时间规定对女性青年学者来说便构成了一种支配关系,导致女性青年学者再怎么努力也难以达成要求,因而蒙受痛苦。这样的建制民族志研究成果,既呈现出了女性立场上女性青年学者的常民问题面貌,也呈现了一些症结点让女性乃至让整个社会知道应如何改善女性青年学者的处境。[4]

由此,建制民族志虽然和第七讲介绍的行动者网络理论一样都采取了一种"不通过预设的理论"来直接考察关系网络或协作的做法(只是这个做法在行动者网络理论那里,被称为"非还原原则"),但建制民族志却抱持着被拉图尔抛弃的批判视角,将常民的日常困境视为社会学优先要研究的问题。同时,虽然具有批判性的关怀,但建制民族志的研究者既避免了第四讲提到的"以批判为己任的社会学"那样采取宛若指导者一般的高高在上的问题,也没有像"以批判为对象的社会学"那样将常民的苦难视为外在于研究者的客体,而是融入常民的生活中,一同澄清支配关系。

不过,虽然史密斯走出了一条与同时代的社会理论家既有相似特征,又能脱颖而出的路径,但建制民族志不是成功地另辟蹊径就完工了,而是还有一些问题需要解释清楚。其中一个最重要的问题就是,为什么常民的苦难需要通过建制民族志研究才能揭示呢? 为什么支配关系可以渗透进常民生活中而不被察觉呢? 为了回应这个问题,史密斯进一步提出了两个概念:"文本中介"与"工作知识"。

(四) 文本中介,工作知识

人与人之间的协作,不是光靠确认过眼神就能进行的。史密斯认为,常民的协作总是必须以语言为媒介。而且所谓的语言不是一般日常生活中的普通言谈。各种语言表现中,"文本"对于建制与支配关系来说格外重要。文本能产生建制,并将建制带入超越当下互动的协作而产生非现场的跨地域关系。这里指的文本可以是说明书、合同、条约、手册、视频,等等,人们可以通过聆听、写作、阅读、观看诉诸文本,通过文本进行协作。这即是史密斯所谓的"**文本中介**"(textually-mediated)。协作基本上需要通过文本的指导才能稳定、重复地(或是说:建制地)的进行。以上述的青年学者入职高校教职为例,一个人显然不是大摇大摆走进大学校园里就是大学老师了,而是必须和学校人事处进行多次大量的文件往返,签署工作合同,领取教职工证件,才能成为大学教师。就算是入职了,每学期或每学年都需要为课程的开设与总结、为申请各种课题项目等填写各种表格,以此和学校的教务处、科学研究处等部门进行协作。可以说,就是这样一些文本造就了每个人的日常协作生活。史密斯特别以一个很形象的图式呈现了"文本中介"的概念:

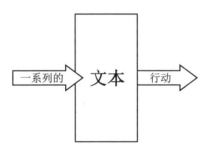

● 以文本来进行的协作。
图式来源:Smith, Dorothy E. and Griffith, Alison L. 2022, *Simply Institutional Ethnography: Creating a Sociology for People*. Toronto: University of Toronto Press, p.52。

　　从立场论的角度来看,任何文本的背后必然有特定的立场,但这些文本往往会呈现得宛若是中立的。例如高校的聘任合同将大学与教职工之间的协作要求几乎以法令条文般的方式呈现出来,即便明明合同本身并不是法典;教师手册常常呈现得像是技术指导似的,但教师工作明明并非像组装柜子一样只是单纯的技术活动。史密斯没有说这种中立一定都是不怀好意的诈骗,但若将特定的立场视为理所当然的普遍要求,那么这种建制便往往会因为忽略了差异而产生实际上的支配关系,不论文本本身是否刻意要偷偷进行恶意支配。尤其是,这种掩盖立场的文本对于常民的"**工作知识**"(work knowledges)来说常常是很重要的形塑来源。史密斯非常强调"工作知识"

与"工作"。史密斯对于"工作"这个概念的重视源于马克思主义，但在她那里工作不只是个体劳动，而更多是一种协作实践。在这种实践过程中，每个人基于文本中介不只学习自己该怎么做，而且更重要的是还要学习如何与他人进行理解、感受、评估、配合等协作的做法。这种学习到的东西就是"工作知识"。工作知识是常民不一定能说出或写出的知识，甚至这种知识本身没有明文的解说。

工作知识和一般所谓的"默会知识"或布迪厄所谓的"惯习"不一样。史密斯在这里想指涉的并不是一种因充分内化所以不需特别思考的个人技能，而是文本中介所形成的各种成文或不成文、清晰或难以言说的各种协作脚本。例如高校青年教师在签署合同前阅读合同内文，或是在新进教师培训时拿到并阅读教师手册，又或是在学院或学校各种大大小小的会议中观看各种播放的视频或阅读各式文件，这一系列文本会让青年教师慢慢知道自己在大学里的工作究竟要做些什么。例如工作合同会让青年教师知道原来一年或几年之内需要发几篇期刊论文，而且期刊论文还分不同的等级。或是会渐渐知道需要指导学生的各种论文写作，知道学生要写的不是只有毕业论文，还有各种竞赛类型的论文，并且学生的竞赛成果可能还跟自己的工作考核有关。这些文本会慢慢构成学校或学院领导对青年教师的认知与要求，也会构成青年教师自己对自己的认知与要求。史密斯特地将文本中介与工作知识之间的关系以下图呈现：

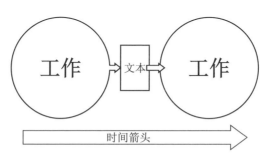

● 行动的"工作—文本—工作"序列。
图式来源：Smith, Dorothy E. and Griffith, Alison L. 2022, *Simply Institutional Ethnography：Creating a Sociology for People*. Toronto：University of Toronto Press, p.53。

　　史密斯在此想特别强调,这些看似客观公正的工作知识往往暗藏着问题。比如虽然青年教师的工作合同上的期刊发表要求写得似乎客观规定,但这些规定却往往忽略了各学科的差异,忽略了不是每个学科的研究都适合"每年固定发几篇期刊论文"的模式,更不用说前述的性别差异在这些合同中在绝大多数情况下并未得到体现。或是在指导学生的要求方面,虽然老师当然应尽心尽力,但在指导学生写竞赛论文方面工作合同却忽略了学生论文竞赛很多时候与运气有关,不是教师努力指导就必定会有成果,亦即忽略了运气与努力之间的差异。这些因为特定立场而被工作合同忽略的差异,往往会让青年教师的工作痛苦不堪,形成了支配关系。

　　史密斯的这些概念,说明了为什么支配关系常常不被常民清楚察觉。这些概念不只让对构成工作知识的各种文本的分析成为建制民族志研究中极为重要的一环,也奠定了建制民族志研究的必要性与正当性。而且建制民族志研究由于基本上是针对人们的痛苦感受出发的,因此常常会获得苦难者的强烈共鸣与支持。然而,平心而论,史密斯的建制民族志并不是没有问题的,也因此虽然在学界获得了成功,但也遭遇不少批评。其中一项最一针见血的批评是,虽然史密斯反对"理论先行"的研究,也一直说她的建制民族志不是一套社会理论(不知道读者有没有发现,这一节刻意不使用"史密斯的理论"之类的说法,避免说建制民族志是一套理论),但建制民族志无疑是很完整的概念系统,老实说怎么看都是一套社会理论。而且这套理论的内容都在告诉人们要怎么做研究、要研究什么、研究的目的应达成什么,极具指导性。这使得虽然史密斯始终强调人们不应基于特定理论来进行研究,但建制民族志的研究本身不就是"基于建制民族志理论来进行的研究"吗?

　　此外,"建制"在史密斯看来永远都会蕴含支配关系,那么我们如何能期待建制民族志带来的改变真的可以改善常民的生活情况呢? 如果史密斯说的是对的,那么经由建制民族志研究而改变的新建制不也必然包含支配关系,使得建制民族志不过只是在让其他立场的常民陷入新的火坑吗?

　　尽管有这些目前尚未自圆其说的问题,建制民族志依然在英语世界获得极高的认同。尤其是在社会工作、教育学、医疗社会学、社会保障等强调弱势关怀的领域，建制民族志有着几乎快成为主流理论的巨大影响力。此外，英语世界在美国的觉醒文化背景下热衷于强调社会学应以经验、实用的方式为底层阶级发声，建制民族志正好相当符合这方面的需求。这使得在加拿大的女性主义研究中诞生的建制民族志也在相对短的时间内就扩散到美国和许多以美国社会学马首是瞻的地方。不过，同样从性别研究出发，康奈尔虽然也对一般性的社会理论产生了很大的影响力，但她和史密斯"从半边陲进入核心以成为核心的其中一个主流"的情况就非常不一样了。

三、瑞文·康奈尔与南方理论

（一）关于瑞文·康奈尔

瑞文·康奈尔（Raewyn Connell，1944—　　）在澳大利亚的悉尼出生与成长，双亲都从事教育工作（父亲是教育学的大学教授、母亲则是中学的社会科学教师），所以康奈尔从小生活在一个熟悉教育事务的环境。她在墨尔本大学获得本科学位、在悉尼大学取得博士学位。在职业生涯早期，康奈尔曾短暂地在悉尼大学政府学系、弗林德斯大学的社会学系分别担任过两年的讲师，之后在 1976 年成为麦考瑞大学设立社会学系的首批教授，于此服务至 1991 年。随后她受聘于美国加利福尼亚大学圣克鲁斯分校，在那里工作了三年（1992—1995），最后于 1996 年回澳大利亚在悉尼大学工作至 2014年退休。

在去美国工作之前，康奈尔便已经开始频繁地走出澳洲学术圈，到北美地区各知名大学进行学术访问（像是多伦多大学、威斯康星大学、南加州大学、哈佛大学）。不过有趣的是，康奈尔在访问期间所选择的单位中，仅有威斯康星大学设立了社会学系，其他的访问机构都是以教育学、妇女研究、澳洲研究、性别研究为主。康奈尔从澳洲到北美、再从北美回到澳洲的这些流动经历,对于她思考如何面对与诉诸不同的学术社群产生了相当的影响。

● 瑞文·康奈尔。
图片来源:https://blogger. googleusercontent. com/img/b/R29vZ2xl/AVvXsEh
ZAUAmpF4f8nb-A30wemkM29rhfLbJfr1Cfc9nDSwUtDNmWPyHBcC4AgE9Fx
xYfAzDl9sDQ0JMVzWbQjICEglbPYGFW0ubPPwbqYwnrwDV_GUwg8TSUYY
N8WyxgTvDTX7V1mslSXcOo_ U4/s280/Raewyn +% 2526 + wall + HS + Peter +
Hall.png。

除了学术研究之外,康奈尔在社会实践方面长期关注劳动、教育、性别
等议题,也是 20 世纪 60 年代"新左派"学生运动的积极参加者之一。她的
妻子潘·本顿(Pam Benton)是一位心理学家与作家,同时也是妇女运动的
倡导者,两人育有一女。潘·本顿罹患多年癌症后在 1997 年离世,康奈尔
也大约从 20 世纪 90 年代开始公开地谈论自己的跨性别认同。她是一名生
理男性,但有着女性的性别认同。除了公开谈论、书写或受访关于自己的性
别认同议题外,她也有两个实际行动。其一是署名的改变。康奈尔原先的
名字是很具男性气质的"鲍伯",早期的著作当然也署名为"鲍伯·康奈尔"
(Bob Connell),但 90 年代开始她便改名为更为中性的"瑞文·康奈尔"(有
时她将自己的名字简写为 R. W. Connell)。其二是她在 2000 年左右开始进
行医疗手术转换自己的生理性别。这类手术有一定的程序,并非单次性、立
即性的医疗介入。康奈尔在生命的中老年阶段才决定进行手术,最后于

2006 年首次宣布已完成她的性别转换。回顾从青年时期到中老年时期，从隐忍性向，到生活中有相互认可的伴侣支持，再到决定实施手术且公开谈论，康奈尔的这一段性别认同之路可谓走得相当坎坷。

从 21 世纪开始，康奈尔的学术成就开始获得许多奖项的肯定。由于她走向北美学术社群，并回馈于澳洲社会学良多，因此澳洲社会学会在 2007 年颁给她终身贡献奖。接着，康奈尔于 2007 年出版《南方理论》一书，这本书让她随即在 2008 年获得了澳洲社会学会的"斯蒂芬·克罗克纪念奖"（Stephen Crook Memorial Prize）。2010 年，澳洲社会学会更决定以她为名，设立两年一度的"瑞文·康奈尔奖"（Raewyn Connell Prize），以奖励澳洲的杰出新进社会学者（以年轻学者出版自己的第一本学术专著为奖励对象）。除了澳洲本地的学术奖项之外，康奈尔也获得诸多国际性的肯定。因为在性别研究方面的成就，康奈尔获得联合国邀请，担任"性别平等与和平"的行动倡议顾问。2023 年康奈尔还获得了国际社会学会授予的"卓越研究奖"（Award for Excellence in Research and Practice）。

康奈尔的学术轨迹相当丰富。她前期的著作主要涵盖了阶级文化、男性气质等主题。她的男性气质研究尤其成功，具有全球领军地位，任何性别研究中涉及男性的部分几乎都绕不开她的著作，她因此可以说在很大程度上首先是通过男性气质研究而获得国际声誉的。但就像史密斯一样，康奈尔并没有缩限在性别研究中，而是进一步对整个社会理论进行了思考，进而提出了"南方理论"这个概念。她也因为南方理论而在学术生涯中更上一层台阶。由于研究领域的扩展，因此康奈尔的一些主要著作都经历了两个以上的版本。这些著作的改版并非单纯因为畅销所以在再版中修正一些原有错误，而是她在新的版本中都尝试融入、实践她的"南方理论"的观点。在她的《男性气质》（Masculinities）1995 年的初版和 2005 年的改版之间，以及《性别的世界观》（Gender：In World Perspective）2002 年的初版和 2009 年的改版之间，人们可以很轻易地看出其中因为南方理论观点而产生的差异。

而《南方理论》则是历经十年的研究成果。虽然该书大部分文稿出自2000 年之后的研究成果，但该研究的契机是她于 1997 年在《美国社会学刊》上发表的一篇拍砖之作《古典社会学为什么经典?》。文章以她自己的社会理论授课经验为基础叫板美国社会学界,并且在文章发表后并没有止步于这次批判,而是致力于将这次研究扩展成一本完整的著作。既然康奈尔的南方理论并不是凭空提出的,而是有前期的研究成果作为铺垫,那么我们就先介绍康奈尔前期让她声名鹊起的男性研究,接着才沿着她的研究进程进入她关于"南方理论"的讨论。

(二) 男性气质

康奈尔对"男性气质"(masculinity)的讨论本身即是一套社会理论研究。她的研究路径是通过关系性的、多面向的界定,将性别与男性气质这样的概念从过去既有的理论观点之中解放出来。

康奈尔认为,过去对于"性别"或"男性气质"的研究范式大致上源于三种知识传统:生物医学或临床医学,精神分析与心理学,具有功能论色彩的社会学与人类学的角色概念。在她看来,这些知识传统在探讨性别时,常将性别单拎出来讨论,毫不考虑它与社会结构、社会关系、社会实践之间的关联。就算在社会建构论视角下,近年来人们已经普遍认识到相对于生理上的"性"(sex),"性别"(gender)更多是社会建构下的产物,已经普遍知道男性气质与女性气质并没有必然的本质,但在这些讨论中多半还是存在着"男性气质/女性气质"的概念,亦即依然采取了"男/女"的二元分类,忽略了性别既然是一种社会关系下的产物,那么它就应该是一个有着多元面向的概念。

有鉴于此,康奈尔在讨论性别议题时并不采取特定的女性主义立场,而是尝试提出具有多元可能的"性别关系"(gender relations),并且指出性别关系应从三或四个面向来探讨。一是,权力关系,这包含了在生理方面的支配或暴力,也包含了诸如科层组织或法律规章的强制。二是,生产关系,像是各种劳动生产方式上的分工(例如:体力劳动、文职劳动),也包含了"生产与非生产劳动"之间的区分(例如:有偿的薪资劳动、无偿的家务劳动)。三是,欲力(cathexis)关系,这包含了根据性特质(sexuality)的多元样态而来的不同情感依附或对立,也包含建立在其他关系上的情感依附或对立。例如一名年轻的跨性别女性,她理想的伴侣的性特质可能就会和一名中年男性所希望的伴侣性特质不一样。后来通过著作的改版,康奈尔又新增加了第四个性别关系面向:象征(symbolism)关系,即诸如宗教、教育、媒体等各种机构所建立与传播的观念,这会导致不同性别在不同社会领域的认可程度会有不同。这几个面向的区分与它们之间的相互影响,让康奈尔可以更细致地描述"性别关系"的内部复杂性,亦能更系统地考察性别关系与其他社会结构(像是阶级、族群)之间交叉性的问题,例如劳动阶级女性的职业—家庭平衡困境、少数或移民族裔的男性的社会经济适应难题,等等。

康奈尔的男性气质研究便是以性别关系为基础展开的。康奈尔强调,男性气质并不等于性别研究者长期批判的"父权制"与各种优势体制,更不应该因为好像社会都是由男性主导的,所以就认为只有(受到压迫或居于劣势的)女性才值得研究、男性就完全不需要专门探讨。并且更重要的是,男性并不是如过去的女性主义者所认为的那样直接单一、同质地理解为"父权"就可以,而是男性同样因为坐落在性别关系的多重面向中而有不同样态。

基于这种类似上述的交叉性立场论的理论背景,康奈尔进一步从历史进程中去考察男性气质(在西欧与北美的)主要变迁过程。她大致上将这样的变迁过程分成了两个阶段。直至18世纪末为止,西欧与北美的标准男性气质是由"个体主义"这样的文化观念,对应于帝国殖民扩张情境的"征服者"意象,城市商业领域的"企业家男性",欧洲的内战或革命时中央政权展现的"父权制"等四个历史背景情境交织构成的。这种欧美标准男性气质是一种与女性对立,并且在经济、国家体制中展现出鲜明个体主义的特质。这种标准男性气质最典型的形象莫过于"世袭的男性土地贵族"了。

然而在19、20世纪时,标准的男性气质逐渐从于"世袭的男性土地贵族"形象转变成了"官员或商人"的形象。造成这种形象转变的至少有三个因素。首先,不论是在制度性的公民权利(例如:人身或财产权、参政或结社权、受教或福利权),或是在道德或家庭价值观的改革,都开始强调女性的参与、女性的重要价值,这种文化变迁冲击了原有的性别秩序观念,进而也动摇了人们对"世袭的男性土地贵族"这种角色形象的评价。其次,"世袭的男性土地贵族"的男性气质特别突出"肢体暴力"与"家世背景",因此以决斗为荣的贵族年轻子弟常常被认为是最有男子气概的。但从 19 世纪开始,人们开始逐渐不再欣赏个人身体性的力量和先天继承而来的资源,而是转为更重视"理性思维"与"专门技能"的男性气质。最后,现代工业资本主义之中的性别分工体制打造了"赚钱养家者"与"操持家务者"的形象区分。这更是促使"世袭的男性土地贵族"的形象基本从男性气质中消退出去。

通过这种历史梳理,康奈尔成功地将一些常被视为是个人的、微观的、认同导向的性别概念,联系到了结构的、宏观的、利益争夺的性别历史。而且还不只如此,在从历史脉络中推导出了男性气质的变迁与当代标准形象后,康奈尔又进一步考量更多的性别关系要素,对当代男性气质进行了更细致的划分,区别出了四种类型:霸权型(hegemony)、从属型(subordination)、共谋型(complicity)、边缘型(marginalization)。

"霸权型男性气质"即是前文提到的在历史变迁下的当代标准形象。"从属型"则与支配性的霸权型相反,并且基本上是贬抑的、被支配的,例如儒夫、妈宝等气质。"共谋型"则表现为没有符合标准的男性气质规范,但也并不背道而驰,所以时不时还可以从父权体制之中获得些好处,且不用承担实践父权体制的风险或张力。像是"帮忙做家务的好男人"就是典型的例子。这类男性一方面表现得并不霸道、非常尊重女性的样子,但另一方面并没有真的完全抛弃男性的优势立场(所以才会说做家务是"帮忙",意思是对于这类男性来说,家务主要还是被归为女性的工作),却可以在偶尔"纡尊降贵"协助女性的时候获得"好男人"或"暖男"的赞赏。最后,"边缘型"则是与其他社会范畴(如阶级、族群)交错之下发展出来的类型。相对于现代或当代的欧美霸权男性气质来说,非裔男性的劳动阶级或运动健将就是一种由多重社会要素交叉而成的"边缘型"。

在理论性的男性气质类型划分基础上,康奈尔又进行了经验研究与分析,探讨了这四种男性气质群体在他们各自的生命历程中,是如何基于自身立场的交叉性,以及如何在权力、生产、欲力这三种性别关系面向的交织下,建立起自身的男性气质，以及在面对其他种男性气质时如何应对，甚至如何改变自己的男性气质。通过这些多面向的研究，康奈尔成功地清楚呈现出"男性气质"绝非一成不变地等同于父权，而是也有其历史渊源与多样、变动不居的形态。

从男性气质研究中，我们可以看出康奈尔的研究有一些鲜明的特色。她对于已有的社会理论的态度并不是信奉与套用，而是更重视现实情况中不符合理论说法之处，以此扩展成她自己的一套能够驳斥主流理论的说法。她的论证方式格外强调各种实际情况之间的关联，以此建立起强调关系性的概念框架或定义。同时她的视角多从个人立场与宏观历史变迁之间的关系出发，并且常常在著作最后一章呼吁以实际的行动来创造改变。康奈尔不只以这样的态度研究性别，以区别于主流的性别观念（不论是男性气质还是女性主义），后来更以这种研究态度对待主流的社会理论，尝试对整个主流社会理论进行检视与翻案。

（三）南方理论

检视整个主流社会理论的想法，源于康奈尔在加利福尼亚大学圣克鲁斯分校任教，尤其是在该校开设"古典理论"课程的经历。当时她到美国并没有抱持着"到先进国家取经"态度。相反，她在课程中教了马克思、涂尔干、韦伯等人的理论之后产生疑窦，开始质疑自己为什么教这些理论，为什么今天社会学的学人学的都是一样的内容。于是她按照她一贯的风格回到历史脉络中去探讨这些古典理论的课程内容从古至今有什么样的变迁，并且将这样的变迁过程作为基础来对今天"标准的"课程内容进行反思性的检视，以此探索这些今天认为不可不教与不可不学的古典理论的设置背后，反映或隐藏了什么值得深究的事。其成果就是《古典社会学为什么经典？》。这篇文章引起了英美社会理论研究社群的辩论，后来也成为《南方理论》的第一章。

在解构了主流的古典社会学理论的地位之后，康奈尔继续通过挖掘"非主流"的（例如，中东、非洲、印度、拉美的）社会理论，以此提出她所谓（且后

来也获得极大影响力,甚至几乎成为当今社会理论基本常识概念之一)的
"南方理论"。"南方理论"是相对于"北方理论"的概念。那么究竟北方理
论和南方理论各自是什么意思呢?等下会详细介绍。这里先介绍一下《古
典社会学为什么经典?》这篇文章。

康奈尔的"古典社会理论"分析首先是回到 19 世纪社会学最初在欧美
建立之时,以从那时到现在的各类教材为研究对象。她发现,虽然今天主流
的说法都认为社会学之所以会出现,是因为 19 世纪后半叶人们面对"现代
社会"的兴起时,迫切地希望能对这种新兴社会有充分的认识,但实际上社
会学成立之时的各种社会学教材,其内容并不是以"现代社会"(不论对于
"现代"的定义是什么)为焦点,而是广泛地包含有关古文明、中世纪、殖民
地、原始社会等议题。此外,今天简直被奉若神明的韦伯和涂尔干,在当时
的知识氛围中也不过是诸多学者当中的两位,而且并不怎么有名气与影响
力。当时真正被视为"学界大佬"的许多学者——例如英国的斯宾塞、费边
社(Fabian Society,当时英国的一个工人社会主义团体)的学者,美国的斯莫
尔、吉丁斯(Franklin H. Giddings, 1855—1931)、沃德(Lester F. Ward,
1841—1913)、萨姆纳(William G. Sumner, 1840—1910)——后来反而逐渐
在历史洪流中被遗忘了。

"当时的一流大佬,后来的历史尘埃"这个变化在康奈尔看来与整个欧
美社会的变迁有关。当时社会学的授课内容(古文明、原始社会、殖民地等)
主要与那时欧美社会的帝国主义扩张与殖民主义盛行的情况有关(斯宾塞
的社会达尔文主义学说就是最典型的例子)。当帝国主义与殖民主义狂热
消退之后,帝国主义意义下的"宗主国"自己的内部社会问题开始浮上台面,
社会学转而找到了新的研究对象。美国社会学中的芝加哥学派的都市研究
(urban studies)、二战时期针对美国大兵的态度量表研究、林德夫妇(Robert
S. Lynd and Helen M. Lynd)的"中部城镇研究"(Middletown Studies)等就是
典型的例子。这些转向美国社会内部变迁的研究,缺乏并急需新的理论资
源来进行研究结果的统整与解释。这个理论空缺最终由帕森斯的理论研究
填补起来,并且帕森斯还进一步开启了社会学的"起源叙事"的改写工程。

第一讲介绍英美社会理论的发展背景时也提到过，帕森斯在 1937 年的经典著作《社会行动的结构》开头提道："现在谁还在阅读斯宾塞？"虽然是帕森斯从其他文献引用来的一句话，但帕森斯的确是同意这个说法的，并且在全书致力于以涂尔干和韦伯等学者取代斯宾塞，借此开创新的格局。这无疑是社会学的起源改写的一个关键指标。虽然美国从 20 世纪 60 年代开始出现了批评帕森斯的风潮，但这些批评在不断提及帕森斯的过程中，却反而巩固了涂尔干和韦伯作为"社会学古典奠基者"的地位。后来通过吉登斯的《资本主义与现代社会理论》和美国社会理论家杰弗里·亚历山大（Jeffrey C. Alexander，1947—　　）从 1982 年开始陆续出版四卷的《社会学的理论逻辑》（*The Theoretical Logic in Sociology*）等著作，马克思也被列入"奠基者"的行列，让"马涂韦"在今天被固定下来成为"古典理论三大家"。由于这个社会理论面貌的形塑主要是在美国与欧洲等北半球地区发生的，因此**康奈尔将在英、美、德、法这几个核心北方国家里形塑出来的主流社会理论面貌概括地称为"北方理论"**（northern theory）。

康奈尔梳理社会理论史、解构古典理论大师被拱上王座的过程，其用意不在于否定社会理论学术社群一直以来的努力，而是希望能借此彰显出主流的欧美社会理论常被视为理所当然且容易忽略的几个特征。首先，今天被奉为社会学奠基者的古典社会理论家虽然主要是欧洲学者，但让他们成为"古典理论大师"的过程其实是发生在美国社会学内部的。其次，今天我们习以为常的社会理论图景，背后其实掩盖了"北方理论"从"对外扩张"转向"内部问题"的历史变迁，这种掩盖既容易让人逐渐遗忘欧美国家曾经血腥霸道的对外扩张史，也容易让人们对当今理论图景与美国作为极具支配性的世界强权的关联视而不见。

在梳理完北方理论的历史之后，康奈尔还进一步剖析北方理论在今天的内在特点。她以科尔曼的《社会理论的基础》、吉登斯的《社会的构成》、布迪厄的《实践的逻辑》[5] 这三本分别来自美国、英国、法国，都有超高被引率的书作为北方理论的代表。康奈尔在详细的分析之后指出，这三部理论著作的"北方性"尤其表现在四个方面。一是，他们不论是阐述自己的论点，还是引用其他的文献,都有意无意地省略各理论的特定语境,将自己的理论展现得犹如具有普世有效性,以此宣称自己的普遍性。二是,这些人阅读与引用的文献、对话的对象,都集中在欧美核心国家。三是,他们的理论也明显排除了曾被他们殖民过的地区(例如伊斯兰、印度、中南美洲、非洲)的经验。四是,他们的整个理论在指涉经验现实时,也基本抹除了不符合"宗主国"意识形态的经验。据此,康奈尔认为北方理论之所以总是可以展现出"普世性"的姿态,虽然不排除也许其中某些社会理论的确具有普遍有效性,但更多时候和上述这四种理论文本撰写方式脱不了干系。

在得出这样的研究结论后,康奈尔并没有想借此否定北方理论的普世性或将北方理论的排斥与抹除斥为暴行,而是另外提出了一个问题:我们有没有可能发展出一种能区别于北方理论的**南方理论(southern theory),亦即由南方社会所发展出来的不轻易直接宣称普世性、不只从核心区进行文本解读、不排斥或抹除大部分(非北方)经验与思想的社会理论呢?**[6]

康奈尔认为提出或建立"南方理论"是有可能的,而且需要社会理论家们共同逐步完成。我们可以将康奈尔的倡议大致上分成三个步骤。

第一个步骤,康奈尔以略带隐喻的方式呼吁应将"土地"带回社会理论的建立过程中。康奈尔的"土地"概念意指在地环境。康奈尔认为不论是我们自己在创建理论,还是在阅读任何其他人的理论,都必须意识到任何理论都有其创建时所欲面对的在地环境,因此也是从这样的在地背景中生长出来的,必然包含着此种背景的特质。康奈尔甚至认为人们也许可以改变"扎根理论"的意涵,将之视为社会理论创建的基本意识。"扎根理论"原先是一套由美国学者格拉泽(Barney G. Glaser,1930—2022)和施特劳斯(Anselm Strauss,1916—1996)在1967年提出的定性研究方法,其研究程序大致为:首先,研究者不带任何预设立场进入田野,对田野的一切巨细无遗地资料收集。其次,将大量的资料通过抽象化进行分类与编码。最后,统整这些编码之间的关联,以此构成一套由符码构成的模式。这套模式即是可以解释田野运作形态的"理论"。由于这套定性研究方法旨在提出理论模式,所以虽然它是一套研究方法,但名字叫作"扎根理论"。不过康奈尔这里提到的扎根理论跟它的原意一点关系都没有，而是故意扭曲原意，挪用这套研究方法的名称，强调社会理论必然都是扎根于土地之上的。

然而在强调"将土地带回理论创建"的同时，康奈尔还强调两件事。一是，可能有南方理论的支持者会认为应该抛弃理论的普遍性，认为北方理论无法解释自己土地上的事，只有扎根于自己土地上的理论才适用（而且因为抛弃了普遍性，所以也只能适用）于自己土地上的事。但康奈尔不认为这种闭门造车的做法是有益的。康奈尔认为理论普遍性还是值得追求的，只是重点在于要强调或意识到这种普遍性是从什么样的土地上茁壮生长出来的。二是，土地不是一成不变的，土地上的居民在历史洪流中总有可能不停变换，这块土地上的生活也因此总有可能不断改变。扎根于这块土地的理论既要意识到这块土地上的理论也许曾经有另外的样貌，也要意识到它未来也应该有另外的样貌。

第二个步骤，康奈尔认为我们应对北方理论的各种跨境传播方式——或是用康奈尔常特别使用的概念：知识流通（circulation of knowledge）——保持警觉意识。即使北方理论改写起源、掩盖帝国、宣称普遍，使得北方理论今天呈现得宛若中立一般的样貌，但是它在知识流通的过程中仍然很有可能对其他社会在指导政策、促成应用等方面产生影响，而且这样的影响很可能有不亚于殖民化的后果。所以康奈尔特别指出，我们在面对"全球化"这个预设"全球事务彼此关联、连为一体"的概念时，应该要凸显（而非掩盖）"知识流通"的情况，亦即我们应该注意社会理论所宣称的普遍性是否，以及如何可能假借全球化之名行普遍化之实。

除此之外，康奈尔还以自身所处的澳洲社会学为例，对全球化下的知识流通又补充了一个论点：南方社会不仅要对北方理论的知识流通有所警惕，而且还要对自己所处的知识位置有清晰的自知之明与更多的想象力。她的意思是，例如澳大利亚不论是语言，还是社会发展模式与现状，与北方社会其实是亲近的，所以澳洲社会学也有不少著作获得了北方社会的认可，进入北方理论的阵营。然而澳洲这块土地毕竟有它自身的历史和问题，这些问题很难要求北方社会与北方理论来关心。因此澳大利亚的社会学在澳洲的殖民史、澳洲原住民等方面的研究应该（而且实际上也已经）与澳洲周边在"大洋洲"或"南岛语族"的意义上建立与其他"南方理论"的可能联结。

最后是康奈尔自己也没有做得很好，但她抱持很大兴致与期望的第三个步骤，即从非北方理论的角度（在康奈尔的说法中，其实也就等于是从南方理论的角度）找出"社会理论"这个概念的其他多样可能性。之所以说她没有做得很好，是因为一方面康奈尔在《南方理论》一书中其实花了非常多的篇幅介绍与讨论非洲、中东、印度、拉美等南方社会中从北方理论来看"非主流"，但对南方社会来说很重要的理论家，例如来自伊斯兰世界、被很多学者认为是真正的社会学创始人的伊本·赫勒敦（Ibn Khaldun，1332—1406），但另一方面这种"南方理论家"的挖掘在康奈尔那里还是不够的，例如至少她就完全没有讨论中国社会学家。不过康奈尔一个人当然不可能，她也没有想要全面且穷尽地挖掘所有的南方理论家。她更多想展现一个"南方理论"的基调：南方理论家应关注那些从文化、思想、哲学等尚未被称为"社会理论"的文字中，找寻可以被再次书写为"社会理论"的成分，同时，也依此可以辨识出一些未必以"学院式""理论家"姿态出现的知识分子，以此来挑战"北方理论"，为社会理论带来更丰富的扩展。

四、本讲小结

康奈尔提出的南方理论毫不意外地获得了广泛的国际声誉，尤其是南方社会的肯定。而且因为南方社会其实比北方社会多得多了，所以南方理论的流通范围其实相当广泛。然而南方理论自身在快速的知识流通过程中也有一些或先天或后天的问题。

先天的问题是指这个理论本身的问题。例如康奈尔自己并没有充分交代，在揭露了社会理论知识生产的南北不均之后，尤其是南方社会的理论工作者们又该采取什么样的立场与作为呢？应该整个反转这种生产不均，还是追求平衡呢？姑且不说现在看来完全反转似乎是不可能的，就算可能，追求反转会不会只是学术殖民的南方版本呢？而如果要追求平衡的话，多平衡才是平衡呢？此外，南方社会也不是同质的。南方社会的相互合作〔国际政治关系领域中，对此有一个专有名词称为"南南合作"（South-South coop-eration）〕是否并不会真的丰富社会理论的视野，而是某个或某些南方社会支配了另外的南方社会，造成南方社会内部的某种学术殖民？还有，我们应该要求北方理论家转变态度，不要如此高高在上，而是多多检讨自己总是掩盖曾残暴地向外殖民的过往，谦逊地多多关注南方理论吗？姑且不论北方理论家是否自愿将目光放到南方社会，重点是这样要求会不会像是一种南方社会以受害者的身份向北方社会进行"道德绑架"或"情绪勒索"呢？

　　后天的问题是，正是因为在揭示知识生产的南北不均问题后康奈尔留下了一个开放的问题，所以虽然康奈尔再三强调南方理论不是鼓吹各南方社会脱离北方社会，自己关起门来发展一些只让自己开心的理论，但事实上仍然难以避免某些南方社会在康奈尔提出南方理论后，以康奈尔的说法当作理由带着埋怨北方社会的态度闭门造车。而且的确南方社会之间对于南方理论该怎么做有相当大的意见分歧，甚至不乏互相攻讦。这样的后果虽然不能怪罪于康奈尔，却可能是所有南方社会的社会理论研究者需要自我警惕的。

　　不过，虽然康奈尔的南方理论有这样的缺点，但她的确开辟了一个社会理论全球合作的视角。过去我们可能常认为社会理论是思想家自己埋在书堆中苦读文献、十年磨一剑的事，是相当个体主义的独自苦读苦思的苦行，但南方理论却告诉我们理论研究也应该可以进行国际合作。而且这种国际合作显然不是只有南方社会彼此之间才能进行。从前面几讲可以看到北方理论内部——例如博尔东斯基和霍耐特之间、拉图尔和罗萨之间、布拉伊多蒂和本内特之间——也有密切合作，康奈尔自己则是南方社会与北方社会之间的合作案例，史密斯的建制民族志则根本上超越了南北方的藩篱。这种理论的国际合作是值得我们借鉴与实践的。我们编写本书的动机与最终的宗旨，便在于让我们既能扎根在自己的土地与自己所爱的领域上发展出学术洞见，亦能让我们的学术成就可以在国际上与全世界对话。史密斯和康奈尔从相对半边陲的学术地带同时往中心与边陲流通的经历,以及她们从特定领域(性别研究)而非一般性的社会理论出发的努力,都是我们可以借鉴的参考。让我们自己国家的社会理论既能够发展出"南南合作",又可以进入北方理论体系中获得核心地位的发言权,这是值得我国所有社会理论学人追求的目标。

最后我们照样来提供一些推荐书单。

史密斯早期的女性主义研究虽然也一样具有响亮的国际名声,但可惜至今都没有中译本。不过她的著作原文就是英文,所以还是可以推荐给各位读者阅读,特别是代表作《以日常世界作为问题意识:女性主义社会学》,见:

- Smith, Dorothy. 1987. *The Everyday World as Problematic: A Feminist Sociology*. Boston: Northeastern University Press.

建制民族志则有一些中译本可以阅读:

- 史密斯:《建制民族志:使人们发声的社会学》,廖佩如译,巨流出版社 2023 年版。
- 史密斯:《这就是建制民族志》,许甘霖译,巨流出版社 2025 年版。

此外,建制民族志有许多支持者架设了各式各样的学术网站,因此读者们可以轻易在互联网上找到很多资源。例如国际社会学会下就有一个相关的网页:https://www.isa-sociology.org/en/research-networks/working-groups/wg06-institutional-ethnography。还有一本介绍建制民族志的二手文献也很值得参考:

- MarieL. Campbell、Frances Gregor:《为弱势者画权力地图:建制民族志入门》,王增勇、梁莉芳译,群学 2012 年版。

在康奈尔这边，她有自己的网站，读者们可以轻易从里面找到许多她的资料，包括演讲视频，见：http://www.raewynconnell.net/。而她的著作，早期关于性别研究或男性气质研究的著作已经有比较完整的中译了：

- 柯挪：《性别的世界观》，刘泗翰译，书林出版社 2011 年版。
- 康奈尔：《男性气质》，柳莉等译，社会科学文献出版社 2003 年版。

南方理论可见：

- 康奈尔：《南方理论：社会科学知识的全球动态》，詹俊峰译，江苏人民出版社 2024 年版。

值得一提的是，《南方理论》的译者詹俊峰老师本身亦是康奈尔专家，曾出版了一本专门介绍康奈尔的著作：

- 詹俊峰：《性别之路：瑞文·康奈尔的男性气质理论探索》，广西师范大学出版社 2015 年版。

康奈尔自己也编了一本论文集，可以作为让读者更加了解她的读本：

- Connell, Raewyn 2023, *Raewyn Connell：Research, Politics, and Social Change*. Melbourne：Melbourne University Press.

最后，南方社会理论与近年来逐渐兴起的"知识流通"观点之间，出现了许多对话与值得关注的研究，我们这里亦列出来一些作为本讲的延伸推荐阅读文献：

- 景军:《什么是南部理论?》,载《社会学评论》2023 年第 4 期,第 28—52 页。
- 景军:《南部理论先驱:费尔明与潘光旦对科学种族主义的批判》,载《思想战线》2023 年第 3 期,第 27—39 页。
- Collyer, Fran. et. al. (Eds.) 2019, *Knowledge and Global Power: Making New Sciences in the South*. Melbourne: Monash University Publishing.
- Alatas, Syed-Farid. 2006, *Alternative Discourses in Asian Social Science. Responses to Eurocentrism*. London: Sage.
- Alatas, Syed-Farid and Sinha, Vineeta 2017, *Sociological Theory Beyond the Canon*. London: Palgrave.
- Keim, Wiebke et. al. (eds.) 2014, *Global Knowledge Production in the Social Sciences: Made in Circulation*. London: Routledge.
- Sapiro, Gisèle. et. al. (eds.) 2020, *Ideas on the Move in the Social Sciences and Humanities: The International Circulation of Paradigms and Theorists*. Wiesbaden: Springer.
- Keim, Wiebke. et. al. (eds.) 2023, *Routledge Handbook of Academic Knowledge Circulation*. London: Routledge.

注释

　　[1] 布洛维与诸多中国学者的这一场辩论于 2022 年 5 月 8 日在线上举办,由龙彦与严飞组织与主持。与布洛维对话的有徐晓宏、谢雯、郑作彧、郦菁。整个对谈内容相当精彩,可见《清华社会学评论》2023 年第二十辑的"杜波依斯与社会理论经典"专题。此处提到的郑作彧对布洛维的质疑,见:郑作彧:《是社会学的去殖民化,还是再殖民化? 与麦克尔·布洛维商榷》,载《清华社会学评论》2023 年第 20 期,第 29—34 页。

　　[2] 加拿大和澳大利亚基本属于英语学圈,甚至都以英国君主为元首。这两个地方在语言、文化等各方面无疑都很有打进"理论核心地带"的优势。然而,对于美、英、德、法这些真正核心的国家来说,加拿大和澳大利亚在社会理论界并没有多大的影响力,皆是在绝大多数时候被动接受核心地区理论的从属地区。所以我们这里才会说加

拿大和澳大利亚是"相对的半边陲"。如果直接认为这两个地方因为都属于英语区，理所当然应属于学术核心地带，因此对他们的努力视而不见，那么我们可能会失去很多借鉴学习的机会。

［3］关于"科学知识社会学"，读者可以参阅第七讲。

［4］虽然这个例子是虚构的，但这个虚构倒也不是凭空想象的，而是从一个实际的建制民族志研究改编来的。这个研究很值得作为建制民族志研究的一个范本，见：林昱瑄：《建制民族志作为揭露统治关系的途径：以大学教师评鉴制度为例》，载《新批判》2012 年第 1 期，第 1—39 页。

［5］《实践的逻辑》(*The Logic of Practice*)是英译本的书名。这本书的中译本译为《实践感》，即：布迪厄：《实践感》，蒋梓骅译，译林出版社 2003 年版。

［6］补充强调一下，南方理论指的南方与北方，不真的是一种地理方位，而是一种国际政治关系领域的概念。在国际政治关系领域中，今天国际上的强权国家多在北半球，非"核心集团"的国家多在南半球，所以用"北方"指涉"强权国家"，以"南方"指涉"非核心集团国家"。但所谓的"北方国家"不总是在北半球，例如澳大利亚、新西兰在南半球，但一般被归在"北方国家"。同理，俄罗斯、印度虽然都在北半球，但一般被强权国家归在"南方国家"的阵营中。所以虽然"南北分歧"的概念在国际政治关系领域中曾一度很流行，到今天也成为一个常识概念，但这个概念当然非常有问题，至今已渐渐不再被使用了。不过既然康奈尔使用这种说法，并且也已经广获认可，那么我们姑且继续按照康奈尔的说法来介绍。

第十讲　补充：卢曼的社会系统理论

一、基本介绍

有一些学者，其理论（至少在中国社会学界）无人不知、无人不晓，甚至其著作已有不少中译本了，大家都知道他很重要，然而却几乎没有社会学人真的知道这个学者的理论在说些什么，更遑论系统性地钻研、探讨。卢曼（Niklas Luhmann）的社会系统理论可说是这类学说的"佼佼者"。当然，任何理论在某个地方是否会在某个时候广泛流行或乏人问津，涉及各种天时、地利、人和，常常很偶然。但卢曼其人及其理论，与其他学者相比的确很有特色，也富有争议，所以在中国社会学界如此"叫好不叫座"也情有可原。这从他的生平就可见一斑。

卢曼 1927 年出生于德国北方的一个小型港口城市吕内堡（Lüneburg），15、16 岁时如当时绝大多数德国青少年一样加入纳粹党，随后被征召为空军地勤人员。但卢曼的地勤工作做没多久就被美军俘虏，受监禁长达一年多，1945 年战争结束才被释放。战后德国经历了"去纳粹化"的过程。然而在被美军监禁过的卢曼看来，战胜国的许多作为与所谓"邪恶的"纳粹政府的举止并没有太大差异。卢曼的这段经历影响到他后来的思想发展，其中在很多方面都呈现出他这段经历的感受。卢曼的社会系统理论的一个中心论点，就是所有社会系统都只在自己的立场上看世界，虽然各自观点不同，但骨子里的运作方式都是一样的。当然，他的理论核心命题并不是真的只有这么简单，我们稍后会有更完整的介绍。但卢曼的社会系统理论的确大致上呈现出这种观感,也因此充满争议:不喜欢卢曼的人,会认为他这样等于把所有事情都随社会系统理论的建立而相对化了,亦即仿佛各社会系统在面对任何事时只会站在自己的立场上自说自话。这完全否定了任何建立共识、普遍道德与价值判准的可能性。但喜欢卢曼的人,会认为现实情况本来就是如此,很有勇气地解构了道德幻想的卢曼可谓是真正的智者。

卢曼受争议之处也还在于他的理论工作风格。卢曼最初从事的并不是学术工作。二战结束后,卢曼在弗莱堡大学读法学,1954 年毕业后在吕内堡、汉诺威等地担任公务员。这当然是一份无聊的工作,因此卢曼在闲暇时间阅读哲学(他尤其喜欢现象学)、社会学等学术书籍来打发时间。也是在这段时间,他开始建立起纸片盒系统。卢曼的纸片盒系统是一套由无数小纸卡构成的庞大读书笔记库,非常有名,今天甚至有软件公司宣称仿照卢曼的纸片盒系统设计出一套读书笔记软件。但其实他的读书笔记方式并不适用于所有人。纸片盒系统并不单纯只是一套记下所读之书的笔记库,而是卢曼心中本来就有一套理论构想,然后在阅读过程中,一方面将他心中庞大但模糊的理论构想渐渐梳理清楚,另一方面将所读之书跟他的想法相近、可以佐证他构想的段落记下。因此他在这些纸片的一面抄写下所读之书的重点段落,但在另一面写上这段落对应了他理论构想中的哪个枝节,然后这些纸片会被加上编号,放进一个柜子里的加上相应编号群的抽屉格,这个柜子的每个抽屉格代表他心中所构想的理论的某个部分。这种笔记方式可以让他在建立自己的理论时,轻易从庞大学术文献中找出佐证自己观点的语句;然而其前提是,他自己心中本来就已经有一套完整(虽然可能尚显模糊)的理论构想了。绝大多数人可能并不像卢曼那样,在读书之前不知怎的心中就已经有一套完整的理论构想了,所以这种读书笔记方式的可参考性对大多数人来说是有限的。而且也因为卢曼是先有一定程度的定见、才阅读与整理文献的,所以卢曼的著作中常常有令人感到极为突兀的判断,文献引用也时有断章取义的情况。这也造成很大的争议:喜欢卢曼的人,会很着迷于他大胆、有魄力的表述风格,想追随他的断言看看他会讲出什么;不喜欢卢曼的人,会觉得他只是在定下一句又一句的教条,自信、自傲到不屑说服读者,仿佛逼迫读者要么信他、要么不相为谋。

● 卢曼的纸片盒抽屉柜。现收藏、展示于比勒费尔德大学卢曼纪念档案馆。图片来源:https://aktuell.uni-bielefeld.de/chronik/es-wird-konkret-universitaet-bielefeld-ernennt-ersten-professor/.

让我们先回到卢曼的生平介绍。1961 年,卢曼获得一份资助公务员到美国进修的经费,到了哈佛大学访学。他原先应在那里上一些关于国际政治关系的课程,但他对此实在不感兴趣。同一时间,哈佛大学社会学家帕森斯如日中天,卢曼也对社会学更有兴趣,因此转而向帕森斯学习他的结构功能论。帕森斯的理论深刻影响了卢曼。卢曼回国后,将所学写成《正式组织的功能与后果》一书,这是一本组织社会学著作。他后来离开了地方行政机关,到了德国一个半大不小的城市,施拜尔(Speyer),在那里的地方管理学院担任研究人员,其间也陆陆续续又写了一些书。1964 年,卢曼遇到了一个人生重大机遇。在一场学术研讨会上,卢曼认识了当时任教于敏斯特大学的社会学家谢尔斯基。第一讲提到,谢尔斯基在二战时是很活跃的纳粹党员,二战结束后也依然不否认他对纳粹的正面观感,是二战后具有纳粹背景的社会学家中很高调但也很有学术活力的代表人物,与曾受纳粹迫害的流亡派社会学家(例如阿多诺)一直处于剑拔弩张的关系。当时谢尔斯基准备在一个德国中型工业城市,比勒费尔德(Bielefeld),协助筹办大学,因此四处招募师资。谢尔斯基在卢曼进行学术发言的研讨会上，看到了卢曼的学术潜力，因此力邀卢曼至比勒费尔德大学任教。但卢曼当时既没有博士学位，也没有在德国大学任教前必须呈交的教授资格著作，而且对大学教职工作是否适合自己感到怀疑。但在谢尔斯基的大力游说下，卢曼最后答应到大学任教，并且以惊人的速度在短短一年内就递交出博士论文与教授资格论文，获得任教资格。

1968 年，法兰克福大学的阿多诺因受学生运动的骚扰而请假离开法兰克福，因此该校邀请卢曼帮阿多诺代课。那时比勒费尔德大学还在处理卢曼的任职程序，卢曼正好处于工作空窗期，所以欣然前往。卢曼讲授的内容极富个人特色，当时同样任教于法兰克福大学的哈贝马斯的不少学生注意到卢曼，因此建议哈贝马斯邀请卢曼参与哈贝马斯的课程，两人随后也真的就在课上齐聚一堂了。不过，力挺阿多诺的哈贝马斯与由谢尔斯基提拔的卢曼，两人的学术思维模式大相径庭，在课上多有争论。哈贝马斯及其学生后来将两人你来我往的辩论文章编辑成《社会理论、还是社会技术学——系统研究能做什么？》一书，并于 1971 年出版。这本书在哈贝马斯的编辑下，被呈现得仿佛卢曼是这场辩论的输家，让卢曼很不高兴。自此之后，在卢曼的有生之年，两人一直是学术上的劲敌，不断以自己的理论抨击对方。

卢曼在 1968 年办理比勒费尔德大学入职手续时，一开始还不清楚自己在这所新的大学中，应在哪个学院从事哪个学科的教学与研究（当时比勒费尔德大学的教授都是被从其他学校挖来的"现成"学者，学校会为这些学者搭配相应的原有教席，只有卢曼是以刚获得教授资格的新人身份获聘的，所以在全新的学校中可以相对自由地选要去哪个院系任职）。后来他决定落脚于社会学系，因为他觉得社会学什么都可以研究，让他有很高的研究自由度。当时，在填写研究计划申报书的时候，卢曼很潇洒地写下：研究主题，社会理论；执行时间，30 年；经费，0。这个申报书的内容看似很胡闹，但卢曼却很认真在执行这项计划。他的整个学术生涯真的始终都只致力于建立一套社会系统理论。在任教的最初 15 年间，卢曼用无数著作与论文发展出各种社会系统理论的概念。1984 年，他出版了《社会系统：一个一般理论的大纲》，以此奠定了他的整个理论构想的基础。接下来 15 年间，卢曼基于这套理论，以各种社会领域——如经济、政治、教育、科学、宗教、法律、艺术，等等——为研究对象进行他的社会系统理论分析，并出版了诸多以“社会的……”为书名的著作（如《社会的经济》《社会的法律》《社会的艺术》）。1998 年，在最后集大成的著作《社会的社会》出版的同一年，卢曼过世了。他真的花 30 年完整建立起一套社会系统理论，他的整个人生仿佛就是为这个学术工作而活的。

卢曼极为热爱学术写作，学术生产力极为强大，生前出版和发表了数十本著作与数百篇论文。过世之后，他也留下大量的遗稿，近年来时不时都还有他的遗稿被整理出版。不过这些遗稿主要是他的理论准备工作与未完成的理论运用分析，他的理论内容本身已没有留下什么空白。2019 年，卢曼的纸片盒里所有读书笔记纸片由比勒费尔德大学整理、数字化完毕，并在其学校网页上公开。虽然后人可能不太会再从中找出什么可以特别挖掘的事，但这无疑让卢曼的思想可以更完整地呈现在世人面前。

虽然卢曼明确宣称自己是社会学家，自己的理论是一种社会学理论，他的理论也在德国和许多其他国家（如日本、意大利以及许多南美洲国家）相当受到欢迎，但卢曼的社会系统理论在一些地方（如美国和中国）的社会学界一直被严重忽视。不过在其他学科，特别是法学，它却拥有无与伦比的影响力。许多法律学人对卢曼的社会系统理论有极高的热情，甚至认为自己因为掌握了社会系统理论，所以掌握了整个社会学理论，能自称是法律社会学家。对于法学界的这类判断，社会学家可能不一定会同意；但对于这样一套被其他学科如此尊崇的社会学理论，社会学家如果自己却不甚了解，那无疑是很可惜的一件事。因此，我们就从社会学的角度，向各位读者介绍卢曼的社会系统理论。首先看看卢曼的理论思想是从什么问题出发的。

二、功能结构论

卢曼虽然在当公务员时就已经开始自学哲学和社会学，但他的社会学理论构思,是他在哈佛大学交流期间跟着帕森斯学习时才开始的。直到最后,卢曼都还宣称他的理论以帕森斯的思想为基础。帕森斯的社会学理论大致上分为两部分。一部分是他早期的社会行动理论,1937年出版的《社会行动的结构》即是代表成果。另一部分是他后期对于社会秩序的研究,在这部分他发展出了鼎鼎大名的"结构功能论"。卢曼尤其仰赖结构功能论。虽然卢曼一开始也非常重视帕森斯的行动理论,但行动理论的部分后来就几乎不存在于卢曼的讨论当中了。不过,虽然卢曼非常仰赖结构功能论,但他的"仰赖"方式比较特别:他的研究出发点不是接着帕森斯的思路把理论继续推进下去,而是把帕森斯的理论批判性地整个颠倒过来。

● **1979年于海德堡大学举办的结构功能论研讨会。左起:帕森斯,施路贺特(Wolf-gang Schluchter),卢曼,哈贝马斯。**
图片来源:**https://www.soz.uni-heidelberg.de/announcement/das-institut-fuer-soziologie-1977/**。

什么叫作"批判地颠倒过来"呢?这得先看一下帕森斯的理论大致上在说什么。结构功能论的内涵,用最简单的方式来说就是:首先,将社会视为一种系统;其次,整个社会为了持存下去,会在内部分化出各种类型的子系统,以解决整个社会系统在持存下去时必须解决的问题,例如社会内部整合问题、社会外部适应问题,等等。如果各个社会子系统发挥了自己应发挥的功能、各司其职,那么整个社会就可以健全地维持、运作下去,当然各个子系统也因此能持存下去。这就很像人体演化出了各种器官,如果所有器官都良好地运作、发挥功能,这个人体就可以健康地活下去;而人活着,当然身体里的所有器官也就活着了。

帕森斯以"系统"作为分析视角的做法,很触动卢曼。所谓的"系统",意指由各元素在相互依赖下构成的整体,所以系统分析就是对构成整体的要素的相互依赖模式进行分析。身为公务员的卢曼认为,若要探讨行政机关,那么光去查明法律条文,或剖析行政机关的构成部分与列出其各种科层特质,是没有用的(或至少很无趣),而是必须去看行政机关如何在各种构成部分的相互依赖之下运作。但卢曼对帕森斯的"结构—功能"的说法感到质疑。"结构—功能"意指总体系统会规定好子系统的运作模式(结构),然后系统按照规定好的运作模式来发挥作用(功能)。但这并不符合卢曼在工作中的体会,而且卢曼相信这根本上不符合事实。我们以上课为例。按照帕森斯的思路,"上课"这件事会有一个总体系统规定好一套教学活动模式、一套教学结构,教师按照模式教书、学生按照模式学习,整个教育系统就可以健康地发挥功能、持存下去。但事实上常常并没有一个巨细无遗地规定教学模式的总体系统。相反,如果教师的教学方式与学生的学习方式真的都被校长给规定好、结构化了,那么课反而可能会上不下去。而且这时这个"校长"对师生来说与其说是一个"上层总体系统",更不如说是一个带来麻烦的"外人"。

当然,这不是说教学活动都是没有模式、毫无结构可言、随机的。唯有稳定的运作模式、稳定的结构,系统才得以形成。例如"教育系统"要能形成,就在于有一套"老师教书、学生学习、成绩评定、拿毕业证书"的持续稳定运作模式被建立出来。不过,这套模式之所以会出现,有可能是因为人们有"知识传承"的需求,但也可能因为人们有"通过成绩排序以固化阶层差异"

"发展同侪人脉"或"对社会成员加以社会化"的需求。无论是哪种需求,只要"老师教书、学生学习、成绩评定、拿毕业证书"这套模式可以解决问题、满足需求,那么它就可以不断持续运作下去。

正是从这样的思路出发,卢曼认为帕森斯的"结构—功能"论是错的。并不是有一个总体系统先规定好运作模式(结构),然后让子系统服务于总体系统的持存(功能)。而是,当问题被用某种方式来解决(功能),然后这种方式开始稳定被重复采用而成为固定的模式(结构)时,系统才会形成。所以,社会学分析不应该采取"结构—功能"取向,而应该颠倒过来,采取"**功能—结构**"取向;这即是卢曼所谓的"**功能结构论**"。

卢曼把帕森斯的"结构功能论"颠倒成他自己的"功能结构论",不是在玩文字游戏,而是这种概念的颠倒会从根本上让问题的提法不一样了。帕森斯的"结构功能论"旨在追问各种社会系统该发挥什么样的功能才能服务总体系统的持存(最后他建立出知名的 AGIL 模型)。但卢曼指出,若从"功能结构论"视角出发,那么研究的重点就会变成去探讨社会系统是如何在"问题的解决"当中形成的,为什么"问题的解决"会形成系统。**所以卢曼要追问的是:社会系统之所以能发挥功能的运作模式是什么样子的?** 卢曼整个学术生涯的所有学术作品都是在回答这个问题。而且因为这个问题旨在探问所有社会系统的共同运作原理,因此卢曼认为,他通过回答此问题所发展出来的**社会系统理论,会是一套无所不包的超级理论**。

功能结构论除了让卢曼提出一个全新的理论研究问题之外,它也导出了一个全然不同的思维模式。帕森斯认为所有社会系统都是"社会"这个总体系统的构成部分,以"整体/部分"的思维模式来探讨社会系统的运作,所以都在探讨子系统如何服务于整体系统。但卢曼认为,这种思路放在传统社会中可能还有点道理,放在现代社会却已经不适用了。传统社会的系统分化是从一个大家族分化出许多小家庭,或从一个大村庄分化出许多小村庄;亦即某社会系统因体量过大,必须通过分裂、主从划分或层次划分的方式,将一个大的社会系统拆分成多个小社会系统,以减轻社会运作的负担。分化出来后,这些小社会系统还是有一个凝聚力的中心。但现代社会不是如此。现代社会是因为各种问题的解决，所以开始形成如政治、经济、宗教等领域。传统社会虽然也有诸如法律、政治、宗教、经济等领域，但这些领域并不是泾渭分明的。法律往往受政治介入，政治由宗教决定，宗教活动常夹带庞大的经济活动，然后一切都以上帝为中心。可是在现代社会里，这些领域都是解决专门问题的系统，有自身的运作逻辑。法律只管合法与犯法问题，经济只管财物分配问题，宗教只管信仰问题。这种**"为了解决特殊问题所以产生专门的领域"**的情况，即是所谓的**"功能分化"**。在功能分化的背景下，各社会系统并没有谁是谁的"中心"或"整体"，而只是以各自的方式解决自己的问题。一个系统之所以根据自身的功能而分化出系统，是因为有某一种解决问题的方式形成了一套稳定的模式，并且这种模式与它周围其他问题解决模式不一样、相区别。所以**功能结构论的思维模式不是"整体/部分"，而是"系统/环境"**。这里的"环境"意指系统所区分开来的自身之外所有其他事物，包括自然环境，也包括所有其他社会系统。想想上述"上课"的例子就知道了。对于"上课"这个系统来说，校长并不是上课系统的上层总体系统，而是不属于上课系统的"外人"，亦即上课系统的环境。

此外，一个社会系统之所以能分划出来，是因为出现了一种能区别出环境的问题解决模式。这也就是说，当存在着一种社会系统的时候，意味着**"系统/环境"**这组区分在系统自己的运作当中维持下来了。如此一来，社会系统的存在，只在于它能稳定地维持它与环境的差异，而不在于它到底解决什么问题、发挥什么功能。就像上课系统的持存，就只在于"老师教书、学生学习、成绩评定、拿毕业证书"这个模式能不断解决问题，并与其他问题解决模式（例如诉讼、判决、执法）区分开来；至于它实际上究竟是如何解决了知识传承问题、阶层再生产问题，还是社会化问题，它究竟如何发挥了什么功能，并不重要。对于上课系统来说，这些它能解决的问题都是它在发挥的功能，这些功能对这个系统来说都是等同、可替换的。重点是只要它能够解决问题、发挥功能，系统就能够持存下来。于是，系统的功能也就没有默顿的带有道德判断的"正""反"之分。因此卢曼常宣称，**他的功能结构论亦是一种"对等功能论"**。

至此,我们已经介绍了卢曼的整个系统理论的出发点:功能结构论。现在用卢曼的术语来总结一下功能结构论的基本概念:现代社会是一个通过功能分化而分出许多社会系统的社会。[1]功能分化,意指社会系统在自己的运作中维持了"系统/环境"这组区分。而功能结构论亦是一种功能对等论。读者到这里可能会发现,卢曼提出了很多抽象的概念。的确如此,而且读者别忘了,功能结构论只是一个出发点。从这里开始,卢曼才要真正开始展开他的探讨,也才要真正开始提出更多更抽象的概念。现在,他可以更精准地提出他的问题:社会系统是如何在自身持续构成"系统/环境"这组差异的?

三、社会系统即是由沟通构成的自我生产的系统

特别是 1984 年的《社会系统》出版之后,卢曼有个习惯,就是会同时进行数本书或数篇论文的撰写。其中哪些书或论文他觉得写够了,就直接交给出版社,然后继续写他想写的东西。这种风格跟他的理论创作方式有关,因为他一开始在心中就有整个理论体系了,对他来说所有理论概念都在他脑海里同时存在了。所以他的理论创作不是像盖房子一样先专门打地基,打完后再专心盖一楼,盖完后再专心盖二楼,一直上去;不会一本本书或一篇篇文章依序写下去。而是像雕刻木头人像一样,一开始就把整块木头摆出来,然后才先凿个眼睛,凿到一半发现要再凿嘴巴才知道眼睛该继续凿多大,嘴巴凿一下又发现必须得去修下巴才能确定嘴巴的比例。所以卢曼的各作品才会是同时进行的。当然,书写与阅读毕竟是线性的,所以以下的理论概念介绍必须线性地依序进行。但读者们要有个心理准备,就是卢曼的诸多理论概念之间不是逻辑推演的层次或顺序关系,而是环环相扣的并存关系。我们以下的介绍不是以推演的方式展开的,而是以条列的方式逐个介绍,其中每个条目没有逻辑先后关系。而且由于卢曼创造的理论概念太多了,所以我们这一讲无法将全部系统理论的概念都讨论到。但主要的核

心概念,大致上不会漏掉。

(一) 偶然性,复杂性,化约复杂性

卢曼要研究的问题是:社会系统是如何在自身持续构成"系统/环境"这组差异的? 当这个问题可以成为一个问题时,就表示"系统/环境"这组差异的构成并不是必然会出现的,甚至它的出现本身就是需要各种前提条件才得以可能的。事实上,我们的这个社会中没有任何事情自然而然必定会与其他事情有关。老师在台上讲课,台下的学生们可能会听课,但也可能会睡觉、聊天、走出教室,甚至逃课。任何一件事发生之后,接下来可以发生任何事或没有发生任何事。任何成为系统的社会系统,当中的系统元素先天都不必然会与其他元素(稳定地)相衔接(并与环境区隔开来而成为系统),当然也不是不可能与其他元素相衔接。这种**"既非必然,但也不是不可能"的情况,被卢曼称为"偶然性"**。

照理来说,这个世界的一切事物都是相当偶然的。因为偶然性,所以任何可以成为系统的社会系统中的元素,可以衔接的元素是非常多样的。**"元素超过一个衔接可能性"的情况,被卢曼称为"复杂性"**。不过,当有社会系统存在着的时候,意味着这个系统中的元素衔接可能性被缩限住了,亦即这个系统的复杂性被压低了;否则由于过高的复杂性,系统是无法形成或持存的。换句话说,**系统能形成与持存,就在于它能够化约复杂性**。如此一来,若要回答"社会系统如何维持'系统/环境'的差异"这个问题,还必须要再细问一个问题:社会系统是如何化约复杂性的? 卢曼还提醒,由于系统是基于与环境区隔开来而存在的,因此系统必须与环境共存;但环境的复杂性并没有被化约(或是没有以系统的化约方式来化约),所以环境总是比系统更加复杂。系统在面对复杂的环境时,自己必须能够发展出复杂的机制,才能化约复杂性。因此卢曼常说,系统必须足够复杂,才能化约环境的复杂性。

现在,卢曼的提问已经很明确了,接下来就可以看,卢曼怎么用极为烧脑的诸多概念回答他所提出的问题。

（二）观察，再进入，二阶观察

在卢曼的理论中，像经济、政治、法律、宗教，等等，都是功能分化出来的领域，都是具有社会性质的（social）系统［亦即前文一直提到的"社会系统"（social system）］。包括"社会"（society）本身也是一种社会系统。只是今天人们会认为"社会"这个社会系统的涵盖范畴是最广的，政治、经济、法律等都是从"社会"这个社会系统分化出来的子系统。不过在卢曼的理论中，各"子系统"与"社会"这个社会系统之间没有"整体/部分"关系，而是当一个子系统分出之后，就会与所有其他社会系统（包括"社会"这个系统）互为环境。

一个功能分化出来的社会系统，之所以可以"分出"而成为社会系统，是因为出现了一套稳定持续运作下去的问题解决模式。这意味着，对于社会系统来说需要具备的不只有"解决模式"，而是还需要有相应的"问题"。一个社会系统若是存在着的，那么它就会不断在环境中看到属于自己的问题，并且实际上也真的将其视为自己的问题，然后用自己的方式解决。用卢曼的话来说，就是：一个社会系统的存在，就在于它会持续对环境进行观察。卢曼特别强调"观察"。他所谓的观察不是指一个人在盯着、打量某事物，而是意指一种运作机制。卢曼宣称，他借用了英国数学哲学家斯班塞-布朗（George Spencer-Brown）的说法，将"观察"定义为一种进行"区分"的运作，**并且在区分的过程中，会标示某一边、对这一边进行命名，然后将这一边之外的所有其他事情都排除到无标示、无以名状、处于观察之外的另一边。**

这里特别强调，观察不是一个人在注意一件事，而是一种进行区分的运作；意思是，观察不涉及人，不涉及任何"谁"，而只涉及一种特定的运作机制。重点不是正在阅读本书的你、正在写书的我或是某个具体的人在进行观察；而是在于有某种持续把问题标示出来、以和其他无关的事区别开来的运作，一种成系统的运作。例如宗教系统之所以成为宗教系统，不是因为某个上庙里烧香拜佛的具体人士——例如现在正在写这一讲的郑作彧——在进行观察。因为虽然郑作彧在庙里烧香拜佛的时候将宗教与其他事区别开来了,但拜佛完之后他可能离开庙宇,走进南京大学、走进某间教室上课,或是回到家中书房继续编写这本教材。郑作彧并不会一生都在持续进行宗教观察,所以他并无法决定宗教系统。只有"进行宗教标示"这件事才会决定宗教系统,而这种标示就是宗教式的观察。所以宗教系统的观察,并不归于郑作彧,而只会归于宗教系统本身。**让社会系统与环境区别开来的观察,是系统自己的观察。**正是因为这样的思路,所以卢曼的社会系统理论是一个排除人、不讨论人的理论。卢曼认为,如果社会学要研究的是社会,那么社会学的研究对象就只会是社会系统,而不是人,因为只有社会系统才是社会系统,人不是社会系统。前文提到功能结构论时已指出:不是社会系统的,都是系统的环境。所以从这条思路出发,卢曼提出了一项石破天惊、一般人很难接受,但卢曼自己却始终非常坚持与强调的判断:**人不是社会系统的构成部分,而是社会系统的环境。**

不过,如果说观察是一组将系统的这一边标示下来、让系统与环境区别开来的运作,并且观察都是系统自己的观察,那么这种说法本身其实存在一种吊诡:既然"观察"将系统与环境区别开来了,那么接下来的观察就只存在于系统内部了,如此一来,"观察"不就观察不到环境了吗?但没有环境,又怎么能进行区分、产生观察呢?怎么能有观察是既观察到环境、又观察不到环境呢?对于这个问题,卢曼宣称可以用斯班塞-布朗的另一个相关概念来解决这个问题:**再进入**(re-entry)。卢曼的"再进入"主要意指,社会系统不仅基于观察来将系统与环境区别开来,而且在区别开来之后,系统会在自己内部再建构出环境,然后再在自己内部进行"系统/环境"的区分,以此延续自身的观察。

通过"再进入"这个概念,卢曼想指出的是,任何社会系统在指涉环境时,都并不涉及真正的环境,而只是再进入自己为解决观察吊诡而建构的环境。例如今天人们常会抱怨,电视剧投资方常常会找一些演技奇差的网红小生来演,或是用水平极差的方式将网络小说改写成令人尴尬无比的剧本,然后人们会抱怨制片人、编剧或剧组(我们这里姑且将之统称为"拍戏系统"好了)怎么水平这么差,希望拍戏系统能改善自己的水平、制作出良心戏剧。但拍戏系统会说,之所以会这样拍戏剧,是因为这种戏剧带来流量、带来收视率,而这就意味着这部戏是受欢迎的。身为观众的我们想来并不会同意拍戏系统的说法,因为拍戏系统只用流量或收视率来判断这部戏被欣赏的状况,但流量或收视率并不直接等同于我们的观看感受。然而拍戏系统不可能真的去管一个个具体的观众的想法,因为真实的一个个具体的观众太复杂了。而且一个个具体的观众并不参与拍戏,只是拍戏系统的环境。但拍戏系统当然也不可能完全不管观众的想法,因为如果没有任何观众看这部戏,那么拍戏系统——尤其是以获取经济效益为功能的拍戏系统——拍这戏是要干嘛呢? 为此,当代的尤其是以获取经济效益为宗旨的拍戏系统就在它自身内部构筑出一个东西:流量或收视率,把流量或收视率当作观众。于是,拍戏系统就可以且只能够去观察它自己能观察得到的流量或收视率信息,将此视为它的环境,以此得出它的“系统/环境”这组差异。这种“把流量或收视率当作观众来进行对观众(环境)的观察”的流程,就是拍戏系统的“再进入”。所以不论具体的一个个观众怎么否定拍戏系统,都无法改变拍戏系统,因为观众都只是拍戏系统的环境。唯有拍戏系统自己觉得它所认为的环境——流量或收视率——否定了自己,它才会进行改变,而不是面向它在观察中排除掉的环境——一个个在观看戏剧的具体的我们这些观众——进行我们这些观众想要的改变。

因为系统的观察都是在标示它观察到的这一边,然后顶多就是通过“再进入”,在它所标示的这一边(即系统内部)进行“系统/环境”的区分,所以系统本身并无法观察到系统真正的环境(因为那是处于系统的观察之外的另一边)。然而,由于系统的存在来自“系统/环境”这组区分,所以如果我们社会学家要研究系统,我们就必须同时看到系统所没有看到的它真正的环境,才能研究一个系统的“系统/环境”这组区分的运作实际上是怎么进行的。也就是说,如果社会系统的形成来自它的观察,那么社会学家若要研究社会系统,就必须去观察社会系统如何进行观察。这种**“对于观察的观察”,被卢曼称为“二阶观察”**(Beobachtung zweiter Ordnung)。可以说,二阶观察就是卢曼的系统理论的研究方法。例如讨论拍戏系统时,不能直接用拍戏系统的观察方式(即一阶观察)来进行观察,否则我们就成为拍戏系统本身,亦即变成制片人、编剧或剧组人员本身,而不是社会学家了。我们之所以可以分析出拍戏系统只能根据流量或收视率来运作、没有真的看到一个个具体的观众,就是因为我们同时看到了拍戏系统与(拍戏系统看不到的、作为拍戏系统环境的)观众,同时看到了系统与环境,形成了二阶观察,所以才能指出拍戏系统是如何进行观察而形成系统的。所以卢曼认为,社会系统(乃至任何观察者)看不到它看不到的东西,而社会学家的任务就是要去看到我们的研究对象所看不到的东西。

卢曼的二阶观察概念乍看之下似乎想强调中文俗话所说的"当局者迷,旁观者清"。实际上的确多少有这样的意思在,但不仅如此。"二阶观察"不是卢曼的原创,而是他援引自二阶控制论的概念。但读者们可能并不知道二阶控制论是什么东西,所以需补充一下。

(三)自我生产

之所以卢曼特别将他的二阶观察概念归功于二阶控制论,是因为卢曼认为他的理论必须仰赖一门学说,而这门学说最新的前沿发展就是二阶控制论。这个被卢曼视为社会系统理论重要基础的学说,被称为**一般系统理论**。

一般系统理论(general system theory)是出生在当时的奥匈帝国、后移居美国的生物理论家贝塔朗菲(Ludwig von Bertalanffy, 1907—1972)提出并自1945年左右开始持续发展的一个跨学科研究领域。这个领域将万事万物都视为系统,以"探究系统运作模式"的思路来研究万事万物。不过,除了探究世上存在的事物之外,系统思维还可以用在设计领域,设计出世界上本不存在的事物。比如,我们可以将"飞行"视为一种系统,于此不仅可以探究如鸟类的飞行是由哪些元素环环相扣而形成的现象,也可以设计如何将各元素环环相扣而造出一架飞行机器。一般系统理论自提出后在许多领域(例如工程科学、信息科学、生命科学,当然也包括社会学)很受欢迎,也在不同的领域以各种不同的取向进行了许多不同类型的发展。

美国数学家、工程学家维纳（Norbert Wiener，1894—1964）在贝塔朗菲提出一般系统理论差不多同一时间，提出了"控制论"（cybernetics）。控制论与一般系统理论有非常高的亲近性，因此两者常常被相提并论。"控制论"简单来说是一套探讨"系统如何能进行自我调节"的思路。最初阶（亦即不会自我调节）的系统运作模式，是环境将某材料输入给系统，系统以固有模式处理后将成品输出给环境。例如将电输入吹风机，吹风机就吹出热风。但维纳设想一套进阶的系统运作模式：系统除了处理材料之外，还可以判断信息，根据不同的信息而有不同的运作模式。环境输入给系统的除了材料之外，还有信息；系统输出给环境的也不只是成品，还有因产品的输出而改变了的环境信息。于是环境再输入系统的不只是材料，而是新的信息，系统可以根据反馈的新信息改变相应的运作模式。如此一来，系统在面对环境时就会有更好的适应能力。控制论最常举的例子就是恒温控制器。例如博物馆为了保存古文物，所以必须维持展柜温度的恒定。展柜里会将温度输入给恒温控制器，如果温度太高，控制器就会吹冷风；如果环境因控制器输出过多冷风而温度太低，那么过低的温度输入给控制器，控制器就会相应地调整运作模式，开始吹出热风。恒温控制器的设计是一种典型的控制论思维。按照维纳的想法，控制论不只可以用于设计领域，也可以用来探讨生物系统是如何通过应对信息反馈循环以适应环境而生存下来的。

与贝塔朗菲同样出生于当时奥匈帝国、后移居美国的系统理论家弗斯特（Heinz von Foerster，1911—2002）对控制论进行了批判性的推进。弗斯特强调，系统理论家在进行控制论的研究或设计时，不能只埋头在系统当中思考系统如何观察或如何让系统能观察到反馈的信息，而是必须注意到系统理论家的观察本身也会对系统的运作产生作用。因此控制论除了研究系统的观察，还必须往后退一步，退到系统之外，去研究系统理论家对系统的观察所进行的观察。这种强调"对观察进行观察的控制论研究模式"，被弗斯特称为"二阶控制论"。以恒温控制器为例。维纳的控制论设想的是如何让温度控制系统观察到环境的温度变化以改变自身的运作方式。弗斯特的二阶控制论则会再去设想,这个恒温控制器的设计者想把这个控制器用在哪里,会怎么使用。设计者是想把它放在博物馆的古文物展柜中呢,还是用在红酒柜里? 如果是红酒柜,那么红酒柜的开关频率有多高? 唯有进行二阶观察,控制论才能做出更好的研究与设计。

弗斯特的二阶控制论的思路是从一般系统理论(与控制论)的角度出发的,卢曼主要也是将自己的思路诉诸一般系统理论,因此"对观察进行观察"的说法归功于弗斯特的二阶控制论。但卢曼从一般系统理论那里拿来用的概念,最重要、最有名的还不是"二阶观察",而是"**自我生产**"。

贝塔朗菲在提出一般系统理论时强调,虽然他想建立的是一种可用于对万事万物进行研究的思想,但这并不意味着所有的系统都是一样的。系统有不同的层次,例如物理、生物、主体心理、社会等虽然都是系统,但这些系统的运作模式是不同的,必须有相应的专门思考。在此前提下,两位智利生物理论家,马图拉纳(Humberto Maturana,1928—2021)与瓦雷纳(Francisco Varela,1946—2001)在 20 世纪 70 年代便尝试用一般系统理论的思维来问一个生物学的问题:生命是什么? 或是再问得更明确一点:如果我们将生命视为一种系统,那么生命是一种什么样的系统? 马图拉纳与瓦雷纳的结论是:生命是一种进行着自我生产的系统。他们还为"自我生产"这个概念生创了一个单词:autopoiesis,由 "αὐτο-"(auto-,自我的) 和 "ποίησις"(poiesis,产制)两个古希腊文构成。他们这个概念的构想来自一项视网膜运作机制的研究。他们发现,虽然是光线进入眼睛,所以眼睛会看到东西,但让我们可以"看到"事物的视网膜神经运作方式,是以自身的电流刺激方式构成的,这和照射到视网膜上的光本身的物理性质没有关系。我们看到的光是视网膜细胞以自己的方式所产生的感知,而并不真的是光本身。马图拉纳与瓦雷纳进一步认为,生命系统的特殊之处,就是虽然身处于环境中,但会用自己的方式再生产出自身,形成一个以自身逻辑进行运作与再生产的封闭系统。例如羚羊必须躲避狮子的捕猎并且吃荒原中的草才能活下来,但触动羚羊奔跑机制的不是狮子的胃酸,而是羚羊自己的知觉系统;羚羊吃了草之后也只会用自身的生理运作模式再长出羚羊自己的细胞或生下小羚羊,而不会吃了草就变成草。

卢曼认为社会系统亦是如此,因此直接将马图拉纳与瓦雷纳的自我生产概念拿来套用,宣称:**社会系统是一种自我生产的系统**。这也是卢曼的社会系统理论里头非常核心的观点。[2]

读者们到这里看到卢曼的观点,可能会很错愕。"自我生产"是生物学或生命系统理论的概念,怎么卢曼突然就直接拿来套用在社会学上了? 社会跟羚羊不是同一回事吧? 若很错愕,那是正常的,因为就连马图拉纳与瓦雷纳也非常错愕。他们始终不懂卢曼怎么会将他们创造的这个概念直接套用在社会学上,而且也不同意卢曼的这个做法。虽然每次卢曼提到这概念,都会归功于马图拉纳与瓦雷纳,但马图拉纳与瓦雷纳每每都对卢曼的恭维感到尴尬无比。卢曼倒也不是完全没有解释。卢曼在 1984 年出版的重要著作《社会系统》开头提出,一般系统理论到了他这本著作出版的时候,经历了几次范式转移。最先是"整体/部分"范式,帕森斯的结构功能论即属于这一类。接下来,"系统/环境"范式取而代之。"系统/环境"范式一开始是一种开放系统思维,亦即认为系统是向环境开放的。到了马图拉纳与瓦雷纳这里,"自我生产的封闭系统"思维成为最新的系统理论范式。所以卢曼宣称他的社会系统理论是基于最新的一般系统理论范式来建立的。但经过上述的讨论之后可以发现,卢曼的这个观点很奇怪,因为自贝塔朗菲提出一般系统理论以来,系统理论并没有[库恩(Thomas Kuhn)意义上的]范式转移,而是在不同的系统层次上面对不同的对象有不同的系统理论研究取向。马图拉纳与瓦雷纳提出的自我生产概念,并不能说是"整个一般系统理论中取代了之前范式的最新前沿范式",而是生物系统理论中的一种尝试。所以卢曼所谓的一般系统理论范式转移,并不符合一般系统理论实际的发展情况,顶多只是他自己的理论推进阶段。

然而一方面,卢曼的修辞方式让人觉得好像他自己提出的社会学理论就是整个一般系统理论界中最新、最前沿的研究似的,这其实有很值得争议的误导性。另一方面,卢曼也还是没有说清楚,为什么"自我生产"概念可以直接套用在社会系统理论上。事实上,细心一点的读者可能会发现,这种情况不只出现在"自我生产"这里。前面提到的"二阶观察"也有一点这种情况。弗斯特提出的二阶控制论,主要强调系统研究者或系统设计者在进行系统研究或设计时必须具备反思性;但卢曼直接将弗斯特的说法拿来用的时候,并没有巨细无遗地论证二阶控制论的概念如何能用于社会理论上,而是直接宣称可以将弗斯特的概念与斯班塞-布朗的观察理论结合在一起,对社会系统进行二阶观察。这样一种缺乏论证而直接套用与宣称的做法,会造成一个结果,就是卢曼的理论很容易令人质疑:在弗斯特那里具有反思意涵的二阶观察概念,到了卢曼这里怎么就直接成了一种超然的旁观概念?又是谁能占据超然的旁观立场?究竟是谁基于何种根据而有资格对社会系统的观察进行观察?是卢曼吗?凭什么?你说你能看到社会系统看不到的东西,你的标准与证据在哪?

卢曼当然遭受过无数次这样的质疑,但他从来没有正面回答过,也从未改变这种风格。他只似是而非地说,如果不同意他卢曼,提问者当然也可以用提问者自己的观察方式,毕竟元素的衔接本来就是偶然与复杂的,提问者的质疑本身正印证了这件事。同时卢曼的写作有一个非常特殊的修辞风格,就是他的讨论不少时候以"我建议"作为开头来提出命题。"我建议"这个修辞非常巧妙,但也很不寻常,因为这会让人感觉卢曼的意思好像是:我没有要提出理由,而是就这样讨论;你觉得我有道理,就来加入我的讨论,如果不接受我的建议,那就另请高明。这一讲开头在介绍卢曼生平时提到,卢曼的著作常有断章取义的霸道宣称,相信读者们现在已经体会到这是什么意思了。

尽管如此,卢曼强大的学术生产能力,以及许多的确因此得出的令人耳目一新的分析结论,还是让他在许多社会科学领域获得了数量庞大的信徒,发挥了巨大的影响力。因此我们就先抱着虚心学习的态度,姑且接受卢曼的建议,顺着卢曼的理论看他又讲出什么东西。现在我们知道,卢曼的理论旨在基于功能结构论取向,对自我生产的社会系统进行二阶观察,以分析社会系统如何化约因元素的衔接偶然性而带来的复杂性问题,维持经由观察与再进入而建立起来的"系统/环境"这组区分。在这个理论研究任务中,现在剩下最后两个部分没有讨论:元素,以及化约复杂性。

(四) 沟通,自我指涉/异己指涉,双重偶然性,象征一般化的沟通媒介,意义

贝塔朗菲在提出一般系统理论时,就指出不同层次的系统有不同的相应元素,亦即不同的系统有不同的基本构成单位。例如物质系统的构成元素可能是原子(或更小的夸克之类的),生物系统的元素是细胞(或是 DNA 之类的)。要讨论不同的系统,要从该系统的基本构成元素出发,去探讨元素之间是如何相互衔接的,以对系统进行分析。不过,有些系统的元素比较明确,例如我们说生物系统的元素是 DNA、文章系统的元素是字,通常不会有太大争议;但有些系统的元素就不那么一目了然,例如社会系统。

自社会学这门学科出现以来,关于社会的基本构成单位是什么,有很多的说法。有的学者说是人,有的说是家庭,也有的认为是群体意识(或曰"知识")。由于社会理论发展历程中,最重要的承先启后者是帕森斯,而帕森斯主要继承了韦伯的观点,将"(社会)行动"视为社会的元素,因此将行动视为社会系统的元素的说法很有影响力。虽然学界普遍同意,单单只是一个人的所作所为(例如还没有星期五陪伴的鲁滨逊的荒岛生活)并不足以构成社会,但依然有无数学者前仆后继地将社会行动视为社会的基本构成元素以发展自己的社会理论。

以帕森斯为出发点的卢曼,最初也是以帕森斯为榜样,将社会行动视为社会系统的元素。然而卢曼打从一开始就对帕森斯和自己的这种做法感到怀疑。因为行动总是一个行动者自己的行动,而且说穿了就是人的行动,但单一个人的所作所为并无法构成社会,甚至人本身应是社会的环境,而非社会的构成部分。所以卢曼早期在这方面的讨论非常模糊,甚至有点混乱。

最明显的其中一个例子,表现在他于 1975 年发表的一篇论文《互动,组织,社会:系统理论的各种应用》。[3] 文章开头,卢曼说"社会系统"意指若干人的行动有意义地交织在一起,并且交织起来的网络能与其所不隶属的环

境相区隔开来。显然他在这里延续着韦伯和帕森斯的说法，将行动视为社会系统的元素。但下一句却说：一旦人们进行了沟通，社会系统便形成了。之所以谈到沟通，是因为卢曼同时又认为单有行动是不够的，而是唯有人与人之间具有联结，才能形成社会，而人际联结的最基本形态是沟通。在如此举棋不定的情况下，卢曼认为社会系统可分为三个层次：互动、组织、社会。互动系统源于数位在场者彼此知觉到对方，例如家庭成员齐聚一堂吃午餐。组织系统意指各成员有条件地关联在一起，加入和退出都有门槛。但互动系统和组织系统都不是卢曼感兴趣的重点，对他来说社会学真正的研究对象是社会。而社会，卢曼则宣称是一种由相互联系的沟通的行动所构成的最全面的社会系统。在其他同一时期发表的文章中，卢曼则干脆把沟通与行动视为同一回事，指出社会或社会系统的构成元素是"沟通行动"。但卢曼的这些讨论非常勉强，因为卢曼从学术生涯一开始，就提出了功能结构论，指出现代功能分化的社会系统的形成在于问题的解决构筑出"系统／环境"这组区分；可是于此他却将互动和组织也称为社会系统。这使得他的理论出现了断裂，因为他关于互动系统与组织系统的说法，和他的功能结构论搭不在一起。意思是，按照卢曼自己的定义，互动系统是人类知觉交织在一起而产生边界，组织系统也是经由人类群体设定进出门槛而产生边界，这两种都并非以功能（解决问题）来与环境区隔开来；如此一来卢曼怎么会说互动和组织是社会系统呢？事实上，社会系统的元素问题，是卢曼整个理论建立工作中极少数让卢曼相当摇摆不定、多次进行各种尝试与调整的环节。

不过这种混乱的情况，从 1984 年的《社会系统》开始，宣告尘埃落定。《社会系统》里虽然再次提到了互动、组织、社会作为社会系统的三个层次，但这个说服力还有待加强的分类只存在于一个图中，而卢曼对这个图几乎没有任何解释。卢曼只是摆出这个图，随后将所有讨论重点放在一个与此图无关的命题上：社会学的研究对象应是如政治、经济，甚至是"社会"这样的功能分化的社会系统；而社会系统的元素、基本构成单位，是**沟通**。

● 《社会系统》开头关于系统分析层次的图，但卢曼对此没有什么解说，甚至没有为这个图给出标题。
来源：Luhmann, Niklas 1984, *Soziale Systeme. Grundriß einer allgemeinen Theorie*. Frankfurt am Main: Suhrkamp, p.16。[4]

　　"沟通"这个概念很早就出现在卢曼的理论中了，只是那时卢曼一直都将沟通当作一种行动，而行动理论却一直让他的理论建立工作吃尽苦头。但1984年后，卢曼想开了，决定抛弃行动理论。这不是说"行动"这个概念不重要，但卢曼体会到，这个概念在社会学中的重要性是被不断论证出来的，而不是先天必然如此（很多社会学家认为"家庭"比"行动"更具有本质的重要性，就连卢曼自己也很怀疑行动的本质重要性）。用卢曼的话来说：行动是在沟通中被归因（Zurechnung）出来的。所以卢曼认为，若我们从二阶观察的角度来看，我们就会发现沟通比行动更根本。重点往往不是什么人实际上做了什么，而是这个"什么"被如何诠释（**在沟通中如何归因**）。有些事情在沟通的归因过程中，会逐渐以同一种模式进行区分，并且这种区分会促使这些事情肯定引发一连串相关的模式以进行讨论。

　　例如某人在商店趁店员不注意的时候，将商品藏在外套里，不经付钱就将之夹带出店。这种事可能会在沟通中被归为"偷窃"，与"购买"区分开来。然后在现代社会，"偷窃"逐渐会被当作一个犯法的问题，以法律模式来讨论。而且只要发生偷窃，就会肯定用法律模式来讨论（而不是这次用王权模式来讨论、下次用阶级模式来讨论）。之所以说归结成"犯法"的法律讨论是一种具有模式性质的讨论，是因为一旦讲到"犯法"，接下来就几乎不可能会提到"好吃""美丽"，而是几乎只可能固定提到例如"检调""判决""执法"等一系列沟通。对于犯法的沟通,会不断重新产生出对于犯法的沟通。并且,"偷窃"这个犯法问题,在经过"检调""判决""执法"等一系列沟通之后,就会当作被解决了。这种讨论并解决犯法的模式,最终便形成了法律系统。

从这个例子可以发现,观察(亦即做出区分)、功能分化,甚至是自我生产,都是经由沟通而形成的。在《社会系统》中经过这样的讨论后,卢曼认为,沟通才是社会系统的元素。可以说,在1984年的《社会系统》中,卢曼终于将他的系统理论的最后一个环节安置下来了。自此,卢曼的社会系统理论可以总结成一个命题:**社会系统即是由沟通构成的自我生产的系统**。不过,这也让卢曼必须进一步讲清,"沟通"究竟意味着什么。

对于沟通,卢曼有一套很不寻常,甚至很难令人接受,但读者可能现在已经不怎么惊讶的解说。卢曼的基本论点是:构成沟通的不是人,不是人在沟通,而是**只有沟通能沟通**。讨论偷窃时提到的"对于犯法的沟通,会不断重新产生出对于犯法的沟通"就是典型的例子。就像"观察"一样,沟通的重点不是你、我或某个具体的谁在沟通,而是有"对于犯法的沟通"出现了。至于具体在沟通的是谁并不重要,因为不管是谁,在进行"对于犯法的沟通"时,都只能按照法律系统的沟通逻辑来沟通。

同时,沟通不涉及意见的交流,也不涉及共识或相互理解。卢曼建议可以这么定义:**沟通乃由三个环节所构成的运作**。这三个环节是:**信息、告知、理解**。当有一方选择了某个信息,选择了以某个方式告知,另一方选择将这个信息的告知接受下来,亦即认为自己理解了,然后再次告知某信息,那么沟通就形成了。再次强调,这两方是"谁"不重要,重点是这两方之间产生了信息、告知、理解。而且理解也只涉及这一方或那一方是否选择将此信息的告知接受下来,至于这两方是否真的完全洞悉或同意对方的意识与意图,完全不重要。

当沟通被定义为信息、告知、理解这三个选择环节的组合时,就意味着沟通就是在做出区分(因为沟通就是在进行选择,而选择会做出区分),就是在观察。当然,不是任何观察、任何沟通,都会构成社会系统。能构成社会系统的观察,必须能在沟通中稳定持续将某类事情划分进属于这个社会系统的范畴,并将不属于这个系统的事给排除掉。划分进系统之内的沟通,被卢曼称为"**自我指涉**",同时发生的排除至系统外,则是"**异己指涉**"。"系统/环境"这组区别,即是由沟通中的"自我指涉/异己指涉"这组运作构成的。卢曼进一步宣称,每个社会系统的沟通中,都会有一套相应于"自我指涉/异己指涉"的**二元符码**,并通过二元符码让整个社会系统的沟通得以形成一套自己的"纲领"(Programm)。例如法律系统的沟通,乃基于"法/不法"的二元符码,形成一整套司法纲领。

不过,既然沟通是双方在选择,那么沟通是否会再自我生产出沟通,其实是一个大问题。因为沟通的两方,在信息、告知、理解的选择上,都不必然(虽然也不是不可能)会与对方的沟通相关联。如果读者们还记得的话,这种"既非必然,但也不是不可能"的情况,被卢曼定义为"偶然性"。而"沟通"的偶然性更是在沟通双方那里都出现了。因此卢曼说,社会系统的复杂性,正是来自沟通所蕴含的**双重偶然性**。所以,照理来说,沟通的出现其实是一件几乎没有可能的(unwahrscheinlich)事。而如果——读者们可以再温习一下前面的讨论——社会系统的分出,就在于它能够化约复杂性,那么这就意味着系统有一些能够降低双重偶然性的机制,让沟通得以可能。这当中,有一种机制是卢曼特别花了很多心力探讨的:媒介。

卢曼对于媒介的讨论比较多样化。有时候他像寻常的传播理论那样,将书籍、广播等称为"传散媒介"。有时候以极为抽象难懂的系统理论风格,将"媒介"定义为"元素的松散耦合"(例如当各个符号相互彼此具有关联时,这些符号就可以成为一套文字,即可以传递意涵的文字媒介),与作为"元素的紧密耦合"的"形式"相对(例如当文字符号有序地紧密联结在一起,就成为传递了意涵的文章形式)。但直接与他的社会系统理论最相关的,因此也最重要的,则是与上述媒介概念都非常不一样,也极为不寻常的**象征一般化的沟通媒介**(symbolisch generalisierte Kommunikationsmedien)。

"象征一般化的沟通媒介"这个冗长的概念是帕森斯原创的,不过被卢曼继承下来,并且其意涵被卢曼调整成更符合卢曼式的社会系统理论。这种媒介指的是沟通当中的一些事物,这些事物具有缩限沟通的选择范围的性质,因此可以降低双重偶然性、化约复杂性。最典型的例子,就是"钱"。任何沟通只要牵涉钱,就很容易会导向价格、支付、消费等范畴,很容易进入经济系统的沟通,而不太会进入亲密关系的范畴,或是不太会进入政治系统或法律系统。所以才会有俗话说"谈钱伤感情",或是被政治系统或法律系统用"贿赂"作为异己指涉排除在之外。或是当一谈到"爱情"时,沟通很容易就会转向亲密关系范畴。卢曼认为属于"象征一般化的沟通媒介"的,还有权力(导向政治系统)、真理(导向科学系统),甚至是孩子(导向教育系统),等等。

不过,虽然"象征一般化的沟通媒介"是卢曼很重视的概念,甚至直到他生前最后一本,亦是集大成的著作,1998年出版的《社会的社会》,还花了近百页的篇幅仔细说明这个概念;但在很多更具体的讨论中,卢曼对此概念的说法其实相对不严谨。姑且不论"爱、金钱、权力等,是基于什么标准而被界定为象征一般化的沟通媒介的"这个问题(之所以"姑且不论",是因为虽然这应该是个问题,但也许卢曼可以回一句"我建议",那谁也没辙),我们至少可以质疑:所有社会系统都有这种媒介吗?虽然卢曼将此媒介视为化约复杂性、让沟通得以可能的重要机制,但卢曼在具体专门探讨法律系统或大众传播系统的时候,并没有从中找出专门相应的象征一般化的沟通媒介,我们也不容易想见有什么事可以让沟通强烈导向大众传播系统。或者我们也可以问:一个社会系统只会有一个象征一般化的沟通媒介吗?有象征一般化的沟通媒介就一定会让沟通形成一个功能分化的社会系统吗?这些显而易见的问题卢曼不知是没有想到,还是刻意避而不谈,总之他从未讨论。虽然卢曼的讨论不少时候令人感到很随意,然而关于象征一般化的沟通媒介的讨论,即便的确很有启发性,但真的过于随意了。

随意之处还不只此;关于"意义",卢曼的讨论也有同样的情况。在讨论沟通时,卢曼强调,除了沟通的选择可能性过于复杂而产生的双重偶然性是个问题之外,沟通本身的可衔接性也是个问题。用通俗的话来说,就是有些沟通很难让人接话。若沟通要能衔接下去,那么沟通就还需要具备一种性质,即"意义"。社会学对于意义的讨论并不少见,最经典的莫过于韦伯。韦伯认为社会学的研究主旨就是对社会行动的意义通过理解来进行解释。在韦伯那里,行动意指有"意义"的行为,"意义"意指主观意图。当主观意图牵涉他人时,行动就成为"社会行动"。但在卢曼这里,意义当然不牵涉行动、主观意图等方面。**"意义"在卢曼这里,意指沟通的可衔接性**。用通俗的话来说,有意义的沟通,意指让人可以接话的沟通。但是有哪些情况能让沟通更好接话、让沟通能有衔接性呢?卢曼建议,**意义可以区分出三个面向:时间面向、事物面向、社会面向**。"时间面向"涉及"何时"之类的问题,"事物面向"涉及"什么"之类的问题,"社会面向"涉及"谁"之类的问题。这些问题都可以让沟通更好接话。

卢曼在学术生涯早期,就提出了沟通意义的这三种面向。然而他从未交代这三个面向是基于何种根据来分类的。直到晚年,卢曼在一次课堂上才坦言,他这三个意义面向的提出并没有任何根据,只是觉得这么讨论比较顺畅。他也曾被建议应加入"空间面向",他也觉得很有道理,但又觉得"事物面向"其实好像就已经触及空间问题了,所以最后依然没有加入空间面向。他承认,任何人想要的话其实都可以增减他所认为的沟通意义面向的数量与类型。但这种学术研究的做法,无疑不是没有争议的。

四、本讲小结

在提出(或宣称援用与继承)了许多非常抽象的理论概念之后,卢曼的社会系统理论可以总结为一套说法:现代社会,通过功能分化,分出了许多社会系统。社会系统是一种由沟通所构成,通过"自我指涉/异己指涉"的观察,借助象征一般化的沟通媒介降低双重偶然性、化约复杂性,形成"系统/环境"这组区分,而不断进行自我生产的系统。社会学家则需要通过二阶观察来分析各种社会系统实际上是如何运作的。在1984年的《社会系统》中确立这一套理论后,卢曼便在接下来的学术生涯,不断套用这个理论对各种社会系统——如政治、经济、法律、教育等——进行分析,研究结果就是《社会的政治》《社会的经济》《社会的法律》等著作。

不过,卢曼的这些社会系统个别研究,有一种很多人难以接受的风格,就是他不是先通过对这些社会系统进行分析,然后才慢慢论证出社会系统的运作模式;而是先直接宣称社会系统就是有《社会系统》中提出的这种运作模式,然后将他所要分析的社会领域中常见的概念一个个转换成他的系统理论的术语。例如谈到经济,他开头直接宣称经济系统是一种由沟通所构成的自我生产的系统,然后接着开始进行"钱就是一般化的象征沟通媒介","支付/不支付"就是形成"系统/环境"的"自我指涉/异己指涉"二元符码等一系列宣称。之所以这种风格很难让人接受,是因为他总是先直接宣称各个社会领域就是卢曼意义下的社会系统,仿佛是先射箭、再画靶,让人有强烈的"结论先行"的感觉。虽然的确有一些社会领域很契合他的理论,所以他的理论与分析大受欢迎,例如法律领域;但也有不少社会领域并不是那么契合,但卢曼还是硬套他的理论,结果就是受到强烈抨击,例如大众传播。我们其实可以合理质疑,虽然卢曼声称他的社会系统理论是一个无所不包的超级理论,但是不是有些社会领域就真的不是自我生产的社会系统,他的理论就真的并不适用呢?他的"建议"有时遭遇批评,是不是有时候并不单纯是因为观察方式不同带来的偶然性问题,而是因为就真的没有道理呢?

此外,卢曼强调,因为现代社会是一个功能分化的社会,亦即现代社会中各个社会系统都是由沟通所构成的自我生产的系统,因此每个社会系统只会以自己的方式解决自己的问题,而且问题的解决与否也是依该系统自己的标准而定的。人世间没有什么普遍道德与共识可言,有的只有各社会系统将自身与环境区别开来的运作。当然,卢曼承认,系统也不能真的完全将环境的激扰置之不理。有一些社会系统彼此之间有较大的相互影响力(卢曼将此称作系统之间的**结构耦合**),促使系统对环境进行回应。例如教育内容常常必须配合国家政策,亦即教育系统与政治系统之间具有结构耦合。但在真正的现代社会中,就算系统必须回应环境,也还是只会用自己的方式来回应。教育系统终究只会调整自身的教材、教学评价体系，不会参与施政；政治系统终究也只会调整自己的政策方针，不会去管学校怎么教书。读者在此应该已经可以理解，为什么本讲开头会说卢曼的社会学理论是一套去道德化的说法了，而这种说法当然不是很容易被接受的，也因此广受批评。

所以卢曼的系统理论是一种很悲观的理论吗？也不是，因为"悲观／乐观"只是一种道德判断下的产物，但卢曼的系统理论无关道德，它就只是一套客观地（或是用更卢曼一点的说法来说：基于二阶观察）对社会运作进行解释的理论。它究竟是很有启发性地客观揭示了社会运作的真相，还是一种对改善社会生活毫无责任感，仅是披上学术外衣的话术，这完全见仁见智。不过面对卢曼的系统理论时的"见仁见智"常有个问题，就是由于卢曼的作品太多了，内容又太复杂难懂了，不感兴趣的人不太会有精力真的研读、弄懂卢曼在说什么，因此对卢曼的批评很难到位；对卢曼感兴趣的人，又很容易因为卢曼特殊的修辞与论证风格，因此一头栽进他的理论世界，变成盲目的信徒，觉得卢曼所说的一切都是对的，或一定有他的理由与道理，我们一般凡人能从他的神谕中找到一些没处理到的空缺来讲出一点自己的东西就很了不起了，若敢质疑他，那是没读懂卢曼著作的外行人触犯天条的罪行。所以，如何恰当地阅读卢曼的社会系统理论的相关文献，是很重要的。对于这些文献有兴趣，甚至想钻研的读者，我们建议（我们的这个"建议"是很诚心的建议）分三部分以三阶段来阅读。

首先是通过导论性质的文献来大致把握卢曼的理论脉络。关于卢曼的生平介绍，而且是带有学理性的专门介绍，我们推荐：

● 汤志杰：《理论作为生命——悼念德国社会学家尼可拉斯·卢曼》，载《当代》1998 年第 136 期，第 8—19 页。

另外，有一本长久以来相当知名的导论著作，有中译本，是可以参考的二手文献：

- George Kneer、Armin Nassehi：《卢曼社会系统理论导引》，鲁贵显译，巨流出版社 1998 年版。

不过这本书比较旧了（原书出版于 1993 年），没能囊括卢曼晚期的理论发展。而且两位作者对卢曼过于推崇，不少说法有失偏颇。不过有趣的是，其实有一本出自卢曼本人的导论著作，不但出版年份比这本二手文献还新，而且内容也更好懂，甚至更公允些，因此更值得推荐：

- Luhmann, Niklas 2013, *Introduction to Systems Theory*. Cambridge：Polity Press.

这本书是卢曼在 1991—1992 年间开设的"系统理论导论"课程录音文字稿，由卢曼的开门弟子贝克尔（Dirk Becker）在卢曼过世后整理，于 2002 年出版。除了此书因为原是上课的口头讲述，因此相对好读之外，卢曼有时候也会提到他自己是如何进行理论思考的，甚至会坦承不足之处。我们前面提到"沟通意义的三个面向的区分其实没有根据"的说法，就出自这本书。完整的课程录音，互联网上也可寻得，懂德语的读者可以自行上网寻找，亲耳听卢曼讲课。

有了基本概念之后，就可以直接阅读卢曼的著作了。首先必须阅读的，就是鼎鼎大名的《社会系统》：

- Niklas Luhmann：《社会系统：一个一般理论的大纲》，鲁贵显、汤志杰译，暖暖出版社 2021 年版。

由于前述的卢曼写作风格，因此如果对卢曼的整个社会系统理论没有概念，就贸然阅读他的其他分析性的著作的话，很容易一知半解，甚至一头雾水。要理解卢曼的理论，必须从这本书开始。

读了这本书，读者就可了解卢曼的整个社会系统理论的梗概了。掌握上述文献后,接下来读者就可以根据自己的兴趣,挑选卢曼的各种"社会的……"或其余著作来阅读。当中很多(例如关于爱情的、经济的、宗教的,以及尤其是关于法律的)著作都有中译本,我们就不一一介绍了。虽然译文质量可能参差不齐,但若对卢曼的理论有扎实的掌握,这些中译本多少也还是可以参考的。最后,如果想进行终极挑战,完整了解系统理论最后集大成的成果,那么当然就要瞄准这本著作了:

● 卢曼:《社会的社会》,泮伟江译,商务印书馆 2025 年版。

这本书的译者泮伟江写了一篇相当漂亮的长篇译者导读,相当值得读者好好细读享受。不过这篇译者导读也提到,在中国,社会学界对卢曼的认识大致上处于冷淡与外行的状态,使得别的学科想认识卢曼往往得仰赖法学学人的努力。这非常值得中国社会学界自我警惕。当然中国社会学界不是完全没有研究卢曼理论的文献。其中有两篇文献特别有趣。一篇是郑作彧批判性地检视卢曼的风险理论,而另一篇吕付华的文章却为卢曼辩护,批评郑作彧的文章对卢曼的指责并不公允。这样的学界辩论很值得推荐各位读者吃瓜:

● 郑作彧、吴晓光:《卢曼的风险理论及其风险》,载《吉林大学社会科学学报》2021 年第 6 期,第 84—94 页。
● 吕付华:《风险的二阶观察及其限制——卢曼风险社会学理论探析》,载《社会学研究》2023 年第 5 期,第 203—225 页。

不过,为了避免读者们进一步了解卢曼的系统理论后如同不少卢曼爱好者那样沦落为盲目的卢曼信徒,因此最后我们补充推荐一篇很有水准的批判卢曼的文章,让读者能在吸收卢曼思想的同时清醒地认识到其不足之处:

● 万毓泽:《让卢曼的系统理论(重新)成为问题:一个本黑式的视角》,载《社会理论学报》2009 年第 1 期,第 147—194 页。

注释

[1] 这里我们补充一个比较深入一点的解说。"功能分化"与"分出"等概念,平心而论,常常很容易让人产生误解。因为早在涂尔干、帕森斯那里,就已经有"功能分化"或"分出"等概念了。在他们那里,"功能分化"或"分出"是"某个社会子系统从一个社会母系统分化出来以专门负责某个被安排好的特定功能"的意思。但卢曼使用这两个概念时完全不是这样的意思。当他说"功能分化"(或"分出")时,指的是"某种功能运作的方式产生了能与环境分化开来的社会系统"。再次强调,卢曼的整套理论完全没有"整体/部分"的想法,而是只有"系统/环境"的逻辑。

[2] 这里补充一点。"自我生产"(Autopoiesis)国内的法学界基本上都译为"自创生"。但一方面,卢曼曾清楚明确地定义过,Autopoiesis 是"自我生产"或"自我再生产"的意思。另一方面,这个词既没有"创"这种"无中生有"的意思,且"自创生"这个与日常用语很有距离的译法容易让读者产生故弄玄虚之感。所以,至少在社会学界,我们还是倾向按照卢曼的原意译为"自我生产"。但法学界的译法我们当然表示尊重,每个学科都会对自己的专有名词有自身的专业考量,这常常没有对错好坏之分。所以若有法学界的读者对我们这里的翻译方式不表赞同,那就请自行在脑海里将此概念转换成"自创生"即可。

[3] Luhmann, Niklas 1975, "Interaktion, Organisation, Gesellschaft. Anwendungen der Systemtheorie." In Niklas Luhmann (ed.), *Soziologische Aufklärung 2*: *Aufsätze zur Theorie der Gesellschaft*. Opladen: Westdeutscher Verlag, pp.9—20.

[4] 关于互动系统与组织系统,卢曼在生前最后一本集大成的《社会的社会》中,又再次提到。不过该书中对它的讨论篇幅依然很少,除了将所有原本提到"行动"或"知觉"的部分全部替换成"沟通"之外,依然没有太多进一步的发展。

结语　社会理论学习的疑难与回答

　　前面十讲介绍了作为当代社会理论研究共通话语与重要主题的各社会理论，以此作为我们与全球社会理论研究进行对话、合作、竞争的知识基础。我们详细呈现了：美国的分析社会学如何以机制解释来解决社会科学研究的宏观/微观解释难题，博拉德和哈曼如何开展出研究物—人关系的新唯物主义理论；英国的亚彻如何基于批判实在论发展出与吉登斯的结构化理论平起平坐的社会形态衍生理论；在布迪厄之后，法国的博尔东斯基、拉依赫、拉图尔如何开展出了"后布迪厄时代"的社会理论，在法国留学的布拉伊多蒂如何继承后结构主义思想发展出后人类主义理论；在德国，哈贝马斯弟子霍耐特和徒孙罗萨如何推进批判理论（同时我们还在最后一讲顺便补充了一下卢曼的系统理论）；加拿大的史密斯和澳大利亚的康奈尔如何基于性别研究开展出了从"非主流欧美国家"推进到"欧美主流国家"的社会理论。这样一本著作未来可能会过时，我们甚至期待它未来会过时。如果一本教材不会过时，如果二十年后的学生还在以二十年前的教材为圭臬，就表示学界的发展是停滞的，那会是社会理论的莫大悲哀。然而尽管如此，我们也相信本书至少是当今世代的学人所需要的。经过十讲的介绍，读者们应该可以看到当代社会理论到了 2025 年之时，已有一幅成体系的新景观，这个景观与 2005 年之前流行的以三分结构（古典、近代、当代）书写的教科书所呈现的图景相比，既有继承，但也有显著推进与差异。

　　虽然本书已通过不算单薄的篇幅介绍了一个应算丰富的当代前沿社会理论景观，但这只是一个阶段性的成果，还有很多任务我们这里尚未解决。除了很多非常重要、值得专门介绍的社会理论，本书因各种原因无法顾及与介绍而难免成为遗珠之憾之外,还有一个我们其实已经意识到,但没有回答且觉得有些难以回答的问题,即本书所介绍的整幅社会理论图景的"外部背景"。

第一讲一开始便提到,任何社会理论不只在知识内容方面,与过往的和同时代的理论有传承与对话关系(即社会理论的"内部背景"),而且任何学者之所以会发展出一套原创的社会理论,也必然是为了想回应这位理论家自身所处的社会情境,这种社会情境即我们所谓的"外部背景"。第一讲介绍社会理论在 2005 年之前的发展背景时,尤其将焦点放在理论的外部背景上,因此我们强调了美国因二战获得了巨大的国际利益与冷战下的社会情境等历史事件,还谈到了法国红色五月风暴以此铺陈了社会理论在各区域的发展情境。但从第二讲开始,我们的整个视角就转进了理论的"内部背景",仅介绍各个理论之间的内在知识关联,至于外部的社会历史情境几乎没有太多着墨。

之所以如此,很大的一个原因是社会理论的外部背景很多时候必须事后才能进行反思与追溯,当下身在其中的人不太可能直接意识到自己处于什么样的历史进程中。例如 1931 年九一八事变或 1939 年波兰战役发生之时,当时的人们几乎不可能直接意识到并指出这是"第二次世界大战的开端"。1968 年一月法国巴黎的大学生开始走上街头时,当时的人们也几乎不可能直接意识到这是一场大规模的社会运动。而本书介绍的大多数理论仍在发展中,与我们身处同一个时代、尚未盖棺论定,正在当下的我们很难自称自己面对的是什么样的一种社会历史背景。

而且社会理论的重要性基本上是作者和读者一起建立起来的。韦伯和涂尔干的地位若没有后来的帕森斯与吉登斯是不可想象的;舍勒、曼海姆与舒茨若没有后来的伯格与卢克曼,很有可能早被世人遗忘。这也意味着社会理论的外部背景还不只是该理论家当下所处情境,而是也包括了后世读者的继承与开展。所以本书所介绍的理论的外部背景我们没办法回答,除了因为我们正处于当下之外,也因为这个问题需要由正在读这本书的各位读者来回答:各位读者是为了什么而读这本书? 你们遭遇了什么问题? 你们如何基于本书介绍的各种理论来回应你们的问题? 没有各位读者对于本书的学习与研究的成果,当代前沿社会理论的外部背景可能是无法探讨的。

不过,要回答这些问题,前提是读者对本书所介绍的理论已有良好的吸收。但根据我们多年来的教学经验,国内许多学人在学习社会理论时,就算文本的阅读没有太大的理解障碍,心中也常常仍有很多无法从单纯的介绍知识的文本中获得解答的问题,而这些问题的重要性往往不亚于知识内容本身。除了介绍知识内容之外,本书若还能针对学习问题多提供一些建议参考,也许能给予读者更完整的体验。在此聊聊我们常会遇到的一些社会理论学习问题。

一、社会理论的阅读与学习问题

首先第一大类的常见问题是关于社会理论文本的阅读与学习问题。具体的问题包括:

- 要学好社会理论,是不是得先具备哲学知识基础呢?
- 社会理论的学习,是否必须具备思想史知识?
- 阅读理论文献,常常感觉自己没有办法真的把每一句都读懂,整份文献读完之后感觉模模糊糊,理解不清楚。如果放着不管,仅抓个大致上的理解,总感觉自己学习不扎实,也很担心自己是不是因此没有抓到文章的重点;如果要每句都弄懂,又觉得延伸文献找不完、读不完,而且对延伸文献反而常常越读越不懂。怎么办?

这些问题反映出,很多学人在阅读社会理论文本(不论是教材还是原典)时会陷入一种矛盾情结:一方面总觉得自己的知识基础不够扎实,以至于学习社会理论时似乎有看不到尽头的"前期基础文献"的阅读;另一方面现代人必须于有限的时间内做出研究成果(不论是学生面临毕业时限而必须赶紧写出毕业论文,考研或申博者必须赶紧准备好应考能力,还是青年学者们面对"非升即走"的压力时必须赶紧撰写与发表期刊论文)的情况下,又希望能有效率地把握住理论的"重点"好拿来用。这种矛盾情结使得人们常觉得社会理论"学得很绝望、用得很心虚"。

在"读不完"这方面,之所以很多人有这样的困扰,是因为很多社会理论总会涉及其他理论,尤其涉及很多哲学的术语或流派知识。人们在阅读理论文本时总觉得好像没有弄懂这些哲学知识,文本阅读过程出现了一些空缺,若没有填满这些空缺,似乎等于没有真正读懂理论,就像一幅拼图若丢失了几块便永远都是不完整的。但是欧陆哲学的每一本文献都是超级大部头,厚度堪比武器,内容又极为抽象难懂,这种绵延不绝的天书让并非哲学专业,而且实际上也只是想弄懂社会理论而不是真的要学哲学的人感到绝望。

我们的想法是,首先,**社会理论不是哲学,不是非得将哲学都学过了才能学好**。其次,若对与社会理论有关的哲学知识有较多了解,当然可以把社会理论读得更懂;但应增加的知识不是只有哲学,而是法学、政治学、经济学等学科知识都值得加强。哲学相关的文献,如果是在社会理论家的著作之中成为直接对话的对象时,没有读过或读不懂它们,或许可能会有碍于理解社会理论,但这并不是必然的。这个视角也可以适用于当理论家们提到法学、政治学、经济学等其他学科知识时的情况。这种加强永无止境,学海无涯,文献阅读也因此永远没有饱和的时候。理论学习不可能一步登天,学界同仁不用想着读了一本书或几本书就可以完全弄懂理论,因为任何理论都没有能完全弄懂的一天。

当然,想必读者们不会觉得这样的说法充分回答了问题;我们再多解释一点。先来回答一个问题:社会理论的阅读或学习应是一种什么样的过程?

姑且不论诸如刻意晦涩的文笔风格、不尽如人意的翻译等语言上的问题,社会理论——至少从社会学的立场来看——与哲学常常在一个要点上是不同的:哲学往往更重视经典文本的考据与诠释,更仰赖纯粹逻辑上的论证;但社会理论往往更强调其论点来自经验现实,并以对经验现实的呼应为宗旨。

相关例子不胜枚举。早一点的，像韦伯虽然深受新康德主义者李凯尔特（Heinrich Rickert, 1863—1936）的影响，韦伯的著作也充满了新康德主义哲学的用词（例如"价值关联"），但韦伯的理论都主要还是基于具体的经验研究结果或历史文本来发展的，其宗旨是为社会政策作学术贡献。连李凯尔特都直言韦伯就是一位社会政策学家，不是哲学家；其研究也是社会政策研究，不是哲学研究。涂尔干最重要的一些著作，像是他关于自杀与宗教的研究，明显主要诉诸经验现实，而非哲学文献。

现代一点的，例如布迪厄在其实践理论中提出了各种资本（像是社会资本、内化形式的文化资本等）概念。虽然他会就"资本"这个词进行一些文献回顾，所以多多少少会诉诸上例如马克思的著作等文本，但实际上的理论内容布迪厄并不是通过对马克思文本的考据，并基于逻辑推论出来的，而是从大量的经验研究结果（例如对美术馆参观活动的研究、对摄影活动的分析）中提炼出来的。加芬克尔（Harold Garfinkel, 1917—2011）的常人方法论虽然以现象学为基础，但它本质上与各种会话分析和破坏性实验等经验研究是分不开的。

或是本书介绍的亚彻的形态衍生理论相当仰赖她早期对教育体系的经验研究；罗萨的共鸣理论仰赖许多认知心理学研究（例如他相当重视的"自我效能感"概念），其对"提升逻辑"与"扩大对世界的作用范围"的批判也以经济学研究作为基础；拉图尔的行动者网络理论也同样可以追溯到他在索尔克生物研究所进行的人类学研究，以及关于巴斯德的历史研究。

由于社会理论的初衷与宗旨皆是经验现实，亦即所有人在日常生活中都可以体验到或听说过的具体事实，因此一般来说我们在没有哲学知识的情况下应该都能读懂这些文献中关于经验现实的探讨部分。不理解李凯尔特的新康德主义哲学或基督新教的宗教哲学的内容，也可以看懂韦伯关于新教伦理与资本主义精神之间的关联的分析；不需要知道苏格兰启蒙学派在说什么，也应该可以看懂涂尔干对社会分工的分析；就算不了解科学知识社会学，也应该能知道拉图尔在生物实验室里发现了什么；不了解泰勒的社群主义哲学和霍耐特的承认理论,不了解梅洛-庞蒂的现象学与普雷斯纳的哲学人类学,应该也无碍于弄懂罗萨的加速理论或共鸣理论所批判的"现代人越来越感觉得不到社会的回应、感觉被社会抛弃"指的是什么。

社会理论的重点是来自经验现实、回应经验现实,因此只要把握住所读的理论对应什么样的现实情况,我们其实就已经掌握住该理论的基本核心主旨了。例如拉图尔的行动者网络理论,只要知道他想讲的是我们在做任何经验研究时除了人之外也应把"物"当作行动者,因而进一步把物当作研究对象,就已经可以以此提出我们自己的问题与做出我们自己的研究了。

当然,如果我们除了知道拉图尔在生物研究室的人类学研究和他关于巴斯德的历史翻案研究之外,也知道在拉图尔的研究之前或之外,科学知识社会学与 STS 在讲什么,那么我们对行动者网络理论的来龙去脉就会更清楚,体会也更深刻。如果我们不仅知道科学知识社会学在说什么,而是又了解默顿的科学社会学研究与库恩关于"范式"的说法如何作为科学知识社会学和 STS 得以兴起的基础,那么我们对行动者网络理论的认识会更清晰,知识地图会再扩大,我们在做研究时能从自己脑袋里挖掘的知识库就会更丰富,也许因此能提出更不一样的,或更大、更复杂的研究问题。

这样一种社会理论的阅读与学习过程,不是"填满拼图",而是"扩大地图"。我们认为,阅读与学习社会理论,像在黑暗中探索一幅无边无际的知识地图。我们每读一篇文献,就是在黑暗中投射出一束照在知识地图上的光。一开始这束光可能尚微弱,只能在地图上照亮一小块区域,而且可能这块区域还不够清晰。但我们已经可以因为这束光而看到一小片风景了,在这一小块区域里进行感受、思考我们自己的问题。我们多读了一本书,例如原先只是读了本书第七讲关于拉图尔的介绍,后来又阅读了拉图尔的《实验室生活》,那么投射在某个地图区域上的光束就会更强、更亮,这个区域就可以看得更清晰,同时这个区域周边原先漆黑的部分也会随之被照亮了一些,我们在这个区域里感受与思考的深度与广度也会提升。如果读了本书第四讲介绍博尔东斯基的部分,就会在地图的另一个地方投射光束,看到另外一片区域。等后来读得越来越多,地图上照亮博尔东斯基的区域和照亮拉图尔的区域,也许就可以连起来,我们的眼界无疑也变得更开阔。

所以,我们面对理论文本时,虽然要一句句认真阅读,但不用因此追求每一句都完全弄懂,而是可以尝试把握住自己读得懂的部分,先求大概的理解,对整体有一定程度上的把握。不懂的地方可以另找资料;如果在找资料过程中发现更多问题,至少比完全没找资料更懂一些,这无论如何也是一种进展。自己的知识地图在一开始的阅读过程中只有狭隘模糊的轮廓,这很正常。只要坚持下去,每多读一份文献,这些轮廓就会再清晰一点。虽然清晰程度永无止境,但只要不原地打转,也不完全不求甚解,那么随着时间积累,总是会往前走的。每多读一篇文献,自己就会更进步,这种"有一件事可以让我们花一辈子来追求"的生活,不也是很美好吗?

所以关于社会理论的阅读或学习,相比于"精致阅读,一字一句都完全弄懂,如有必要就无限追溯经典文献"的"追求全面掌控知识"的心态,我们更建议采取"读懂多少算多少,在有所得处多体会、多提问,通过持续的好奇心探索更多的区域"的态度,倡导一种"允许知识的不受掌控,与读懂的内容部分相互共鸣"的心态。理论学习不是要"找到标准答案",而是"追求不断进步"。

二、社会理论的"运用"问题

学习是一辈子的事,这可能很多读者都知道了;但在当今——用罗萨的话来说——深陷提升逻辑的加速社会中,怎么"运用理论"来赶紧完成论文写作,却常常是迫在眉睫,不是"慢慢探索"可以解决的问题。因此很多理论学习者除了在"学习理论"方面有上述疑惑外,在"使用理论"方面也可能会有许多问题,例如:

- 对理论的学习,应到什么样的程度才是饱和、能用于研究呢?做研究时要对理论了解到何种程度呢?

- 如何快速找到理论文本的重点？
- 社会学的理论读起来似懂非懂，在实际运用的时候，应该按照自己的理解转述，还是引用原文？引用原文显得非常生硬，但自己转述又怕理解有偏差。
- 读了很多社会理论，但不知道怎么用在经验研究上，觉得理论的学习和研究的开展是"两张皮"，怎么办？

这类问题乍看之下属于同一个问题，即："理论要怎么用？"但其实它至少牵涉两件事：一是，理论应该读到什么样的程度才够用？这个问题和上述第一个问题是相关的。二是，理论该怎么用于研究，尤其是用于经验研究？

（一）理论应该读到什么样的程度才够用

第一个问题的出现，可能有两个原因。第一个原因与"文人相轻"或某种"鄙视链"给经验研究者或理论研究入门者带来的焦虑有关。意思是，可能有些理论研究者，或是非理论研究者想象中的理论研究者，有"原典至上主义"的态度，并以此贬低、鄙视没有钻研原典的学人。这里所谓的"原典至上主义"意指认为理论的学习应该要去"啃"理论原典著作。例如要学习韦伯的理论，就必须直接去读《新教伦理与资本主义精神》或《经济与社会》；要学习福柯的理论，必须直接去读《词与物》《规训与惩罚》。直接读原典、只读原典才是真正有水准的理论学习方式，读二手文献是不入流的邪门歪道。然而，并不是所有学人都有必要钻研原典，或一时半刻还没有遍读所有原典，于是这些学人就被"原典至上主义"绊住了。

另一个原因是，经验研究者没有必要或没有心力钻研社会理论，但写论文常常还是需要用到理论（不论这种"用"意指"奠定研究切入点"这种实质上的需求，还是仅仅当作"装饰点缀"而已），此时经验研究者如何在"隔行如隔山"的情况下依然能恰如其分地用好理论，便成了困扰。通俗地说，如我是统计定量研究者或从事田野调查研究的，不是专门搞理论的，但我写论文的时候总是需要用到一些理论，而这些理论我只是大概知道，或甚至连知道都称不上,读不懂或没时间精力去读懂那些既抽象又厚重的理论著作,怎么办?

如何看待"理论应该读到什么样的程度才能用"这个问题? 如果要专门从事理论研究,那么当然要读原典、完整充分把握原典,这是基本的专业能力与素养;但"原典至上主义"可能并不是一种理想的态度。二手文献有与原典平起平坐的重要性,理论研究者不应忽略二手文献。**对二手文献与原典的把握不应偏废**。理由是,第一讲开始就强调:如果某社会理论有值得我们重视的重要性,绝对不只是因为这个理论本身有多么好,而是在非常大的程度上也因为学界社群有许多人觉得它很重要,不断谈论它、强调它。或是用在第五讲介绍过的霍耐特的理论来说,一个社会理论的重要性需要有来自学术共同体的"承认"才得以可能。而这种"承认"的其中一种(虽然不是唯一一种)来源即是二手文献的讨论。这也就是说,**一个理论的内容来自原典,但其重要性与重点来自二手文献**。唯有同时掌握这两者,我们才不只知道这个理论在讲什么,而且也知道我们为什么需要知道这个理论在讲什么。

更何况,不少时候,二手诠释者对于某个理论可能掌握得比理论提出者还好,或反而比理论提出者本身的影响力还大。例如将哈贝马斯的理论引介到美国的麦卡锡(Thomas A. McCarthy, 1940—)在梳理了哈贝马斯前期的研究之后,反过来建议哈贝马斯应摆脱哲学的泥沼,从社会学的立场来发展沟通行动理论,哈贝马斯也的确采纳了麦卡锡的建议,才有了后来两大卷的《沟通行动理论》。或是科耶夫(Alexandre Kojève, 1902—1968)的黑格尔研究对法国思想界的影响比黑格尔本人的研究还要大得多;齐泽克(Slavoj Žižek, 1949—)对拉康的诠释,比拉康的著作本身更广受欢迎。这种例子不胜枚举。就算是二手文献,只要讨论得足够深入,它也依然有可能获得经典地位,成为一家之言。

不过,可能也会有"原典至上主义者"认为,用二手文献去看原典,等于戴上二手文献作者的眼镜去看原典,这样会因为有了个"被污染过的视角"而看不到原典的原意,因此仍然反对阅读二手文献。不过我们依然不同意这样的说法。因为,这种说法似乎把所有读过二手文献之后又很上进地找原典来阅读的认真读者都当作笨蛋了。先读二手文献、再去读原典，难道我们不会因此反而可以通过对照二手文献与原典的差异，来自行找到其中值得进一步探讨的事情吗？如果读了二手文献，就尽信二手文献而导致阅读原典时会有个"被污染过的视角"，那么这样"轻易尽信文本"的态度就算无视二手文献而直接阅读原典，也并不必然会真的得到比较多的收获。

总之，我们还是建议读者，应将原典和二手文献同等看待。而"理论的重要性与重点来自二手文献"这件事也意味着，对于不是专门从事社会理论研究的学人来说，一个理论要了解到什么程度才够、这个理论的"重点"是什么，取决于你所处研究领域里的学术共同体成员的期待；而这种期待可以从你所处领域里关于该理论的二手文献得知。例如，如果你所在领域的文献认为拉图尔很重要，而该领域过往二手文献一提到拉图尔都会提到他的行动者网络理论，都会提到《实验室生活》或《我们从未现代过》，那么坦白说你就只需要读这两本书，弄清楚你这个领域人人都会引用的过往权威二手文献是怎么理解行动者网络理论的，或读我们这本教材，也就够了。如果你这个领域里人人都说"转译"这个概念是重点，那么对你来说行动者网络理论的重点就是"转译"，你只需要带着"找到转译概念在众多二手文献中都提到的原典里长什么样子"的目的去读原典便足矣。至于像拉图尔的《存在模式探究》或晚年关于生态、盖娅理论、人类世的讨论，学有余力的话当然可以多读，但若精力有限且志不在此的话，不用勉强自己。毕竟你与你所在领域并没有要做"拉图尔研究"，没有必要把拉图尔的整个社会理论都搞懂，硬要完全搞懂反而本末倒置。更何况，任何一个理论我们都不可能百分之百掌握。所以只要把握你所在领域人人都说该把握的部分，便足够了。

也可能有读者会问：如果过往的二手文献对该理论的理解都是有问题的呢？或是：如果我只从二手文献的说法去理解一个理论，会不会错失了这个理论中非常有潜力与价值，但二手文献都没有注意到的观点或概念呢？如果你会问这样的问题，并且想避免或解决这样的问题，那你就是理论研究者了，而理论研究者照理说不会提出"如何快速抓到理论重点""理论要了解到什么程度才能用"这类问题。既然是**理论研究者**，那就老老实实把理论的原典和二手文献全都踏踏实实地掌握住吧。

（二）理论如何用于经验研究

另一个问题是"理论如何用于经验研究"，尤其是可能很多学人都会有的"理论与经验两张皮"的困扰。这种困扰有很多种表现形式，比较典型的至少有两种。

一是，一方面总是有人会说"西方社会理论不适用于中国社会，套用西方理论来解释中国社会是不可行的"，另一方面许多有志之士力图搭建的中国社会理论来解释中国社会，但这些理论解释好像依然没有真的为经验研究者提供可用的理论材料、解决经验研究的问题。

二是，我们可能学到了很多理论，知道了很多社会理论家怎么解释社会现象；但轮到我必须得做研究、写论文时，这些理论解释并无法帮我把研究做下去。例如，人们在逛一些纪念性的博物馆时常常会特别感动，想研究为什么纪念馆会特别让人感动。然后找到了罗萨的共鸣理论，觉得这个理论可以将这种感动解释为纪念馆中各种展览方式与参观者之间的共鸣。但解释完之后，等于已经套用了一个理论把我感兴趣的现象给解决了，于是不知道自己要怎么提问题、怎么做研究了！又或者我不管三七二十一，先到纪念馆里参与观察和访谈。然后在论文写作上，要么在文献综述的部分塞进了罗萨的共鸣理论，但这个理论和我的研究内容并没有关系，结果是理论和经验真的变成两张皮了。要么我感觉我这研究得有一些理论贡献（虽然到底什么是理论贡献、到底怎么样才能作出理论贡献，也是一个困扰很多学人的问题。我们下一个答疑会来讨论这个问题），所以在论文后半部用了共鸣理论来解释我的研究内容。但这就变成在"套用西方理论解释中国现象"了，好像我做的研究只是在印证罗萨说的的确是对的，那我做这项研究有什么意义与价值呢？

可能有读者读到这些困扰形式时会相当感同身受、心有戚戚焉。但先别激动。只要我们冷静看一下这两个困扰形式，并且对比一下本书尤其是前三讲的内容，应该会发现：这两个困扰形式都反复涉及一个关键词——解释。但本书从一开始一直在强调：社会理论是思想，它的任务乃在于提问，而非解释。所以——至少在中国——之所以会出现"理论如何用于经验研究"的问题，其实常常是因为"人们期待社会理论提供解释"与"社会理论期待人们提出问题"之间的错位造成的。

关于"解释"，第二讲已有详细说明了，此处不再重复。而"社会理论是思想"的意思则是，社会理论是理论家基于自身各方面的感受与体验，出于社会关怀，为人们呈现出的一种独特且重要的看待世界的方式。这种"看待世界的方式"可能会从某方面提供世界运作的原理，并且可能会因此将某些社会现象彰显成值得我们关注与研究的问题。不同的社会理论，有不同的对"更美好的社会生活"的想象，以此为我们提供各种不同的面对社会现象时的提问切入点，或是为实证研究提供具有充分论证基础的自变量。但它本身不对各类社会现象进行因果解释。

然而，不论是受到美式实证主义、自然主义、科学主义、实用主义等思维模式的影响，还是我们从小到大受到的应试教育之故，国人常常不自觉地认为"知识乃用来进行因果解释，并因此能够回答问题"。而社会理论常常被认为非常具有知识性，所以我们很容易觉得"学好社会理论，意指能套用社会理论来解释社会现象"。这具体表现在可能很多读者会在课堂上或试卷上遇到的"试用 A 理论来解释（或理解、分析）B 现象"的问题。但这种问题其实是不恰当的。

不过，我们这里说的是"社会理论不解释"，而不是"所有理论都不解释"。当然也有理论是解释工具。尤其是实证主义社会学在各个社会学子领域中的各种社会学理论，很多即是解释工具。例如伯特（Ronald Burt，1949— ）在组织社会学中提出的"结构洞"（structural holes）理论指出，当社交网络中出现了两方或多方个体或群体缺乏联系的关系空缺——结构洞——时，如果有一方占据了结构洞，能够联结起各方个体或群体（原因），这个占据结构洞的一方就会有被各方依赖而难以被取代的优势（结果）。伯特还提出了各种可以用来测量结构洞规模、中介角色的竞争优势等指标，让组织社会学的成员可以不断用他的理论来对各种具体的组织关系网络进行同一套研究。这就是典型的"社会学子领域中解释性的社会学理论"。

这类解释性的社会学理论可以针对特定的具体现象,给予研究者清楚的研究方针,让研究者可以直接遵循这套模式给出具备实用性的资料。但所谓的"实用"是对谁而言的,这样的研究真的合理吗,它如何让人们有更好的生活,社会现象运作原理到底是什么,我们是不是可以基于另外的立场对同一个现象提出不同类型的研究问题,这些问题就不是这种社会学子领域中解释性的社会学理论能处理的,而是属于社会理论的范畴。

这样一路说明下来,可能读者们会觉得有点抽象,而且心中可能也有疑惑:所以本书说社会理论对经验研究没用吗? 我们做经验研究的,只需要弄懂自己所处领域的解释性的社会学理论就够了吗? 或是,什么叫作"社会理论是用来提问、不是用来解释"的呢?

如第一讲提到的,的确有些地方——例如今天的美国——的社会学群体中非常多的人会觉得社会学只需要各个子领域里各种解释性的社会学理论就够了,一般性的社会理论是没必要,可以淘汰掉的东西。但我们不同意这种观点,因为这会让社会学研究缺乏对研究的意义与价值进行一般性的社会关怀与反思,而沦为各个子领域不断用同一套流程重复进行资料处理(但可能并不知道这么做到底对社会能有什么贡献)的流水线工作,使得理应为社会服务的社会学家成为既被研究经费出资者绑架,又被研究方法绑架的论文生产工具。然而,如果我们不同意这种情况的话,社会理论究竟要怎么用于经验研究呢? 这里举一个具体的例子。

前面提到"把社会理论误当解释工具"的态度,可能会拿罗萨的共鸣理论来解释纪念馆为参观者带来的"感动",然后造成要么自己的研究问题提不出来,要么套用共鸣理论来解释自己的研究结果的问题。但如果是"把社会理论当作用来提问的思想",那么研究的思路就会变成:

> 纪念馆旨在营造一种令人感同身受的感动氛围,以此达到缅怀与追思的宗旨。"感动"可以是一种心理现象,也可以是一种哲学议题。不过,罗萨的共鸣理论(尤其是当中"对角/物质共鸣轴"的部分)指出,

感动可以是人与各种非人的物之间产生的共鸣关系，它涉及人类的持存，并且会随不同的社会条件而异。这套理论一方面提出了"感动"的社会构成原理，为"感动"提供了社会学的意涵。但另一方面这个理论也让我们去追问一个罗萨没有处理的问题：如果纪念馆的"感动"是一种由物和人共同构成的共鸣的话，那么**具体而言**，到底纪念馆的哪些物怎么与人产生了作为共鸣的"感动"呢？[1]

这种思路不是"拿共鸣理论来解释纪念馆的感动现象"，而是"共鸣理论指出了感动是一种社会现象，所以可以是社会学的研究议题。但当感动具体放在纪念馆的情境时，它是怎么发生的，便需要我们进一步研究了"。也就是说，社会理论仅在较为抽象的层次上提出社会运作原理，并给出将社会现象问题化的视角，但它无法告诉我们**具体的情况**是怎么进行的。这种时候，"具体的情况究竟为何"就是我们可以提出的经验研究问题。以此而言，面对社会理论，我们不该练习"用 A 理论来解释 B 现象"，仿佛 B 现象是考卷，A 理论是标准答案；而是应该去想"**面对 B 现象，A 理论有哪里说得不具体或不好？这种不足或缺陷能启发我们针对 B 现象提出什么需要我们进一步探究才能得知详情的问题？**"，这种思维模式才是做学术研究的态度。事实上，学术研究就是一种提问与为自己的提问找寻答案的工作。大学教授之所以是大学教授，不是因为这个人懂很多知识、能回答很多问题；相反，是因为这个人知道自己不懂很多事、会提出很多问题。学者不是"知识分子"，而更多是"提问与研究分子"；不是"读书人"，而是"创作者"。所以评断一位学者的成就，要看他的学术研究成果，而不是拿一张考卷看他能不能考到一百分。

顺带提一点。基于上述看法，我们认为评价一个社会理论的标准应在于它能否为我们开启提问的视角，而不在于它是西方的，还是中国的。视角的来源的确是——用第九讲介绍的康奈尔的"南方理论"的话来说——"扎根的"，但视角所能提供的启发应该可以是普遍的。"套用西方理论来解释中国社会是不可行的"这种说法当然是对的，但这句话的正确之处不在于

"西方理论不适用于中国",而是在于"把社会理论当作解释工具来套用是不恰当的"。就算是"扎根"于中国本土的社会理论,若一名经验研究者直接将之当作解释工具而拿来套用在自己对于中国的社会学研究上,同样会出现"光套用理论就解释完了,还怎么做研究"和"只是在印证已有理论的正确性,这样的研究还有什么意义"等问题。有问题的不是理论的"国籍",而是"套用来进行解释"的做法。

三、社会理论的"贡献"问题

在讨论完理论的学习问题、写论文时的运用理论问题之后,可能各位读者最常遇到的就是做完研究与写完论文最后的收尾问题。最具代表性,因此最具困扰性的可能就是:

- 如何作出理论贡献?
- 理论贡献是什么?

"缺乏理论贡献"是很多学人可能在作为审阅方时会忍不住对某类文章提出的批评,或是作为被审阅方时遇到的指责。但很多人(不只是被审阅方,很多时候其实也包括审阅方自己)常常此时心里很纳闷:到底什么是"理论贡献"?意思是做完研究后在论文结尾要提出一套全新的理论吗?但提出原创理论哪有那么简单?被审阅方想来会对这类批评感到莫名其妙:如果我每写一篇文章都可以提出一套全新的原创理论,那我早就一个人能打十个哈贝马斯了,还需要在这里被你审稿人折磨?审阅方也很可能虽然忍不住提出这样的批评,但自己也知道自己的意思不是要论文作者提出原创的新理论,却说不清楚自己读到所谓"缺乏理论贡献"的文章时感到不满的地方在哪、希望作者改善哪种缺点。

"学术研究需要提出理论贡献"这种国内学界的常见说法所要求的其实

并不是字面上的意思。若是如此,那么又是什么意思呢？我们先来看一下会被指责"缺乏理论贡献"的文章是什么样子的。

首先,**最典型的一类情况**和前文讨论的"理论运用问题"相关,即"套用已有的理论来解释自己的研究结果"的文章。这种文章被指责"缺乏理论贡献",显然是因为把已有的理论当作标准答案,用自己的研究结果将标准答案进行了复述,使得这样的文章等于没有做出自己的研究。这类问题的改善方式,便是用"借用理论提出问题"取代"套用理论来解释"。

另外一类典型情况,我们用具体事例来说明。不过因为篇幅之故,我们此处仅用一个虚构的论文大纲来当作例子,还请各位读者自己将之想象成一篇完整的社会学论文:

　　<u>一、研究背景</u>:纪念馆往往会为参观者带来感动。这种感动现象**很普遍、很有趣**,所以本文想知道:为什么人们参观纪念馆会感动呢？

　　<u>二、文献综述</u>:(一)**罗列**各种关于感动的心理学、哲学等能找到的文献。(二)**罗列**各种关于纪念馆能找到的文献。

　　<u>三、研究方法</u>:参与观察和访谈。

　　<u>四、研究结果</u>:**描述**参观者在纪念馆的参观流程,**复述**一些参观者说的"看到前人的努力,觉得很感动"之类的访谈内容。

　　<u>五、结论</u>:坦承本研究有不足之处,比如访问人数不够多,所研究的纪念馆只是个案、普遍性不足,等等。

这种文章虽然很容易被指责"缺乏理论贡献",但它的问题其实不是"没有提出原创理论",而是意指一系列有着共同根本问题的毛病。我们先来呈现"一系列的毛病"是什么,再来总结所呈现的"共同根本问题"是什么。

所谓"一系列的毛病":首先,这篇文章的研究缘起是因为可能某件事是"现象级"的普遍现象,或研究者觉得"很有趣"。然而,至少社会学或大多社会科学的研究,进行学术研究的原因不能只是由于"很普遍"或研究者主观上觉得"很有趣",而是必须有**学术上的重要性**。"很普遍"或主观上觉得"很有趣"当然也很重要,也很值得探究,但其重要性与值得探究性就不是学术层面上的了。也就是说,**学术研究必须找到一个学术立足点与相应的问题切入点**。否则,除了"很普遍""很有趣"不能成为研究原因之外,"为什么人们参观纪念馆会感动呢"也会宽泛到不成研究问题,因为(学术界中的)人们会不知道这个研究项目究竟打算做一项心理学研究、哲学研究、美学研究、历史学研究,还是仅打算写成一篇泛泛的心得感想?

其次,这篇文章因为约等于没有提出研究问题,没有学术立足点,并因此导致没有研究方向,所以在"文献综述"处便出现无所适从的情况。结果就是作者只能罗列出各种作者能找到的有相同关键词的文献,但这些零散、彼此毫无关联地罗列出来的文献除了能塞满"文献综述"这个学术论文的必要构成环节之外,没有任何实质帮助。然而,"文献综述"这个论文必备构成环节的目的不是要展现"作者很认真读过很多书了,没有功劳也有苦劳,已老实、求放过",而是要**呈现出一篇文章的学术立足点所处的学术知识地图**。

例如,如果一项"纪念馆的感动研究"打算以罗萨的共鸣理论为基础来进行提问与展开研究,那么在文献综述处应**环环相扣地**至少展开一些内容:一是,**我所在的学科领域此前对这个研究主题或对象大致上有哪些研究取向,这些取向有哪些共通的不足之处**。二是,**我为什么要援用罗萨的共鸣理论?它能解决过往取向的不足吗?罗萨的共鸣理论又有什么不足让我因此提出我想提出的研究问题**?唯有如此循序渐进地铺陈,文献综述才能为文章自身立下学术定位与研究意义,并且在文字上展现出从研究背景到研究问题与方法的丝滑转折。

这也意味着,文献综述的撰写不能进行"文献罗列",因为单纯的罗列只会暴露出作者缺乏问题意识。文献罗列得越多,不但不会让人觉得作者很有苦劳,反而只会欲盖弥彰地让"作者缺乏问题意识"的毛病更显著。文献综述必须以文章的研究问题为中心,为研究问题的学术正当性服务。因此我们在撰写上,不只要交代过往的文献有什么样的研究结果,还必须以"奠定自身研究问题的正当性"为目标有理有据地论证过往文献有何不足之处,将对过往文献的讨论引到自己提出的研究问题的必要性与正当性上。

在我们虚构的这个"负面例子"中，由于缺乏学术立场与问题切入点，因此它不只在文献综述部分毫无意义地"灌水"，在最后的研究结果的呈现上也只能给出单纯的描述。但仅仅是单纯的描述，没有属于这篇文章自己的学理分析，根本称不上是一项研究，没有任何学术意义。就算作者勉强给出分析了，这样的分析也必然会因为缺乏学术立足点而只是漫无边际地东拉西扯，没有与任何学术立场产生联系。这样的文章最终就会毫不冤枉地被给出"缺乏理论贡献"的评价了。相反，如果一项研究从一开始就奠定自身的学术立足点、提出相应的研究问题，并且在文献综述部分交代了过往研究有什么不足与自身打算如何解决这样的不足，那么研究结果的内容，照理来说，就会有的放矢地分析，并与文献综述处提到的各文献对话。当一篇论文会用研究结果与自身所处学术社群的过往研究进行系统性的对话，弥补过往研究的不足时，它基本上就不会被指责"缺乏理论贡献"了。

当我们从"研究背景"一路分析到"研究结果"之后，这样一篇最终被指责"缺乏理论贡献"的文章的各环节"共同根本问题"就呼之欲出了：这一类文章被指责"缺乏理论贡献"，不是因为它没有提出原创理论，而是因为它没有与学术社群产生联系、没有将自己镶嵌在学术知识地图上。它没有提出自己的问题，没有给出与过往文献对话、弥补过往研究缺陷的结果分析。之所以审阅人很容易忍不住用"理论"贡献来指称这种缺陷，很可能是因为"学术知识地图"的一个相对凝练的形式即是"理论"。

以此而言，解决或避免这类"缺乏理论贡献"问题的方式，我们建议：首先，应明确选定学科领域作为研究的学术立场，以该学科领域的提问套路或理论视角来将所欲研究的现象加以明确地问题化。其次，应系统性地提出所处学科领域过往研究的不足之处，并以自身的研究成果来与过往研究进行对话，以此论证出研究成果对于自身所处学科领域的贡献性。这样的研究成果可以是提出新的概念，以此增加自身所处学科领域的讨论范畴，将自身所处学科的所及之处扩大到过往研究没有到达的地方。我们可以把这个新概念包装成"中层理论"，那这项研究就真的给出字面上的"理论贡献"

了。或者,我们也可以只是简单地把某个理论无法顾及的具体情况给说清楚,以此多说出一些某个理论因为太抽象所以无法涉及的方面,这样也是一种扩展、贡献。又或者读者们可以想到其他的贡献方式。"理论贡献"永远可以由读者们自己设想出无数种形式。不论是哪一种形式,我们相信,不但可以让文章不再遭遇"缺乏理论贡献"的批评,而且也想必会让文章因为有更明确的问题、更充实的对话,而让研究者更感受到从事学术研究的乐趣。

此处的"社会理论学习答疑"是我们在社会学领域任教多年来收集的实际问题。这意味着这些问题是中国社会学人在近年来会遇到的问题,是一时一地的。更久以前的中国社会学界也许遇到的是另外的问题,多年后也可能会变成其他的问题;在其他国家的社会学人则可能自始至终都没有这些问题。不但此处的答疑对过去与未来的中外社会学人来说可能没有可参考性,过去与未来的中外社会学人的相关讨论也对今天的我们来说可能没有太多可参考性。但无论如何,就我们所知,古今中外从来没有一本教材,甚至没有一篇文献,会针对当下中国社会学人在学习社会理论时遇到的问题进行专门且系统的回答。所以我们最后无法像前几讲那样给出"荐读文献"。

另外,也许读者已经发现了,我们的答疑其实面向的主要是经验研究者,而非理论研究者,虽然本书明明是一本介绍社会理论的著作。之所以如此,是因为我们预设——而且客观来说现实情况的确是如此——当代中国的整个社会科学界,经验研究者还是占绝大多数,所以本书读者想必绝大多数并不是专门的理论研究者。很多经验研究者对社会理论抱持着又爱又恨的态度。"爱"是因为社会理论对经验研究来说的确非常重要;"恨"则是因为社会理论常常在内容与文字上都很难亲近。如果这种"恨"一直扩大下去,很有可能最终所有经验研究者都会干脆完全摒弃社会理论。这不只对社会理论来说绝对不是好事,对整个社会学来说也同样不会有好处。因此我们很希望能通过这一"答疑"来解决经验研究者的问题,以此弥合理论研究与经验研究的隔阂,乃至潜在对立。

但读者们在学习社会理论时想必还有很多问题是我们这里没有顾及

的,而且想必也有很多读者是理论研究者,但也有很多问题,我们此处却没有给出针对性的探讨。包括究竟社会理论该怎么进行研究、该怎么写作,古今中外也几乎没有针对中国学界的文献可供参考。本书绝对不是一项已完成的任务,而毋宁说是更多任务的开端。如果读者们读完这本书意犹未尽,有任何期待与指教,我们非常乐意接受你们的回馈。若能更确切知道各位读者有什么需求,我们也许将会在可能的下一部作品中更好地为学术界的各位服务。

注释

[1]"基于共鸣理论的视角来研究纪念馆的氛围构成"不是我们凭空虚拟的例子,而是实际存在的研究。除了第六讲最后讲过的彼德斯与马吉德以罗萨的共鸣理论为基础,以伊拉克的安那·苏拉卡大屠杀人权纪念馆为对象所进行的研究之外,国内也有恰巧与彼德斯、马吉德同时进行的运用罗萨的共鸣理论来提问的类似研究,只是其研究对象换成了侵华日军南京大屠杀遇难同胞纪念馆。这份研究非常优秀,很值得作为"用社会理论提出经验研究问题"的范例。见:高佳琪:《纪念馆在行动:技术装置与情境体验》(南京大学硕士论文,2023 年)。

图书在版编目(CIP)数据

当代前沿社会理论十讲 / 郑作彧编著. -- 上海：
上海人民出版社，2025. -- ISBN 978-7-208-19358-1

Ⅰ.C91

中国国家版本馆 CIP 数据核字第 20258S80L2 号

责任编辑　于力平
封扉设计　人马艺术设计·储平

当代前沿社会理论十讲

郑作彧　编著

出　　版	上海人民出版社	
	（201101　上海市闵行区号景路 159 弄 C 座）	
发　　行	上海人民出版社发行中心	
印　　刷	上海商务联西印刷有限公司	
开　　本	720×1000　1/16	
印　　张	25	
插　　页	3	
字　　数	355,000	
版　　次	2025 年 4 月第 1 版	
印　　次	2025 年 9 月第 3 次印刷	

ISBN 978 - 7 - 208 - 19358 - 1/C · 734

定　　价　　98.00 元

MINERVA

· 密涅瓦 ·

《论宽容》　　　　　　　　　　　　[英] 洛　克 著　　　　　　　　张祖辽 译
《做自己的哲学家：斯多葛人生智慧的 12 堂课》
　　　　　　　　　　　　　　　　　[美] 沃德·法恩斯沃思 著　　　　朱嘉玉 译

社会观察

《新异化的诞生：社会加速批判理论大纲》
　　　　　　　　　　　　　　　　　[德] 哈特穆特·罗萨 著　　　　　郑作彧 译
《不受掌控》　　　　　　　　　　　[德] 哈特穆特·罗萨 著
　　　　　　　　　　　　　　　　　郑作彧　马　欣 译
《部落时代：个体主义在后现代社会的衰落》
　　　　　　　　　　　　　　　　　[法] 米歇尔·马费索利 著　　　　许轶冰 译
《鲍德里亚访谈录：1968—2008》
　　　　　　　　　　　　　　　　　[法] 让·鲍德里亚 著　　　　　　成家桢 译
《替罪羊》　　　　　　　　　　　　[法] 勒内·基拉尔 著　　　　　　冯寿农 译
《吃的哲学》　　　　　　　　　　　[荷兰] 安玛丽·摩尔 著　　　　　冯小旦 译
《经济人类学——法兰西学院课程（1992—1993）》
　　　　　　　　　　　　　　　　　[法] 皮埃尔·布迪厄 著　　　　　张　璐 译
《局外人——越轨的社会学研究》
　　　　　　　　　　　　　　　　　[美] 霍华德·贝克尔 著　　　　　张默雪 译
《如何思考全球数字资本主义？——当代社会批判理论下的哲学反思》
　　　　　　　　　　　　　　　　　　　　　　　　　　　　　　　　蓝　江 著
《晚期现代社会的危机——社会理论能做什么？》
　　　　　　　　　　　　　　　　　[德] 安德雷亚斯·莱克维茨
　　　　　　　　　　　　　　　　　[德] 哈特穆特·罗萨 著　　　　　郑作彧 译
《解剖孤独》　　　　　　　　　　　[日] 慈子·小泽-德席尔瓦 著
　　　　　　　　　　　　　　　　　季若冰　程　瑜 译
《美国》（修订译本）　　　　　　　[法] 让·鲍德里亚 著　　　　　　张　生 译
《面对盖娅——新气候制度八讲》
　　　　　　　　　　　　　　　　　[法] 布鲁诺·拉图尔 著　　　　　李婉楠 译
《狄奥尼索斯的阴影——狂欢社会学的贡献》
　　　　　　　　　　　　　　　　　[法] 米歇尔·马费索利 著　　　　许轶冰 译
《共鸣教育学》　　　　　　　　　　[德] 哈特穆特·罗萨
　　　　　　　　　　　　　　　　　[德] 沃尔夫冈·恩德雷斯 著　　　王世岳 译
《商品美学批判》（修订译本）　　　[德] 沃尔夫冈·弗里茨·豪格 著　董　璐 译
《当代前沿社会理论十讲》　　　　　郑作彧 编著